山东省一流线上课程教材

INTERNATIONAL BUSINESS LAW

国际商法

主　编◎王莉莉

副主编◎张晓霞　石岩　曹枫　杨姿

中国财经出版传媒集团

经济科学出版社

Economic Science Press

·北京·

图书在版编目（CIP）数据

国际商法 / 王莉莉主编；张晓霞等副主编 .

北京 ： 经济科学出版社，2024. 6. -- ISBN 978 - 7 - 5218 -

6085 - 6

Ⅰ. D996. 1

中国国家版本馆 CIP 数据核字第 20241EY543 号

责任编辑：李一心
责任校对：杨　海
责任印制：范　艳

国 际 商 法

王莉莉　主　编

张晓霞　石　岩　曹　枫　杨　姿　副主编

经济科学出版社出版、发行　新华书店经销

社址：北京市海淀区阜成路甲 28 号　邮编：100142

总编部电话：010 - 88191217　发行部电话：010 - 88191522

网址：www. esp. com. cn

电子邮箱：esp@ esp. com. cn

天猫网店：经济科学出版社旗舰店

网址：http: //jjkxcbs. tmall. com

北京季蜂印刷有限公司印装

787 × 1092　16 开　29.5 印张　530000 字

2024 年 6 月第 1 版　2024 年 6 月第 1 次印刷

ISBN 978 - 7 - 5218 - 6085 - 6　定价：65.00 元

（图书出现印装问题，本社负责调换。电话：010 - 88191545）

（版权所有　侵权必究　打击盗版　举报热线：010 - 88191661

QQ：2242791300　营销中心电话：010 - 88191537

电子邮箱：dbts@ esp. com. cn）

序言

在全球化浪潮下，随着国际商务互动的日益频繁，全球商事交往的迅猛增长，国际商法的地位也日益凸显。《国际商法》教材的内容主要集中在国际商事交易中横向法律关系的规范及其应用领域，以规避与其他公法类课程的重叠和冲突。本次新版加强了总论部分的理论学说评述，逐章完善了原理和规则的阐述，增加了若干典型判例，并新设了二维码延伸部分，旨在进一步夯实本学科的理论基础并反映国际商法学术和实务的新发展。本书体例完整、阐释清晰、案例丰富，既可以作为法学院和商学院相关专业课程教材，也可以作为涉外法治和国际商务人士实务参考用书。

本教材特色：

1. 注重思政的落实融入。本教材在编写过程中聚焦立德树人根本任务，融入重大主题教育，充分展现中国特色社会主义法治理论最新论述。主要体现为以下两方面：一是在内容选择上突出目标导向、素养导向。在教材各章开头列明思政目标，从目标导向上让学生在深入学习和理解习近平新时代中国特色社会主义思想内涵的基础上，整体把握教材核心内容。同时，从素养导向上将重大主题教育与国际商法的学科核心素养培育相结合，优选能够有效促进学生核心素养发展的主题内容。二是在学科融入上坚持有机融入、简教利学。在教材各章节增设云思政系列二维码，精准凝练中国特色社会主义法治理论和习近平法治思想的最新成果，系统总结全面依法治国的国际法成就和建设经验，实现主题教育与国际商法内容的有机结合，形成育人合力。

2. 注重内容的动态更新。鉴于近年来新法律法规的颁布和修订、国际条约和法律重述的修订，我们对原教材进行了全面的审视，与时俱进地做了局部的改动和完善。例如，2023 年全国人大常委会通过新修订的《中华人民共和国公司法》，于 2024 年 7 月 1 日起施行；国际商会发布的《国际贸易术语解释通则Ⓡ 2020》，于 2020 年 1 月 1 日正式生效；等等。鉴于上述变动，本教材将详尽地阐释这些内容，以适应新规则的变动，这在国内各类国际商法教材中尚属首例。国际商法所涵盖的内容，构成了国际商事交易的基本法律制度，而这些法律制度是财经类院校学生知识体系中不可或缺的一环。掌握这些基础法律制度，是其参与经济贸易活动的必要先决条件。

3. 注重目的的多元融合。本教材在各章节开篇增设学习目标模块，回应"培养什么人、怎样培养人、为谁培养人"这一教育的根本问题，承载为党育人、为国育才的重要使命，本教材目标设计的逻辑进路表现为知识目标、能力目标、思政目标三者的统一。在推进过程中以习近平法治思想的思政目标为核心指引，以聚焦学生核心素养培育的知识目标为奠基之石，以培育高质量法治人才的能力目标为实践要义，从历史与现实、理论与实践、国际与国内的广度视角深刻把握教材编写的发展脉络，努力培养思想道德高尚、法治信仰坚定、理论功底扎实、实践能力突出的建设者与接班人。

4. 注重形式的交互设计。本教材为适应改革和创新的需要，与数字教学资源、数字教学工具和数字教学平台建设相辅相成，相互促进，共同构建教育高质量发展的基础设施。教材形式服务于教学内容，为提供与学习者交互的能力，充分利用在线平台、在线工具和在线资源，搭建自主式学习平台、真实性学习平台、合作式学习平台、跨学科学习平台，构成教学质量保证的基础。突出呈现四个特点：第一，技术嵌入深化教与学融合，配套海量教学素材和资源库；第二，可视化展现变革传统教学结构，运用音频、视频等生动表现形式，搭配省级一流课程；第三，技术赋能个性化学习，运用二维码技术呈现课程素材；第四，交互设计立足教学特性，实现线上线下学习的互为补充。

5. 注重学术理念的梳理。《国际商法》的意趣和内容与目前同题材教科书有所不同，其独特之处首先在于它"根据国际学术界的通行做法和趋势，强调国际商法与国际经济法的分野，仅探讨调整国际商事关系的私法，不包括调整国际经济管理关系的公法"。在本教材中，坚定践行了国际经济关系应分为国家间经济管理关系和私人间国际商事关系，并分别由国际经济法和国际商法调整的学术理念。

6. 注重方式的交汇融合。借鉴英美法教学中案例教学的优势，《国际商法》的重要特色之一是案例教学，所选案例涵盖甚广，既有普通法系国家的重要国际商事判例，也有大陆法系国家及我国的典型案例，还有国际商事仲裁中有影响的裁决。同时，作为成文法国家主导和具有逻辑演绎传统的大陆法国家，"以案释法"而不是"以案造法"是我们的案例教学传统，案例永远都只能居于辅助教学的地位，但是这部教材的案例选取极其注重启发性，会适时地插入一些典型案例帮助学生更进一步理解法理。

本教材由王莉莉提出全书的整体规划，负责全书的总纂、统稿和定稿。张晓霞、曹枫、杨姿、石岩对本书大纲的编写提出了许多有价值的建议，并写出了大纲初稿。主编与参编人员均具备丰富的国际商法教学经验，其对国际商法的基础理论和前沿问题已有相当程度的研究，并取得了众多的科研成果。

本教材的撰写分工如下（以章节先后为序）：

第一章，王莉莉；第二章，张晓霞、石岩；第三章，杨姿；第四章，杨姿；第五章，曹枫；第六章，张晓霞、石岩；第七章，曹枫；第八章，王莉莉；第九章，曹枫；第十章，张晓霞、石岩；第十一章，杨姿。同时也要特别感谢王维芳、王春婕、张郦等老师在教材的前期编纂过程中所做出的贡献。

本教材在编写过程中参考了大量已出版的专著、教材，在页末的参考文献中已注明出处，在此向有关作者表示感谢。

本教材的各位作者在教材编写过程中都尽了最大努力，但是由于水平所限，书中可能会存在一些不妥之处，翘望各位同行和读者针对本教材交流看法、批评指正。

山东财经大学《国际商法》教材建设小组
2024 年 5 月 13 日

目录

国际商法导论

 学习目标

【知识目标】

(1) 熟悉国际商法的基本概念、主要特征和内容。

(2) 了解国际商法的历史沿革和发展现状。

(3) 掌握国际商法的渊源。

(4) 熟悉国际商法的基本原则。

(5) 了解大陆法系和英美法系的特点和主要区别。

(6) 了解在对外开放背景下我国商事立法尤其是《民法典》中商法内容的规定。

【能力目标】

(1) 在国际商事活动的法律调整中充分体悟国际公约、国际惯例和国内法的不同作用。

(2) 通过对国际商法和国际公法、国际经济法、国际贸易法以及国际投资法等不同学科范畴关系的理解，形成学科思维、系统学习框架和法学思辨能力。

【思政目标】

(1) 在对中国商事法律理论的正确理解和把握中培养学生尊法据理的法治思维，引导学生形成守正创新的理论品格。

(2) 在国际商事法律关系的把握中提升独立思考的能力和应对复杂多变法律环境的能力，形成广阔的国际视野和跨文化理解交流能力。

【关键术语】 国际商法 法律渊源 法律原则 大陆法系 英美法系

引导案例

一家德国公司与一家美国公司签订了一份买卖合同，销售一套西门子核磁共振成像系统，合同产品条款约定系统将以完备的功能交付。合同的交货条件是：（成本、保险费加运费）（CIF）纽约港，买方清关和支付关税，并负责将货物运至伊利诺伊州某市。"支付条件"为：通过货币转账至卖方的账户，预付定金93000美元，装船前支付744000美元，接收设备后三天内支付93000美元。弃权条款规定：在货款全部支付前，买方发现货物受损，需要大修，买方向保险人圣保罗卫报保险公司（Paul Guardian Insurance）索赔，保险人赔付后以代位人的身份起诉德国公司。德国公司认为：在CIF条件下，其将货物在装运港交付后，风险就转移到了买方，因此不应当承担责任，原告认为：CIF条件在本案不适用，因为被告保留了货物的所有权，就应该承担货物的风险。

该案由美国的纽约南区法院于2002年审结。

本案属于什么类型的纠纷？

第一节 国际商法概述

古代通常把"商"解释为以买卖方式使商品产生流通的经济活动，古代有所谓"四民"的说法，《汉书·食货志上》："学以居位曰士，辟土殖谷曰农，作巧成器曰工，通财鬻货曰商。"按照此书记载之"四民"制度，古代社会将平民的社会活动划分为士、农、工、商，虽然在不同时期对于这四种身份的排序一直不断变化，甚至有学者就其次序排列与社会地位高低之关联进行论辩，但是"商"指的是以买卖方式使商品流通的经济活动或者代指经商做买卖的人的含义基本固定了下来。《布莱克法律词典》也将"商"解释为货物、生产品或任何种类财物的交换，与此也大抵一致。

商法作为规范商业活动的法律法规体系，是商事活动频繁的产物，人们一般认为商法的发源地是古代西方。关于商法的起源，学界有三种观点：第一种观点认为商法起源于古希腊法律甚至更早的楔形文字法，公元前15世纪《赫梯法典》（Hittite Laws）中关于商品价格管理的规定以及古希腊时期的《罗得海法》（Lex Rhodia）被认为是古代商法的最初形式；第二种观点认为商法起源于罗马法，罗马法后期万民法（Jus Gentium）中关于代理、冒险借贷、银行担保和海运赔偿等规定构成早期商法的基本内容，这种观点被较多学者所推崇；第三种观点则认为商法起源于中世纪，欧洲古代法中并不存在也不可能存在独立的商法或与之相类似的完整制度。[①] 而我国缺乏商法的传统，中国古代社会的特殊历史条件决定了自然经济在社会经济结构中占有重要的地位，所以真正意义上的商法直至清末才在我国出现，随后的近百年里，中国的商法与我国社会经济的发展一样经历了漫长曲折的过程。

经济全球化是中国商法焕发生机的新契机，更是世界法治发展进程中最主要也是最具动感的部分。20 世纪 80 年代以来，经济全球化使得全球范围内的国际商事交易活动空前活跃。20 世纪 90 年代中期，世贸组织正式成立，作为当代最重要的国际经济组织之一，世贸组织成为经济全球化向前发展的重要载体。而在这一进程中，商业活动本身固有的与生俱来的扩张性、同一性与世界性以及国际商事关系的发展要求减少或消除各国法律的隔阂与歧异，避免法律冲突，调和法律文化差异，以便交易更加顺利地进行。旧的商事规则中的矛盾和不统一、碰撞和不确定导致各国、各区域商人在交易中的预见性和安全感降低，风险和成本增加，所以从事国际商事交易的商人们迫切希望能在更大范围甚至世界范围内构建一套相对统一的商事规则，从而摆脱国内民商法冲突所导致的交易阻滞。国际商法产生于国际商事社会对国际商事法律规制的迫切需要，同时也在这样的大背景下获得了独立的发展，必须在对国际商法起源和发展、基础理论和基本原则的持续阐述和深入探讨中不断探寻国际商法之精神，才能支持国际商法这一独立学科获得更好的发展。

知识链接：不同学科"商"的含义

一、国际商法的概念和特征

国际商法（International Business Law）是调整国际商事交易和商事组织的各

---

① 参见《中国大百科全书（法学卷）》，中国大百科全书出版社 1984 年版，第 505 页；梁慧星、王利明：《经济法的理论问题》，中国政法大学出版社 1986 年版，第 112 页；江平：《西方国家民商法概要》，法律出版社 1984 年版，第 243 页；王书江：《外国商法》，中国政法大学出版社 1987 年版，第 14 页；王保树：《中国商事法》，人民法院出版社 1986 年版，第 26 页；张国健：《商事法论》，台湾三民书局 1980 年版，第 11 页；杨建华：《商事法要论》，台湾三民书局 1984 年版，第 3 页；王璟：《析商法的起源——兼谈加入 WTO 与我国商法的振兴》，载于《政法论丛》2003 年第 1 期，第 18 页。

种关系的法律规范的总称。国际商法强调的是各国商人或者企业之间从事跨国境的商业活动，尤其是关于跨国间贸易和投资活动方面的法律规范。

国际商法的概念，必须从三个方面进行理解，也可以将其称为国际商法的三个特征。

（一）国际商法调整跨国性社会关系

国际商法调整的社会关系具有国际因素，也就是商事关系的主体、客体或内容至少有一项具有国际因素或"跨越国界"。所谓主体具有国际因素是指商事交易的主体，如果一方、双方或多方具有不同国籍，或其住所、营业所位于不同的国家，即为主体具有国际因素；主体不具有国际因素，但商事关系所指向的标的位于另一国家或产生、变更或消灭商事关系的法律事实发生在另一国家，也可认为具有国际因素。

1985 年《联合国国际贸易法委员会国际商事仲裁示范法》（UNCITRAL Model Law on International Commercial Arbitration）第 1 条第 3 款规定，国际仲裁包括：（1）营业地在不同国家的当事人之间的争议的仲裁；（2）仲裁地和当事人的营业地位于不同国家的仲裁；（3）主要义务履行地和当事人的营业地位于不同国家的仲裁；（4）与争议标的关系最密切的地点和当事人的营业地位于不同国家的仲裁；（5）当事各方明确同意仲裁标的与一个以上国家有关的仲裁。可见，国际商事仲裁及司法实践都是从广泛意义上理解国际商事关系的国际性。

（二）国际商法调整跨国性商事关系

国际商法调整的社会关系是一种跨国性商事关系。"商事关系"，指平等商事主体之间的财产关系。平等主体指自然人、法人和非法人企业，财产关系包括商事代理关系、物权关系、知识产权关系和债权关系。国际商法调整的不同国家的自然人、法人之间在跨国交易中形成的商事关系是一种双方当事人在平等自愿基础上建立起来的横向国际经济交流与合作关系，是私法性法律关系，但婚姻家庭、收养和继承等私法性法律关系不属于国际商法所调整的商事关系的范围。《联合国国际贸易法委员会国际商事仲裁示范法》对"商事"一词的界定为："商事"一词应作广义的理解，以便包括产生于所有具有商事性质关系的事项，无论这种关系是否为合同关系。具有商事性质关系的事项包括但不限于下列交易：任何提供或交换货物或服务的贸易交易；买卖合同；商事代表或代理：保付代理；租赁；咨询；设计；许可；投资；融资；银行；保险；开发协议或特许；

合资经营和其他形式的工业或商业合作；客货的航空、海上、铁路或公路运输。随着国际经济贸易的扩大发展和商事交易的多样化、复杂化，国际贸易又在国际货物买卖的基础上，拓展出了诸如国际技术转让、知识产权转让、国际投资、国际融资、国际工程承包、国际服务贸易、电子商务等多个新的领域。

（三）国际商法仅指调整跨国性商事关系的实体法规范

国际商法是直接适用于国际商事关系的实体法，它直接规定国际商事主体在国际商事关系中的权利义务，这是一种直接调整方法。国际商法有别于冲突规范，依据冲突规范确定适用于国际商事关系的国内法，是调整国际商事关系的传统方法，被称为间接调整方法。当然，如今对于这一问题的看法已经逐步摆脱绝对化，除了实体法以外，国际商法也包含一定的程序规则，公司法、保险法、代理法、贸易支付法、产品责任法等实体法规范往往和诉讼仲裁法、商事仲裁法的规则融合在一起，这样的实践也就导致国际商法逐渐成为实体法和程序法的融合体。

二、国际商法与相近法律学科的关系

（一）国际商法与国际公法

国际公法（International Law），也称国际法，是指在国际交往中形成的用以调整国际关系（主要是国家间关系）的有法律约束力的原则、规则和制度的总称。国际商法与国际公法相比区别主要表现在以下几个方面：首先是法律性质不同，国际商法属于私法范畴，国际公法属于公法范畴；其次是法律主体不同，国际商法的主体主要是自然人和法人，而国际公法的主体主要是国家，也就是说，在"国际公法"这一概念中，"国际"一词的含义是指"国家与国家之间"，而在"国际商法"这一概念中，"国际"则指"跨越国界"；最后是法律调整对象不同，国际商法调整国际商事关系，而国际公法主要调整国家之间在政治、军事、外交及经济等方面的关系。但两者之间也存在一定的联系，因国际商法调整的商事关系超出一国范围，因此要遵守国际法的一般原则，如国家主权原则、国家及其财产豁免原则、条约必须信守原则等。

（二）国际商法与国际私法

国际私法是调整涉外民商事法律关系的法律部门，在大陆法系习惯于称其为

"国际私法"（Private International Law），而英美法系则更多地称其为"冲突法"（Conflict of Laws）。虽然国际私法与国际商法均属于私法范畴，但两者却存在明显的差别。首先，两者法律规范的性质不同，国际商法的法律规范性质是实体法，直接规定各国商人间的权利义务，由各国商人在交易中自由适用，并主要通过自愿、便捷的国际商事仲裁解决法律纠纷，而国际私法的法律规范性质主要是冲突规范，它本身并不直接确定当事人的权利义务并解决当事人的争议，而是通过指出应当适用哪一个国家的实体法（有时甚至包括程序法），间接地解决当事人间的纷争，也就是说国际私法所采用的是一种间接的调整方法，其任务是通过冲突规范（Conflict Rules）为具有涉外因素的民商事案件确定准据法（Applicable Law）依据，例如，我国《涉外民事关系法律适用法》第11条规定的"自然人的民事权利能力，适用经常居所地法律"就是一条冲突规范，其中"经常居所地法"就是准据法。其次，两者的调整对象不同，国际商法的调整对象为自然人、法人跨越国境的经济关系，不牵涉到自然人的婚姻、抚养、继承等法律关系，而国际私法主要调整涉外民商事关系的法律适用问题，其中包括自然人的婚姻、抚养、继承等法律关系的法律适用问题。最后，两者的渊源不同，国际商法的主要渊源是数以百计的国际条约、国际贸易惯例，而国际私法的主要渊源是各国国内法中的冲突规范以及为数不多的旨在解决法律冲突的国际条约，故而国际私法在本质上属于国内法的范畴。

（三）国际商法与国际经济法

国际经济法（International Economic Law）是第二次世界大战后形成并发展起来的一个新兴法律部门和法律体系。关于国际经济法的含义和调整范围，各国学者尚有不同的理解。持狭义说的学者认为，国际经济法是国际公法的一个新分支。它只调整政府间、政府与国际经济组织间以及国际经济组织之间的经济关系，而传统国际公法主要调整国家政府之间、国际组织之间以及国际政府与国际组织之间的政治关系，在狭义说看来，国际经济法正是调整国际经济关系的新的法律分支，是适用于经济领域的国际公法。持广义说的学者认为，国际经济法是调整国际经济关系的国际法、国内法的边缘性综合体。它所调整的不仅包括政府间、政府与国际经济组织间以及国际经济组织之间的相互经济关系，而且包括不同国家的个人间、法人间、个人与法人间以及与他国政府或国际组织间的各种经济关系，这些关系从其性质来分析，既有纵向关系，又有横向关系，作为研究国际经济关系中法律问题及其发展规律为主要对象的一门新兴的、独立的法学学科，国际经济法是集国际条约、国际惯例、国内法有关部分于一体的相当庞大的法律体系。可见，按照狭义说，国际商法与国际经济法具有明显的区别，国际经济法属于公法范畴，国际商法属于私法范畴；按照广义说，国际商法调整的国际商事关系是国际经济法调整对象的一个组成部分，因此国际经济法包含国际商法，或者说国际商法构成国际经济法的一个子系统。[①]

（四）国际商法与国际贸易法

国际商法与国际贸易法（International Trade Law）是两个既有联系又有区别的学科。它们的共同点表现在：两者都源于中世纪的商人习惯法；两者都建立在"意思自治"的基础上并以"契约自由""契约必须遵守"为原则。两者的区别主要体现在各自所涵盖的范围及规范的特性上，例如，有关各国政府对外贸易管理法制、世界贸易组织管理国际贸易的多边法律体制等具有公法特性的内容均属于国际贸易法的专有内容，而有关跨国货物买卖与运输、票据的流通和技术转让等私法规范则属于国际商法的范畴。

关于国际商法与其他国际法部门的关系，以及国际商法在整个国际法中定位的理解，就不得不提到左海聪教授的"国际法四部门说"。左海聪教授早在1996年就曾提出"国际法四部门说"，认为除国际公法学和国际私法学这两个传统的法学部门外，广义国际经济法学可以再进一步分为国际经济法学和国际商法学两个部门。[②] 2005年左海聪教授专门撰文《国际商法是独立的法律部门——兼谈国际商法学是独立的法学部门》，详细阐述"国际商法独立说"，该文不仅界定了国际商法的内涵与外延，廓清了国际商法与相邻学科的区别与关联，同时，提出国际商法独立符合大陆法系学科划分的传统，在考查欧洲大陆以及亚洲部分国家的法律传统的基础上，进一步论证国际商法已经成为一个独立的法律部门的观点。[③] 自2008年开始，左海聪教授着手相关教材的编写计划，其《国际商法》和《国际经济法》教材的编撰完成基本标志着"国际法四部门"体系的构建已初步完成。

---

① 梁琨：《论国际经济法的研究范畴》，载于《东吴学术》2017年第1期，第143页。
② 上述观点由左海聪教授最初于1996年中国国际法年会上提出，后来左教授进一步以《论国际法部门的划分》为题撰文，将此观点发表于《中国国际私法与比较法年刊》（1998年卷）上。
③ 左海聪：《国际商法是独立的法律部门——兼谈国际商法学是独立的法学部门》，载于《法商研究》2005年第2期，第36~39页。

第二节 国际商法的演进

国际商法的产生与发展与商品经济有密切关系。它经历了中世纪商人习惯法—近代国家国内商法—现代国际商事统一立法三个发展阶段。

一、中世纪商人习惯法

"哪里有贸易，哪里就有法律"，这一拉丁格言不仅概括了贸易与法律的关系，也表明了国际商法的源头。一般认为，国际商法的最早表现形态是中世纪的商人习惯法，它是商人们在商业实践中形成的习惯性规则或者做法，是港口、集市之间的跨国商事关系的国际习惯性规则。

从历史上看，在中世纪商人习惯法形成之前的古代法典中，也存在一些调整买卖活动的法律规范。然而，从商业的特性与专门意义上看，这时的买卖活动还不是任何人的正常职业，仅是人们基于一时需求而采取的权宜之计。一个以营利为目的、专门从事这一活动的阶层并未出现。由此，以商业为母体的商法，那时还没有酝酿诞生的温床。到了中世纪的中、后期，随着商业复兴，国家贸易从地中海沿岸的自治城市到西欧大陆各国，呈现出日益扩大和繁荣的景象。9 世纪起，北海与波罗的海沿岸出现了海上贸易。10 世纪时，位于地中海沿岸的威尼斯，"这个没有土地的城市"，其商业已达到相当规模。到了 13 世纪，德国北部港口城市吕贝克也成为欧洲北部异地贸易的中心。商业的发达，一方面促进了商埠的兴起和商人团体的形成，另一方面，在法律制度上的直接结果则是催促了商法的诞生和发展。中世纪出现了对后世极具影响力的三部海事法典，即《巴塞罗那海法》《奥内隆法典》《维斯比海法》。同时，从 11 世纪开始，各种商业惯例和商人习惯法也开始形成和发展，其涉及的内容有：货物买卖合同的标准条款、两合公司、合伙、海上运输及保险、汇票、破产程序等方面的习惯性规则。

中世纪商人习惯法具有以下几个重要特征：

（1）自发性和独立性，它独立于当时封建王朝的地方性法律之外，是商人间自发形成的规范商事交易的自治性习惯规则。

（2）统一性和普遍性，即这些商事习惯规则普遍适用于欧洲各国和东西方贸易，是一种真正的国际统一规则。

（3）适用和解释的自治性，即这些规则的适用和解释不是由一般法院的法官来进行，而是由商人自己组织的法庭来进行，由商人自己选出的法官来解释和适用法律，这种商人自治法院实质上类似于现代的国际商事仲裁和调解。

案例拓展：中世纪商法的自治性——1292年的卢卡斯案例

（4）简便性，即商人自治法强调合同自由和财产转让自由，取消法律上的烦琐形式，按照公平合理的原则审理案件，而不是抽象地死抠罗马法条文。

二、近代国家国内商法

18～19世纪，随着国家主权这一概念被普遍地采纳，各国的商法编纂运动蓬勃兴起。无论在立法体制上采取民商合一还是民商分立，无论采用欧洲大陆国家的成文法方式，还是普通法国家采纳的判例法形式，一切不甘在世界经济竞争中落伍的国家，在这一时期都高度重视商事立法，并且将商人习惯法纳入国内法范畴。从立法体制和立法原则考察，这一时期的商事法在体系上的发展创立了世界三大商法体系，这种体系的分流至今影响犹在。

法国商法体系是以法国商法为核心，以行为主义即客观主义原则为法系的重要特征和立法基础。法国商法由1807年《法国商法典》（French Commercial Code，1807）及若干商事法规构成。法典包括四编内容，即通则、海商、破产、商事法院，全文共648条。比较重要的单行法规有：《公司法》（Company Act，1867）、《营业财产买卖设质法》（Law on the Encumbrance of the Sale of Business Property，1909）、《工人参加股份公司法》（Participation of workers in the Joint Stock Companies Act，1917）、《商事登记法》（The Commercial Registration Law，1919），以及后来制定和修订的《有限责任公司法》（Limited Liability Company Act，1925）、《保险契约法》（Insurance Contract Law，1930）、《海上货物运输法》（Carriage of Goods by Sea Act，1936）、《证券交易法》（Stock Exchange Law，1942）等。在整个19世纪，法国商法有着明显的和多方面的进步，因此，它在大陆法系中处于领先地位。受其影响而制定的商法典主要有：《希腊商法典》（Greek Commercial Code，1821）、《西班牙商法典》（Spanish Commercial Code，1829）、《荷兰商法典》（Dutch Commercial Code，1838）、《土耳其商法典》（Turkish Commercial Code，1850）、《比利时商法

典》（Belgian Commercial Code，1867）以及意大利、葡萄牙、埃及、波兰、南斯拉夫、罗马尼亚、巴西、智利、阿根廷等国家的商法。

德国商法法系以德国商法为核心，以属人主义即主观主义原则为法系的重要特征和立法基础。德国商法由《德国商法典》（1900）及其相关商事法规组成。法典包括四编内容，分别是商业性质、公司及隐名合伙、商行为和海商，共 905 条。相关商事法规主要有《有限责任公司法》（Limited Liability Company Act，1892）、《内水航行法》（Inland Water Navigation Act，1895）、《保险契约法》（Insurance Contracts Law，1908）、《反不正当竞争法》（Anti – Unfair Competition Law，1909），以及以后制定的《股份法》（Stock Corporation Act，1965）、《参与决定法》（Employee participation Act，1976）和《公司改组法》（Corporate Reorganization Act，1994）等。直接或间接以德国商法为范例而制定或修订商事法的国家主要有：奥地利、瑞典、挪威、丹麦和日本等。

英美商法法系是以英美商法为代表，其特点是商事习惯法、判例法与商事成文法共同构成商法规则。在传统英美商事法中，商事法一般是指商事习惯法和判例法，它们皆受普通法和衡平法的支配。自 19 世纪中叶起，欧洲大陆方兴未艾的商事立法运动似乎也波及英伦半岛，一大批商事成文法相继诞生。英国商事立法主要有：《票据法》（Bill of Exchange Act，1882）、《载货证券法》（Act to Amend the Law Relation to Bill of Loading，1885）、《行纪法》（Factor Act，1889）、《合伙法》（Partnership Act，1890）、《商品买卖法》（Sale of Goods Act，1893）、《商船法》（Merchant Shipping Act，1894）、《破产法》（Bankruptcies Act，1894）、《海上保险法》（Marine Insurance Act，1906）、《有限责任公司法》（Limited Liability Company Act，1907），以及以后制定的《信托法》（The Trust Act，1925）、《海上运输法》（Marine Cargo Act，1971）和《公平交易法》（Fair Trading Act，1973）等。美国法律在传统上承袭英国法律，其商事法也以英国普通法为基础。19世纪以后，商事立法也开始盛行，主要的商事立法有：《统一流通票据法》（Uniform Negotiable Instrument Act，1896）、《统一买卖法》（Uniform Sale Act，1906）、《统一仓库收据法》（Uniform Warehouse Receipt Act，1906）、《统一股票转让法》（Uniform Stock Transfor Act，1909）、《统一载货证券法》（Uniform Bills of Loading Act，1909）、《统一附条件销售法》（Uniform Conditional Sales Act，1918）等，上述法规后经整理编纂为《统一商法典》（Uniform Commercial Code）于 1952 年公布。此外，美国在这一时期还制定了《州际通商法》（Interstate Commercial Act，1887）、《谢尔曼反托拉斯法》（Sherman Antitrust，1890）和

《破产法》（Bank-ruptcy Act, 1898）等。受英美法法系影响的主要有澳大利亚、加拿大、印度、新加坡马来西亚等国的商法。

从政治与社会发展的一般趋势来看，各国把商人习惯法纳入国内法的进程无疑是不可避免的，在开始阶段也使得法典编纂国家明显地从中受益。但是，当我们用公正和批判的眼光看待此项发展时，可以发现，国际商法的本质特征——国际性正随着各国商法的编纂而减弱，而各国法律制度相互孤立的状况必然阻碍跨国界商事交易的进一步发展。由此，重新发现商法的国际概念的特征与价值，代表了东西方法学家们的共同呼声。

三、现代国际商事统一立法

国际商法发展的第三阶段的标志是现代商事统一立法的形成，或者说是具有旧的商人习惯法特征的国际主义的概念的复归。19 世纪末 20 世纪初，随着国际商事交易的进一步发展，在客观上需要有一套各国商人共遵共守的统一的国际商事规则。为了满足这一需求，同时也为了纠正某种程度上的欧洲民族主义的倾向，国际社会开始了在国内法律制度之外创建统一法的努力。一方面，一些国际民间组织或商业团体开始整理编纂在国际贸易长期实践中形成的习惯做法或先例，通过惯例的成文化使惯例的内容更加确定和统一；另一方面，一些重要的国际组织，如联合国国际贸易法委员会、国际海事委员会、国际统一私法协会、海牙国际私法会议和国际法协会等精心制定了一系列国际公约和国际统一示范法。由此，一套内容丰富、法源多样、由同质规范组成的现代商事统一立法逐渐形成。

与旧的商人习惯法相比，现代国际商事统一法具有显著特征，一方面，它不再像中世纪商人习惯法那样，是在事先没有计划或者杂乱无章的情况下从习惯做法中发展而来，而是在制法机构的精心组织和策划下制定出来的；另一方面，在商法国际化和统一化浪潮的推动下，国际商法的内容体系逐渐突破传统商法的界限，从而形成以国际货物买卖法、国际技术转让法、国际服务贸易法为主体框架的比较完整的法律体系。具体而言，国际商法主要包括以下法律规范：

（一）国际货物买卖法

国际货物买卖法是规范国际商事交易中买方和卖方买卖行为的法律，在国际商法体系中占有十分重要的地位，是国际商法的核心内容。

国际货物买卖主要依靠合同来确定当事人的权利义务关系，因此，国际货物买卖合同在不违反国内法的强制性规定或社会公共利益的情况下，具有法律效力。由于跨国有形货物买卖有着悠久的历史，有关国际货物买卖合同的国内民商法规范和国际统一法规则都比较完备，与此同时，在国际货物买卖领域也发展出相当成熟的成文化惯例。为避免与其他法律学科内容的重复介绍，本书在国际货物买卖法领域，对各国合同法、买卖法及相关的冲突法将不做介绍，而是集中介绍《联合国国际货物销售合同公约》（United Nations Convention on Contracts for the International Sale of Goods，CISG）、《国际商事合同通则》（Principles of International Commercial Contracts，PICC）、国际贸易术语等内容。

（二）国际货物运输及保险法

国际货物买卖必然伴随国际货物运输，国际货物运输是国际服务贸易的一种，随着国际贸易的发展，国际货物运输也日益重要，为防范和补救国际货物运输中因自然灾害或意外事故或其他原因给货物造成的损失，作为国际服务贸易的一种形态的国际货物运输保险业也日益发达。国际货物运输法是调整货物跨越国界运输的法律规范的总称，包括国际海上货物运输法、国际航空货物运输法、国际铁路货物运输法和国际货物多式联运法等。

在各种国际货物运输方式中，国际海上货物运输占有最重要的地位，调整海上货运的法律也相对而言较为复杂，主要包括各国海商法、关于提单运输的《海牙规则》（Hague Rules）、《维斯比规则》（Visby Rules）、《汉堡规则》（Hamburg Rules）、《鹿特丹规则》（The Rotterdam Rules），关于租船运输的标准合同法等。国际航空运输方面，主要包括各国国内法和《华沙公约》（Warsaw Convention），《海牙议定书》（Protocol to the Hague Act）和《瓜达拉哈拉公约》（Guadalajara Convention）。国际铁路运输的国际公约主要有《国际铁路货物运送公约》（Convention Concerning International Carriage of Goods by Rail，COTIF）和《国际铁路货物联运协定》（Agreement On International Railroad through Transport Of Goods，CMIC）。国际货物多式联运是一种新的运输方式，多式联运法正处于发展过程之中，目前可以依循的国际规则主要是《联合运输单证统一规则》（Uniform Rules for a Combined Transportation Document）这一惯例规则，联合国贸发会通过的《联合国国际货物多式联运公约》（United Nations Conference on a Convention on International Multimodal Transport）尚未生效。国际货物运输保险关系主要受保险合同、各国海商法或保险法调整。

（三）国际贸易支付法

在国际经济交往中，不论是国际货物买卖、技术转让、对销贸易和加工装配业务，还是与贸易有关的投资活动，都要涉及两国或多国间的支付活动。在国际支付活动中，由于采用不同的支付工具和支付方式，当事人的法律关系不同，权利义务关系也不相同，各自承担的风险和享受的利益也存在差异。这些问题的解决，长期以来主要依靠各国国内法和一些习惯做法，而这些国内法或习惯做法之间差异甚大，给国际贸易的当事人带来了许多不便和风险。

就国际支付工具而言，票据法的国际统一化运动始于 20 世纪 30 年代，国际社会先后制定了四个关于汇票、本票、支票的国际公约，但英美法系许多国家并未接受上述公约。联合国成立以后，1988 年联合国大会通过了《联合国国际汇票和国际本票公约》（Convention on International Bill of Exchange and International Promissory Note of the United Nations），但该公约至今没有达到 10 个国家批准或者加入的规定，尚未生效。因此，各国票据法在冲突法的指引下仍发挥着重要作用。在国际支付方式方面，国际统一法运动主要是借助于对惯例的整理，国际商会制定了关于托收和信用证的两个成文化惯例规则，被国际社会广泛接受。该商会还制定了《合同担保统一规则》（Uniform Rules for Contract Guarantees），该规则虽然还未被各国广泛采用，但是在国际上也有一定影响。随着国际保付代理业务的兴起，一些国际组织诸如海牙国际私法会议、国际保理联合会等开始制定一些专门规定国际保理的规则。为适应 EDI（电子数据交换）在国际贸易支付领域中的逐渐广泛地应用，一些国际组织和某些发达国家也积极开展了 EDI 国际标准的立法。

（四）国际技术转让法

现代国际商事交易的方式是多种多样的。国际间的经济交往已由过去单纯的货物买卖发展到今天包括直接投资、技术转让等经济活动在内的综合经济交往格局。第二次世界大战后，随着科学技术作为一种生产要素逐渐凸显出其不可忽视的重要性，技术转让也逐步成为国际经济活动的一个主要方面。实践证明，无论是发展中国家还是发达国家，都将技术转让作为其参与国际经济交往的一种主要方式，商业性技术转让的速度大大超过了一般商品贸易。但是，迄今为止，国际上还未形成一套统一的调整国际技术转让交易的行为规则。由联合国贸易和发展会议主持起草的《联合国国际技术转让行动守则（草案）》较多地反映了发展中国家的要求，在一定程度上排除了技术转让交易中的某些不合理规则，对发展中国家有利，但由于守则草案包括范围极为广泛，几乎概括了技术转让交易中各个有关的方面，分歧较大而迟迟没有被通过，也相信这项行动守则将来一旦通过生效，将会对国际技术转让交易产生重大影响。

（五）国际商事仲裁法

在国际商事交往中，由于当事人的利害冲突以及法律制度、文化传统等因素的差异，争议的产生是不可避免的。国际商事仲裁作为一种解决争议的方法，由来已久。近几十年来，国际商事仲裁在处理国际商事争议中的作用日益增强，从而成为当今国际社会解决商事争议的一种重要制度。目前，该领域内的主要法律有 1958 年《承认与执行外国仲裁裁决的公约》（The New York Convention on the Recognition and Enforcement of Foreign Arbitral Awards）、1976 年《联合国国际贸易法委员会仲裁规则》（UNCITRAL Arbitration Rules）等。

第三节　国际商法的渊源

国际商法的渊源是指国际商法产生的依据及其表现形式。国际商法主要包括国际商事条约和国际商事惯例两大渊源，此外，各国国内商事法、国际示范法、司法判例和国际商事仲裁裁决、法律学说构成国际商法的辅助性渊源。

一、国际商事条约

国际商事条约是指两个或两个以上的国家间缔结的规定缔约国商事主体在国际商事交易关系中权利和义务的书面协议。各国缔结的有关国际商事活动的国际条约或公约历来被普遍认为是国际商事法的重要渊源。按照 1969 年《维也纳条约法公约》（Vienna Convention on the Law of Treaties）第 2 条第 1 款（甲）规定："称'条约'者，谓国家间所缔结而以国际法为准之国际书面协定，不论其载于一项单独文书或两项以上之单独文书内，亦不论其特定名称为何。"国际商事条约可分为双边条约、多边条约（或国际公约）。双边条约是两国间缔结的条约，这类条约数量众多，对协调两国间商事交易关系起着重要作用。但是，由于此类条约仅统一了两国的相关法律规定，因而，在国际统一法中其"国际性"较低，其作用也是有限的。多边条约也称国际立法或规范性条约，是由国际组织制定并在一定外交会议上签字通过的开放性条约。此类条约的内容往往涉及国际社会普遍关注的领域，其范围和作用是全球性的，"国际性"最高，从而成为国际商法渊源的主要组成部分。

按照"条约必须遵守"的国际法原则，国际商事条约对缔约国具有约束力。各国通过缔结条约，就可以将某些强制性的法律规范加之于当事人，当事人必须予以遵守。一般说来，条约只对缔约国有拘束力，而对非缔约国并无拘束力。这是因为条约只规定缔约国之间的权利和义务关系。但许多商事方面的多边条约中所做出的规定，往往反映了商品经济的一般规律，通常被认为属于商业活动应予遵守的规范，因而在某些特定情形下会得到非缔约国的遵守，尤其是那些参加国较多、历史较长久的公约。

云思政：有约必守原则与中国传统契约文化

按照法律性质可以将国际商事公约分为统一实体法和统一冲突法两种，常见的实体法规范的国际条约，比如 1967 年世界知识产权组织发布的《建立世界知识产权组织公约》（Convention Establishing the World Intellectual Property Organization），1978 年德国汉堡举行的联合国海上货物运输会议通过的《1978 年联合国海上货物运输公约》（United Nations Convention on the Carriage of Goods by Sea, 1978），1980 年在维也纳举行的外交会议上获得通过的《联合国国际货物销售合同公约》等。国际商事领域的统一冲突法规范比较少，代表性的有 1985 年在海牙通过的有关买卖合同的法律适用的专门公约《国际货物销售合同法律适用公约》（Convention on the Law Applicable to Contracts for the International Sale of Goods），1980 年于罗马签订的《欧洲共同体关于合同债务的法律适用公约》（EC Convention on the Law Applicable to Contractual Obligations）。

目前，作为商事性的双边条约主要有通商航海条约、贸易协定、贸易议定书、相互保护和促进投资协定、避免双重征税和防止偷税漏税协定等。

在国际货物买卖方面，主要有 1964 年的海牙《国际货物买卖统一法公约》（Convention on Uniform Law for the International Sale of Goods）、海牙《国际货物买卖合同成立统一法公约》，1980 年的《联合国国际货物销售合同公约》，1974 年的《联合国国际货物买卖时效期限公约》（United Nations Convention on the Limitation Period in the International Sale of Goods），1980 年的《修订国际货物买卖时效公约的议定书》，1983 年的《国际货物销售代理公约》等。

另外，还有调整国际海上货物运输的《海牙规则》《海牙—维斯比规则》《汉堡规则》《鹿特丹规则》（未生效）；调整国际航空运输的《关于统一国际航空运输某些规则的公约》（简称《华沙公约》）；调整国际铁路货物运输的《国际铁路货物运送公约》《国际铁路货物联运协定》；调整国际多式联运的《联合国国际货物多式联运公约》；调整国际票据法律关系的《统一汇票本票法公约》《统一支票法公约》；关于国际投资的《关于解决国家和他国国民之间投资争端公约》（简称《华盛顿公约》）、《多边投资担保机构公约》（简称《汉城公约》）；关于知识产权的《保护工业产权巴黎公约》（简称《巴黎公约》）、《商标国际注册马德里协定》、《保护文学和艺术作品伯尔尼公约》（简称《伯尔尼公约》）、《日内瓦公约》、《世界版权公约》、《与贸易有关的知识产权协定》；关于国际仲裁的《关于执行外国仲裁裁决的国际公约》《承认及执行外国仲裁裁决公约》（简称《纽约公约》）；等等。

云思政：大国之路——中国是否加入《鹿特丹规则》的学术争鸣

中华人民共和国成立以来，已同世界各国签订了为数众多的国际商事条约与协定，缔结和参加的一些国际条约为加强和发展我国同世界各国的经济贸易关系，发挥了相当重要的作用，缔约国商业组织的商事行为既受到条约和公约的规制，其权利也得到条约和公约的保障。中国一直积极参与全球治理体系改革和建设，推动世界贸易组织、亚太经合组织等多边机制更好发挥作用，扩大金砖国家、上海合作组织等合作机制影响力，增强新兴市场国家和发展中国家在全球事务中的代表性和发言权。[①] 更值得一提的是，2013 年，"一带一路"合作倡议提出以来，加强涉外法治建设和促进良法善治成为各沿线国家关注的命题，我国进一步提出构建人类命运共同体的主张和共商共建共享的全球治理新路径，在这一思路的支持下，我国也在不断加强和主动参与国际规则的制定，将美好的理念转化为具有一定拘束力的国际法原则，营造有利于实现中国式现代化宏伟目标的外

---

① 《中国外交政策》，外交部网站，2023 年 8 月 21 日，https：//www.mfa.gov.cn/web/ziliao_674904/tytj_674911/200608/t20060824_9868937.shtml。

部环境。①

二、国际商事惯例

国际商事惯例是指在国际贸易实践中逐渐形成的、为国际商事交易当事人所承认并经常遵守的习惯或惯常做法。《国际法院规约》（Statute of the International Court of Justice）第 38 条规定，法院适用法律时对国际惯例的解释是：经接受为法律的通例。《联合国国际货物销售合同公约》第 9 条对国际贸易惯例的解释为："在国际贸易上已为有关特定贸易所涉同类合同的当事人所广泛知道并为他们所经常遵守。"法律上的惯例与习惯是有本质的不同的，前者一旦被当事人加以采用，便对该当事人具有法律拘束力，后者只是一种习惯的行为。

国际商事惯例具有以下特征：（1）自发性。与国家自觉制定的成文法不同，国际贸易惯例是在国际商业社会长期实践中所逐步自发形成的，其编纂也是由商业团体自发进行的。一般不受政府的控制与干预。因此，可以说，它具有形成过程上的自发性特征。（2）重复性。国际商事惯例是在重复性行为基础上产生的固定的行为规则，并不需要有商人心理上的法律确信，仅凭惯例践行者彼此存在某种可推定的期待，就足以产生遵守惯例的义务②，但偶然的实践不能构成惯例，必须是经过多次重复一致的行为，才有可能成为惯例。（3）明确性。国际贸易惯例作为国际商业贸易领域的惯例，其内容是关于商事权利、商事义务的规则，应当具有明确性，内容模糊的实践一定是发展得不够充分的实践，它不构成"惯行"，因而不能算是惯例。（4）普遍性。国际贸易惯例的普遍性具有一定的国际统一性，即在国际上广为人知，并得到普遍接受。由于国际贸易惯例是长期贸易实践的总结，反映了国际贸易实践的一般规律，体现了商人们的合理期待，具备了法律规则的确定性和可预测性，因而能广泛用于指导国际贸易实践，一些法学家称国际惯例为"世界通用的语言"。与此同时，国际贸易惯例在适用上还具有简化交易程序、节省交易费用和时间、方便法院判案、填补法律漏洞等多项功能，因而成为国际商法的重要渊源。

按照国际商事惯例的表现形式可将其划分为成文惯例和不成文惯例两类，广泛意义和普遍意义的惯例许多都已编纂成文。具体而言，成文惯例又包括两种形

---

① 张乃根：《加强涉外法制建设　促进国际良法善治》，载于《民主与法制周刊》2024 年第 3 期，第 30~31 页。

② 郑远民：《现代商人法研究》，法律出版社 2001 年版，第 34~73 页。

态：一是非政府国际组织（如国际商会）制定的贸易惯例；二是各贸易协会（或称商业同业公会）或专业团体制定的标准合同。广泛意义和普遍意义的惯例许多都已编纂成文。

非政府国际组织制定的惯例具有适用普遍、影响广泛的特点。这些组织主要有国际商会、国际法协会与国际海事委员会，其中又以国际商会的贡献最为突出。目前在国际贸易中影响最大的贸易惯例是国际商会制定的贸易术语、多式联运单证、托收、信用证的四个文件。这些国际贸易惯例在世界上已经得到绝大多数国家和地区的承认，而且在实践中起着举足轻重的作用。

目前，许多重要的国际商事惯例经国际组织编纂成文，在国际贸易和商事交易中发挥着重要的作用。具有代表性的成文惯例包括：

（1）关于国际货物买卖的惯例：①《国际贸易术语解释通则》（International Rules for the Interpretation of Trade Terms，INCOTERMS），国际商会 1936 年制定，为适应国际贸易实践发展的需要，国际商会先后于 1953 年、1967 年、1976 年、1980 年、1990 年、2000 年、2010 年和 2020 年进行过多次修订和补充，《国际贸易术语解释通则》最新版本为 2020 年文本；②国际法协会的《1932 年华沙——牛津规则》（CIF 买卖合同的统一规则）；③美国全国对外贸易协会的《美国对外贸易定义 1941 年修订本》；④联合国欧洲经济委员会制定的格式合同；⑤其他各种贸易协会制定的格式合同；⑥各国进出口公司制定的格式合同，如我国各贸易公司制定的格式合同。

（2）关于国际货物运输及保险的惯例：①《统一杂货租船合同》（Uniform General Charter），波罗的海国际航运公会制定；②《1991 年联合国贸易和发展会议/国际商会多式联运单证规则》（UNCTAD/ICC Rules for Multimodal Transport Documents，1991），1991 年由联合国贸易和发展会议与国际商会在《联合运输单证统一规则》的基础上，参考《联合国国际货物多式联运公约》共同制定的，作为一项国际规则供当事人自愿采纳；③海洋运输公司制定的提单条款；④《协会货物条款》（Institute Cargo Clause，I. C. C.），伦敦保险协会 1912 年制定，现行文本为 1982 年修订本，并于 1983 年 4 月 1 日起正式实行；⑤中国人民保险公司的货物运输保险条款。

（3）关于国际支付的惯例：①《跟单托收统一规则（第 522 号）（1995 修订）》（ICC Uniform Rules for Collection〔URC 522〕，1995），国际商会 1967 年制定，现行文本为 1995 年修订本，1996 年 1 月 1 日生效；②《跟单信用证统一惯例》（Uniform Customs and Practice for Documentary Credits），国际商会先后于 1951

年、1962 年、1967 年、1974 年、1983 年和 1993 年六次修改，现在使用的是 2007 年 1 月 1 日生效的修订本；③《国际保理惯例守则》，国际保理商联合会 1988 年制定，现行文本为 1997 年修订本。

（4）关于国际特许经营的惯例：国际统一私法协会《国际特许经营指南》（1998 年 8 月，罗马）。

三、国内商事法

21 世纪，国际贸易法和国际商法统一化虽然得到了长足发展，但是因为各国政治制度、经济发展、社会文化、宗教历史和法律环境的差异较大，商事主体的权利能力和行为能力方面很难形成国际统一的规范，调整国际经贸关系的法律呈现出更多的差异性和复杂性，现有的国际公约和惯例不可能满足实践中的所有需求，个人或企业在从事超越国境的经贸和商事活动时，更多地选择某国的国内法为准则，因此，各国有关商事交易的国内法是国际商法渊源的重要补充。

国内法的范围涵盖实体法、程序法和冲突法。相对比而言，西方国家对外经贸交往活动频繁，立法的技术发展更为成熟，体系较为完备，这些国家的有关法律对其他国家的立法和实践有相当大的影响。我国自从 20 世纪 70 年代末开始，国际商贸活动得到了长足的发展，在全球范围内成为经济持续高速发展的国家之一，是国际商界关注的焦点，我国加入世界贸易组织（WTO）后，以经济全球化为基石的 WTO 规则对我国民商法的主体制度、交易规则和责任体系提出了严峻的考验，这一进程推动我国不断进行现代法律转型和优化，也因为如此，越来越多的外国投资者和法律工作者开始关注并研究我国的商事立法。

四、国际示范法

国际示范法是指由国际机构制定的供各国立法机构起草本国商事法时采纳的法律。国际示范法与国际条约的明显区别是它没有经国际会议通过，也不对各国开放签字，并订有关于示范法不具有强制力的条款。示范法作为一种非强制性的法律统一化方式，旨在减少各国民商法的差异，即通过制定示范法，由各法域借鉴或采纳同样的法律文本的方式来渐进地推动法律的统一化。从实践角度看，示范法在作为各国民商立法的示范的同时，也被国际商事主体视为一种商事惯例予以遵守或作为磋商、谈判和起草合同的重要参考，在此意义上，示范法也构成国际商法的辅助性渊源。

现今国际社会中出现的示范法文本很多，联合国国际贸易法委员会（以下简称 UNCITRAL）制定的示范法具有代表性且影响较大，主要有：联合国《国际商事仲裁示范法》；联合国国际贸易法委员会《跨国界破产示范法》（UNCITRAL Model Law on Cross-border Insolvency）；《电子商务示范法》（UNCITRAL Model Law on Electronic Commerce）；《电子签名示范法》（UNCITRAL Model Law on Electronic Signatures）；《联合国国际贸易法委员会国际商事调解示范法》（UNCITRAL Model Law on International Commercial Conciliation）；等等。

五、司法判例和国际商事仲裁裁决

从国内法看，司法判例在英美法系国家是主要的法律渊源，上级法院的判决作为"先例"成为同级和下级法院判案时所适用的法律。而在大陆法系和我国，判例不构成法律渊源。在国际法领域，国际商事仲裁庭的仲裁裁决都只对个案和个案当事人有效，裁决中对法律所作的解释对其他同类性质案件的处理并无拘束力，因此，一般不承认司法判例和国际商事仲裁裁决是国际商法的正式渊源。但需要指出的是，如果法官、仲裁员在判决时对法律所作的解释或发展合乎规律，被其他法官或仲裁员处理同类争议所采纳，则事实上起到了法律的作用。

六、法律学说

法律学说是指各国权威的国际法学家关于国际法的理论与学说。在联合国《国际法院规约》中，法学家的学说作为法律渊源的地位得到了一定程度的肯定，依规约第 38 条第 1 款（卯）规定："在第 59 条规定下，司法判例及各国权威最高的公法学家的学说，作为确立法律原则之补充资料者。"在国际商法领域，法学家的学说，也可被认为是确立法律原则之补充资料。如果学说对法律的解释或发展合乎规律，被立法机关采纳或司法机关采用，则也可事实上成为一种法律渊源，虽然这种渊源仅是一种辅助性质的渊源形态。

第四节 国际商法的基本原则

国际商法的基本原则是指反映国际商事法律的基本宗旨，对于各类商事关系具有普遍性适用意义或司法指导意义，对于统一的商法体系具有统领作用的某些基本法律规则。它贯穿调整国际商事交易关系的各类法律规范之中，是国际商事法律规范的基础和核心。国际商法的基本原则主要包括：意思自治原则、诚实信用原则、交易公平原则、交易简便迅捷原则和交易安全原则。

一、意思自治原则

意思自治是私法领域内一项通行的原则。该原则的核心内容是：各国参与国际商事交易的当事人，在不违反国家强制性法律的前提下，可自由地从事国际商事交易。例如，《联合国国际货物销售合同公约》第 6 条规定，双方当事人可以不适用本公约，或在第 12 条的条件下减损本公约的任何规定或者改变其效力。

具体来讲，意思自治包括以下内容：

（1）缔结合同的自由。一般而言，当事人可以依照自己的意愿决定签订或不签订合同，其他任何人，包括政府机关、企业的上级主管机关，都不得干涉，不得违背当事人的意愿，强迫当事人签订合同或不签订合同。

（2）选择合同相对人的自由。在国际商事交易中，当事人有权自主决定签约对象，比如签订买卖合同，买方有权选择由谁供货；订立服务合同，服务方有权选择向谁提供服务；订立合营合同，当事人有权选择合营伙伴等。

（3）决定合同内容的自由。当事人在不违反法律的强制性规定的前提下，有权自由商定交易条件，自主决定合同条款。合同法的大部分条文都是任意性条款，当事人可以通过他们的自由约定来适用或加以排除。

（4）选择合同形式的自由。一般而言，当事人自己可以商定合同订立、修改或终止的形式。许多国际公约及非立法性文件对此都有明文规定，如《联合国国际货物销售合同公约》第 11 条规定："销售合同无须以书面订立，在形式方面也不受其他条件限制。销售合同可以用包括证人在内的任何方式证明"；再例如《国际商事合同通则》第 1.2 条也规定："通则不要求合同、声明或其他任何行为必须以特定形式做出或以特定形式证明。合同、声明或行为可通过包括证人在内的任何形式证明。"上述法律规定适应了国际商事交易的特点，顺应了各国合同立法的发展趋势，而且符合现代商事交易日益迅捷及无纸化的客观要求。

（5）选择解决争议方式的自由。商事争议的当事人可以自由选择争议的解决方式，如选择仲裁或者诉讼。在国际商事争议的解决中，商事仲裁以其迅速、灵活之特点得到广泛运用。在商事仲裁中，当事人还可自主选择仲裁地点、仲裁机构、仲裁适用的法律等。

应当指出，当事人意思自治并不是一种绝对的自由。根据现代立法观念，个人的自由不能发展至限制和取消他人的自由，也不能损害社会公共利益。因此，在现代合同法中都对意思自治或合同自由加以必要的限制。例如，各国普遍制定了反垄断法，禁止破坏竞争的价格固定、限制竞争、市场分割协议；又如有的国家设立了准司法性质的合同管理机关，进行合同管理。

二、诚实信用原则

诚实信用原则作为现代民商法中又一基本原则，是指在商事交易中，当事人根据交易习惯，按诚实信用和善意的方法进行交易，它对于民事活动和商事活动的正常进行具有普遍性的控制作用。按照商法学者们的认识，诚实信用原则涉及两方面的利益关系：当事人之间的利益关系和当事人与社会之间的利益关系。诚实信用原则的本质就是谋求这两方面利益的平衡。在当事人之间的利益关系中，诚实信用原则要求尊重他人的利益，尽到应尽的义务，从而确保法律关系中的当事人得到自己应当得到的利益，当特殊情况发生使当事人之间的利益失去平衡时，应加以适当的调整，使利益平衡得以恢复；在当事人与社会的关系中，诚实信用原则要求当事人不得通过自己的活动损害第三人或者国家、社会的利益，应在法律允许的范围内行使权利。

诚实信用原则的内容包括以下几个方面：

（1）当事人在进行商事交易时必须具备诚实、善意的内心状态。也就是说，当事人应当诚实处事，不弄虚作假，讲求信用。由于国际商事交易往往跨国进行，当事人对诚信义务的遵守显得尤为重要。

（2）当事人所谋求的个体利益不得与社会公共利益相冲突，以维护社会的和谐发展。

（3）法官或仲裁员在行使自由裁量权时，应当按照诚信的要求，正确解释法律，探究当事人的真实意思，从而实现诚实信用原则作为法律一般条款的效用。

诚实信用原则在适用中,应当注意以下几点:第一,诚实信用原则属于强行性法律规范,不允许当事人以约定排除或者限制适用。合同约定的条款违背诚实信用原则,即当然无效。第二,法院在适用诚实信用原则时"禁止向一般条款逃避",即法律有具体规定时,法院应当适用该具体规定,而不能直接适用诚实信用原则。从广义上讲,全部法律规则都是以公平、诚信为目标的,但是为了使法律具有较强的操作性,各项法律制度中均有一系列具体规则和一整套个别制度,因此,法院在处理商事案件时,应当优先适用法律上具体的、个别的、有针对性的制度,在法律滞后及法律存在漏洞时,再运用法律一般性条款来弥补法律的不足。

在国际商事法律中,体现诚实信用原则的具体规定不胜枚举。例如《国际商事合同通则》总则即规定,当事人在国际商事交易中应根据诚实信用原则和公平交易原则行事,而且当事人不得排除或者限制此项义务。不同章节中也有大量的规定都直接或间接地规定了诚实信用原则。由此可见,诚实信用原则在国际商事法律中的重要地位。此外,各国商法中禁止欺诈和不正当交易的有关规定均是诚实信用原则的具体体现。

云思政:用诚实信用审判案例讲述中国法治故事

三、公平交易原则

所谓公平交易原则,是指在商事交易中,当事人的法律地位平等,在平等的条件下进行交易,从而达到公平的目的。按照商品经济的基本价值规律,商品的价值由生产商品所耗费的必要劳动时间决定,商品交换依据价值进行,因而,公平、等价有偿是价值规律本身的要求。马克思在《资本论》中指出:"商品交换就其纯粹形态来说是等价物的交换,因此,不是增大价值的手段。"[1] "在交换中得不到等价物,就不会把他们所耗费的劳动时间白白送给别人。"[2] 因此,公平交易原则的确立,不仅是价值规律的内在要求,也是实现社会正义的必然要求。

公平交易原则的主要内容包括:

---

[1] 《马克思恩格斯全集》第四十二卷,人民出版社2016年版,第145~146页。
[2] 《马克思恩格斯全集》第二十五卷,人民出版社1974年版,第1018页。

（1）在各种形式的交易中，当事人承担的权利义务应当基本对等，这是公平交易原则的基本内容。如果出现当事人在利益上的重大失衡，例如由于欺诈、胁迫、重大误解、无商业经验、大欺小、强凌弱使合同对一方过分有利，而对另一方不利，就违反了公平交易原则，应当以公平原则加以矫正。

（2）当事人公平合理地承担法律责任。例如在确定合同责任时，应当从当事人的主观状态、客观状态、因果关系等方面来考虑，属于一方的责任，由一方承担，属于双方的责任，由双方来分担。

（3）法院或者仲裁机构应当公平地处理商事纠纷。例如按照《民法典》第585条的规定，约定的违约金低于造成的损失的，人民法院或者仲裁机构可以根据当事人的请求予以增加；约定的违约金过分高于造成的损失的，人民法院或者仲裁机构可以根据当事人的请求予以适当减少。

公平交易原则和当事人意思自治原则有密切关系，意思自治是对商品交换关系主体条件的规定，公平交易原则是对商品交换关系内容的规定。两个原则共同作用于商事交易关系，从而实现交易平等、自愿、公平、等价有偿等价值。

四、交易便捷原则

商事交易以营利为目的，为实现营利目的，必须力求交易迅捷。各国商法及国际立法的许多制度都贯穿交易便捷原则。它主要体现在：

（1）商事合同的定型化。为简化交易程序，缩短交易时间，在国际商事交易中广泛使用定型化合同即格式合同，如在国际货物买卖中使用售货单和购货单，在海运业务中使用提单，在保险业务中使用各种保险单等。

（2）不要式主义的采用。在国际商事交易中，除某些特殊交易采用要式主义，对一般交易采用不要式主义。这种要式主义与不要式主义并用的立法手段，也是为了贯彻交易迅捷的原则。

（3）权利证券化。目前商法上许多权利都可以使用证券来表示，如票据、提单、仓单、股票、公司债券等证券的采用，也为交易提供了方便。

五、保护交易安全原则

商事交易追求简便迅捷，以达到利益的最大化。然而，在市场经济条件下，随着交易手段的复杂，交易周期的加快，交易范围的扩大，各种风险因素日益增多，交易风险时刻存在，从而危及交易安全。如果没有了交易安全，整个交易秩序就会陷入混乱。因此，国际商法及各国商法均把保护交易安全确立为基本原则，通过一系列技术性规定达到保护交易安全的目的。该原则主要体现在几个方面：

（1）公示主义。所谓公示主义是指要求交易当事人对于涉及利害关系人利益的客观事实必须向公众显示，以便利害关系人可以了解。这一规定的目的是保护交易相对人或者不特定第三人的利益。在交易的过程中，交易当事人需要了解相对人的资信、权限等方面的信息以做出判断，但如果仅依靠自己的力量来取得，往往非常困难且费时费力。因此，商法中规定了有关公示的制度，例如，公司设立、变更、终止应当向登记机关进行登记并公告，海商法也有船舶登记公告的规定等。如果负有公示义务的商事主体没有履行该义务或者公示虚假，应承担相应的法律责任。

（2）强制主义。又称干涉主义，是指国家通过公法手段对商事关系予以强制性规定。这一原则是商法公法化的体现。例如各国商法中关于商事登记、商业账簿、商业税收、反不正当竞争、反垄断等一系列规定，不仅体现了国家干预和宏观调控职能，而且体现了保护商事交易安全的宗旨。

（3）外观主义。外观主义是指以交易当事人行为的外观为准来认定商事交易行为的效果。对此，德国、法国学者称为"外观法理"，英美法中称为"禁反言"（Estoppel）。外观表示与真实意思可能不一致，依据外观主义，交易行为完成后，出于对交易安全保护的目的，原则上不得撤销。如果允许当事人在外观表示与真实意思不符而撤销其交易行为，则显然不利于交易关系的稳固，从而危及交易安全。民法上的表见代理制度，在商法中贯彻得更加彻底。例如商法中关于不实登记的责任，字号借用人、表见经理人、表见代理董事的责任，票据法上对票据行为解释的外观原则、背书证明力等规定，都体现了外观主义的要求。

（4）严格责任主义。民事责任归属实行的是过错责任主义，而商事责任则在许多方面采用严格责任主义。所谓严格责任主义，是指在商事交易中，不论债务人有无过错都应该对债权人负责。例如票据的出票人、承兑人、背书人及其他票据债务人对持票人均承担连带责任，这是严格责任主义的具体体现。此外，在产品责任法中则已普遍实行严格责任主义，旨在通过加重商事交易当事人的责任，保护交易安全。

第五节　世界主要法律体系及其法律制度

关于法系的分类，一直有各派观点。我国较为流行的观点是按照历史传统和法律表现形式分为：大陆法系、英美法系、伊斯兰法系、印度法系和中华法系。其中认为影响最大的两大法系分别是大陆法系和英美法系。这两大法系都有着悠久的历史，都不同程度地受到罗马法的影响，同时都在立法上对各国商法及国际商法的产生和发展产生过重大的影响。

两大法系的主要区别体现在如下四个方面：

第一，法的渊源不同。在大陆法系国家，正式的法的渊源主要是制定法，如宪法、法律、行政法规等，法院的判例和法理并没有正式的法律效力；而在英美法系国家，制定法和判例法都被视为正式的法的渊源，遵循先例是一个重要的原则，法官有权创制法，判例法在整个法律体系中占据非常重要的地位。

第二，法的分类不同。大陆法系国家的法分为公法和私法，私法主要包括民法和商法，而公法则涉及宪法、行政法、刑法、诉讼程序法等，20 世纪后还出现了社会法、经济法、劳动法等包含公法、私法成分的法；英美法系国家的法没有明确区分公法和私法，而是根据法律的性质划分为普通法和衡平法，普通法是基于普通法院判决形成的全国性法律，而衡平法则由大法官法院的申诉案件判例形成，在审判中更加注重实际。

第三，法典编纂不同。大陆法系国家继承了古代罗马法的特点，通常采用法典形式编纂法律，但也有单行法律和法规；英美法系国家通常不倾向于法典形式的编纂，而是更多地采用判例法的规范化。

第四，诉讼程序和判决程式不同。大陆法系国家一般采用审理方式，法官居于主导地位，首先考虑制定法的规定，然后依据相关规定做出判决；英美法系国家采用对抗制，法官充当消极的中立者，首先考虑在先的判例，从中概括出适用于本案的法律规则。

一、大陆法系概述

（一）大陆法系的概念和分布范围

大陆法系（Continental Law System）又称为罗马法系、民法法系（Civil Law

System）、成文法系，是指以罗马法为基础而形成和发展起来的完整的法律体系的总称。

大陆法系形成于 13 世纪的西欧，一般是指以罗马法为基础，以《法国民法典》和《德国民法典》为典型的法律以及模仿前述法例的其他国家法系的总称。其分布范围非常广泛，以欧洲大陆为中心，遍布世界各地。欧洲大陆国家，包括法国和德国在内的许多国家如瑞士、意大利、奥地利、比利时、卢森堡、荷兰、西班牙、葡萄牙等国都属于大陆法体系。随着殖民主义的扩张，各宗主国把自己的法律体系带到了各个殖民地，在殖民地建立了相应的法律秩序。因此，大陆法也随之向世界各地扩展。现在，除西欧外，整个拉丁美洲、非洲的一部分（如刚果、卢旺达、布隆迪等国法律）都属于大陆法体系，在亚洲，日本自 1868 年"明治维新"以来的法律以及泰国、土耳其等国法律，亦属大陆法系。此外，在属于普通法体系的国家中，某些国家的个别地区，如美国的路易斯安那州和加拿大的魁北克，也属于大陆法的范围。

知识链接：大陆法系形成的五个阶段

（二）大陆法系的法律结构、渊源及其特点

1. 大陆法系的法律结构

大陆法系各国在结构上强调系统化、条理化、法典化和逻辑性。它所采取的方法是运用几个大的法律范畴把各种法律规则分门别类归纳在一起，这种结构上的特点，在法学和立法中都有所反映。首先，大陆法系各国都把全部法律分为公法与私法两大部分。这种分类法最早是由罗马法学家提出来的，按照乌尔比安（Domitius Ulpianus）[①] 对公法与私法划分的观念，"公法是与罗马国家状况有关的法律，私法是与个人利益有关的法律"。当时，公法包括调整宗教祭祀活动和国家机关活动的法规，私法包括调整所有权、债权、家庭与继承等方面的法规。大陆法承受了罗马法的这种分类方法，并根据现代法律发展的状况，进一步把公法再细分为宪法、行政法、刑法、诉讼法和国际公法，把私法再分为民法、商法

---

① 乌尔比安（Domitius Ulpianus），古罗马伟大的法学家，主要著作有《执政官告示评注》83 卷、《论萨宾市民法》51 卷等。他的著作是查士丁尼《学说汇纂》的主要来源，几乎占 1/3，他的权威仅次于帕比尼安（A. Papinianus）。参见〔日〕美浓部达吉教授：《公法与私法》，黄冯明译，中国政法大学出版社 2003 年版，第 23 ~ 70 页。

等。大陆法系各国在这些法律领域中都使用相同的法律制度和法律概念。在大陆法国家之间，尽管语言不同，但他们的法律词汇可以准确地互相对译。只要掌握了一个大陆法国家的法律，就很容易了解其他大陆法国家的法律。其次，大陆法系各国都注重法典的编纂。法国资产阶级革命胜利后曾先后颁布了五部法典：民法典、民事诉讼法典、商法典、刑法典和刑事诉讼法典。其他大陆法国家也制定了类似的法典，但各国在法典的编制体例上却不完全相同。比如，在私法领域，有些国家采取民商合一的立法体例，将有关商法的内容纳入其中，如意大利、荷兰；有些国家采取民商分立的立法体例，分别编纂独立的民法典和商法典，如法国、德国等。《法国民法典》不设总则篇（只有序言），而《德国民法典》则专门设总则篇。

2. 大陆法系的渊源

大陆法国家是成文法国家，各国都十分强调成文法的作用，但是成文法律并不是大陆法系的唯一渊源，除了法律以外，还有其他重要的法的渊源。

（1）法律。

法律是大陆法的主要渊源，几乎所有大陆法国家都编纂了各种法典，并公布了成文宪法，成文法已经相当完备。大陆法国家的法律包括宪法、法典，法律和条例等。

一般来说，宪法处于最高的地位，具有最高的权威性。但在大陆法国家中，各国宪法的效力和地位也有差异。在有些大陆法国家，宪法可按一般立法程序制定和修改，宪法的效力同普通法律没有差别，另一些国家则认为，宪法是根本法，宪法不同于普通法律，宪法的效力优于普通法律，因此，宪法必须经过特殊程序才能制订或修改，并且建立了一套监督违宪的制度，对其他法律是否符合宪法进行监督。但负责监督的机构以及监督的方式各国有所不同。在日本和某些拉丁美洲国家，像美国一样，任何法官都有权宣布某项法律违宪，从而拒绝予以执行。而欧洲的一些国家，如联邦德国、意大利，奥地利等国，则设有专门的宪法法院，其他法律是否违宪必须经由宪法法院审查宣布。一般法院如对某项法律是否违宪有所怀疑，只能中止诉讼程序，申请宪法法院予以裁决，而无权自行宣布某项法律违宪。

大陆法国家都制定了一系列法典。所谓法典是指把有关同一类内容的各种法规和原则收集起来，加以系统化，汇编为一个单一的法律文件，如法国的民法典、刑法典、商法典、民事诉讼法典和刑事诉讼法典。法典在大陆法国家起着十分重要的作用，是大陆法的主要法源。法典以外的法律属于"例外法律"，是

"权宜的法律"，因而有法学家主张有限制地适用法典以外的法律。

除了由立法机关——国会制订的法律以外，在大陆法系国家还有许多由行政机关制订的成文法，这种成文法称为条例。这些条例有两种情形：一种是在某项法律的既定范围内并为实现该项法律而制定的，立法机关只确定原则和一般规则，而把细则留待行政机关做出具体规定。另一种情况是由宪法授予行政机关以制定条例的权力。如法国宪法承认行政机关有制定条例的权力。

（2）习惯。

一般来说，大陆法国家都承认习惯是法的渊源之一。但法国法学界与德国法学界对习惯持不同的态度。法国学者认为，自从制定法典之后，法律是法的主要渊源，占有优越的地位，习惯的作用甚微。法国、意大利、奥地利等国都认为，习惯只有在法律明文规定法官必须援用习惯的情况下才能适用。与此相反，德国和瑞士则把法律与习惯相提并论。

（3）判例。

大陆法国家强调成文法的作用，原则上不承认判例具有与法律同等的效力。一个判决只对被判处的案件有效，对日后法院判决同类案件并无约束力。但也有一些例外的情况，有的国家规定法官应受某种判例的约束。如联邦德国规定联邦宪法法院的判决在"联邦公报"上发表后即具有约束力，并承认由"经常的判例"所形成的规则即属于习惯法规则，法官应予以实施。又如阿根廷、哥伦比亚最高法院关于宪法的判决，以及瑞士联邦法院关于宣布某一州的法律违宪的判决都有约束力。西班牙把最高法院多次判决形成的判例称为"法理"（Doctrina），日后如遇违反该项"法理"的判决，可向最高法院提起上诉。这是进入20世纪以后判例在大陆法国家所起的作用日益重要的一种反映。

（4）法理。

一般而言，法理不是法的渊源。但在大陆法系的某些国家明确承认法官可以以法理裁判，从而承认法律的法源地位。如《瑞士民法典》第1条第2款和第3款规定："无法从本法得出相应规定时，法官应依据习惯法裁判；如无习惯法时，依据自己作为立法者应提出的规则裁判。"《法国民法典》第1159条规定："有歧义的文字，按契约订立地的习惯解释。"第1160条规定："习惯上的条款，虽未载明于契约，解释时应加以补充。"以上这些国家和地区的民法都明文规定，在法律没有规定的时候，适用习惯，在没有习惯的时候，法官可以依法理裁判。

3. 大陆法系的特点

（1）在法律的历史渊源上，大陆法系是在罗马法的直接影响下发展起来的，大陆法系不仅继承了罗马法成文法典的传统，而且采纳了罗马法的体系、概念和术语。如《法国民法典》以《法学阶梯》为蓝本①，《德国民法典》以《学说汇纂》为模式②。

（2）在法律形式上，大陆法系国家一般不存在判例法，对重要的部门法制定了法典，并辅之以单行法规，构成较为完整的成文法体系。资产阶级启蒙思想家鼓吹的自然法思想和理性主义是大陆法系国家实行法典化的原因之一，1791 年法国宪法中的"人权宣言"就明确宣布，每个人的自然权利只有成文法才能加以确定。以法国革命为代表的欧洲大陆国家的资产阶级革命的彻底性，在法律上的表现就是开展大规模的法典化运动。立法与司法的严格区分，要求法典必须完整、清晰、逻辑严密。法典一经颁行，法官必须忠实执行，同类问题的旧法即丧失效力。法典化的成文法体系包括：宪法、行政法、民法、商法、刑法、民事诉讼法、刑事诉讼法。

（3）在法官的作用上，大陆法系要求法官遵从法律明文办理案件，没有立法权。大陆法系国家的立法和司法分工明确，强调制定法的权威，制定法的效力优先于其他法律渊源，而且将全部法律划分为公法和私法两类，法律体系完整，概念明确。法官只能严格执行法律规定，不得擅自创造法律、违背立法精神。

（4）大陆法系一般采取法院系统的双轨制，重视实体法与程序法的区分。大陆法系一般采用普通法院与行政法院分离的双轨制，法官经考试后由政府任命，严格区分实体法与程序法，一般采用纠问式诉讼方式。

（5）在法律推理形式和方法上，采取演绎法。由于司法权受到重大限制，法律只能由代议制的立法机关制定，法官只能运用既定的法律判案，因此，在大陆法系国家，法官的作用在于从现存的法律规定中找到适用的法律条款，将其与事实相联系，推论出必然的结果。

（三）大陆法系各国的法院组织

大陆法各国的法院组织虽然各有特点，但都有一些共同之处。主要表现在：

---

① 《法国民法典》是法国大革命精神的产物，深受罗马法的影响，《法国民法典》在总体结构上主要是以国法大全之《法学阶梯》人、物、诉讼三编制为基础，构建了人、财产以及所有权的各种变更、取得财产的各种方式三编制的体例。参见夏吟兰、何俊萍：《现代大陆法系亲属法之发展变革》，载于《法学论坛》2011 年第 2 期，第 5 ~ 12 页。

② 《德国民法典》是潘得克吞学派在注释罗马法的基础之上发展起来的，接受了《学说汇纂》的结构安排，是潘得克吞学派极其深邃的、精确而抽象的理论的产物，将民法典分为五编制：总则、债的关系法、物权法、亲属法、继承法。参见夏吟兰、何俊萍：《现代大陆法系亲属法之发展变革》，载于《法学论坛》2011 年第 2 期，第 5 ~ 12 页。

法院的层次基本相同；各国除普通法院以外，都有一些专门法院与普通法院同时并存。

各国法院基本上都分为三级，即第一审法院、上诉法院和最高法院。第一审法院在有的国家是根据诉讼的性质和金额的大小各自设立的，部分国家除普通法院外，还设有商事法院、亲属法院和劳动法院，专门受理有关商务关系、家庭关系和劳资关系的案件。但商事法院限于第一审，所以并不成为与普通法院并行的体系。有些国家，如意大利、荷兰、葡萄牙与巴西等，已取消了商事法院，把这类案件移交普通法院受理。上诉法院主要受理对第一审法院判决不服的上诉案件，但对可以提出上诉的条件和具体程序各国规定又各有不同。最高法院在大陆法系各国的规定不同，例如有的国家最高法院就是上诉审法院或再上诉审法院，有的国家最高法院只能维持或者撤销原判决，不能进行实体审理。

有些国家，如德国、法国、奥地利、比利时、意大利、芬兰、卢森堡、瑞典等还设有行政法院并构成独立的审级层次；有些国家，如西班牙、瑞士以及大多数法语非洲国家，虽然设有行政法院，但隶属于最高法院行政诉讼庭，没有形成独立的审级层次；另外一些国家，如日本、丹麦、挪威、阿根廷、巴西、智利、秘鲁等国，则不设行政法院。此外，有些国家除设有行政法院系统外，还设有一些独立的司法机关，如德国设有劳动法、税法的最高联邦法院，瑞士设有海关法、军事法、社会保险法等联邦法院。有些大陆法国家实行联邦制，其法院组织体系更为复杂，往往在州法院之上还设有联邦法院。

二、英美法系概述

（一）英美法系的概念和分布范围

英美法系（Anglo‑American Law System），又称普通法系（Common Law System），是指英国中世纪以来的法律，特别是以普通法为基础产生和发展起来的法律总称。这一法系的范围，除英国（苏格兰不属于该法系）以外，主要是曾为英国殖民地、附属国的许多国家和地区，如美国、加拿大、印度、新加坡、澳大利亚、新西兰以及非洲的个别国家、地区等。

英美法系以英国普通法为基础，但是并不仅指普通法，它是指在英国的三种法律，即普通法、衡平法和制定法的总称。

（二）英国的法律制度

1. 英国法的结构和特点

英国法不像大陆法那样把法律分为公法与私法，而是分为普通法（Common Law）与衡平法（Equity）两部分。这种二元性的结构是英国法的一个主要特点。普通法来源于英国中世纪以法官判决形成的判例法，其形成也经历了较为漫长的历史演变过程。公元 5 世纪中叶，日耳曼人部落的分支——盎格鲁—撒克逊人（Anglo‑Saxon）从欧洲大陆侵入不列颠，建立了许多王国，在当地推行分散的、地方性的盎格鲁—撒克逊习惯法。1066 年，诺曼底公爵威廉（William Ⅰ）征服英国后，为了削弱封建领主势力，加强王权，除发布敕令作为适用于全国的法律外，还设立王室法院，实行巡回审判制度，通过法官有选择地采用各地的习惯法，形成了一套在全国普遍适用的判例法，即普通法。一般认为，从亨利一世（Henry Ⅰ）即位至亨利三世（Henry Ⅲ）逝世（1100～1272 年）期间，是普通法的形成时期。14 世纪时，英国在普通法之外又产生了另一种独特的法律形式，即衡平法，它是由国王命令枢密大臣按照公平和正义原则审理并裁决案件，以补充和匡正普通法的不足而形成的一种法律制度。按照普通法程序，当事人要向法院起诉，必须先请求国王的枢密大臣发给书面的"令状"（Writ）。每一种令状都有固定的程序和专门术语，随着客观经济形势的发展变化，为数不多的令状越来越难以满足社会需要。国王不得不命令枢密大臣另辟蹊径，在普通法之外，按照所谓"公平与正义"的原则裁决案件。虽然衡平法也表现为判例法的形式，但其与普通法在救济方法、诉讼程序、法律术语等方面均存在差别。

首先，在救济方法（Remedies）方面，普通法只有两种救济方法，一种是金钱赔偿（Relief in the Form of Money），另一种是返还财产（Restoration of Property），并以金钱损害赔偿作为主要的救济方法，衡平法院为了弥补普通法的不足，发展了一些新的救济方法，如实际履行（Specific Performance）、禁令（Injunction）等；其次，在诉讼程序方面，普通法法院有陪审团制度，衡平法院则不设陪审团，普通法法院听取口头答辩，采取口头询问方式审理案件，而衡平法院则采取书面审理方式，总的来说，衡平法院的诉讼程序比较灵活；最后，在法律术语方面，为了避免与普通法法院发生冲突，衡平法院在司法活动中使用它自己所特有的法律术语，例如，在衡平法中起诉称为 Suit，而不称 Action；权利称为 Interests，而不称 Rights；判决称为 Decree，而不称 Judgment；判令支付金钱损害赔偿称为 Compensation，而不称 Damages；等等。

2. 英国法的渊源

从历史上看，英国是判例法国家，判例法是英国法的主要渊源，成文法（Statute，亦译为制定法）居于次要地位。但是，自19世纪末20世纪初以来，英国资产阶级为了适应社会关系和国家活动日益复杂化的要求，国家机关的立法活动大大加强，颁布了大量的法律，成文法在社会生活中的作用日渐重要。现将英国法的基本渊源分别介绍如下：

（1）判例法（Case Law）。

判例法作为英国法的主要渊源是由高等法院的法官以判决的形式发展起来的一种法律规则。判例法中所蕴含的一个重要原则就是"先例约束力的原则"（Rule of Precedent），即法院所做出的判决对做出判例的法院本身和对下级法院日后处理同类案件均具有约束力，先例约束力原则对普通法和衡平法同样适用。

先例约束力原则一般认为包括三个方面的内容：

第一，上议院（House of Lord）的判决是具有约束力的先例，对全国各级审判机关都有约束力，一切审判机关都必须遵循；

第二，上诉法院（Court of Appeal）的判决可构成对下级法院有约束力的先例，而且对上诉法院本身也有约束力；

第三，高级法院（High Court of Justice）的每一个庭的判决对一切低级法院有约束力，对高等法院的其他各庭以及对王冠法院（Crown Court）也有很大的说服力。这里必须指出的是，即使是具有先例约束力的高级法院的判决，也并不是整个判决的全文都构成先例，都具有约束力。英国高级法院的判决分为两个部分，一部分是法官做出该判决的理由（Ratio Decidendi），另一部分是法官在解释判决的理由时所阐述的与该判决有关的英国法律规则，其目的是说明该项判决，但这并不是做出该判决所必需的，称为题外的话（Obiter Dicta）。区别这两部分内容是十分重要的，因为按照英国的普通法只有前者才能构成先例，才具有判例法的约束力，而后者则不能构成先例，没有约束力，它只是凭借做出该判决的法官的威望以及他所做的分析的正确与否而具有不同程度的说服力，这种先例约束力的原则，对普通法和衡平法都同样适用。[①]

（2）成文法（Statute）。

成文法是英国法的渊源。成文法包括两种：一种是由立法机关——议会（Parliament）制订的法律，另一种是由行政机关按照法律制定的条例。按照英国

① 沈四宝、王军：《国际商法》，对外经济贸易大学出版社2016年版，第9～10页。

的传统理论，判例法是基础，成文法只是对判例法所做的补充或修正，成文法的存在必须通过判例法的阐释而存在，法律规则（Legal Rule）也要包含在高等法院判决的"判决理由"之内，纵使是议会制定的成文法也必须经过法院判决加以解释。当然，这就造成某些情况下成文法可能在英国的法律体系中被曲解。虽然这种现象在 20 世纪以后有了很大的改观，但是它的影响依然很长远，这导致成文法通过判例法起作用的历史传统依然存在。

（3）习惯（Custom）。

在西方法律发展的历史进程中，习惯对法律的制定和发展有着重要的影响和借鉴作用。在益格鲁 – 撒克逊时代通行习惯法，习惯是当时法的主要渊源，同时，在英国普通法形成的过程中，尽管法的渊源是判例法而不是习惯法，但是以判例法方式表现出来的普通法传统，也是在习惯法基础上建立起来的。因此，即使习惯现在在英国法律中所起的作用无法和其他法律渊源相比，但是习惯在立法和司法中的地位和价值不容小觑，思考习惯对于英国国家法的法源意义依然非常重要。

3. 英国的法院组织

英国的法院结构十分复杂，分为高级法院与低级法院。高级法院称为高等法院（Supreme Court of Judicature）又被分为三个部分，即上议院、上诉法院和高等法院，低级法院包括郡法院（County Court）和治安法院（Magistrate court）两种。上议院是实际上的最高法院，由大法官、前任大法官和法律贵族组成。它是英国本土民事、刑事案件的最高审级，为了避免案件太多造成拖延积压，凡认为可以由低级法院受理的案件，一般都指定由低级法院受理，郡法院和治安法院是英国的低级法院，郡法院负责审理民事案件，主要是辖区内争议标的额在 5000英镑以下的金额比较小的案件，治安法院负责审理轻微犯罪行为的案件。

（三）美国的法律制度

美国和英国是普通法系中最具有代表性的两个国家。美国在 18 世纪成为独立国家之前曾经是英国、法国、荷兰等欧洲国家的殖民地，在西方各主要国家中，美国的法律和法学的历史可以说是最短的，从 1776 年建国迄今仅二百余年，它的私法、刑法和程序法主要是在英国普通法基础上发展的。独立初期，英国普通法一度受到美国国内的抵制，经过一段时间，最终于 18 世纪中叶确立了普通法的发展道路。但是在 19 世纪后期起，就离开英国法律独立发展，因此美国的法律制度和法律文化可以说是对英国法的继承和发展。

1. 美国法的结构和特点

美国属于普通法体系，以判例法作为法的主要渊源，而把成文法看作是对判例法的补充或修正。美国法在法律概念、术语和制度等方面吸收了英国法的内容。其共同点是都崇尚程序，笃信"程序优于权利原则"，都遵循类推推理原则，以一项在先例中宣告的规则为开端，以相同的方式重新阐释规则。① 美国法又相对比英国呈现出了多元性的特点，在立法权方面，因为国际商事法律具有私法性质，所以多数由州法律来规制而不是联邦法律，根据 1791 年美国宪法修正案第 10 条的规定："凡宪法未授予联邦或未禁止各州行使的权力，均属于各州。"这就是说，各州的立法权是原则，联邦的立法权属于例外。在司法制度方面，虽然美国联邦最高法院拥有联邦宪法的最高解释权，但是对于州宪法和法律的解释权却属于州最高法院，也就导致美国并存着联邦法院和州法院两套体系。②

2. 美国法的渊源

美国同英国一样，是一个判例法国家，成文法要通过法院判决的解释方能发挥作用。同时 19 世纪末以后，美国的成文法的数量大大增加，成文法在社会生活中的作用越来越重要，甚至，某些美国法学家认为，现在的美国法律制度既不是纯粹的判例法，也不是完全的成文法，而是一种混合制度。③ 可见，美国是一个以实用主义为官方哲学的国家，这些法律制度和哲学指导思想上的特点，有助于对其他国家法律制度和法学思想的"兼收并蓄"，最终成为以美国立法和判例为模式的具有多样化法律的国家。④

（1）判例法。

虽然判例法在北美殖民初期就由英国移民带到了美国，但是直到 19 世纪后，美国才仿效英国强调"先例拘束力"原则。实践中由于美国实行联邦制，存在着联邦法与州法两个系统，所以，"先例约束力"原则在美国司法实践中意味着宪法划定了不同体系的管辖权，申言之：第一，在州法系统内部，各州下级法院只遵守本系统上级法院判例的约束，特别是受州最高法院判例的约束，各州同级法院的判决彼此之间只有说服力，不具有拘束力；第二，在联邦法系统内，须受联邦法院判例的约束，特别是受美国最高法院判例的约束；第三，在两个系统的交

---

① 刘森林：《简述美国法对英国法的继承和发展——从制度法律文化的视角》，载于《教师》2013 年第 26 期，第 127 页。
② 张梦梅、乔克裕：《英国法与美国法的比较》，载于《中南政法学院学报》1988 年第 2 期，第 6～7 页。
③ ［美］彼得·哈伊：《美国法律概论》，沈宗灵译，北京大学出版社 1997 年版，第 2 页。
④ 沈宗灵：《二战后美国法律对民法法系法律的影响》，载于《北京大学学（哲学社会科学版）》1995 年第 5 期，第 27 页。

又领域，联邦法院审理涉及联邦法的案件时，须受其上级联邦法院判例的约束，审理涉及州法的案件时，则须受相应的州法院的判例的约束，但以该判例不违反联邦法为原则；第四，联邦最高法院和州最高法院不受自己先例的拘束，它们可以推翻过去的先例，并确立新的法律原则，这一点与英国形成对照。总体而言，美国遵循先例原则还是比英国的相关制度更自由和灵活一些。美国法学会将那些主要依靠判例法的分支中被认为是最为普遍接受的、最为合理的学说与原则编纂成类似于法典条文的一整套书，被称为美国《法律重述》（Restatements of the Law），法律重述非常有助于司法审判者查阅寻找所需要的判例。①

（2）成文法。

美国的成文法是一种接受多元文化，引进各种法律理念和实践活动的存在，它包括两部分：即联邦成文法与各州成文法。在联邦法律中，美国宪法是一切其他法律包括判例法在内的源头，占有十分重要的地位，凡是违反宪法的法律或判例，美国各法院都有权不予执行。19 世纪末以后，联邦和各州的立法活动都大大加强，特别是在社会立法和经济立法方面，出现了成文法取代普通法的趋势，20 世纪伊始特别是 30 年代以后，美国开始了大规模的法典化运动，甚至有人断言："过去 50 年至 80 年间美国法发生了根本变化，我们已经从普通法占统治地位的法律体系转变为立法机构的制定法成为主要渊源的体系。"② 可以说美国法律制度的发展，是成文法与判例法相互作用的结果。立法机关可以通过成文法，改变判例法中某些已经或者可能不合时宜和过时的法律规则，使法律适应社会经济、政治和文化发展的需要；但反过来说，成文法毕竟要经过法院判例的解释才能起作用，所以，在美国真正起作用的不是法律条文的本身，而是经过法院判例予以解释的法律规则，当然，在立法者认为法院的判例偏离立法的目标的时候，他们也可以制定新的法律予以匡正旧的规则。③

3. 美国的法院组织

美国的法院组织也反映出联邦制的特点，设有联邦法院与州法院两套系统，

---

① 美国《法律重述》是美国法学院自 20 世纪二三十年代开始，为解决判例法日益积累的不确定性和过分繁复的弊端所形成的学术系列出版物，其目标是将已经存在的大量判例法系统化、条理化和简单化。此种重述为法学家个人编著，不具有法律的权威性，但由于编著学者均为著名法学家，工作认真、负责又使其具备了与标准论述相似的权威性。它亦不同于法学教材，因为它并不引证判例法，也并不在一些问题上沿用最为流行的观点，而是提出最为合理的观点。其许多卷册经常被法官审判时引用，对司法实践起着富有说服力的影响。

② Caido Calabresi, *Common Law in Statute Law Times*. New York：W. W. Norton. Co. , 1982, P. 1.

③ 李晓辉：《 "水中之石"：普通法传统中的美国法典化》，载于《人大法律评论》2009 年第 1 期，第 208 页。

各有其专属管辖范围。现将这两套法院的组织形式及其管辖权限分别介绍如下：

（1）联邦法院。

美国联邦法院管辖的案件主要涉及联邦宪法、法律或国际条约的案件，一方当事人为联邦政府的案件，不同州之间、不同州公民之间的争议以及州政府向他州公民提起的诉讼。

联邦系统法院主要有三种：

第一种，联邦地区法院（District Court），联邦地区法院是普通民事、刑事案件的初审法院，分设在全国各州境内，按照设置地点的不同地区法院管辖的案件也有所不同，地区法院在审理案件时，实行独任制，由一名法官进行审判；

第二种，联邦上诉法院（U. S. Court of Appeal），联邦上诉法院是第二审级法院，分别设在不同的司法巡回区，受理区内对联邦地方法院判决不服的上诉案件以及对某些具有部分司法权的行政机构的裁决不服而上诉的案件等，上诉案件由三名法官负责审理；

第三种，美国最高法院（U. S. Supreme Court），美国最高法院属于全国最高审级，是行使司法权的最高机构，设在美国首都华盛顿。一般由总统经参议院2/3 的多数同意后任命的 9 名终身法官组成，包括首席法官（Chief Justice）1 人和法官（Associate Justice）8 人。最高法院在涉及国际法和一方当事人为州的案件中作为第一审法院，并作为对州最高法院判决后上诉案件的第二审法院，其判例对全国有拘束力，享有通过具体案例宣布联邦或各州的法律是否违宪的特殊的司法审查（judicial review）权。

除上述一般的联邦法院外，还设有特别联邦法院。如受理有关税收的联邦法院，以及受理涉及国家责任问题的案件的联邦法院等。此外，美国法律还授予某些联邦的行政机关（Administrative Agencies）或委员会（Commissions）以审判权。对于这些机关的裁决如有不服，可向联邦上诉法院或美国最高法院提起上诉。

（2）州法院。

美国各州都有自己的法院系统，而且各州的法院设置有所不同。各州在法院层级上一般有两级和三级层级两种设置。其中只有内布拉斯加州等个别州采用审判法院和州最高法院的两级制，其他大部分州则采用审判法院、中间上诉法院和最高上诉法院的三级制。

审判法院是审理案件、核查证据的法院，州审判法院包括：第一种，有限管辖法院（Court of Limited Jurisdiction），通常设在县、市，主要审理轻微的刑事案件和小标的额的民事案件，如违反治安、交通和金额在 1 万美元以下的案件（各州对具体数额的限定也有所不同）。第二种，普遍管辖法院（General Jurisdiction Courts）①，对涉及州法的一般民事、刑事案件享有管辖权，如谋杀、强奸、盗窃等重大刑事案件，均由这类法院审理。

上诉法院（Appellate Courts）包括州的上诉法院和最高法院。美国各州都至少有一个受理上诉案件的法院，它可以是中间上诉法院，也可以是最高上诉法院，约有 3/4 的州都设有中间上诉法院。上诉法院不受理新案件，在案件事实问题的认定上，一般都会尊重审判法院的调查结论，上诉法院也不审查案件的事实问题，只有法官，而非陪审员，才可以对案件的法律问题做出裁决。上诉法院只有在两种情形下才能对审判法院对案件事实问题的认定结论提出质疑：一是审判法院对案件事实问题的认定结论存在明显错误；二是初审时根本就不存在能够支持这一结论的证据。

美国各州都设有一个最高级别的上诉法院，在各州法院系统内居于最高地位，一般来说，州最高级别的法院对于任何案件所做出的判决都是终局性的，只有在该判决涉及到联邦法律问题的情况下，联邦最高法院才能将其推翻。

三、两大法系在当代的发展趋势

纵观两大法系的形成和发展，各有特点、差别鲜明，相互作用又相得益彰，20 世纪以后，尤其是第二次世界大战以后，更是呈现了新的发展趋势。

第一，两大法系的主要渊源与次要渊源在发展中不断靠拢。在西方法学界特别是普通法法系法学界，传统的学说认为判例法是主要的，制定法占辅助地位，是判例法的改正和补充。② 但现代法理论一般认为，制定法是主要的，因为它有权改变或否定判例法前例。所以，现在在普通法法系国家，制定法和判例法是两个相互作用的主要的法律渊源。当历史发生迅猛的变化和易位时，美国在继承普通法传统的基础上，开展了一些"拿破仑式的法典编纂"，取得了很大成果，在欧洲大陆制定法占绝对优势的时代已经过去，大陆法系中判例的作用日益增强。③

---

① 普遍管辖法院根据其受理案件的诉讼标的的不同又可分为郡县法院、地区法院、高级法院和巡回法院。拥有普遍管辖权的审判法院对案件的管辖范围十分广泛，可以审理民事、刑事、衡平法和遗嘱验证等不同类型的案件。

② 郑重：《论美国判例法制度的运行——以历史进程为视角的考察》，载于《法律文化研究》2009 年增刊，第 294～306 页。

③ 刘兆兴：《比较法学》，社会科学文献出版社 2004 年版，第 325 页。

大陆法系的法官以及学者们认识到僵硬而缺乏灵活性的成文法有时可能难以适应形势变化的要求，于是，法国采取了赋予法官对法律做"扩展解释"的权力的改革措施，尽管这种扩展解释权被一再强调并不是真正的立法，但当它被法官多次使用并作为处理类似案件的参考时，实际上已具备了类似判例法的因素。德国甚至明确宣布，联邦宪法法院的判决对下级法院具有强制性约束力。尽管大陆法系国家中判例法的地位和作用迄今仍不能与英美法系国家同日而语，但已改变了原先的成文法一统天下的格局。

第二，两大法系的法典化与非法典化在相互作用中发展。法典化的大陆法系逐步趋向于吸收非法典形式，非法典化的普通法法系逐步趋近于法典形式。17～18世纪，大陆法系制定法的中心就是法典化，而在英美普通法系也呈现了法典化趋向。在美国诞生了一批对美国法律发展，甚至对整个世界都产生深远影响的立法，如美国《统一商法典》、美国《联邦证据规则》（Federal Rules of Evidence）、美国《模范刑法典》（Model Penal Code）、《联邦民事诉讼规则》（Federal Rules of Civil Procedure）、美国《统一信托法典》（Uniform Trust Code），州立法的层面除了传统上注重立法的路易斯安那州以外，很多州的法典立法在数量和覆盖范围上都处于高速增长的态势。美国西部5个州，加利福尼亚州、北达科他州、南达科他州、爱达荷州和蒙大拿州，各自制定了本州的民法并沿用至今。[1] 由此可见，历史上大陆法系的法典化逐步发展为两大法系的法典化，尤其是第二次世界大战以后新独立的第三世界国家几乎都无例外地进行了新的编纂法典的运动。[2][3]

综上所述，二战以来两大法系互相借鉴、取长补短，形成在对立统一中逐渐融合、共同发展的潮流和趋势。

 复习思考题

一、简答题

1. 如何理解国际商法特征？

① 李晓辉：《"水中之石"：普通法传统中的美国法典化》，载于《人大法律评论》2009年第1期，第208页。

② 张文秀：《两大法系战后的发展趋势及其借鉴意义》，载于《国家检察官学院学报》2006年第1期，第146～151页。

③ 当然，法典化的同时也伴随着另一种变化，随着社会生活的复杂和社会发展速度的加快，仅依靠法典的形式已经越来越不能适应社会变动的需要，如花费很长时间制定的法典刚刚颁布就已过时，法典庞大的框架结构和理论体系对实际调整社会关系时处理具体问题的用途并不大。因此，在两大法系的立法实践中又发生了一系列非法典化的变化，各种单行法和特别法开始出现。

2. 简述国际商法的渊源。

3. 简述大陆法系和英美法系的区别。

4. 简述国际商法的基本原则。

5. 简述我国国际商事合同纠纷的法律适用次序。

二、案例分析

A 公司是美国商人在中国厦门设立的独资企业。同年 3 月，A 公司与营业地位于福州的 B 公司签订 1000 台电脑买卖合同，约定同年 6 月前交货，交货地点在 B 公司营业地。除其他条款外，合同还约定：因本合同发生纠纷，双方应友好协商解决。若协商不成，则提交厦门市中级人民法院根据《联合国国际货物销售合同公约》解决。后由于 A 公司无法按时交货，福州 B 公司向 A 公司提出索赔要求，双方因赔偿金额问题发生争议，诉至厦门市中级人民法院。

问题：

（1）上述案例中是否涉及国际商事关系？

（2）上述合同对适用法律的约定是否有效？

案例题答案

第二章

商事组织法

 学习目标

> 【知识目标】
>
> (1) 熟悉国际商事组织的概念及特征。
>
> (2) 了解个人独资企业法律规则。
>
> (3) 掌握公司组织机构的法律规则。
>
> (4) 了解合伙企业的法律规则。
>
> (5) 掌握合伙企业的内部关系和外部关系。
>
> (6) 掌握跨国公司的特征及组织形式。
>
> 【能力目标】
>
> (1) 通过本章的学习，使学生了解各类商事组织的基本类型、特征，设立条件和程序，掌握个人独资企业、合伙企业、公司和跨国公司的基本运作程序。培养学生处理各种商事组织结构中涉及的法律问题的能力。
>
> (2) 通过典型案例的导入，培养学生理解问题、分析问题和解决问题的能力。
>
> 【思政目标】
>
> (1) 本课程旨在使学生形成符合社会主义市场规律的商法思维，推进法治人才的培养，满足中国社会主义市场经济发展的现实需求。
>
> (2) 在讲授和学习商事组织制度的过程中，弘扬社会主义核心价值观，使学生理解国际商法与社会主义核心价值观之间的关系。

【关键术语】 商事组织　个人独资企业　公司　合伙企业

引导案例

　　萨洛蒙诉萨洛蒙公司案（Salomon v. Salomon & Co Ltd, 1897）案件被认为是英国公司法发展史上的重要里程碑。Salomon 先生拥有一家鞋厂，并将其转变为有限责任公司。当鞋厂破产时，债权人声称 Salomon 与其公司没有真正分开，要求将个人财产用于偿还债务。案件中，萨洛蒙先生所属公司给萨洛蒙先生本人发行了有担保的公司债，这种公司债是可以优先于其他股东获得清偿的债权。然而，法院判决认定，根据公司法的规定，该有限责任公司是一个独立的法律主体，与其股东（包括创始人）是分开的，并且不应该将个人财产与公司财产混淆。这个判例确立了有限责任公司的概念，使股东仅负有有限责任的思想在法律上获得了最高体现，保护了股东的个人财产免受公司债务的影响。董事在履行其职责时，应该明确区分个人利益和公司利益，并遵循公司法的规定。①

第一节　商事组织法概述

一、商事组织的概念和特征

　　一个国家的经济运转是通过众多商事组织的经营和生产活动来实现的，商事组织是一个国家国民经济运行的主体和基本单位。在实践中，各个国家采取各种各样的商事组织形式，来适应商业活动和投资的需求。

（一）商事组织的概念

　　商事组织，也称为"商事企业"，是指能够以自己的名义从事营利性活动，并具有一定规模的经济组织。② 虽然各国的规定不尽相同，但各国共同的规定大致相同：有自己的名称（或商号），一定数量的成员，有固定的住所，以营利为目的，其设立程序符合法律规定等。

---

① 周黎明：《国际商法理论与实务》，北京大学出版社 2023 年版，第 38 页。
② 沈四宝、王军等：《国际商法》，对外经济贸易大学出版社 2002 年版，第 48 页。

（二）商事组织的特征

1. 独立性

商事组织依法以自己的名义从事商事活动，拥有法律上独立存在的人格，享有民事权利并承担民事义务。独立性的特征表现为：独立的名称、财产和能力，有别于其内部组织机构。

2. 营利性

商事组织的商事行为是以营利为目的，这一重要特征把民事主体从事的不具有营利性的行为以及国家机关的行为区别开来。

3. 规模性

商事组织必须具有一定的规模、一定数量的成员和一定数额的资本。资本是商事组织从事商事行为的物质基础。

二、商事组织的种类

商事组织有各种各样的组织形式，不同类型的商事组织在法律地位、设立程序、资金的筹措等方面有很大的不同。大多数国家的商事组织主要有三种基本法律形式：个人企业、合伙企业和公司。

（一）个人企业

个人企业，也称独资企业，是由一名出资者单独出资并从事经营管理的企业，出资人以其个人的全部财产对企业的债务承担责任。从法律性质上看，个人企业不是法人，其财产与出资人的个人财产没有任何区别。西方国家中个人企业是数量最多的企业形式。日本的个人企业不得从事银行和保险等行业。

知识链接：个人企业、个体工商户与私营企业的区别

（二）合伙企业

合伙企业是由两个以上的合伙人共同出资、共同经营、共享利润、共担风险而组成的企业。大多数国家的法律规定，合伙企业原则上不具有独立的法律人

格。但是，法国、荷兰等大陆法国家的法律规定是例外，合伙企业也是法人。

（三）公司

公司是依法设立的，以营利为目的的企业法人。公司具有营利性、法人性、社团性、规范性等特征。各国法律均规定，公司具有独立的法人资格，有权以自己的名义拥有财产，享受权利与承担义务。

三、商事组织法的概念

商事组织法是调整各类商事组织的设立和活动的法律规范的总称。一切商事关系都是由商事主体建立和承受的。因此，商事组织法在国际商法中具有首要地位。

第二节 个人独资企业法

一、个人独资企业的概述和特征

（一）个人独资企业的概念

个人独资企业是指在中国境内成立的，由一个自然人投资设立的，财产为投资人所有，投资人以其个人财产对企业债务承担无限责任的经营实体。个人独资企业一般规模较小。

（二）个人独资企业的特征

（1）个人独资企业由一个自然人投资。按照中国的法律，设立个人独资企业只能是自然人，并且是中国公民。

（2）个人独资企业的投资人对企业的债务承担无限责任。即当企业的负债不足以清偿到期债务时，投资人以其个人的全部财产用于清偿。

（3）个人独资企业的内部机构设置简单，投资人既是企业的所有者，同时也是企业的经营者。

（4）个人独资企业是非法人企业。虽然不具备法人资格，但是独立的民事主体，可以以自己的名义从事民事活动。

二、个人独资企业的设立条件

（一）投资人为一个自然人

个人独资企业顾名思义是一个人投资的企业，排除了法人作为投资人。

（二）有合法的企业名称

个人独资企业的名称中不能使用"公司""有限""有限责任"等字样。

（三）有固定的经营场所

个人独资企业与其他类型的企业一样，要从事经营和生产就需要一定的经营场所，"固定"的意思是宽泛的，既包括时间的长短，也包括地点的固定。

三、个人独资企业的解散与清算

个人独资企业的解散就是个人独资企业基于某种原因而消灭。一般来讲，在投资人死亡或者宣告死亡且无继承人，或者继承人放弃继承以及投资人决定解散的情形，均可导致个人独资企业消灭。企业解散之前应当进行清算，即清理涉及个人独资企业的债权债务。清算既可以由投资人自行清算，也可以由债权人申请法院指定有关机构予以清算。由于个人独资企业不能独立承担民商事责任，其经营中所欠债务最终由个人独资企业的投资人以其个人财产承担。

清算完毕之后，投资人应当向主管机关提出注销申请，经主管机关注销登记，个人独资企业才正式消灭。

第三节　公　司　法

一、公司的概念与特征

（一）公司的概念

公司是依法成立的，以营利为目的的法人组织。公司是法人，具有独立的法律人格，这是公司的最重要与最基本的法律特征。

公司在当今世界经济中是最主要的、最活跃的企业组织形式，也是国际商事组织的重要表现形式之一。公司制度对各国以及世界经济的发展发挥了极重要的作用。美国著名法学家、哥伦比亚大学前校长巴特勒先生对公司制度给予了高度评价："有限责任公司是现代社会最伟大的独一无二的发现。就连蒸汽机和电都无法与之媲美，而且假若没有有限责任公司，蒸汽机和电的重要性更会相应地萎缩。"①

对于公司的定义，不同国家因所属法系不同而有不同表述。在英美法系国家，公司是指数人出于共同的目的而进行的组合，一般是为营利而经营业务，同时，对于合伙难以胜任的联合，也往往采用这种组织形式。② 英美法系国家的公司法确认公司有两个基本属性，即法人与有限责任。在大陆法系国家，公司是指依法定程序设立的以营利为目的的社团法人。这区别于公法人、财团法人与公益性社团法人，是一种最具有普遍性的企业组织形式。

在我国，学术界对公司与企业关系的认识并不一致，因此，对公司的概念也就有不同的理解。一种观点认为，公司与企业应当是两个外延完全重合的概念，公司与企业是等同关系，即公司是企业，企业是公司。另一种观点认为，公司与企业是种属关系，企业的概念更加宽泛，即公司是企业的一种组织形式。

云思政：中国特色现代企业制度的法律表达

（二）公司的特征

1. 法定性

法定性是指公司的成立要依照法定程序设立。一方面，要求公司章程、资本和内部组织机构必须合法；另一方面，公司成立要经过法定程序，公司依照公司法设立。

2. 营利性

营利性是指公司以营利为目的，即股东出资的目的是营利，从公司经营中

---

① Tony Orhnial, *Limited liability and the corporation*. london & camberra：Croom Helm，1982.
② ［英］戴维·M. 沃克（David M. Walker）编：《牛津法律大词典》，北京社会与科技发展研究所组织编译，邓正来等71人译，光明日报出版社1988年版，第188页。

获利。

3. 法人性

法人性是指公司具有法人资格。我国《公司法》规定的有限责任公司和股份有限公司均具有法人资格。

二、公司的分类

按照法律规定和学理的解释，可以从三个标准对公司进行分类。

（一）根据股东对公司债务承担责任的方式划分

1. 有限责任公司

有限责任公司的股东以其出资额为限对公司债务承担有限责任。公司以其全部财产对公司的债务承担责任的企业法人。许多国家开始承认一人公司的合法地位，即由一个自然人出资成立的有限责任公司，此种公司形式需要有相应的制度保障公司财产与个人财产的分离，因此应加强财务会计的审计管理。

2. 股份有限公司

股份有限公司是指将公司全部资本分为等额股份，股东以其认购的股份为限对公司承担有限责任，公司以其全部财产对公司的债务承担责任的企业法人。股份有限公司是最重要的公司类型。

3. 无限责任公司

无限责任公司是指公司全体股东对公司债务承担无限连带责任的公司。无限责任公司类似合伙，以股东间的相互信任为基础。法国赋予民事合伙以法人资格，规定了无限公司。德国法上无限公司适用《德国商法典》第105～160条的规定，其不具备法人资格。无限公司在英国是依照英国《公司法》成立的，股东对公司债务负无限责任的具有法人资格的注册公司，这种公司主要适用于投资期限比较长、投资巨大的事业。《日本商法典》第80条也对无限公司做了规定。

4. 两合公司

两合公司是由承担有限责任的股东和承担无限责任的股东所组成的公司。这种公司是大陆法系国家所特有的类型，与英美法系中有限合伙类似。两合公司与股份有限公司相比优点不多，多数国家不认可此种公司形式，到20世纪60年代两合公司在发达国家逐渐衰落，但由于其能弥补资本市场脆弱情况下的公司形态和资本的不足，因而一些发展中国家，如埃及、巴西、墨西哥、印度等都有关于两合公司的规定。

（二）根据公司的信用标准划分

1. 人合公司

人合公司是以股东个人的财力、能力和信誉为信用基础的公司，其典型的形式为无限公司。

2. 资合公司

资合公司是以资本的结合为信用基础的公司，其典型的形式为股份有限公司。

3. 资合兼人合公司

资合兼人合公司的设立与经营既有赖于股东的个人信用，又有赖于股东的出资，例如有限责任公司。

（三）按照控制关系分类

1. 母公司

母公司是指通过对它公司的投资或者持有它公司的股份并能直接或间接支配该公司的公司，母公司又称控股公司。

2. 子公司

子公司是指由它公司投资或参股并接受它公司控制的公司。

换句话说，母公司是子公司的控股公司或全资股东。我国《公司法》第13条第1款规定："公司可以设立子公司。子公司具有法人资格，依法独立承担民事责任。"母公司和子公司都具有法人资格和地位。

知识链接：母公司投资子公司的意义

（四）根据管辖关系分类

1. 总公司

总公司是指具有法人资格，并且对其组织内部分支机构行使管辖权的公司。

2. 分公司

分公司是指总公司在其住所以外的地方设立的从事经营活动并受总公司管辖

的分支机构。我国《公司法》第 13 条第 2 款规定："公司可以设立分公司。分公司不具有法人资格，其民事责任由公司承担。"

（五）根据公司的国籍标准划分

按照公司的国籍标准划分，公司可分为本国公司、外国公司和跨国公司。

 知识链接：公司的国籍如何确定？

1. 本国公司

依照本国法律在本国设立的公司，无论有无外国股东，无论外国股东的出资是多少，都属于本国公司。如外商投资公司。

2. 外国公司

外国公司是与本国公司相对而言的。外国公司是指非依照东道国法律，非经所在国登记成立的，但是经所在国的政府许可在所在国经营活动的机构。外国公司均为外国总公司在他国设立的分子公司。

3. 跨国公司

跨国公司是指以一国为基地，通过对外投资，在其他国家或地区设立分支机构或子公司。

严格地说来，跨国公司的"公司"并非公司法中的公司。在各国的公司法中，没有专门调整跨国公司关系的法律。跨国公司的内部关系实际为母公司和子公司、总公司和分公司之间的法律关系，并由各自的相对应的法律规范调整。

三、公司法概述

（一）公司法的特点

公司法在内容与体例等方面，都具有与其他法律不同的特点，主要体现在以下几个方面：

1. 从公司法的体例看，公司法是一种实体法与程序法相结合的法律

首先，公司法是实体法，侧重于对股东与公司机关权利与义务的规定，以及

股东与公司财产责任的划分。其次，公司法也是程序法，同时还对取得实体法权利所必须履行的程序做出了规定。

2. 从公司法的规范选择看，公司法是一种强制性与任意性相结合的法律

公司法作为一种组织法，具有鲜明的管理性，因此，它以强制性规范为主。公司法在突出强制性规范的同时，也有一定数量的任意性规范，以体现股东的意愿。

3. 公司法是具有一定的国际性的国内法

公司法在本质上属于国内法，但是由于国际经济贸易交往的客观需要，各国在制定本国的公司法时，都注意借鉴与吸收其他国家通行的公司法则，以利于国际经济贸易交往。因此，公司法具有一定的国际性。各国的公司法大多包含外国公司的相关规定。

（二）各国的公司法

公司法是调整公司设立、组织、活动和解散以及股东权利义务的法律规范的总称。目前世界各国的公司法主要采取两种立法形式：一是单行法规，即单独制定公司法；二是把公司制度融于民法或者商法之中，成为民商法的一部分，如日本公司法包含于商法中，意大利公司法包含于民法典中，瑞士公司法包含于契约法中。

1. 英美法系公司立法

英美法系国家关于公司的规定一般采取单行法的形式。英国最早的公司法是《1844 年股份有限公司法》（The Joint Stock Companies Act 1844），后经不断修订完善，形成了著名的《1985 年公司法》。其最新的公司法典于 2006 年正式通过，目前英国已经建立了较为完整的现代公司法律制度。英国公司法的基本原则和内容对其原来的附属地加拿大、澳大利亚、新西兰和印度等产生了重要影响，英国后来为配合欧共体的一体化进程多次修订其公司法，因此，现在其公司法中的很多规定都与大陆法系协调起来。美国比英国更早地制定了自己的公司法。美国的公司法原来以判例法为主要渊源，后各州相继制定了自己的公司法。1807 年纽约州根据自己的情况独创了美国的第一部州公司法，其他各州后来也按自己的情况相继制定了本州的公司法。其中尤以特拉华州公司法最为灵活，故美国纽约证券交易所和纳斯达克交易系统的大多数上市公司选择该州为注册地。为了减少州立法差异带来的不利影响，美国律师协会于 1950 年拟定示范公司法（Model Business Corporation Act，MBCA）① 作为立法范本向各州推荐，但其没有法律效力。2002 年该示范公司法又做了重大修订，现已被大多数州借鉴并形成各州公司法的一部分。2002 年 7 月美国又制定了《公司改革法》。美国的公司法目前仍属州法，尚未形成各州统一的联邦公司法。

2. 大陆法系公司立法

大陆法系国家最初将公司问题放置在民、商法典中加以规定，后来由于公司在社会经济活动中的作用和影响的日益扩大及公司问题本身的复杂性与特殊性，大陆法系中的很多国家包括很具代表性的法国和德国陆续地将公司法从民法典、商法典中分离出来，制定成单行的法规。世界上最早的公司立法出现在 17 世纪的法国，1673 年路易十四时期法国制定了世界上第一部系统的《商事条例》，其中涉及公司的专门规定。1925 年又公布了《有限责任公司法》，1966 年法国公布了著名的《工商业公司法》。法国现行的公司法是 1966 年制定的商事公司法，此后又经过了多次修订。1892 年德国颁布了世界上第一部有限公司法，即《有限责任公司法》，这引起了世界上许多国家的效仿，纷纷制定各自的单行公司法。1937 年德国将商法典中有关股份有限公司和股份两合公司的内容单独立法，经 1965 年修订形成新的股份公司法。现行公司法分布在商法典、股份公司法和有限责任公司法中。法国、德国等公司法按欧盟有关公司的指令都作了数次修改。

（三）我国公司立法

我国的公司立法主要体现为单行法规。1979 年我国颁布了《中外合资经营企业法》②，尽管该法具有公司法性质，但它只适用于中外合资经营企业。直到 1993 年 12 月 29 日，我国才正式颁布了具有普遍适用性的《公司法》。该法自 1994 年 7 月 1 日生效。2005 年我国修订了《公司法》（该法自 2006 年 1 月 1 日生效），是迄今为止最大范围的修订，奠定了现行公司法的基本框架。2023 年 12 月 29 日第十四届全国人民代表大会常务委员会第七次会议第二次修订通过《中华人民共和国公司法》（以下简称《公司法》），自 2024 年 7 月 1 日起施行。

---

① 美国《标准商务公司条例》，由全美律师协会商法部的公司法委员会起草和修订，供美国各州立法机构自由选择使用的成文公司法范本。

② 2020 年 1 月 1 日开始施行的外商投资企业法，废止了三资企业法，并允许 2020 年 1 月 1 日之前设立的外商投资企业（简称现有外商投资企业）在五年内（即截止到 2024 年 12 月 31 日），可以继续保留原企业组织形式等。

知识链接：新《中华人民共和国公司法》之专家解读

四、公司的设立

公司的设立指的是发起人组建公司，并获得法人资格而进行的一系列法律行为的总和。①

（一）公司的设立方式

1. 发起设立

发起设立又称"同时设立"或"单纯设立"，是指公司的全部股份由发起人自行认购设立公司的方式。发起设立的方式程序简单，设立公司需要的时间较短，适合一些中小型公司。

2. 募集设立

募集设立又被称为"渐次设立"或"复杂设立"，是指发起人只认购公司的一部分股份，其余部分股份对外募集而设立公司的方式。募集设立方式程序较为复杂。

（二）公司章程

公司章程是指本公司依法制定的规范公司各方面的原则性文件、公司章程是股东共同一致的意思表示，对全体股东具有约束力。德国有限责任公司法规定公司章程必须经过全体股东签名同意，必须经过公证的形式。

各国的公司章程一般包括公司名称、住所、组织机构等事项，也是公司必备的规定公司组织及活动基本规则的书面文件。结合日本商法典第 168 条、德国股份公司法第 26 条、第 27 条和法国公司法第 55 条等的规定，公司章程的记载事项有：（1）受特别利益者的姓名、住所及利益内容；（2）有关现物出资的事项；（3）有关财产受让的事项；（4）设立费用及发起人的报酬等。这些事项如果被载入公司章程，便产生法律效力；如果未被载入公司章程，则不产生法律效力，

---

① 吴兴光：《国际商法》，清华大学出版社 2014 年版，第 36 页。

但不影响整个公司章程的法律效力。^①公司章程对公司的成立具有重要的意义，是公司成立的基础和公司赖以生存的灵魂。

 案例拓展：公司章程对内有效对外无效

五、公司内部的组织机构

公司内部是由股东会、董事会和监事会三位一体的公司治理模式。

（一）股东会

股东会是公司的最高权力机构，是一种非常设机构，股东会的职权可以分为以下几方面：

1. 股东会职权

（1）选举和更换董事、监事，决定有关董事、监事的报酬事项；

（2）审议批准董事会的报告；

（3）审议批准监事会的报告；

（4）审议批准公司的利润分配方案和弥补亏损方案；

（5）对公司增加或者减少注册资本做出决议；

（6）对发行公司债券做出决议；

（7）对公司合并、分立、解散、清算或者变更公司形式做出决议；

（8）修改公司章程；

（9）公司章程规定的其他职权。

2. 会议规则

（1）会议形式。股东会会议分为定期会议和临时会议。定期会议应当依照公司章程的规定按时召开。代表十分之一以上表决权的股东，三分之一以上的董事或者监事会提议召开临时会议的，应当召开临时会议。

（2）会议的召集和主持。首次股东会会议由出资最多的股东召集和主持，依照法律规定行使职权。有限责任公司设立董事会的，股东会会议由董事会召集，

---

① 梁建达：《外国民商法原理》，汕头大学出版社 1996 年版，第 339 页。

董事长主持；董事长不能履行职务或者不履行职务的，由副董事长主持；副董事长不能履行职务或者不履行职务的，由过半数的董事共同推举一名董事主持。董事会不能履行或者不履行召集股东会会议职责的，由监事会召集和主持；监事会不召集和主持的，代表十分之一以上表决权的股东可以自行召集和主持。

（3）议事方式和表决。召开股东会会议，应当于会议召开十五日前通知全体股东；但是，公司章程另有规定或者全体股东另有约定的除外。股东会应当对所议事项的决定做成会议记录，出席会议的股东应当在会议记录上签名或者盖章。股东会会议由股东按照出资比例行使表决权；但是，公司章程另有规定的除外。股东会做出决议，应当经代表过半数表决权的股东通过。股东会做出修改公司章程、增加或者减少注册资本的决议，以及公司合并、分立、解散或者变更公司形式的决议，应当经代表三分之二以上表决权的股东通过。

（二）董事会

董事会是由股东会选举产生的，是公司的常设机构。

1. 职权

（1）召集股东会会议，并向股东会报告工作；

（2）执行股东会的决议；

（3）决定公司的经营计划和投资方案；

（4）制订公司的利润分配方案和弥补亏损方案；

（5）制订公司增加或者减少注册资本以及发行公司债券的方案；

（6）制订公司合并、分立、解散或者变更公司形式的方案；

（7）决定公司内部管理机构的设置；

（8）决定聘任或者解聘公司经理及其报酬事项，并根据经理的提名决定聘任或者解聘公司副经理、财务负责人及其报酬事项；

（9）制定公司的基本管理制度；

（10）公司章程规定或者股东会授予的其他职权。

2. 会议规则

（1）召集和主持。董事会会议由董事长召集和主持；董事长不能履行职务或者不履行职务的，由副董事长召集和主持；副董事长不能履行职务或者不履行职务的，由过半数的董事共同推举一名董事召集和主持。

（2）议事方式和表决。董事会的议事方式和表决程序，除法律另有规定外，由公司章程规定。董事会决议的表决，实行一人一票。董事会应当对所议事项的决定做成会议记录，出席会议的董事应当在会议记录上签名。

知识链接：独立董事

（三）监事会

监事会是公司内部的监督机构，负责对董事会的活动及业务执行情况进行监督，监事由股东会从股东中选任，公司的监事享有监督权，可以随时调查公司的财务状况，对董事、经理执行公司职务的行为进行监督。根据一些国家公司法的规定，还应从公司雇员中选任一定数量的人参加监事会，如德国、荷兰等国都在立法中规定监事会中应有一定比例的职工代表，我国《公司法》也规定监事会由股东代表和公司职工代表组成。

1. 职权

（1）检查公司财务；

（2）对董事、高级管理人员执行职务的行为进行监督，对违反法律、行政法规、公司章程或者股东会决议的董事、高级管理人员提出解任的建议；

（3）当董事、高级管理人员的行为损害公司的利益时，要求董事、高级管理人员予以纠正；

（4）提议召开临时股东会会议，在董事会不履行法律规定的召集和主持股东会会议职责时召集和主持股东会会议；

（5）向股东会会议提出提案；

（6）依照《公司法》第189条的规定，对董事、高级管理人员提起诉讼；

（7）公司章程规定的其他职权。

此外，《公司法》第79条还规定了监事的质询权、建议权以及监事会的调查权，并且明确规定监事会行使监督职能发生的费用由公司承担。

2. 会议规则

监事会每年度至少召开1次会议，监事可以提议召开临时监事会会议。

监事会的议事方式和表决程序，除法律另有规定外，由公司章程规定。监事会决议应当经全体监事过半数通过。监事会应当将所议事项的决定作成会议记录，出席会议的监事应当在会议记录上签名。

六、公司的解散和清算

（一）解散

公司因下列原因解散：

（1）公司章程规定的营业期限届满或者公司章程规定的其他解散事由出现；

（2）股东会决议解散；

（3）因公司合并或者分立需要解散；

（4）依法被吊销营业执照、责令关闭或者被撤销；

（5）人民法院依照《公司法》第231条的规定予以解散。

《公司法》第231条规定："公司经营管理发生严重困难，继续存续会使股东利益受到重大损失，通过其他途径不能解决的，持有公司百分之十以上表决权的股东，可以请求人民法院解散公司。"

（二）清算

公司财产在分别支付清算费用、职工的工资、社会保险费用和法定补偿金，缴纳所欠税款，清偿公司债务后的剩余财产，有限责任公司按照股东的出资比例分配，股份有限公司按照股东持有的股份比例分配。

清算期间，公司存续，但不得开展与清算无关的经营活动。公司财产在未依照法律规定清偿前，不得分配给股东。

公司清算结束后，清算组应当制作清算报告，报股东会或者人民法院确认，并报送公司登记机关，申请注销公司登记。

公司被依法宣告破产的，依照有关企业破产的法律实施破产清算。

七、跨国公司概述

（一）跨国公司的概念

跨国公司又称多国公司、多国企业、全球公司或国际公司。联合国跨国公司委员会提出的《联合国跨国公司行为守则》（United Nations Code of Conduct on Transnational Corporations）对跨国公司的定义是："由分设在两个或两个以上国家的实体组成的企业，而不论这些实体的法律形式和活动范围如何；这种企业的业务是通过一个或多个决策中心，根据一定的决策体制经营的，可以具有一贯的政策和共同的战略；企业的各个实体能对其他实体的活动施加重要影响，尤其是可以同其他实体分享知识、资源以及分担责任。"

跨国公司一方面促进了国际间的商品贸易流通和发展，将资金、技术、产品等生产要素在国际范围内进行合理配置，创造出最大的经济效益；另一方面，由于跨国公司以其拥有的雄厚资本在世界范围内追逐高额利润、对母国和东道国的政治、经济、法律和外交都产生了巨大影响，当然也包括一些消极影响，如环境污染、干涉东道国内政外交等。因此，各国特别是发展中国家与一些国际组织纷纷要求对跨国公司的活动进行一定程度的国际监督和管制，以消除其消极影响。

（二）跨国公司的特征

1. 跨国性

跨国公司一般都以一个实力雄厚的大型公司为主体，通过对外直接投资或收购当地企业的方式，在许多国家设立子公司或分公司。跨国公司所从事的经营活动是将技术、资金、商品、人才、信息等生产要素在国际间进行全球范围内的优化配置，其经营空间超越了实行全球战略和集中管理。为了实现跨国公司的全球战略，公司一般都有一个完整的决策体系和最高的决策中心对整个公司进行高度集中的管理。各子公司或分公司虽各自都有自己的决策机构，可以根据自己经营的领域和不同特点进行决策活动，但其决策必须服从于最高决策中心。

2. 公司内部一体化

跨国公司是由分布在各国的实体所组成的企业，其内部各实体之间并非简单地组合，而是通过各种复杂的控制关系有机地联系在一起，为了共同的战略目标，并在母公司的统筹安排下，彼此分享资源、信息和分担责任，在全球范围内开展生产经营活动。这是跨国公司得以实现其全球战略的关键所在。

3. 风险的多元性

跨国公司组织形式的复杂性、投资主体的多元性以及经营活动的跨国性，使得跨国公司除了面对一般国内企业面临的经营风险，还必须面临和承受政治风险、法律风险、证券风险等国际风险，其在经营活动中承担的法律责任也更大。一般而言，其承担的法律责任主要根据跨国公司内部关系来认定。如总公司一般要承担分公司的法律风险，子公司要独立承担法律风险，母公司一般只按自己所控股的比例承担风险。

（三）对跨国公司的法律规制

1. 对跨国公司的国际法规制

虽然各国均制定其相关的法律来规制跨国公司行为，但因跨国公司已成为国际经济中的主要角色，而各国调整跨国公司的法律与政策存在差异，加之跨国公司在经营上的跨国特点，东道国法律经常显示出其不足，如税收、限制性商业行为、环境等都难以用一国法律来进行有效的调整。此外，跨国公司以其雄厚的经济实力足以在一定程度上影响、渗透和干扰东道的立法，而这些特定国家在单独与跨国公司进行讨价还价时形成的法制标准又可能导致调整跨国公司行为的法律国际实践不协调甚至冲突，因此，国家之间希望谋求以国际条约或国际惯例等相关国际法来调整跨国公司行为，从而形成统一遵守的行为准则。对跨国公司的国际法规制，主要是依据国际组织或国际会议通过的文件和一些国际条约来实现。

（1）国际组织或国际会议通过的文件。

其中有些文件虽然没有法律约束力，但具有指导实际的意义，或是作为一定范围内的行为规则和交易习惯，当事各方予以承认或遵守执行。

①联合国通过的有关文件，如决议、宣言、宪章、守则等形式。

1952 年联合国大会通过了《关于自由开发自然财富和自然资源的权利的决议》，明文规定"各国人民自由地利用和开发自然财富和自然资源的权利，乃是他们的主权所固有的一项内容"。该项决议在 1953 年 9 月东京高等法院以及 1954 年 9 月意大利罗马民事法院，先后就"英伊石油公司"一案国有化问题发表法律见解时得到援引，以该决议的内容作为法律论证东道国伊朗对"英伊石油公司"采取国有化措施的合法性。1962 年 12 月，联合国大会 17 届会议通过了《关于自然资源永久主权的宣言》，确认了国家及其人民对其自然财富和资源的永久主权。1974 年 5 月，联合国大会第 6 届特别会议通过了《建立国际经济新秩序宣言》和《建立国际经济新秩序行动纲领》，这两个决议肯定了各国对境内外国资本和跨国公司的监督和管理权。1974 年 12 月 12 日，联合国大会第 29 届会议通过了《各国经济权利和义务宪章》，规定"每个国家有权管理和监督管辖范围内的跨国公司的活动，并采取措施保证这些活动遵守其法律、规章和条例及符合其经济和社会政策。跨国公司不得干涉所在国的内政"。1980 年，联合国大会通过的《一套多边协议的管制限制性商业惯例的公平原则和规则》，其目的是消除跨国公司或其他企业的限制性商业行为对贸易和发展可能造成的不公平。1976～1985 年，针对包括跨国公司在内的企业在国际技术转让中行为进行规范，联合国贸发会议达成了《国际技术转让行动守则》。1982 年联合国跨国公司委员会完成了《联合国跨国公司行为守则（草案）》，该《守则》较为详细规范跨国公司在东道国的经营活动行为。

②国际组织通过的文件。

为了解决国际投资中的政治风险，1962 年经合组织制定了两个重要文件，即《资本流动自由化法典》和《无形交易自由化法典》。这些法典要求成员国承担一般的和特别的义务，消除对资本和支付流动的各种限制。法典坚持了国民待遇原则。1962 年，世界银行发表了《多国间投资保险——工作人员报告》，该报告对比分析了有些国家投资保险制度对于政治风险的不同解释，并试图提出关于政治风险的统一解释。1975 年 10 月，国际自由工会联盟通过了《工会对立法管理多国企业的要求宪章》，提出解决公司的跨国问题应在联合国的框架中进行。1972 年，国际商会通过了《国际投资指南》。1975 年，不结盟国家的外国私人投资专家委员会提出了《关于外国投资、跨国公司和技术转让的待遇的法律草案》。1976 年，经合组织通过了《多国企业的指南》，内容涉及跨国公司法律问题的诸多方面。1992 年 9 月，世界银行和国际货币基金组织所设的"发展委员会"通过了《外国直接投资待遇指南》，内容主要涉及适用范围、外国投资入境的批准问题、外国投资的待遇、征收和补偿的原则、争端解决的途径。

（2）国际条约。

这里所指的国际条约是广义上的国际条约，即有些国际条约具有普遍约束力，有些对参加国具有约束力，有些属于区域性国际条约，有些属于双边国际条约。

①开放性的国际条约。

1965 年，在世界银行主持下制定的《国际投资争端解决中心公约》[①]（Convention on the Settlement of Investment Disputes Between States and Nationals of Other States），为东道国和外国投资者之间的争端解决设计了调解和具有约束力的机制。1985 年 10 月，在世界银行主持下通过了《多边投资担保机构公约》（Convention Establishing the Multilateral Investment Guarantee Agency），在此基础上，1988 年 4 月，多边投资担保机构（Multilateral Investment Guarantee Agency，MI-

---

① 《解决国家与他国国民之间投资争议公约》也称《国际投资争端解决中心公约》《1965 年华盛顿公约》，是由国际复兴开发银行（世界银行）执行主任所共同制定的多边条约。公约于 1965 年 3 月 18 日签署，于 1966 年 10 月 14 日生效。其宗旨是为国家与他国国民之间的投资争议提供便利，我国已经加入该公约，成为该公约的成员国。参见《国际投资争端解决中心》，联合国网站，https：//www.un.org/zh/aboutun/structure/icsid/。

GA）正式成立，机构旨在促进国际投资跨国流动，试图通过直接承保各种政治风险，为海外投资者提供经济上的保障，并进一步加强法律上的保障。当然，最具有意义的是世界贸易组织协议中的《与贸易有关的投资措施协定》（Agreement on Trade - Related Investment Measures，TRIMs）、《服务贸易总协定》（The General Agreement on Trade in Services，GATS）和《与贸易有关的知识产权协定》（Agreement on Trade - Related Aspects of Intellectual Property Rights，TRIPs），这些协定对跨国公司投资经营活动具有重要的法律意义。

②区域性国际条约。

1969 年，安第斯集团通过了《关于外国投资待遇、商标、专利、许可证和提成费共同制度的卡塔赫协定》，根据该协定成立了"卡塔赫委员会"。该协定使跨国公司适应东道国发展目标和需要方面，规定了严格的投资限制。1987 年12 月，东南亚国家联盟通过了《东盟促进和保护投资协定》，标志着东盟区域内国际投资法制的建立，为东盟国家内部的国际投资提供了较为完善的保障机制。1992 年 8 月，美国、墨西哥、加拿大正式达成《北美自由贸易协定》，该协定于1994 年 1 月 1 日生效，其中第十一章规定了投资问题，要求给予外国投资者国民待遇和最惠国待遇。1993 年 11 月 1 日生效的欧洲联盟的《马斯特里赫特条约》规定原则上禁止对成员国在国际投资之间以及成员国与第三国之间的资本国际流动和支付加以限制，这标志着欧盟成员国在国际投资法制前进了一大步。

③双边国际条约。

早期调整海外投资的往往是通过签订双边协定来保护相互投资者的利益，如美国通常与他国签订"通商航海条约"或"投资保证协定"，为其资本输出国的海外投资提供有效的保护。即使今天也仍有大量的双边投资协定或双重征税协定，来规范资本来源和投资者与东道国关系。

有关跨国公司的国际法制已取得一定的成就，即通过相关的条约来约束跨国公司的经营活动。但这种约束是非常有限的，因为开放式并具有普遍约束力的国际条约仅在某一方面与跨国公司有关系，所以对跨国公司行为的约束非常有限。目前全面约束跨国公司行为的多边条约几乎是空白。特别是联合国以及相关的国际组织通过的决议、宣言、指南等仅具有指导意义或具有有限的法律效果，对跨国公司并没有法律约束力。直接约束跨国公司行为的法律更多的是国内法，然而，各国经济、政治、文化、法律等差异，必然会引起法律的冲突。

鉴于国际经营相关法律事务的复杂性、多样性和重要性，因此，国际化经营的大型企业对于境外事业的法律事务管理必须同步发展，为国际化经营提供有力的法律支持。

2. 对跨国公司的国内法规制

跨国公司的海外子公司在东道国一般具有法律上的独立人格，东道国的法律自然适用于跨国公司的海外子公司。但跨国公司的海外子公司与东道国国内其他法律主体毕竟有区别，因此一般说来，规制跨国公司的国内法主要包括：

知识链接：《中华人民共和国外商投资法》之图文解读

（1）外国投资法。这是东道国管理外来投资的首要法律。由于各国立法体系的差异，有些国家对外国投资进行专门立法，有些国家把外国直接投资问题纳入国家的宪法或其他基本法中进行规制。

（2）公司法。跨国公司在东道国的分支机构一般采取公司形式，因而受制于东道国公司法有关公司行为和公司组织的规定。

（3）税法。税法上涉及跨国公司的典型问题包括税收饶让、对外国公司的税收管辖、避免双重征税等。

（4）竞争法。为了规范市场，发达国家以及一些发展中国家已通过竞争法来规制跨国公司的垄断问题、不正当竞争行为等。

（5）技术转让的法律。跨国公司的商业运行，一般会涉及技术转移、开发、使用、限制等问题。技术方面的法律问题成为跨国公司运行过程中的一个焦点问题。

（6）劳动法。跨国公司一般会从其总部或其他分支机构派遣管理人员进入其在一国的分支机构，这必然涉及东道国的劳动法律。

（7）环境法。环境问题已经成为目前各国的重要问题。跨国公司的跨国商业活动，也必然涉及东道国的环境法。

第四节 合伙企业法

合伙组织虽然一般不及公司的经济实力和影响大，但其数量要远远超过后者。由于合伙组织的成立手续便捷、经营方式灵活、控制权集中，因而它是很多中小投资经营者所乐于采用的商事组织形式。在实行市场经济制度的各国，合伙组织也扮演着重要的角色，发达的资本主义国家在加强公司立法的同时，也开始重视合伙组织的立法。

一、合伙企业的概念和特征

合伙企业是指两个或两个以上的自然人、法人和其他组织通过订立合伙协议，共同出资、共同经营、共负盈亏、共担风险，并且对企业的债务承担无限连带责任的企业组织形式。与其他商事组织相比，合伙主要具有以下的法律特征：

1. 合伙的成员至少有两个

各国有关合伙的法律都规定合伙企业要有至少两个以上的合伙人，但对合伙人的范围问题规定不一。美国《统一合伙法》明确规定组成合伙的"人"包括自然人和法人，《统一有限合伙法》也规定组成有限合伙的成员，无论是普通合伙人，还是有限合伙人，都可以是法人。大陆法系国家如德国、日本、瑞士等国，虽然没有美国这样明确的规定，但其法律也并没有限制或禁止法人充当合伙人的规定。我国《合伙企业法》第3条也对此做出了规定："国有独资公司、国有企业、上市公司以及公益性的事业单位、社会团体不得成为普通合伙人。"

2. 合伙组织设立的基础是成员之间的合伙协议

合伙协议是处理合伙人相互之间的权利义务关系的内部法律文件，仅具有对内的效力，即只约束合伙人，合伙人之外的人如欲入伙，须经全体合伙人同意，并在合伙协议上签字。所以，合伙协议是调整合伙关系、规范合伙人相互间的权利义务、处理合伙纠纷的基本法律依据，也是合伙得以成立的法律基础，此即合伙的契约性。至于该协议是口头的还是书面的，发达的市场经济国家一般无限制性要求。我国《合伙企业法》则要求合伙协议以书面形式订立。此规定对避免或减少合伙人之间的纠纷显然是大有益处的。那些不强行要求有书面合伙协议的国家的司法实践一般也主张合伙人之间最好还是采用有凭有据的书面协议。

知识链接：我国《合伙企业法》规定的合伙协议内容

对于合伙协议，外国的法律也做了相应规定。《日本民法典》规定合伙契约因各当事人约定出资以经营共同事业，而发生效力。也就是说，合伙契约生效，合伙关系就成立了。《法国民法典》规定，合伙人订立了合伙契约之后，还可以再制定章程。合伙章程应以书面订立。该章程除规定每个合伙人应交的份额外，还应规定合伙的形式、目的、名称、合伙所在地、合伙资金、合伙期限及其进行的方式。

普通合伙协议一般应包括的内容有：合伙的目的、合伙人的出资、合伙的盈余分配、合伙的亏损负担、合伙事务的执行、入伙与退伙以及合伙的终止等。有限合伙协议除了普通合伙协议的必要记载事项外，还应该载明：执行事务合伙人应具备的条件和选择程序；执行事务合伙人权限与违约处理办法；执行事务合伙人的除名条件和更换程序；有限合伙人入伙、退伙的条件、程序以及相关责任；有限合伙人和普通合伙人相互转变程序等。

3. 合伙须由全体合伙人共同出资、共同经营

（1）出资是合伙人的基本义务，也是其取得合伙人资格的前提。

（2）合伙人共同经营。合伙人必须共同从事经营活动，以合伙为职业和谋生之本。若相互之间无共同经营之目的与行为，则纵使有某种利益上的关联，也非合伙。

（3）合伙从事的行为一般是具有经济利益的营业行为。

4. 合伙人共负盈亏，共担风险，对外承担无限连带责任

合伙人既可按对合伙的出资比例分享合伙盈利，也可按合伙人约定的其他办法来分配合伙盈利，当合伙人财产不足以清偿合伙债务时，合伙人还需以其个人财产来清偿债务，即承担无限责任，而且任何一个合伙人都有义务清偿全部合伙债务（不管其出资比例如何），即承担连带责任。

5. 合伙企业不具有法人资格

与个人独资企业一样，合伙企业也是非法人企业，其从事商事活动是以全体合伙人的个人人格或共同人格进行的，实质上也是自然人从事商事经营的一种组织形式。这里还应指出的是，法国、荷兰、比利时等少数大陆法系国家新近承认合伙组织具有法人资格，这可能是以后各国合伙法发展的一个方向。

在发达市场经济国家，一个组织只要具备上述特征，在实践中即会被视作合伙组织，即使它的名称中无"合伙"二字。

二、合伙企业的种类及特征

不同国家，合伙的法定类型不尽相同。如英国的制定法确定了普通合伙、有限合伙、有限责任合伙三种类型。美国许多州承认普通合伙、有限合伙、有限责

任合伙、有限责任有限合伙四种类型。① 根据我国《合伙企业法》，分为普通合伙企业和有限合伙企业，两者都不具备法人资格。

（一）普通合伙企业

普通合伙企业，是由普通合伙人组成，合伙人对合伙企业债务承担无限连带责任的合伙企业形式。

普通合伙企业的法律特征：一是契约性，即合伙人依据合伙协议自愿成立；二是合伙人共同出资，共享利润，共担风险；三是合伙人以其个人财产对合伙组织的债务承担无限连带责任。

案例拓展：普通合伙企业中合伙人的债务承担

（二）有限合伙企业

有限合伙企业，是由普通合伙人和有限合伙人组成，普通合伙人对合伙企业债务承担无限连带责任，有限合伙人以其认缴的出资额为限对合伙企业债务承担责任的合伙企业形式。

有限合伙企业仅剩有限合伙人的，应当解散；有限合伙企业仅剩普通合伙人的，转为普通合伙企业。

有限合伙企业的普通合伙人和有限合伙人的合作相当于有力的出力、有钱的出钱，因此有人称有限合伙企业是投知者与投资者的最佳结合。

三、合伙企业的设立

（一）合伙企业的设立条件

我国《合伙企业法》第 14 条规定，设立合伙企业应当具备下列条件：①有两个以上的合伙人；②有书面合伙协议；③有各合伙人认缴或者实际缴付的出资；④有合伙企业的名称和生产经营场所。合伙人在成立合伙企业时，必须确定

---

① 李秀芳主编：《国际商法》，中国人民大学出版社 2017 年版，第 28 页。

其合伙企业名称。

合伙协议生效后，合伙人应当依照合伙协议的规定缴纳出资。根据我国《合伙企业法》的规定，合伙人可以用货币、实物、土地使用权、知识产权或者其他财产权利缴纳出资。合伙人对于自己用于缴纳出资的财产或者财产权，应当拥有合法的处分权，不得将自己无权处分的财产或财产权用于缴纳出资。此外，经全体合伙人协商一致，合伙人也可以用劳务出资，即合伙人以自己未来付出的能够给合伙企业带来利益的劳务，或者自己已经付出的确实给合伙企业带来利益的劳务作为出资。合伙人的出资作为财产投入合伙企业，必须对该出资进行评估。

具体来说，对货币出资不需要评估，有关事项依法执行；对货币以外的出资需要评估作价的，可以由全体合伙人协商自行确定，也可以由全体合伙人委托法定评估机构进行评估；对劳务出资，其评估办法由全体合伙人协商确定，这是因为，劳务出资的内容、形式多种多样，如何评估，如何与合伙人参加经营相区分，都较为具体、复杂，不宜统一规定，而全体合伙人共同协商确定办法不但可行，也符合合伙人的利益。合伙人应当按照合伙协议约定的出资方式、数额和缴付出资的期限，履行出资义务。各合伙人按照合伙协议实际缴付的出资，为对合伙企业的出资。

关于合伙人缴付出资问题，《法国民法典》规定各合伙人应对合伙支付其曾允诺给予的实物、现款及技艺。《德国民法典》规定如无其他约定，各合伙人应提供相等的出资。合伙人于约定出资之外无增加出资的义务，亦无补充因损失致资本减少而作补足出资的义务。《日本民法典》规定以金钱为出资标的时，如合伙人怠于其出资，则除应支付其利息外，还应赔偿损害。在英美法中，出资也是合伙人的义务。出资包括现金、实物、劳务和权利。

（二）合伙企业的设立登记

依据我国《市场主体登记管理条例》规定，合伙企业的设立登记，应按如下程序进行。

1. 向企业登记机关提交相关文件[①]

相关文件包括：（1）《合伙企业登记（备案）申请书》；（2）全体合伙人签

---

① 依照《合伙企业法》、《外商投资法》、《市场主体登记管理条例》、原《合伙企业登记管理办法》设立的合伙企业登记所需提交材料，适用《市场主体登记提交材料规范》相关规定。参见《市场主体登记提交材料规范》（2022 年版），第 17 页。

署的合伙协议；（3）全体合伙人的主体资格文件或自然人身份证明；（4）主要经营场所使用相关文件；（5）法律、行政法规和国务院决定规定在登记前须报经批准的或申请登记的经营范围中有法律、行政法规和国务院决定规定须在登记前报经批准的项目，提交有关批准文件或者许可证件的复印件；（6）法律、行政法规规定设立特殊的普通合伙企业需要提交合伙人的职业资格证明的，提交相应证明。

2. 企业登记机关应当对申请材料进行形式审查

对申请材料齐全、符合法定形式的予以确认并当场登记。不能当场登记的，应当在 3 个工作日内予以登记；情形复杂的，经登记机关负责人批准，可以再延长 3 个工作日。申请材料不齐全或者不符合法定形式的，登记机关应当一次性告知申请人需要补正的材料。合伙企业的营业执照签发日期，为合伙企业的成立日期。合伙企业设立分支机构，应当向分支机构所在地企业登记机关申请登记，领取营业执照。

关于合伙企业登记问题，《法国民法典》规定除隐名合伙以外的合伙，自登记之日起享有法人资格。在英国和美国，只要契约已签订，资金已到位，合伙企业即告成立，不需要其他手续。

四、合伙企业的内部关系

合伙企业的内部关系是合伙人之间的权利和义务关系，通常在合伙协议中予以规定。

（一）合伙人的权利

根据多数国家的法律规定，合伙人的权利可以归纳为以下几项：

1. 参与合伙企业经营管理的权利

合伙企业是以合伙协议为基础，在合伙人之间形成的一个经营联合体，所以除合伙协议另有约定外，合伙人均有权参与合伙企业的经营管理，对外以合伙的名义进行业务活动，并在正常的业务范围内有权相互代理。在对合伙事务做出决策时，每个合伙人无论出资多少，均有一个表决权。在决定合伙企业的重大事务时，必须经全体合伙人一致同意，其他合伙事务则实行少数服从多数原则。

我国《合伙企业法》① 规定，合伙企业下列事务必须经全体合伙人同意：
（1）改变合伙企业的名称；（2）改变合伙企业的经营范围、主要经营场所的地点；（3）处分合伙企业的不动产；（4）转让或者处分合伙企业的知识产权和其他财产权利；（5）以合伙企业名义为他人提供担保；（6）聘任合伙人以外的人担任合伙企业的经营管理人员。

2. 分取利润和获得补偿的权利

在合伙企业中，每个合伙人均有权分享合伙的利润，而无论其出资种类和数额有何差别。分取利润一般是按照合伙协议中约定的比例进行，如果合伙协议没有约定，从各国合伙法的规定来看，大致有两种处理办法：一是按合伙人的出资比例分享利润，如法国、日本；二是平均分配而不考虑合伙人出资的多少，如美国、英国、德国等。

我国《合伙企业法》② 规定：（1）合伙企业的利润分配、亏损分担，按照合伙协议的约定办理；（2）合伙协议未约定或者约定不明确的，由合伙人协商决定；（3）协商不成的，由合伙人按照实缴出资比例分配、分担；（4）无法确定出资比例的，由合伙人平均分配、分担。

此外，合伙人为处理合伙企业的正常业务，或维持企业的正常经营而支出的个人费用，或因此受到的个人财产的损失，合伙企业和其他合伙人应予以补偿。

3. 监督权

为了保证合伙事务的正常进行，防止个别合伙人利用执行合伙事务之机谋取私利，维护全体合伙人的共同利益，各国合伙法都将内部监督的权利赋予了各合伙人。合伙人的监督权主要有：每个合伙人都有权了解、查询合伙企业经营的各种情况，检查其他合伙人的业务执行情况，查阅账目，并提出质询。

4. 异议权

合伙人分别执行合伙企业事务时，执行事务合伙人可以对其他合伙人执行的事务提出异议。提出异议时，应暂停该项事务的执行。如果发生争议，可由全体合伙人共同决定。

5. 撤销权

负责执行合伙企业事务的合伙人不按照合伙协议或者全体合伙人的决定执行事务的，其他合伙人可以决定撤销对其的执业委托。

---

① 《中华人民共和国合伙企业法》第31条。
② 《中华人民共和国合伙企业法》第33条。

（二）合伙人的义务

1. 出资义务

合伙人应当按照合伙协议约定的出资方式、数额和缴付期限，履行出资义务。合伙人不按约定缴纳出资致使合伙无法成立或给其他合伙人造成损失的，应当向其他合伙人承担法律责任。

2. 忠实义务

合伙人对合伙企业及其他合伙人负有忠实的义务。合伙人必须为合伙企业的最大利益服务，不得侵占和损害合伙企业而谋取私利。合伙人忠实义务的具体内容可以概括为以下几方面：（1）报告义务。执行事务的合伙人应当定期向其他合伙人报告事务执行情况以及合伙企业的经营和财务状况。（2）竞业禁止义务。合伙人不得自营或者同他人合作经营与本合伙企业相竞争的业务，但有限合伙人可以不受约束。（3）自利交易禁止义务。除合伙协议另有约定或者经全体合伙人同意者除外，合伙人不得同本企业进行交易。（4）对其他损害行为的禁止义务。合伙人不得从事损害本合伙企业利益的活动，如不得利用职务上的便利，将应当归合伙企业的利益据为己有，或者采取其他手段侵占合伙企业的财产。

知识链接：什么是信义义务？

3. 谨慎和注意义务

参与经营管理的合伙人在执行合伙业务时，必须履行谨慎和小心义务，应以自己的技能和经验尽力维护合伙企业的利益，主观上尽到应有的注意，这一点在大陆法系国家称"善良管理人"义务。如果合伙事务执行人在执行合伙事务时因故意或重大过失而导致合伙企业受到损失的，应对其他合伙人承担赔偿责任。

五、合伙企业与第三人的关系

由于在合伙企业中，每个合伙人都有权对外代表合伙企业，都有权成为合伙企业及其他合伙人的代理人，所以，合伙企业与第三人的关系体现出以下几方面的特点。

（一）合伙人之间适用相互代理原则

即每个合伙人在执行合伙企业业务时所做出的行为，对合伙企业与其他合伙人都具有约束力。从各国的立法来看，都认为合伙人之间是代理关系，即对外执行合伙企业事务的合伙人是该合伙企业及该企业其他合伙人的代理人。

（二）与善意第三人的关系

合伙企业内部对合伙人执行合伙事务及其对外代表权可以进行限制，但不得以此对抗不知情的第三人。也就是说，如果合伙人的代表权有限制而该限制不为善意的第三人所知的话，则该合伙人与善意第三人之间进行的交易行为对合伙企业有效。但是，如果第三人与某一合伙人进行交易时，明知该人不具有这种权利而与其发生法律行为，则合伙企业和其他合伙人对该人的行为不负责任。

（三）合伙人在从事正常的合伙业务过程中所做出的侵权行为，由合伙企业承担责任

例如，某合伙人在执行业务时驾车违反道路交通安全法撞伤人，应由合伙企业承担赔偿责任。但是合伙企业也有权依据合伙企业内部规章或合伙协议向具有主观故意或疏忽的合伙人追偿。

每个合伙人因合伙而对第三人负连带责任。合伙企业对其债务，应当首先以其全部财产进行清偿，当合伙企业财产不足以清偿时，再以合伙人合伙财产以外的个人财产清偿。债权人可越过合伙企业直接向任一或全体合伙人请求清偿，合伙人对此请求不能拒绝，而只能在清偿了全部债务后再向其他合伙人追偿。如果合伙人所清偿的数额超过其应当承担的份额时，有权向其他合伙人追偿。

当合伙企业的债务与合伙人个人的债务同时存在时，合伙企业的债权人优先于合伙人的债权人从合伙企业的财产中受偿，即合伙企业的财产首先用来偿还企业的债务，还债后如有剩余，再分配给各合伙人，由合伙人用来偿还自己个人的债务。

（四）合伙人向第三人转让其在合伙企业的投资份额将受到法律的限制

每一合伙人未经全体合伙人同意，不得将自己在合伙企业中的投资份额全部或部分地转让给第三人。在相同条件下，第三人不得优于其他合伙人取得合伙企业中的份额。

六、入伙和退伙

（一）入伙

入伙，是指已经存在的合伙企业接纳新的合伙人，即在合伙企业成立之后、解散之前，原来的非合伙人申请加入合伙企业，并被合伙企业接纳，从而取得合伙人身份的法律行为。许多国家法律规定，合伙企业要接纳新合伙人，必须得到全体合伙人的同意，如果合伙人中有人表示异议，入伙不能成立。如法国《民法典》第 1861 条规定，合伙企业成立后，非经全体的同意，不得允许他人加入为合伙人。我国《合伙企业法》规定，合伙企业接纳他人入伙必须具备下列三个条件：第一，除合伙协议另有约定外，应当经全体合伙人同意；第二，必须依法订立书面入伙协议，对合伙人的权利义务做出约定；第三，应当在做出接纳他人入伙决定之日起 15 日内，向登记机关申报办理变更登记手续。

除入伙协议另有约定外，新合伙人加入合伙企业后，入伙的新合伙人与原合伙人享有同等权利，承担同等义务。如果原合伙人愿意以更优越的条件吸引新合伙人入伙，或者新合伙人愿意以较为不利的条件入伙，也可以在入伙协议中另行约定。订立入伙协议时，原合伙人应当向新合伙人如实告知原合伙企业的经营状况和财务状况。新合伙人，对在其入伙前合伙所负的债务，大多数国家认为不需要承担责任，而有的国家，如日本、瑞士等国法律未作明确规定。我国法律规定，新合伙人对入伙前合伙企业的债务承担无限连带责任。

（二）退伙

退伙，是指在合伙企业存续期间，已经取得合伙人身份的合伙人退出合伙团体，丧失合伙人资格，引起合伙企业变更或终止的法律事实。

合伙人退伙的原因一般有两种：一是自愿退伙；二是法定退伙。

1. 自愿退伙

自愿退伙是指合伙人基于自愿的意思表示而退伙，其表现形式可分为协议退伙和声明退伙两种。

（1）协议退伙，是指合伙人在合伙协议约定的退伙事由出现时或经全体合伙人同意时退出合伙企业。我国《合伙企业法》第 45 条规定，合伙协议约定合伙企业经营期限的，在合伙企业存续期间，有下列情形之一时，合伙人可以退伙：

合伙协议约定的退伙事由出现；经全体合伙人一致同意退伙；发生合伙人难以继续合伙的事由；其他合伙人严重违反合伙协议。

（2）声明退伙，是指根据一方的意思表示终止合伙人与其他合伙人之间在合伙协议中的法律关系，是一种单方的法律行为，有的国家主张退伙人声明只需告知其他合伙人，如德国等；有的国家则主张退伙人声明须得到其他合伙人的同意，如法国等。关于声明退伙的时间，各国的规定也有所不同，有的允许随时退伙，有的则只允许在企业会计年度终结前的一定时期内才能声明退伙。我国《合伙企业法》的有关规定是合伙协议未约定合伙企业的经营期限的，合伙人在没有给合伙企业事务执行造成不利影响的情况下，可以退伙，但应当提前30日通知其他合伙人。

2. 法定退伙

法定退伙是指合伙人因出现法律规定的事由而退伙。如《日本商法典》①规定的合伙人非任意事由包括死亡、破产、禁治产和开除。我国《合伙企业法》第48条也规定，合伙人有下列情形之一的，当然退伙：作为合伙人的自然人死亡或者被依法宣告死亡；个人丧失偿债能力；作为合伙人的法人或者其他组织依法被吊销营业执照、责令关闭撤销，或者被宣告破产；法律规定或者合伙协议约定合伙人必须具有相关资格而丧失该资格；合伙人在合伙企业中的全部财产份额被人民法院强制执行。

我国法律规定的法定退伙的原因中还包括除名退伙。除名退伙是指合伙企业根据某种正当理由，将某一合伙人从合伙企业中除名而使该合伙人退伙。我国《合伙企业法》第49条规定，合伙人有下列情形之一的，经其他合伙人一致同意，可以决议将其除名：未履行出资义务；因故意或者重大过失给合伙企业造成损失；执行合伙企业事务时有不正当行为；合伙协议约定的其他事由。对合伙人的除名决议应当书面通知被除名人。被除名人自接到除名通知之日起，除名生效，被除名人退伙。被除名人对除名决议有异议的，可以在接到除名通知之日起30日内，向人民法院起诉。

3. 退伙的效果

退伙的效果分为两种情况：一是财产继承；二是退伙结算。

---

① 《日本商法典》的编纂深受德国商法的影响，曾经于1890年和1894年先后两次立法。前者称之为"旧商法典"，后者称之为"新商法典"。与德国商法典不同的是，它采取折中主义的立法体例。以商法典为中心的商法，是日本现代法律体系中与市场经济行为、市场经济主体联系最直接、最紧密的法律部门，是调整现代企业内部组织关系及外部交易关系的基本法。参见《日本商法典》，王书江、殷建平译，中国法制出版社2001年版。

合伙人死亡或者被依法宣告死亡的，对该合伙人在合伙企业中的财产份额享有合法继承权的继承人，按照合伙协议的约定或者经全体合伙人一致同意，从继承开始之日起，取得该合伙企业的合伙人资格。我国《合伙企业法》第50条规定，有下列情形之一的，合伙企业应当向合伙人的继承人退还被继承合伙人的财产份额：(1) 继承人不愿意成为合伙人；(2) 法律规定或者合伙协议约定合伙人必须具有相关资格，而该继承人未取得该资格；(3) 合伙协议约定不能成为合伙人的其他情形。

合伙人退伙，其他合伙人应当与该退伙人按照退伙时的合伙企业财产状况进行结算，退还退伙人的财产份额。退伙人对给合伙企业造成的损失负有赔偿责任的，相应扣减其应当赔偿的数额。退伙时有未了结的合伙企业事务的，待该事务了结后进行结算。退伙人在合伙企业中财产份额的退还办法，由合伙协议约定或者由全体合伙人决定，可以退还货币，也可以退还实物。退伙人对基于其退伙前的原因发生的合伙企业债务，承担无限连带责任。

七、合伙企业的解散与清算

合伙企业的解散是指合伙企业因某些法律事实的发生而使其民事主体资格归于消灭的情形。世界各国的合伙企业解散大体有三种情况：一是协议解散，指合伙人依协议决定自愿解散。二是依法解散，依照法律的规定也可以发生合伙企业的解散情形。例如，合伙协议约定的经营期限届满，合伙人不愿继续经营的；合伙人不具备法定人数的；合伙协议约定的合伙目的已经实现或无法实现的；因发生某种情况，使合伙所从事的业务活动为非法活动等情形。三是强制解散，指法院根据有关申请，强制命令合伙企业解散。主要有以下几种情形：合伙人永久精神失常或永久不能履行合伙协议中的责任；合伙人犯有渎职罪；发生了某种情况致使合伙企业只有在亏损的情况下进行经营；存在其他强制解散能恢复公正和合理的情况。

无论何种方式解散合伙企业，合伙人都应对合伙企业的财产进行清算。清算人的选任以全体合伙人过半数决定，清算人主要处理与清算有关的合伙事务、清缴所欠税款、清理债权债务，并处理合伙组织清偿债务后的剩余财产。合伙组织的清算结束后，清算人应编制清算报告，经全体合伙人签字、盖章，报送国家相应机关登记后，合伙企业消灭。合伙企业的主体资格为了清算的需要，一直存续到清算结束为止，如果企业财产不足以清偿合伙企业的债务时，普通合伙人须对债务承担无限连带责任。

复习思考题

一、简答题

1. 简述个人独资企业的设立条件。

2. 简述公司与合伙及个人独资企业在法律特征上的区别。

3. 简述公司的类型。

4. 简述合伙人的忠实义务。

5. 简述跨国公司的法律规制。

二、案例分析[①]

2015 年 3 月，曹某与 A 投资基金签署了《合伙协议》，约定：1. 双方合伙成立有限合伙企业即 B 投资中心（有限合伙），A 投资基金为普通合伙人，承担无限责任，实际出资额 950 万元；曹某为有限合伙人，承担有限责任，实际出资额 50 万元。合伙期限三年。合伙期间，曹某每年获得的预期总收益率不低于20%；从 2015 年 4 月 1 日开始计算投资收益。2. 如曹某在约定期限内希望转让出资额退出，则 A 投资基金同意按照曹某投资金额及协议约定预期收益之和，回购曹某的出资额以实现其退出。

B 投资中心（有限合伙）成立于 2015 年 4 月 21 日，普通合伙人即执行事务合伙人为 A 投资基金（注：是一家有限合伙企业），但曹某出资 50 万元后，未被登记为有限合伙人。

2019 年 11 月，曹某向 A 投资基金提交退款通知书，要求 A 投资基金退还投资本金并支付投资收益。

因 A 投资基金未依约履行付款义务，曹某以 A 投资基金为被告，提起诉讼，主张双方名为投资，实为借贷，请求 A 投资基金返还投资本金并支付利息收益和违约金，同时请求 A 投资基金的普通合伙人即 B 投资顾问公司承担连带责任。

问题：曹某的诉讼请求能否得到法院的支持？

案例题答案

---

① 白函鹭：《如何理解"普通合伙人对合伙企业的债务承担无限连带责任"？》，百家号官网，2023 年 12 月 04 日，https://baijiahao.baidu.com/s?id=1783983028250842785。

第三章
国际货物买卖法

 学习目标

【知识目标】

(1) 了解国际货物买卖的基本概念和相关法律规定。

(2) 掌握国际货物买卖中买卖双方的权利与义务。

(3) 掌握货物买卖合同的违约类型及其救济方式。

(4) 熟悉货物所有权及风险转移。

【能力目标】

(1) 具备妥善处理国际货物买卖合同中违约救济的能力。

(2) 具备在国际货物买卖合同的履行中选择有利于自己的法律的能力，并根据相关法律合理维护自己的合法权益。

【思政目标】

(1) 熟悉社会主义法律法规，积极参加法学专业见习实习和社会实践活动，在理论知识和实践锻炼的基础上，突出学生创新思维、创业意识和创新创业能力的培养。

(2) 保持对于信息敏锐的感受力、持久的注意力和信息价值的洞察力、判断力，在学习法律和解决法律问题的过程中有意识地确立信息获取意识、信息传播意识、信息更新意识、信息安全意识。

【关键术语】 国际货物买卖合同　权利与义务　违约责任　风险转移

 引导案例

德国建筑商 A 于 1993 年 8 月底与美国生产商 B 联系，要求 B 报 4 万吨钢缆价格，明确称此报价是为计算工程投标之用，10月10日可知投标结果。同年9月10日，美国B公司向德国A公司发出正式要约，要约条件完整，但没有规定承诺期限，没有注明要约是不可撤销的。

同年9月中旬，国际市场钢缆价格猛涨，为此美国B公司于10月2日发出撤销其9月10日要约的传真。

同年10月10日，德国A公司中标，立即向美国B公司发出传真，对9月10日的要约表示承诺。美国B公司称已经撤销了要约，合同不成立。双方发生纠纷。

思考：

1. 要约是否已被撤销？

2. 双方之间合同关系是否成立？

引导案例分析

第一节　国际货物买卖法概述

一、关于国际货物买卖国际统一法的努力及其成果

国际货物买卖法，是指调整国际货物买卖关系的所有法律规范的总称。国际货物买卖是国家间有形货物的跨国交易和流通，是一种重要的贸易方式，用来调整货物买卖关系的法律在各国的法律体系中都占有重要地位。但是，由于各国买卖法所采取的形式和内容并不完全相同，这给国际货物买卖带来了诸多不便。因此，消除不同国家、不同法系法律冲突的国际统一立法工作就显得越来越重要。从21世纪初，一些国际组织与法学家就致力于国际货物买卖法的统一工作。经过近一个世纪的不懈努力和追求，在国际货物买卖方面统一法方面取得了辉煌成果。调整货物买卖关系的国际惯例、国际公约以及各国与货物买卖有关的国内法均为国际货物买卖法的渊源。

知识链接：致力于国际货物买卖法的统一工作的学者

云思政：全球视野与合作精神

（一）1964 年《国际货物买卖统一法公约》和《国际货物买卖合同成立统一法公约》

为了统一各国买卖法方面存在的分歧，早在 1926 年国际联盟下属的罗马国际统一私法协会（UNIDROIT）成立时，第一件工作就是着手研究国际货物买卖法方面的法律。1930 年开始起草《国际货物买卖统一法公约》，1935 年初稿完成。从 1936 年开始草拟《国际货物买卖合同成立统一法公约》，由于第二次世界大战的爆发，致使起草工作搁置。第二次世界大战结束后，该协会继续进行统一立法工作。于 1951 年，在有 21 国参加的海牙外交会议上对这两个公约文本进行了讨论和修改。1958～1963 年完成了对这两个公约文本的第二次修改后，于 1964 年 4 月 25 日海牙会议上获得通过。《国际货物买卖统一法公约》（The Uniform Law on International Sale of Goods，ULIS）于 1972 年 8 月 18 日生效。参加或核准的国家有比利时、冈比亚、联邦德国、以色列、意大利、荷兰、圣马力诺、英国共 8 个国家。《国际货物买卖合同成立统一法公约》（The Uniform Law on the Formation of Contract for International Sale of Goods，ULF）于 1972 年 8 月 23 日生效，参加或核准国为上述除以色列外的 7 个国家。

这两个公约（又称两个"海牙公约"）的核准生效，虽然标志着国际货物买卖在法典化道路上取得了重要进展，但无论是从理论层面还是实践层面来看，它们都存在着显著的局限与不足。具体来说，这两个公约主要源于欧洲大陆法的传统，缺乏对英美法、社会主义国家合同法原则的考量，更未充分照顾到发展中国家的利益。因此，众多国家对此公约心存疑虑，并未选择加入。此外，公约的内容相对繁杂，部分概念深奥难懂，且参与的国家数量有限，至今仍未达到 10 个。这一事实表明，这两个公约并未得到国际社会的广泛认可，未能实现其立法初衷，即统一国际货物买卖法的作用。

（二）1980 年《联合国国际货物销售合同公约》

为了使公约得到不同法律制度和不同社会、经济制度国家的接受，1966 年，联合国国际贸易法委员会组织了一个专门工作小组——"国际货物买卖工作组"，在 1964 年两项公约的基础上制订一项统一国际货物买卖法。大卫（David）、施米托夫（Schmitthoff）和巴布斯库（Tudor Popescu）教授组成指导委员会，作为大陆法系、普通法系和社会主义国家的法律体系的代表。工作组历经近十年的精心筹备，于 1978 年完成了国际货物买卖公约的起草任务。经过深思熟虑，决定将 1964 年的两项公约融合为一，从而诞生了《联合国国际货物销售合同公约》（The United Nations Convention on Contracts for the International Sale of Goods，CISG，以下简称公约）。1980 年 3 月，维也纳会议盛大召开，来自 62 个国家的代表齐聚一堂，共同见证了该公约的正式通过。随后，公约自 1988 年 1 月 1 日起正式生效，标志着国际货物买卖法的又一重要里程碑的诞生。截至 2015 年 12 月，核准和参加该公约的共有 84 个国家，其中包括美国、加拿大等主要英联邦国家，法国、德国等大部分欧洲国家（英国除外）和东欧各国。中国是公约的创始成员国。

知识链接：《联合国国际货物销售合同公约》的成员国

《联合国国际货物销售合同公约》较之前身——1964 年的两个"海牙公约"有了较大的改进。其特点是：既坚持国际贸易法的统一性，又照顾到不同社会、经济和法律的差别性，并把两者灵活、巧妙地结合起来，使之成为世界上不同法系都能接受，不同社会、经济制度都能容纳的调整国际货物买卖的统一法。但是，公约对买卖合同中一些分歧较大、不易统一的问题未予涉及，因此，这部公约并未构成一部完整且全面的国际货物买卖统一法。然而，从灵活性和普遍接受程度来看，该公约所展现的优势远超任何一部国内法或国际惯例，其独特性与影响力均难以被其他法律文件所匹敌。公约是 20 世纪以来国际贸易统一法的重大成果，反映了统一法运动的发展趋势，是目前在国际货物买卖中影响最大、辐射最广的公约。

二、公约的结构、适用范围

(一) 公约的结构

公约包括序言和四个部分，共 101 条。

序言的基本内容是介绍了该公约的立法宗旨，并规定了本公约的三个基本原则：即以建立新的国际经济秩序为目标；平等互利的原则；在照顾到不同社会、经济、法律制度下，建立国际货物买卖合同统一规则。

第一部分是公约适用范围及原则。本部分含两章。第一章为公约的适用范围，对适用与不适用公约的情况作了具体规定；第二章为公约的总原则。

第二部分是合同的订立。合同的订立是合同生效、履行合同义务、处理合同争议等一切活动的基础和依据。本公约将合同订立问题专门列为一部分，成为本公约可以单独存在的两大部分之一，这是公约的一大特点。

第三部分是货物销售。该部分详细规定了买卖双方的权利与义务及违约与补救办法，也是公约中能够独立存在的一部分。

第四部分是最后条款。该部分对公约的签字、批准、加入和声明保留等问题做了规定。

(二) 公约的适用范围

1. 公约适用的主体范围

根据公约第 1 条第 1 款的规定，公约适用于营业地在不同国家的当事人之间所订立的货物销售合同，且（a）这些国家是缔约国；（b）国际私法规制导致适用某一缔约国的法律。即当事人要适用公约，必须满足以下两个条件：

第一，货物买卖合同必须具有国际性。

在判定买卖合同是否具备国际性时，公约采取了"营业地标准"，具体来说，便是根据买卖双方的营业地是否分处于不同的国家作为判定标准，对于当事人的国籍、合同项下货物的运输是否跨越了国境、卖方的要约、买方的承诺是在什么地方发生的因素均不予以考虑。按照公约的这一标准，只要买卖双方的营业地点位于不同国家，即便他们的国籍一致，他们所签订的货物买卖合同仍被视为国际货物买卖合同，并因此纳入公约的适用范围之内；反之，如果买卖双方的营业地点处在同一国家之内，即使他们的国籍不相同，他们所订立的合同也不能认为是国际货物买卖合同，不在公约适用范围之内。

既然公约以营业地为标准来确定某一合同是不是国际货物买卖合同，那么，如何确定当事人的营业地所在地就成为关键问题。一般来说，营业地是指一方具有永久性的经常从事一般商业交易的场所，而不包括临时性的或为某一特定交易进行谈判或洽商的地点，如办事处等。如果当事人只有一个营业地则容易确定，但如果当事人有一个以上营业地或没有营业地应如何确定？公约对此进行了明确的规定：若当事人拥有多个营业地，则应以与合同及其履行关系最为紧密的营业地为其主要营业地。在判定过程中，还需充分考虑双方在合同订立前或订立时已知或预期的情况。若当事人没有明确的营业地，则以其惯常居住地作为判断依据。

第二，公约的适用条件还包括双方当事人的营业地位于不同国家且这些国家均应是公约的缔约国，或按照国际私法规则确定的准据法是某一缔约国的法律。

若合同双方当事人的营业地分别位于不同的国家，并且这些国家都是公约的缔约国，该公约便适用于他们之间签订的货物买卖合同。简言之，该公约涵盖了营业地位于不同缔约国的当事人之间所订立的买卖合同。

此外，即使双方当事人的营业地位于不同国家，即使其营业地位于非缔约国，只要按照国际私法规则最终确定应适用某一缔约国的法律，该公约同样适用于这些当事人之间订立的国际货物买卖合同。这一规定使得公约的适用范围得以扩展，涵盖了营业地位与非缔约国的当事人之间的买卖合同，从而扩大公约的适用范围。

2. 公约适用的客体范围

公约适用的客体范围是"货物买卖"。公约没有对"货物"下定义，但根据一般的理解，"货物"就是有形动产。但是并非所有国际性的货物买卖都属于公约的适用范围，公约第 2 条排除了以下几种买卖：

（1）购供私人、家人或家庭使用的货物的销售，除非卖方在订立合同前任何时候或订立合同时不知道而且没有理由知道这些货物是购供任何这种使用；

（2）以拍卖方式进行的销售；

（3）根据法律执行令状或其他令状进行的销售；

（4）公债、股票、投资证券、流通证券或货币的销售；

（5）船舶、舶只、气垫船或飞机的销售；

（6）电力的销售。

公约第 3 条排除了由买方提供制造货物的大部分重要原材料的合同，以及卖方的绝大部分义务在于提供劳动力和服务的合同。

知识链接：有形动产 VS 无形财产

三、公约不涉及的法律问题

如前所述，尽管公约是调整国际货物销售合同的法律规范，但却没有就买卖合同所涉及的全部内容都一一做出规定。公约之所以对买卖合同所涉及的某些内容没有做出相应规定，主要有以下两个原因：一是合同所涉及的有些内容，各国法律规定差异很大，公约难以做出统一规定；二是对有些内容各国争议很大，难以协调，公约也难以做出统一规定。公约第4条和第5条规定，公约不涉及的内容范围包括：合同的效力或其任何条款的效力，或任何惯例的效力；合同对所售货物所有权可能产生的影响；卖方对于货物对任何人所造成的死亡或伤害的责任。

四、我国与公约

我国是《联合国国际货物销售合同公约》的成员国之一。我国政府曾派遣代表参加了1980年维也纳会议，并于1986年12月递交了核准书，成为公约最早的缔约国之一。公约自生效之日起，即对我国有约束力。但应当注意的是，我国在核准该公约时曾根据该公约第95条和第96条的规定，对该公约提出了两项保留：

1. 对公约第1条第1款（b）项关于公约适用范围的规定做了保留

依据公约第1条第1款（b）项之规定，即便双方当事人的营业地所在国并非公约的缔约国，只要他们的营业地位于不同国家，且根据国际私法规则最终确定应适用某一缔约国的法律，该公约仍适用于他们之间订立的国际货物买卖合同。此项规定旨在扩大公约的适用范畴，不仅涵盖营业地位于缔约国的当事人之间签订的买卖合同，同时也涵盖那些营业地位于非缔约国的当事人之间的买卖合同，前提是国际私法规则指定应适用某一缔约国的法律（如依据合同的签订地或履行地法律而确定适用某一缔约国的法律）。我国在批准该公约时，针对这一条款提出了保留，即认为该公约仅应适用于双方营业地分别位于不同缔约国的当事人之间所订立的货物买卖合同。

2. 对公约第 11 条关于合同形式的规定做了保留

该条款明确指出，国际货物买卖合同在订立和证明方面并不局限于书面形式，也没有其他形式上的限制条件。换言之，公约并未对国际货物买卖合同的形式提出特定要求，因此，无论是口头形式还是书面形式订立的合同，均具备法律效力。公约的这一规定以及其他类似内容的规定，同我国当时的《涉外经济合同法》关于涉外经济合同（包括国际货物买卖合同在内）必须采用书面形式订立的规定是不一致的。因此，我国在核准该公约时，对此提出了保留。

值得注意的是，1999 年 10 月 1 日《中华人民共和国合同法》（以下简称《合同法》）生效。《合同法》没有区分国内合同与涉外合同，对合同形式适用了同一标准。《合同法》第 10 条规定："当事人订立合同，有书面形式、口头形式和其他形式。法律、行政法规规定采用书面形式的，应当采用书面形式。当事人约定采用书面形式的，应当采用书面形式。"

2021 年 1 月 1 日起正式施行的《中华人民共和国民法典》第 469 条关于合同形式的规定延续了《合同法》第 10 条，规定合同可采用书面、口头或其他形式，且在司法实践中大多数情况下承认除书面形式以外的其他合同形式。

第二节　国际货物买卖合同的成立

公约第二部分的标题为"合同的成立"。该部分详细规定了公约对合同成立的两个基本问题——发价与接受。由于各国的法律特别是英美法与大陆法在合同成立的规则上存在重大的分歧，联合国国际贸易法委员会在起草公约的这些内容时，曾遇到很大的困难，他们做了巨大的努力，采取了各种折中的办法来调和各国的法律分歧，力图使公约所确立的法律原则能被各国普遍接受。

一、要约（Offer）

（一）要约的含义和构成要件

要约，又称发价，是指一方当事人向另一方当事人提出的订立合同的建议。

提出发价一方是发价人，相对方是受发价人。公约第 14 条第 1 款规定"凡向一个或一个以上的特定的人提出的订立合同的建议，如果内容十分确定并且表明发价人在其建议得到接受时承受约束的意旨，即构成要约"。按照这项规定，一项有效的要约必须具备以下条件：

1. 要约应向一个或一个以上的特定的人提出

所谓"特定的人"是指在数量上或范围上均做出了限定的人，应是具体的商号、企业或个人，不能泛指公众。也就是说，要约必须是要约人向特定的受要约人做出的意思表示，其作用在于引起受要约人的承诺。受要约人可以是一个特定的人，也可以是多个特定的人。向公众发布的广告或散发商品目录等一般不能构成要约，而只是一种要约邀请。

但是，公约有一项例外性规定。公约第 14 条第 2 款规定：凡不是向一个或一个以上特定的人提出的建议，仅应视为要约邀请，除非提出建议的人明确表示相反的意向。按照这一规定，如果当事人明确表示了相反的意向，向不特定提出的建议也可以构成一项要约。这里所说的"明确表示"可以有各种不同的表示方式，例如，在刊登商业广告时注明"本广告构成发价"或注明"广告所列的各种商品将售予最先支付现金或最先开来信用证的人"等。

从国内立法情况看，各国一致认为，为了邀请对方向自己订货而发出的商业目录单、报价单不是要约，而是要约邀请。但对普通的商业广告则有不同的规定。按照多数国家的法律，普通的商业广告不是要约，而只是一项要约邀请。而英美判例法则认为，如果广告的内容十分明确、肯定也可以构成要约。可见，公约采取的是一种折中的态度。

2. 要约的内容必须十分确定

要约一般应包括拟将订立合同的主要条件，如商品的名称、价格、数量、品质或规格、交货日期和地点以及付款方式等，这样受要约人才能决定是否接受该要约。要约的内容一般要达到这种程度，即一旦受要约人表示接受，就足以达成一项对双方均有约束力的合同，否则，即使受要约人表示接受，也无从确定当事人对合同的主要条款是否达成协议。公约规定，一项关于订立合同的建议要构成一项要约，其内容必须"十分确定"。所谓十分确定是指必须符合公约所提出的最低限度的要求。这种最低限度的要求包括三项内容：（1）应当载明货物的名称。如准备进行买卖交易的商品是棉花、咖啡或者是羊毛、小麦等。（2）应明示或默示地规定货物的数量或规定如何确定数量的方法。例如，在发价中可以明确规定货物的数量为"铁矿砂 10000 公吨"，也可以不规定具体的数量，而只规定某种确定数量的方法，如在要约中规定："拟出售某铁矿在某段时间内所生产的全部铁矿砂。"这种做法，虽然没有规定货物的数量，但按照该企业的生产规模和规定的期间仍然可以推算出所供产品的数量。（3）应明示或默示地规定货物的价格或规定如何确定价格的方法。在对外贸易业务中，前者称为固定价或板价（Fixed Price），后者称为活价或开口价（Open Price）。由于国际市场的价格经常发出波动，因此，在国际贸易中，当事人对于某些敏感性的商品交易和长期大宗供货活动，往往愿意采用活价的做法，以减少风险。例如规定"以交货之日某国（市）某交易所公布的当日某货物价格计算"。

只要订约建议中包含了上述三项核心内容，即可被视为"十分确定"，即为有效要约。一旦获得对方的认可，买卖合同便随即成立。至于要约中未涉及的其他事项，可以在买卖合同生效后，通过参考公约的相关条款进行妥善处理。

知识链接：要约 VS 反要约 VS 要约邀请

3. 要约人必须清楚地表明当其建议被接受时而受其约束的意思表示

要约是当事人一方向另一方发出的以订立合同为目的的意思表示，这是要约的主要法律特征，也是其有效的基本条件之一。如果一方向他方发出提议，但并不想发生法律效果，即表明即使他的提议被对方接受，他亦不受任何约束，那么，该提议就不是要约。我国外贸公司所发出的"虚盘"，一般都附有保留条件，如注明"须以货物尚未出售为准"或"仅供参考"等字样，这些都表明我国外贸公司在发出虚盘时并无受其约束的意思，即使虚盘被对方接受，我国外贸公司仍然可以不予确认，不与对方订立合同。因此，虚盘不是公约意义上的发价，而只是一项要约邀请。

（二）要约生效的时间

公约第 15 条第 1 款规定：要约于其到达受发价人时生效。在这一点上，各国法律是没有分歧的。因为要约是一种意思表示，受要约人必须在收到要约之后才能决定是否予以接受。因此，如果一方仅凭以往的交易经验，或通过其他途径了解到对方可能向他发出报价的内容，而在收到报价之前主动做出接受的表示，也不能因此认为已成立了合同关系，而只能认为是双方的交互报价（Cross Offer）。

要约生效后，对于受要约人来说，其在法律上即取得了接受的资格，但没有必须接受的义务，受要约人不接受，只是使合同不能成立，并不负任何责任。除法律有特别规定或双方当事人事先另有约定，受要约人不接受时，也没有义务通知要约人。如果要约人单方在要约中表明不通知即视为接受，对受要约人并不发生约束力。

（三）要约的撤回与撤销

要约的撤回与撤销，是探讨要约人发出要约后是否有权改变决定，收回要约的问题。这两个概念在本质上是有所区别的。撤回要约是指，在要约发出后、尚未抵达受要约人，即要约尚未产生法律效力之前，要约人主动取消该要约，使其失去效力。而撤销要约则是指，在要约已经送达受要约人并产生法律效力后，要约人选择取消该要约，从而使得要约的效力归于消灭。各国法律都认为，要约是可以撤回的，即要约发出后，如发现要约错误，或者遇到国际市场价格发生波动，或者外汇汇率发生变化，只要要约尚未到达受要约人，要约人就可以随时使用更为快捷的方法将其追回。对要约是否可以撤销，大陆法系和英美法系则适用不同原则。大陆法认为，要约原则上对要约人有拘束力，除非要约人在要约中已表明其不受约束；否则，要约一旦生效之后，要约人就要受到约束，不得随意将其撤销。而英美法认为，要约原则上对要约人没有约束力，不论要约是否已经送达受要约人，要约人在受要约人做出承诺之前，随时都可以撤销其要约或变更其内容。

为了解决各国的法律分歧便于国际贸易交往公约在经过长期的酝酿、讨论之后，对要约的撤回和撤销问题做了如下规定：

（1）要约的撤回。公约第 15 条第（2）款规定：一项要约，即使是不可撤销的要约，都可以撤回，只要撤回的通知能在该要约到达受要约人之前或与其同时送达要约人。该规定包含以下几层含义：①撤回要约的时机仅限于要约人已发出要约但尚未被受要约人接收的期间；②若要约人有意撤回其发出的要约，必须向受要约人发送撤回通知，并且这一通知必须在要约抵达受要约人之前到达，或者至少与要约同时到达；③撤回要约的规定适用于所有类型的要约，包括那些声明为不可撤销的要约。

（2）要约的撤销。公约第 16 条规定，在合同成立以前，要约得予撤销，但撤销通知须于受要约人做出承诺之前送达受要约人。但在下列两种情况下，要约一旦生效，即不得撤销：①在要约中已经载明了承诺的期限，或以其他方式表示它是不可撤销的。这种要约，一旦送达受要约人之后，就不能予以撤销。例如在要约中规定，"本要约于 2 月 10 日前承诺有效"，再例如，要约人在要约中注明"不可撤销"或"实盘"等字样，这样的文字本身就清楚表明该项要约是一项不可撤销的要约。②若受要约人因合理理由相信某项要约是不可撤销的，并已依据此信赖采取行动，即便要约中未规定承诺期限，也未以其他形式明确表示要约的不可撤销性，但一旦受要约方产生这种信赖并据此行事，公约则禁止要约人撤销其要约。这样规定的目的，是为了保障交易的安全和维护受要约人的利益。

（四）要约的终止

根据公约第 17 条及其他有关条文的规定，要约的终止有以下几种情况：

1. 要约因被受要约人拒绝而终止

公约第 17 条规定：一项要约，即使是不可撤销的要约，应于拒绝该要约的通知送达要约人时终止。例如甲公司于 2 月 5 日向乙公司发出一项要约，规定接受期限到 3 月 1 日止，乙公司于 2 月 10 日收到上述要约后，于 2 月 15 日以电报通知甲公司拒绝其要约，如甲公司 2 月 16 日收到此项拒绝通知，则该要约于 2 月 16 日起即告终止。

2. 要约因被要约人撤销而终止

除公约特别规定不可撤销的要约之外，其他的要约均可因其被要约人的撤销而告终止。

3. 要约因其所规定的接受期限届满而终止

凡规定了接受期限的要约，如受要约人不在规定的期限内接受，该要约在接受期限届满时即告终止。

4. 要约因"合理期限"已过而终止

如果要约中没有规定接受的期限，则只要受要约人未能在一段合理时间内把承诺通知送达要约人，该项要约即告终止。至于"合理期限"应为多长，要根据具体的签约情况而定。

二、承诺（Acceptance）

（一）承诺的含义和构成要件

承诺，又称接受，指的是受要约人做出的同意要约的意思表示。按照公约规定，一般情况下，承诺的构成要件包括以下四个方面：

1. 承诺的意思表示必须由受要约人做出

从法律角度看，要约是要约人向特定的受要约人提出的订立合同的建议，要约的约束力是要约人对特定的受要约人而不是任何人承担订约的义务。因此，承诺只能由受要约人做出，任何第三人对要约表示同意均不能构成有效的承诺。

2. 承诺的意思必须以法定的方式加以表示

承诺的实质是对要约表示同意，这种同意的意思表示必须以某种方式向要约人表示出来。根据公约规定，受要约人可以以两种方式表示对要约的承诺：一种方式是采取向要约人发出声明的方式表示接受该项要约。声明既可以是口头的，也可以是书面的。另一种方式是受要约人可以通过特定的行为来表明其同意。公约第 18 条第 3 款规定，根据要约的具体要求以及双方之间形成的习惯做法或惯例，受要约人可以采取某些行动，如与发货或付款相关的行为，来表达其承诺，而无须另行通知要约人。

然而，需要注意的是，受要约人在收到要约后如果仅仅保持缄默，不采取任何行动对要约做出反应，这并不能被视为对要约的承诺。因为在法律上，受要约人并没有义务必须对要约做出答复。

3. 承诺必须是对要约内容的完全同意

承诺的内容与要约的内容应当完全相符，如果承诺是附条件的，则一般不能构成有效的承诺，而构成反要约（Counter Offer）。

4. 承诺必须在要约规定的期限内或合理期内做出

要约规定的接受期限是要约人受要约约束、等待受要约人做出承诺的期限，因而，承诺只有在该期限内做出，才能构成双方合意。如果要约没有规定期限，则必须在合理期限内做出。

（二）承诺的生效时间

承诺的生效时间是合同法中一个十分重要的问题。因为承诺的生效时间就是合同的成立时间，即承诺一旦生效，合同即告成立，双方当事人就要受合同的约束，承担由合同产生的权利与义务。在承诺的生效时间上，各国法律规定有重大的差异，英美法采用投邮生效原则，即载有承诺内容的邮件一经投入邮筒或者电报、电传一经发出，承诺即生效。采用投邮生效原则可以提前合同承诺的时间，部分抵消因要约不具有约束性给要约人造成的优势。《德国民法典》则规定，对于相对人所做的意思表示，于意思表示到达相对人时生效。

知识链接：到达生效主义

因此，承诺的通知必须到达相对人即要约人时生效，合同亦于此时成立。公约原则上采到达生效原则，另有例外规定。公约关于承诺生效时间的规定如下：

1. 当要约人通过通知方式表达承诺时，该承诺在通知送达要约人时生效

根据公约第18条第2款的规定，一旦表示同意的通知送达要约人，接受要约即生效。若该通知未在要约人规定的时间内送达，或未能在合理时间内送达且未考虑交易情况（包括要约人使用的通信方式的速度），则承诺将失效。对于口头要约，通常需要立即做出承诺，除非情况表明有其他要求。公约的这一规定明确表明，通过发出同意通知的方式表达承诺时，该通知必须送达要约人才能生效。若承诺通知未在要约规定期限或合理期限内送达，除符合公约第21条规定的特定情况外，该承诺将被视为无效，合同无法成立。因此，按照公约的这项规定，承诺通知在传递过程中可能发生的失误风险应由受要约人承担，而非要约人。

由于承诺通知必须在要约规定的有效期限内送达要约人才能产生效力，那么，如何计算要约的有效期就成为一个关键问题。为了明确这个问题，公约第20条对承诺期限的计算方式进行了以下规定：（1）当要约人在电报或信件中规定了承诺期限时，该期限自电报发出时刻或信件上注明的发信日期起开始计算。若信件上未注明发信日期，则根据信封上的日期进行计算。若要约人通过电话、电传或其他快速通信方式规定承诺期限，则期限自要约送达受要约人时开始计算。（2）在计算承诺期限时，应将期间内的法定节假日或非营业日纳入考虑。然而，如果承诺通知在承诺期限的最后一日因遇到要约人营业地的法定节假日或非营业日而未能送达，则承诺期限应延长至下一个营业日。

2. 受要约人做出某种行为表示承诺时，承诺于做出该项行为时即告生效

公约第18条第3款规定：该项行为必须在要约规定的有效期（或未规定期限，应在合理期）内做出。这一规定表明：在受要约人根据本款规定以做出发运货物或支付货款的行为表示承诺的情况下，一旦做出上述行为，承诺便认为已经生效，合同即告成立。要约人必须受约束，不得再撤销其要约，这对保护受要约人的利益是很有必要的。

（三）对要约中条件做了变更的承诺的效力

按照各国法律，承诺是同意要约所提出的订约条件的一种意思表示，因此，承诺必须与要约中所提出的各项条件保持一致。依照传统的普通法理论，要求承诺必须像镜子一样反射要约的条件，即"镜像规则"（Mirror Rules），如果承诺的内容与要约的内容不一致，那就不是真正有效接受而是一项反要约（又称还价、还盘）。公约基本上采纳了这一传统的法律原则，但为了给现代商业发展提供便利，避免由于承诺的内容与要约稍有出入，而影响到合同的有效成立，公约还做出了一项比较灵活的规定。具体来说，公约对变更要约中条件的接受的效力做了如下规定：

（1）公约第 19 条第 1 款规定：任何答复中虽然表达了对要约的承诺，但同时又有添加、限制或更改，即被视为对原始要约的拒绝，并且转化成了一个反要约。这一规定不仅代表了公约对于"接受要约时变更条件"这一行为效力的一般性规定，而且也是各国在制定相关法律时所广泛采纳的立法原则。

（2）公约第 19 条第 2 款规定：当对要约表示接受但包含了一些添加或不同的条件时，只要这些变动并未实质上改变要约的核心内容，除非要约人及时以口头或书面形式提出异议，否则这样的答复仍然被视为有效的承诺，合同依然可以成立。在此情况下，合同的条件将综合要约的原始条件以及承诺通知中所做的非实质性更改来确定。公约的这一规定表明，虽然对要约条件有所更改的承诺仍然有可能被视为有效的承诺，但需要同时满足两个关键条件：第一，承诺中对要约所做的更改必须是非实质性的。如果更改涉及要约的实质性内容，如货物的价格、付款方式、质量数量、交货地点和时间、责任范围或争议解决方法等，则会被视为对要约的拒绝，从而构成反要约。公约第 19 条第 3 款对此进行了详细的列举式规定。第二，要约人对于这样的非实质性更改必须未及时提出异议。即使承诺中的更改属于非实质性，但如果要约人对此表示反对，并及时以口头或书面形式提出异议，那么这样的承诺就不会被视为有效，而是被视为反要约。

（四）逾期承诺的效力

逾期承诺，亦称为迟到的承诺，指的是在要约所设定的有效期届满后，或者在未设定有效期限的情况下，已经超出了合理的时间范围，才最终送达给要约人的承诺。根据各国的法律规定，这种逾期承诺并不能被视为有效的承诺，而是被视作一项新的反要约。公约亦认为逾期的承诺原则上是无效的，但为了有利于双方合同的成立，简化合同成立的手续，公约也采取了一些灵活性的处理办法，规定逾期的承诺在符合某些条件的情况下，仍然可具有承诺的效力，合同得以成立。公约的这些灵活性规定，包括以下两项内容：

（1）公约第21条第1款规定：逾期的承诺仍有承诺的效力，如果要约人毫不迟延地用口头或书面形式将这种意见通知受要约人。这一法律规定表明，如果承诺已经逾期到达，但要约人仍愿意与受要约人订立合同，而且他及时通知受要约人，表示他视逾期的承诺为有效的承诺，这样，逾期的承诺仍有承诺的效力。合同仍可有效成立，反之，如要约人不及时对此项逾期的承诺予以确认，则该项逾期的承诺就不具有承诺的效力，合同不能成立。

（2）公约第21条第2款规定：当载有逾期承诺的信件或其他书面材料证明是在正常的传递条件下，且原本能够按时送达给要约人的情况下寄发的，那么这样的逾期承诺应被视作具有承诺的效力。然而，如果要约人迅速采取口头或书面形式通知受要约人，表示其要约因承诺的逾期而失效，那么前述效力则不再适用。与前款规定有所不同的是，本款所指的逾期承诺是由于传递过程中的延误所引发的，而不是由于受要约人自身的原因造成的。由此，在处理方法上亦与前款规定有所不同。在公约第21条第1款规定的情况下，如果要约人在收到逾期的承诺之后，不及时地将其认为该逾期的承诺仍属有效的意思通知受要约人，则逾期的承诺不具有承诺的效力；在公约第21条第2款规定的情况下，如果要约人在收到逾期的承诺之后，不及时地将其要约已因承诺逾期而失效的意思通知受要约人，则逾期的承诺即具有承诺的效力。

（五）承诺的撤回

所谓承诺的撤回，是指承诺在送达要约人之前，受要约人取消该项承诺。承诺是否可以撤回，英美法与大陆法有不同的规定。因为英美法采用投邮生效原则，承诺的书信或函电一经发出立即生效，因此，不存在撤回问题。大陆法采用到达生效原则，从承诺的信函发出至生效，仍有一段时间，在这段时间里，就可能阻止承诺的生效。公约采用大陆法的原则，规定承诺可以撤回，但是撤回通知必须先于承诺或与其同时送达要约人。

第三节 卖方和买方的义务

买卖双方的义务是买卖法的核心内容。公约在第三部分对这一内容做了详尽的规定。尽管公约对买卖双方的义务有详细规定，但这些规定并非强制性规定，买卖双方有权选择排除适用或做出不同的安排。换言之，如果双方在销售合同中就各自义务做出了与公约不同的约定，那么应依照合同中的条款执行。只有在销售合同未涉及某些事项，且该合同适用公约时，才需参考公约的相关条款来界定买卖双方的权益与责任。

一、卖方的义务

根据公约第 30 条规定，卖方的主要义务是交付货物、移交一切与货物有关的单据并移转货物所有权。具体来说，卖方的义务包括以下内容：按合同或公约规定的时间、地点交货；交付与货物有关的单据；对货物的品质担保义务；对货物的权利担保义务。

（一）交货义务

1. 交货地点

在买卖合同中，若已明确规定了交货地点，卖方则须严格依照合同约定进行交货。然而，若合同中未涉及交货地点的具体规定，则卖方须依据公约第 31 条的内容，结合以下三种不同情境来履行其交货义务。

（1）向第一承运人交货。如果买卖合同涉及到货物的运输，卖方应把货物移交给第一承运人，以运交给买方。这就是说，在卖方的交货义务中，若涉及货物运输环节，那么一旦卖方将货物交付给第一承运人，即视为其已完成了交货义务。在国际货物买卖中，"涉及运输"是一个专有概念，特指那些以本人或其名义与托运人订立运输合同承担运输责任的承运人，通过各种运输方式（如陆地运输、航空运输、海上运输和多式联运）将货物运交给买方。

（2）特定地点交货。如果合同指的是特定货物或从特定存货中提取的货物，或者是尚待加工生产或制造的未经特定化的货物，而双方当事人在订立合同时已知道这些货物是在某一特定地点或将在某一特定地点制造或生产，卖方应在该地点把货物交给买方处置。这就是说，如果订立合同时，若买卖双方均明确知晓货物并不位于卖方的营业地，而是置放于某一特定地点，如仓库或生产场所，则双方应将该特定地点认定为交货地点。

（3）在卖方营业地交货。在其他情况下，卖方应在其订立合同时的营业地把货物交给买方处置。

公约第 32 条进一步规定，若买卖合同涉及货物运输时，卖方还应承担以下义务：①若卖方已将货物交付给承运人，但货物未标记或未通过装运单据等方式清晰注明合同信息，则卖方须向买方发送详细的发货通知，列明货物状况。②若卖方需负责安排货物运输，其必须订立符合常规运输条件的运输合同，并采用适当的运输工具将货物运送至指定地点。特别是在双方按 CFR、CIF、EXS 等条件签署合同时，卖方均应承担运输安排责任。然而，若双方按 FOB 条件成交，除非合同另有规定，否则卖方通常无须负责货物运输。③若卖方无义务为货物运输办理保险（如 FOB 或 CFR 合同），则在买方提出要求时，卖方应提供所有必要的保险资料，以便买方能够顺利投保。

知识链接：CFR 与 CIF

知识链接：FOB

2. 交货时间

公约第 33 条对卖方交货时间的确定方式进行了如下详细规定：

（1）若买卖合同中明确规定了交货的具体日期，或根据合同条款能够推断出交货日期，则卖方必须严格在该日期进行交货。

（2）如果合同中规定了一个交货的时间段（例如，交货期为 2024 年 10 月或 1 月至 5 月），或者根据合同内容可以界定出一个时间段，那么除非存在证据显示买方有权选择一个特定的交货日期，否则卖方有权在这个时间段内的任意一天进行交货。

（3）在合同未对交货时间做出明确约定的情况下，卖方应在合同订立后的一段合理时间内完成交货。这里的"合理时间"是一个相对概念，通常由法院根据具体的交易情况（如货物的特性以及合同中的其他条款等）来判定。

（二）交单义务

在国际货物买卖合同中，交付单据作为卖方的重要义务。根据公约第 34 条规定，卖方的交单义务包括：

（1）若卖方有义务移交相关单据，其必须按照合同明确的时间、地点及方式，履行其移交与货物相关的单据的义务。这些单据通常涵盖了提单、保险单、发票、商检证、领事签证以及原产地证书等一系列重要文件。这些单据有的是货物所有权的凭证，有的是买方顺利提取货物、报关、验货的凭证，同时也是买卖双方凭以索赔的凭证。卖方应保证单据的完整和符合合同及公约的规定，使之足以作为买方正当获得所有权及占有货物的保证。

（2）若卖方在合同规定的日期前递交了相关单据，则其在该日期正式到来之前拥有对单据中任何与合同不符之处进行修正的权利。然而，这一权利的行使必须确保不会给买方带来不必要的困扰或产生不合理的额外费用。对于由此给买方造成的损失，卖方应承担赔偿责任。

知识链接：卖方的交单义务

（三）品质担保义务

在大陆法系中，卖方对货物品质负有瑕疵担保义务，确保出售的货物无瑕疵。而在美国统一商法典中，卖方的品质担保义务分为明示担保和默示担保两种形式。明示担保是卖方明确对货物品质做出的保证，而默示担保则是根据法律规定，卖方应承担的品质担保责任，除非买卖双方在合同中有相反的约定，否则这种法律要求将自动适用于他们的买卖合同。公约基本上采用了英美法国家的立法原则。公约规定，卖方除了承担交货义务外，还应承担货物的品质担保义务，即卖方应保证其所售货物在数量、品质、规格以及包装等方面均符合合同及法律的要求。

1. 交付相符货物

公约第 35 条对交付相符货物做了详细规定，具体来说，包括下列两项内容：

（1）卖方所交付的货物必须与合同所规定的数量、质量和规格相符，并须按照合同所规定的方式装箱或包装。

（2）除双方当事人另有协议外，卖方所交付的货物应当符合下列要求，否则即认为其货物与合同不符：①货物应适用于同一规格货物通常使用的目的；②货物适用于订立合同时曾明示或默示地通知卖方的任何特定目的，除非情况表明买方并不依赖卖方的技能和判断力，或者这种依赖对卖方是不合理的；③货物的质量与卖方向买方提供的货物样品或样式相同；④货物按照同类货物通用的方式装箱或包装。以上四项义务，是在双方当事人没有相反约定的情况下，由公约加之于卖方的义务。它反映了买方在正常交易中对所购得货物的合理期望。

2. 卖方对货物不符合合同负有责任的期间

公约第 36 条对卖方承担上述义务的期间做了明确确定：

（1）卖方需根据合同及公约的相关规定，对风险转移至买方时存在的任何不符合合同约定的情形承担相应责任，即便这种不符合合同约定的情形是在风险转移后才显现出来的。这就是说，卖方对货物应符合合同要求的责任，原则上以风险转移的时间为衡量标准。即只要货物在风险转移于买方的时间符合合同的要求，卖方就算履行了他的义务。如果在风险移转于买方之后，货物发生腐烂、变质、生锈等情况以至于与合同要求不符，卖方不承担责任。但是，公约也有例外性的规定，即如果货物与合同的要求不符的情形要在风险移转于买方的一段合理时间才能发现或显露出来。例如，有些货物需要经过科学鉴定甚至需要经过使用一段时间后才能显示其是否与合同的要求相符，在这种情况下，尽管风险已经转移于买方，但如果货物的缺陷在风险转移前就已经存在，则卖方仍应承担责任。

（2）卖方对于货物在风险转移至买方后所展现出的不符合合同约定的情形，仍须承担责任。特别是当这种不符合合同的情形由于卖方违反其某项义务所致，包括未能确保货物在特定时间内维持其通常用途或特定目的，或未能保持其特定的质量或性质。例如，在机械设备交易中，如果合同规定卖方对其提交的机械设备质量保证期为 1 年，尽管该设备的风险早已转移于买方，而且在风险转移的时候该设备是符合合同要求的，但如果在 1 年的保证期内，买方发现设备的质量与合同的要求不符，则卖方仍须对此负责。

3. 检验货物的时间和地点

为确保卖方交付的货物与合同相符，各国法律普遍赋予买方检验货物的权利。一旦发现货物与合同不符，买方有权要求卖方赔偿损失，甚至退换货物。关于检验货物的时间和地点，公约第 38 条第 1 款也做出了明确规定。具体如下：

（1）检验货物的时间。公约第 38 条第 1 款规定："买方必须在按情况实际可行的最短时间内检验货物或由他人检验货物。"该规定表明，公约并未对检验货物的时间设置硬性标准，而是要求买方在"根据实际情况可行的最短时间内"完成检验。这里所说的最短时间，主要根据货物的性质，交易的情况和贸易惯例来确定。由于国际货物买卖种类繁多，商品千差万别，其所需的检验时间也不可能完全一样。在实际业务中买卖双方往往在买卖合同中对货物的检验时间做出具体规定，例如"货到后 30 天内进行检验"。在这种情况下，买方必须在合同规定期限内对货物进行检验，否则，卖方可以以检验期限已过为由拒绝赔偿。

（2）检验货物的地点。公约第 38 条第 2 款和第 3 款对检验货物的地点做了如下两项规定：①如果合同涉及货物的运输，检验可推迟到货物到达目的地后进行。此为国际贸易的通常做法。在国际贸易中，大多数合同不涉及货物运输，如果要求买方在装运之前对货物进行检验，会给买方带来许多困难和不便。②若货物在运输过程中需改运，或买方须对货物进行再次发运，且此时买方并无合理机会进行检验，同时卖方在订立合同时已知晓或应知晓这种改运或再发运的可能性，则检验可延迟至货物抵达新目的地后进行。这一规定意味着，在货物需转运的情况下，买方有权将检验地点延伸至新的目的地，以确保检验的准确性和有效性。

4. 买方的通知义务

如若买方发现卖方所交货物不符合同的要求，应按合同或公约规定的时间通知卖方，并提出索赔或退换货物的要求。如果超过了规定的期限，买方就会丧失其应有的权利。

（1）一旦买方发现或应当发现货物与合同不符，必须在随后的合理时间内及时通知卖方，并详细阐述不符之处的具体情况。若买方未在规定时间内通知，则将失去提出货物不符合同的权利。

（2）任何情况下，买方在实际收到货物后的两年内，若未将货物与合同不符的情况通知卖方，则将自动丧失提出货物不符合同的权利。除非合同中有其他关于保证期限的特别规定。该规定表明，买方声称货物不符合同的最长时限是 2 年，自买方实际收到货物之日起算。这一规定对买卖双方来说都是合理的。但本款也规定了除外情况，即如果 2 年时限与合同规定的保证期限不符，则排除 2 年时限的适用，而适用合同的规定。例如，合同规定的保证期限为 3 年，则买方在 3 年内享有声称货物不符合同的权利。

5. 卖方明知交付不符合同货物的后果

根据公约第 40 条规定，如果卖方已经知道或不可能知道其所交货物不符合同的要求，而又未告知买方这一事实，则卖方无权援引公约第 38 条和第 39 条的规定。

（四）权利担保义务

权利担保是指卖方应保证对其所出售的货物享有合法的权利，没有侵犯任何第三人的权利，并且任何第三方都不会就该项货物向买方主张任何权利。根据公约的规定，卖方对货物的权利担保义务包括以下两项内容：

1. 卖方所交付的货物必须是第三方不能提出任何权利或请求的货物

公约第 41 条规定："卖方所支付的货物必须是第三方不能提出任何权利或请求的货物，除非买方同意在受制于这种权利或请求的条件下，收取货物。"这项规定实质上就是要求卖方保证对所售货物享有合法权益。也就是说，卖方应担保他确实有权出售货物，也应担保货物上不存在任何不为买方所知的留置权、抵押权等他人的权利要求。如果有任何第三方对货物提出权利主张或请求，卖方应对买方承担责任。但是，如果买方同意在受制于第三方的权利或要求的条件下接收货物，则卖方的责任得以免除，其损害由买方来承担。

知识链接：卖方的权利瑕疵担保义务

2. 卖方所交付的货物不得侵犯任何第三方的工业产权或其他知识产权

公约第 42 条规定，卖方所交付的货物，必须是第三方不能根据工业产权或其他知识产权提出任何权利或请求的货物，但以卖方在订立合同时已知道或不可能知道的权利或要求为限，而且这些权利或要求根据以下国家的法律规定是以工业产权或其他知识产权为基础的：（1）如果买卖双方在订立合同时已经知道买方打算把货物转售到某一个国家，则卖方对于第三方依据该国法律所提出的有关工业产权或其他知识产权的权利请求，应对买方承担责任。（2）在任何其他情况下，卖方对第三方根据买方营业地所在国法律所提出的有关侵犯工业产权或其他知识产权的请求，应对买方承担责任。公约的上述规定表明，卖方所承担的关于工业产权或其他知识产权的担保义务是有条件的，这些条件既包括了时间方面的限制，也包括了地域方面的限制。这是因为，国际交易中货物涉及工业产权或其他知识产权的情况比一国范围内的工业产权或其他知识产权复杂得多，因此，从法律角度看，不能期待卖方像了解他自己国家的法律那样了解其他国家的法律，特别是在货物多次转售，其最终销售地卖方在订约时不能确定的情况下，更不能要求卖方绝对保证不侵犯他国工业产权或其他知识产权。

在下列两种情形下卖方不承担权利担保义务：（1）在合同签订之时，若买方已明知或理应知晓第三方可能针对货物提出侵犯工业产权或其他知识产权的指控或请求，则卖方对于由此产生的后果无须承担任何责任。（2）若第三方提出的侵犯工业产权或其他知识产权的指控或请求，是由于卖方按照买方提供的技术图纸、设计或其他具体规格制造产品引起的，则卖方对此不承担任何责任，相关责任应由买方自行承担。

二、买方的义务

根据公约第 53 条规定，买方有支付价金与接收货物的义务，对这两项义务的内容，公约做了非常详尽的规定，现分别介绍如下：

（一）支付价款

公约第 53 条规定，买方应根据合同或公约的规定履行支付价款的义务。支付价款的义务包括根据合同或公约规定的步骤和手续，在约定的时间和地点支付价款。支付价款的义务首先是由当事人在买卖合同中规定的，如果双方在合同中未作规定，则依照公约的规定。具体来说，买方支付价款的义务包括下列内容：

1. 履行必要的付款手续

公约第 54 条规定，买方支付价款的义务包括按照合同或任何法律、规章所要求的步骤和手续，以便使货款得以支付。国际货物买卖合同程序较为复杂且牵涉面较广，规范的步骤和手续是国际贸易得以顺利履行的关键，在贸易实践中，必要的付款手续，通常包括买方向银行申请信用证或银行付款保函，向政府主管部门申请进口许可证及所需外汇等。这些手续是买方付款的前提和保证。根据公约的规定，如果买方不履行这些付款的手续，则构成违约。

2. 支付价款的地点

依照公约第 57 条的规定，买方应在合同约定的地点付款。当合同中对付款地点未作规定时，买方应在下列地点付款：

（1）卖方营业地。对于卖方有多个营业地的情况，买方应选择与其合同及其履行最为紧密相关的营业地进行付款。

（2）在凭移交货物或单据付款时，付款地点则为货物或单据实际交付的地点。

此外，按照公约的相关规定，如果卖方在合同订立后改变了其营业地点，那么由此导致的支付费用增加应由卖方自行承担。

3. 付款时间

公约第58条详细阐述了付款时间的相关规定，主要包含以下三个方面：

（1）当合同未明确付款时间时，买方须依据公约的规定，在卖方按照合同及公约要求交付货物或移交代表货物所有权的装运单据给买方时，进行价款支付。在此情境下，卖方有权将支付价款作为移交单据的先决条件。与大陆法系的催告制度不同，公约明确指出买方到期支付价款的义务是自动生效的，无须卖方额外催告或履行其他手续。

（2）若合同涉及货物运输，卖方在发货时可设定条件，即要求买方在支付货款后方可将货物或代表货物所有权的装运单据交付给买方。

（3）在买方尚未有机会检验货物之前，其并无支付货款的义务，除非这一检验机会与双方协商的交货或支付流程存在冲突。公约中的此项规定与普通法系国家的法律规定相吻合。然而，在国际货物交易中，买方并不总能在付款前对货物进行检验。例如，在CIF交易条件下，通常是先凭单据支付货款，再对货物进行检验，买方无法要求在付款前先进行检验。为了顺应国际贸易的常规做法，公约明确指出，若买方在付款前要求检验货物的权利与双方约定的交货或付款流程相矛盾，则买方无权要求在付款前对货物进行检验。

（二）收取货物

根据公约第60条的规定，买方收取货物的义务包括以下两方面内容：

1. 采取一切理应采取的行动，以便卖方能够交付货物

买方在指定的时间或地点支付价款，目的是得到卖方提交的货物。为了收取货物，买方要准备必要的人力和物力，如安排接货人、配备运输工具等，这一点是不言而喻的，因此，公约这项规定着眼点不在于此，而是强调买方必须与卖方合作，霍诺尔德（John O. Honnold）指出，提供必要的合作是作为公约基础的一般原则之一[1]。至于这些理应采取的行动是什么，公约没有做出明确规定，因为在实践中这些行动往往在合同中有明确约定。以国际贸易实践中经常采用的FOB合同为例，为了使卖方如期交付货物，买方理应采取的行动有：自费租赁船舶，将有关船只名称、装运泊位及装船日期通知卖方。再例如在CIF合同中，买方要

---

① John O. ，Honnold，*Uniform Law for International sales*，1982，P. 352.

办理进口所需许可证及类似证件，支付进口关税及其他税、费等，以保证卖方能按时交货。

2. 接收货物

买方有义务在卖方交货时接收货物。如果买方不及时接收货物，可能会影响卖方的利益。例如，卖方可能要向承运人支付滞期费和其他费用等。因此，公约要求买方应及时接收货物，否则即构成违约，应承担违约责任。在买方有理由拒收货物的前提下，仍应保障已达目的港的货物的安全，并负担对货物实行保全的义务。[①]

第四节 对违反买卖合同的救济方法与免责

国际货物销售合同订立后，卖方和买方都有可能发生违约行为。按照各国法律及公约规定，当一方违反合同使对方的权利受到损害时，受损害一方有权采取适当的措施，以维护自身的合法权益。这种措施在法律上称为对违反合同的补救办法。

一、卖方违反合同时买方的救济方法

根据公约的规定，卖方不履行合同义务主要是指卖方不交付货物或单据，或者交付迟延；交货不符合合同规定及第三者对交付货物存在权利或权利主张等。当发生以上违约行为时，买方可采取下列救济方法。

（一）要求卖方实际履行

所谓实际履行，是指违约方仍然按照合同的规定履行其义务。根据公约第46条规定，在卖方不履行合同约定的义务时，买方有权利要求卖方按约完成合同或者执行公约所规定的义务。举例来说，如果卖方未能按时交货，买方完全有权要求卖方按照合同规定的时间完成交货。不过，公约在关于实际履行的实施方面确实设定了一个限制条件，即一旦买方已经采取了与要求实际履行相冲突的其他救济手段，那么他就不能再选择实际履行作为救济方式。比如，如果买方已经

---

① 张彬彬、王永联：《国际商法》，电子工业出版社 2021 年版，第 113 页。

宣告撤销合同，那么他就不能再要求卖方继续履行合同义务，因为撤销合同与要求履行合同是互相抵触的。

需要注意的是，无论是卖方还是买方违约的情况下，公约所提供的履行合同义务（即实际履行）的救济方式并非强制性的。根据公约第28条，当一方当事人希望另一方当事人履行某项义务时，法院并没有义务做出判决要求具体履行此项义务，除非法院依据其本身的法律对不属于公约管辖范围内的类似销售合同也愿意做出此类判决。这意味着，当卖方违反合同不履行其义务时，买方确实有权要求卖方按照合同规定全面履行其义务，并有权向法院提起实际履行的诉讼。然而，法院并没有义务做出实际履行的判决，要求卖方实际履行其合同义务，除非法院依据其本身的法律，对于不属于公约范围内的类似销售合同，也愿意做出实际履行的判决。

公约之所以做出这样的规定，是为了调和英美法系与大陆法系在实际履行问题上的显著分歧。在大陆法系的法律体系中，实际履行被视为对合同不履行的主要救济手段。例如，《德国民法典》第241条就明确赋予了债权人基于债务关系向债务人要求履行债务的权利。然而，在英美普通法的传统中，损害赔偿被视为违反合同的主要救济方式，而非实际履行。只有在金钱赔偿无法充分弥补受损方损失的情况下，衡平法才会考虑采用实际履行作为救济手段。因此，在英美法国家，实际履行更多地被看作是在衡平法院使用的一种辅助性救济方式。鉴于两大法系在实际履行问题上的深刻分歧，难以达成完全统一，公约不得不采取折中的方法，允许各法系的法院根据其自身的法律来处理这一问题。

（二）要求卖方交付替代货物

根据公约第46条第2款规定，当卖方交付的货物与合同规定存在显著不符，且这种不符已构成根本性违约时，买方有权要求卖方重新交付一批符合合同要求的货物，以替换原先的不合格货物。从本质上看，这一要求实际上是买方要求卖方实际履行合同的另一种形式。公约之所以将其单独列出作为一种特定的救济手段，是因为买方在采取这一方法时，须满足特定的条件，即只有当卖方所交付的货物与合同规定的不符情况极其严重，达到了根本性违约的程度时，买方才有权要求卖方交付替代货物。相比之下，如果卖方交付的货物与合同存在不符，但情况并不严重，尚未达到根本性违约的程度，买方则不能要求卖方交付替代货物，而应当寻求其他救济方式，如要求卖方赔偿损失或对货物进行必要的修补。这是因为要求卖方交付替代货物往往会给卖方带来巨大的经济损失和不便（例如，卖方需要承担额外的运费，并处理原先交付的不合格货物）。为了维护交易双方的权益平衡，公约对采取这种救济方式设定了一定的限制，这是十分必要的。

公约第 25 条对根本违反合同的含义和衡量标准做了明确规定，即：如果一方当事人违反合同的结果，使另一方当事人蒙受损害，以至于实际上剥夺了他根据合同规定有权期待得到的东西，即为根本违反合同，除非违反合同一方并不预知而且一个同等资格、通情达理的人处于相同情况中也没有理由预知会发生这种结果。这一规定表明，公约对根本违反合同的确定有两个标准：第一，损害程度。要判断一项违约是否构成根本违反合同，应首先判断违反合同的后果是否使对方遭受重大的损害。如果损害重大，是实质性的，严重到使对方丧失合同利益，即构成根本违反合同。对于损害是否达到重大程度，应基于具体案件的情况进行综合评估。例如，可以考虑因违反合同而导致的损失金额大小，或者这种违约对受害方其他业务活动产生的负面影响程度等因素。第二，关于违约方的预知情况，若违约方能证明其并未预见到会导致如此严重的后果，且根据当时的情况也没有理由预见，那么其可以免除根本违反合同的责任。

公约第 46 条第 2 款还规定：如果买方希望卖方交付替代货物，那么买方必须在向卖方发出货物与合同不符的通知时明确提出这一要求，或者在发出上述通知后的一个合理时间范围内提出此项要求。这样规定的目的是，促使买方尽快行使其权利，避免给卖方带来不合理的损害和不便。

（三）要求卖方对货物不符合合同之处进行修理

根据公约第 46 条第 3 款的规定：当卖方交付的货物与合同规定存在轻微不符时，买方有权要求卖方通过修理的方式对不符合合同之处进行补救。这种补救措施主要适用于那些货物不符程度并不严重，尚未构成根本性违约的情况。在大多数情况下，通过简单的修理，货物就能达到合同规定的要求，因此这种救济方式对于买卖双方来说都相对便捷。

然而，公约对于采用"修理"这一救济方式也设定了相应的限制条件。公约明确指出，如果根据具体情况来看，要求卖方对货物进行修理是不合理的，那么买方就不能再坚持要求卖方对货物进行修理。这一规定是合理且符合实际情况的。例如，当卖方交付的货物存在轻微的瑕疵，仅需简单的修理即可满足合同要求时，买方可以选择自行修理或委托第三方进行修理，而无须要求卖方进行修理。当然，在这种情况下，买方有权要求卖方承担修理费用。

（四）给卖方一段合理的额外时间让其履行合同义务

据公约第 47 条第 1 款的规定：当卖方未按照合同约定的时间履行其义务时，买方有权给予卖方一段合理的额外时间，以促使其完成合同所规定的任务。这种规定实际上是为卖方因延迟交货提供的一种救济措施。公约规定，在大多数情况下，买方在发现卖方未能按期交货时，通常应给予卖方一段合理的时间来履行其职责，而不是立即撤销合同。然而，这一规定并非一成不变。如果卖方未按时交货已经构成根本性违约，那么根据公约第 49 条的规定，买方无须再为卖方设定额外的合理期限，而有权直接宣告撤销合同。

公约第 47 条第 2 款进一步指出，一旦买方为卖方设定了合理的额外履行期限，在此期限内，除非买方收到卖方明确表示将无法在规定时间内履行合同的通知，否则买方不得对卖方的违约行为采取任何补救措施。但值得注意的是，即便是在这种情况下，买方仍然保留因卖方迟延履行可能享有的要求损害赔偿的权利。这项法律规定包含下列两层意思：第一，在"合理时限的额外时间"内，买方不得对卖方违反合同采取其他的补救办法，除非卖方声明他将不在合理的时间内履行合同。这其中的原因在于，一旦买方决定给予卖方一段合理的额外时间以履行其合同义务，便相当于在该时间段结束之前放弃了采取其他救济措施的权利。然而，如果卖方明确表示其无法在规定时间内完成交货，或实际上未在额外时间内交货，根据公约第 49 条第 1 款的相关规定，买方有权宣告撤销合同。第二，买方要求赔偿损失的权利不受影响。这其中的原因在于，卖方迟延交货本身就是一种违约行为。尽管出于善意与宽容，买方愿意给予卖方一段合理的额外时间以完成交货，但这并不意味着买方要求赔偿因卖方违约所造成的损失的权利会被削弱或剥夺。买方仍然保留对卖方因迟延交货产生的任何损失要求赔偿的权利，这是买方合法权益的保障，也是公约对于买卖双方权益平衡的体现。

（五）宣告撤销合同

公约第 49 条规定：当卖方违反合同时，买方在下列两种情况下可以宣告撤销合同：

（1）卖方不履行其在合同中或公约中规定的任何义务，已构根本违反合同。这是公约所规定的宣告撤销合同的实质条件。卖方根本违反合同通常表现为卖方不履行交货义务，或者交付的货物与合同规定严重不符，以至于使买方无法使用或转售，无法实现订立合同所追求的商业目的。在这种情况下，合同的存在对买方已经没有意义，因此，买方可行使解除合同的权利。

（2）在卖方不交货的情况下，如果买方已经给卖方规定了一个合理的额外期限，而卖方在额外期限内仍不交货，或卖方声明其将不在额外期限内交货。上述情况表明，卖方已无履约诚意或履约能力，因此，也应当允许买方宣告撤销合同。

公约对买方行使撤销合同的权利的时间也做了明确规定，根据公约第 49 条第 2 款规定，一旦卖方完成了货物的交付，买方将失去撤销合同的权利，除非买方在公约规定的特定条件下及时行使这一权利：①对于卖方迟延交货的情形，买方必须在卖方交货后的一个合理时间范围内宣告撤销合同，否则买方将失去这一权利；②对于除迟延交货外的其他违约情形，买方也必须在知晓或应当知晓这种违约事实后的合理时间内宣告撤销合同，否则同样会失去该权利。公约之所以强调买方必须在"合理时间内"行使撤销权，是因为当卖方已经交付货物时，买方撤销合同意味着退货，这会给卖方带来极大的困扰，涉及运输、保险等复杂安排。为了避免给卖方造成不必要的损失，公约要求，在卖方交货后，买方若有意撤销合同，必须在合理时间内行使此权利。至于"合理时间"的具体界定，需结合具体情况进行综合判断。

（六）要求减价

根据公约第 50 条，当卖方交付的货物与合同规定不符时，买方无论是否已经支付货款，均有权要求降低价格。这种减价要求，是公约针对卖方交货不符情况所规定的一种救济措施，它主要适用于以下情形：卖方交货与合同不符，买方但仍愿意保留这些货物，而不选择撤销合同并退还；或者由于各种原因，买方不能或不愿采取请求损害赔偿的方式，而是更倾向于通过减价来解决问题。

减价的计算方法，通常依据实际交付货物在交货时的价值与符合合同要求的货物在相应时间的价值两者之间的比例来确定。

但是，在下列情况下，买方不得要求减低价格：如果卖方在交货日期前或交货日期后交付货物，且交付的货物与合同不符，然而，若卖方已根据第 37 条或第 48 条的规定，针对任何未履行义务进行了补救措施，或买方拒绝接受卖方依照这两条规定所采取的补救行为，此时所谓的卖方对未履行义务的补救，涵盖了以下两种具体情形：（1）按照公约第 37 条规定，卖方在交货前若提前交付货物，有权在交货日期到来前对任何缺漏或不足进行补救，如补充货物数量、替换不符合规定的货物或纠正不符合合同约定的情形。然而，卖方在行使这一权利时，必须确保不给买方带来不合理的不便或增加额外的开支。同时，买方依然保留根据公约规定要求损害赔偿的权利。（2）根据公约第48条第1款规定，卖方在交货后仍可自费对任何未履行义务进行补救（买方已按照公约第49条规定撤销合同的情形除外）。但这种补救行动必须及时，不得造成不合理的延误，同时也不能给买方带来不合理的不便或使买方无法确定卖方是否会偿付其预付的费用。在此过程中，买方依然有权根据公约规定要求损害赔偿。综上所述，这两项规定为卖方提供了主动采取补救措施的法律依据，但同时也确保了买方的权益不受损害。

（七）要求损害赔偿

根据公约的规定，损害赔偿是一种主要的救济方法。当一方违反合同时，对方有权利要求赔偿损失，而且要求损害赔偿的权利并不因其已采取其他救济方法而丧失。例如，当卖方违反合同时，即使买方已宣告撤销合同，或者已允许卖方推迟交货，但买方对由于卖方违约所遭受的损失，仍有请求损害赔偿的权利。

1. 损害赔偿的范围

在解决纠纷过程中，确定损害赔偿范围及其计算原则显得尤为重要，这是确保各方权益得到公平维护的关键。对此，各国法律均有相应规定。具体到公约，其第74～77条详细阐述了赔偿范围、原则及计算方法，为实际操作提供了具体规定。

公约第74条规定：一方当事人违反合同应付的损害赔偿额，应与另一方当事人因其违反合同而遭受的包括利润在内的损失额相等。但这种损失赔偿不得超过违反合同一方在订立合同时，依照其当时已知道或理应知道的事实和情况，对违反合同预料或理应预料到的可能损失。公约的这项规定，对买方和卖方所提出的损害赔偿请求都同样适用，而且适用于因各种不同的违约情况所提出的损害赔偿要求。

知识链接：我国民事责任归责原则

对于公约第74条规定，有以下四点需要加以说明：（1）公约采取无过失责任原则。根据公约的规定，当一方请求损害赔偿时，无须证明违约的一方有过失，只要一方违反合同，并给对方造成损失，对方就可以要求赔偿损失。[1] 这一

---

[1] 无过失责任原则，又称严格责任原则，指的是合同当事人即使没有任何过错，也应当承担违约责任。

点与许多大陆法系国家的法律规定有所不同，在大陆法国家的民法中一般都采取过失责任原则，即只有违约一方有过失，并给对方造成损害时，才承担损害赔偿责任。[1]（2）确定损害赔偿额的基本依据是："损害赔偿额应与对方因违约而遭受的包括利润在内的损失额相等。"赔偿的基本依据的确定，是由赔偿的目的决定的。赔偿的目的在于补偿受损害一方所受到的实际损失，通过赔偿使被损害的一方恢复到原来未受损害的状态，如同未被损害一样，因此赔偿额应与损失额相等。（3）公约对损害的赔偿的责任范围有一项很重要的限制性规定，这就是"损失赔偿不得超过违约一方在订立合同时，依照其当时已知道或理应知道的事实和情况，对违反合同预料到或理应预料到的可能损失。"这一规定表明，违约一方的赔偿责任仅以其在订立合同时可以预见到的损失为限，对于那些在订约时不可能预见到的损失，违约方不承担赔偿责任。这种可预见性标准在英国法中是由 1854 年英国哈特利诉巴辛德尔案确立的。该案确立了限制损害赔偿范围的两项原则：这种损失须是可以公平合理地认为依照事物的一般过程系由违约情事自然发生者；或者这种损失必须合理地推定为当事人双方在订约时曾预期到的违约的可能后果。[2] 美国《统一商法典》继承了哈特利案的传统，规定由于卖方违约而产生的损害赔偿包括因买方通常的或特定的需求未能实现而产生的损失，对这些需求，卖方在订立合同时是有理由预先知道的。（4）公约规定，损害赔偿的请求权不因当事人采取其他救济方法而受到影响。

知识链接：违约损害赔偿责任

2. 减轻损失的义务

公约第 77 条规定：声称另一方违反合同的一方，必须按情况采取合理措施，

---

[1] 大陆法系与英美法系在违约责任的归责原则上存在不同的理论。大陆法系要求承担法律责任必须具备法律上的可归责性，而可归责性又必须具有特定的、适用于全体人的归责标准。在民法中，法律责任的后果是产生某种损害赔偿义务。《德国民法典》通常将从事某事项既为违法，又具有过错的行为作为承担损害赔偿义务的前提（参见第 276 条、第 823 条）。"过错"，是指以故意或过失的方式，侵害他人的某项权利或违反法律规定的某项义务。"故意"，是指行为人已将违法的后果纳入了他的意志；"过失"，是指行为人如果尽了法律所要求的注意和谨慎，本来可以预见和避免其行为的违法后果。英美法系则采严格责任原则，即使当事人的违约行为主观上没有任何过失，其仍应承担违约后果，除非存在法定或约定的免责事由。参见 ［德］卡尔·拉伦茨：《德国民法通论》（上册），王晓晔、邵建东、程建英、徐国建、谢怀栻译，法律出版社 2013 年版，第 51 页。戴丽萍、何善华、陈文彬主编：《新编国际商法》，中国铁道出版社有限公司 2022 年版，第 87 页。

[2] 张玉卿、姜韧、姜凤纹编著：《〈联合国国际货物销售合同公约〉释义》，辽宁人民出版社 1988 年版，第 290 页。

减轻由于另一方违反合同而引起的损失，包括利润方面的损失，如果他不采取这种措施，违反合同一方可以要求从损害赔偿中扣除原可以减轻的损失数额。根据公约的该项规定，受损害方必须承担一项义务：减损义务，如果受损害方未履行此项义务，违约一方可以要求从损害赔偿中扣除原可以减轻的损失数额。值得注意的是，公约的这项规定适用于买方或卖方的各种违约索赔情况。

知识链接：防止损失扩大义务

3. 损害赔偿额的具体办法

实践中，由于合同损失的种类和范围不同，使损失赔偿额的计算成了一个非常复杂的问题。针对这一情况，公约对撤销合同的情况下计算损害赔偿额的具体方法做了如下规定：

（1）按差价赔偿。公约第 75 条规定：如果合同被宣告撤销，而在宣告撤销合同后的一段合理时间内，买方已以合理的方式购进替代货物，或者卖方已以合理的方式把货物转卖，则要求损害赔偿的一方可以取得合同价格和替代货物交易价格之间的差价以及因对方违约而造成的其他损害赔偿。

公约的该项规定包含两层意思：其一，按差价赔偿既适用于买方，也适用于卖方。在买方撤销合同并购进了替代物的情况下，计算赔偿的公式为：赔偿额 =（购进替代物的交易价格 – 合同价格）+ 其他损失额。在卖方撤销合同并转售了货物的情况下，其损害赔偿额的计算方法与以上公式相同，只是将"购进价格"改为"转售价格"即可。其二，守约方另行购买替代物或转售货物必须在撤销合同后的一段合理时间内，以合理的方式进行。

（2）按时价赔偿。公约第 76 条规定：如果合同被宣告撤销，而货物又有时价，要求损害赔偿的一方，如果没有根据第 75 条规定进行购买或转卖，则可以取得合同的价格和宣告合同撤销时的时价之间的差额以及因对方违约而造成的其他损害赔偿。但是，如果要求损害赔偿的一方在接收货物之后宣告撤销合同，则应适用接收货物时的时价，而不适用宣告撤销合同时的时价。公约这项规定具体指明了按时价赔偿的条件与计算方法。其适用条件是，一方宣告撤销合同，但没有购进替代物或转卖货物。其计算方法为：在买方未接收货物的情况下，损害赔偿以合同规定的价格与宣告撤销合同时的时价之间的差额计算；在买方已经接受了货物的情况下，损害赔偿以合同规定的价格与接收货物时的时价之间的差额计算。在计算方法上之所以有上述差异，是为了防止在后一种情况下，买方等到货物价格下跌时宣告撤销合同，导致对卖方不公平的结果。

公约对时价的含义有明确规定，时价是指原应交货地点的现行价格，如果该地点无时价，则指另一合理替代地点的现行价格，但在这种情况下，应适当考虑货物运输费用的差额。

(八) 卖方只交付一部分货物或所交货物只有一部分符合合同规定时，买方可采取的救济方法

根据公约第51条的规定，当卖方只交付一部分货物，或者卖方所交付的货物中只有一部分与合同要求相符合时，买方针对漏交的货物或与合同不符的部分货物，有权采取公约第46条至第50条规定的救济措施，包括要求实际履行、修理及寻求赔偿等。然而，通常情况下，买方无权因部分违约而宣告撤销整个合同。只有当违约行为构成根本性违约时，买方才有权宣告撤销整个合同。

(九) 当卖方提前交货或超量交货时，买方可以采取补救方法

公约第52条第1款规定，如果卖方在合同规定的日期前交付货物，买方可以收取货物，也可以拒绝收取货物。这就是说，在卖方提前交货的情况下，公约赋予买方收取货物或拒收货物的决定权。从实际业务来看，如果买方不存在仓储、运输等方面不便的话，可以决定收取货物，否则，可决定拒收货物。至于买方收取了卖方提前交付的货物，是否应当提前付款，公约未做出明确的规定。依照贸易惯例，卖方提前交货，一般不能提前收款，除非双方另行达成协议。

公约第52条第2款规定：如果卖方交付的货物数量大于合同规定的数量，买方可以收取也可以拒绝收取多交部分的货物。如果买方收取多交部分货物的全部或一部分，他必须按合同规定价格付款。这项规定表明，在卖方超量交货的情况下，买方享有是否收取多交部分的决定权。值得注意的是，这里指的超量交货，是指交货数量大于合同规定的数量，它不同于溢短装幅度。依照合同规定或国际贸易惯例，交货数量允许有一定幅度的超交或短交，例如《跟单信用证统一惯例》(Uniform Customs and Practice for Documentary Credits, UCP600) 第43条规定：货物数量准予在增减各不超过10%的限度中伸缩。因此，在溢短装幅度内的超支或短交，均视为按合同规定数量交货。

二、买方违反合同时卖方的救济方法

买方违反合同主要有以下四种情形：①不付款；②迟延付款；③不收取货物；④迟延收取货物。根据公约规定，对买方的上述违约行为，卖方可以采取以下几种救济方法：

（一）要求买方实际履行

根据公约规定，当买方不支付货款、不收取货物或不履行其他义务时，卖方可以要求买方实际履行其合同义务，除非卖方已采取了与这种要求相抵触的救济方法。但是，由于公约第 28 条规定法院并没有义务判令违约方实际履行其义务，因此，当卖方要求买方实际履行合同义务时，其要求是否能够满足，还取决于各国国内法院判决。

（二）卖方可以规定一段合理时限的额外时间，让买方履行其义务

公约第 63 条规定：如果买方没有在合同规定的时间内履行义务，卖方可以规定一段合理时限的额外时间，让买方履行其义务。除非卖方收到买方的通知，声称买方将不在所规定的时间内履行义务，卖方不得在这段时间内对违反合同采取任何补救办法。但是，卖方并不因此丧失其对迟延履行义务可能享有的要求损害赔偿的任何权利。

（三）宣告撤销合同

根据公约第 64 条的规定，卖方在以下情况下可以宣告撤销合同：①如果买方不履行合同或公约中的任何义务，已经构成根本违反合同；②若卖方已向买方提供了一段合理的额外时间，期望其能履行相关义务，但买方在此期间内并未如约履行，或明确表示将不会在规定时间内完成其义务，则卖方有权宣告撤销合同。

公约第 64 条第 2 款还规定，如果买方已经支付货款，卖方原则上就丧失了宣告撤销合同的权利，除非卖方按照公约的下列规定提出撤销合同：①对于买方迟延履行义务，卖方在知道买方履行义务前已宣告撤销合同。②对于买方迟延履行义务以外的其他违反合同的情况，卖方必须在知道或理应知道这种违约情况后的一段合理时间内宣告撤销合同。

（四）请求损害赔偿

当买方违反其合同义务或公约所规定的义务时，卖方有权请求损害赔偿。公约第74～77条有关损害赔偿的责任范围、减轻损失的义务的规定，适用于买卖双方，这些内容在前面已做过详细介绍，在此不再赘述。

（五）请求支付利息

公约第78条规定：如果一方当事人没有支付价款或其他拖欠金额，另一方当事人有权对这些款额收取利息。根据这项规定，如果买方没有支付价款或其他拖欠金额，卖方有权对这些款额收取利息。

以上是公约对买方违约时卖方可以采取的各种救济方法的规定。总的来说，公约关于这个问题的规定比较简单、扼要。从比较法的角度来看，英美法对这个问题的规定比较具体。例如，英国《货物买卖法》规定，如果买方拒付货款或拒收货物，卖方可以采取两种不同的救济方法，一种是物权方面的救济方法，如留置权、停止交货权、转售货物的权利等；另一种是债权方面的救济方法，如提起损害赔偿之诉、提起支付价金之诉、宣告撤销合同等。

三、对预期违约的救济方法

（一）预期违约的概念

预期违约，指的是在合同规定的履行期到来以前，已有充分的根据预示合同的一方当事人将不会履行其合同义务。预期违约与违约是两个不同的概念：预期违约是指合同履行期未到，但有充分的证据证明对方将违约，是事先预料到的将来的违约行为；而违约，则是实际存在的违约行为，是违约事实本身。由于预期违约与违约有以上差异，因此在救济方法上也不相同。在实践中，这种预期违约的情况，买卖双方都可能发生，因此，公约规定的预期违约的救济方法对买卖双方都适用。

（二）对预期违约的救济方法

根据公约的规定，对预期违约可以采用下列两种救济方法：

1. 中止履行合同

公约第71条第1款规定，如果订立合同后，另一方当事人由于下列原因显然将不履行其大部分重要义务，对方当事人可以中止履行其合同义务：（1）若一方在履行合同的能力上存在显著不足，或其信用状况严重受损，例如买方在合同签订后丧失支付能力或已申请破产等情形。（2）一方在准备履行合同或履行合同中的行为显示其将不履行其主要义务。例如，卖方已到备料生产时间而不备料生产，或卖方已制造的合同项下的货物不符合合同规定。值得注意的是，准备行使中止履行合同权利的一方当事人应对公约规定的实质要件准确把握，如果把握不准确，错误地采取中止履行合同的措施，则可能导致自身不必要的违约。

根据公约第71条第3款的规定，在援用中止履行合同时必须采取通知程序：即宣告中止履行义务的一方当事人，必须立即通知另一方当事人，如果另一方当事人对履行义务提供了充分的保证，则其必须继续履行义务。公约之所以规定通知程序，是因为中止履行合同只是担保性、暂时性的措施。通知的目的是促使预期违约方为合同的履行提供担保。因此，只要预期违约方提供了充分的履约担保，例如买方信用下降但已提供了银行信用担保，宣告中止履行合同一方仍须继续履行其合同义务。

2. 宣告撤销合同

公约第72条第1款规定，如果在履行合同日期之前，明显看出一方当事人将根本违反合同，另一当事人可以宣告撤销合同。公约这项规定表明，宣告撤销合同的适用条件是：在履行合同日期之前，明显看出一方当事人将根本违反合同。一般来讲，合同未到期，却可以明显看出一方将根本违反合同，这只能是出现一些较为严重的事实，例如一方当事人已经破产倒闭，或者已声明不履行等。在这种情况下，另一方无须等到合同履行期届至再依第49条或第64条的规定宣告撤销合同，也无须依据第71条的规定采取中止履行合同的暂时性措施，而可以立即宣告撤销合同。

按照公约的要求，如果时间许可，打算撤销合同的一方当事人必须向另一方发出合理的通知，使他可以对履行义务提供充分担保。但是，如果一方当事人已声明他将不履行其义务，则不须通知。

四、对分批交货合同发生违约的救济方法

分批交货合同，指的是一个合同项下的货物分成若干批交货。例如，一项购买40万吨大豆的合同，分5批交货，每批交货8万吨，在这种情况下，如果一方当事人对其中一批货物没有履行合同的义务，并已构成根本违反合同，对方能

否宣告撤销整个合同？公约第 78 条根据分批交货合同的内容不同，分以下三种情况做了规定：

（1）在分批交货合同中，如果一方当事人不履行其中任何一批货物的义务，已对该批货物构成根本违反合同，则另一方当事人可以宣告合同对该货物无效。根据这项规定，对于各批之间相对独立存在的分批交货合同，当事人一方如果对其中某一批不履行合同义务，构成根本违反合同，另一方当事人即可宣告撤销该批交货，但不能撤销整个合同。

（2）如果一方当事人不履行对其中任何一批货物的义务，使另一方当事人有充分理由断定今后各批货物亦将会发生根本违反合同，则另一方当事人可以在一段合理时间内宣告合同今后无效，即撤销合同对今后各批货物的效力，但对在此以前已经履行义务的各批货物不能予以撤销。适用本项规定，应注意以下两点：①断定以后各批货物将会发生根本违反合同，必须有充分的理由，即要求具备一定的事实、证据以资断定。②必须在"一段合理的时间内"宣告撤销今后各批交货合同。这是因为分批交货的每批间隔有限，如果拖延势必影响下一批，从而引起损失的扩大。

（3）当买方宣告合同对某一批交货无效时，如果合同项下的各批货物是相互依存、不可分割的，不能将任何其中的一批货物单独用于双方当事人在订立合同时所设想的目的，则买方可以同时宣告合同对已经交付或今后将交付的各批货物均为无效，即可以宣告撤销整个合同。例如，在分批交货的成套设备的买卖合同中，已经提交的一批有瑕疵，尽管其他几批的交货完全符合合同，设备也无法安装投入使用，在这种情况下，买方可撤销整个合同。

五、违约责任的免除

（一）免责的法律含义

一般来说，国际货物买卖合同生效之后，无论是在理论探讨还是实际操作中，都普遍认同这样一个观点：若一方当事人未能履行合同或未完全履行合同，应承担相应的违约责任。然而，在国际货物买卖合同生效之后，若客观上出现了某些特殊情况或无法避免的外因，导致当事人无法履行其合同义务，这种情况则被视为例外。所谓免责，指的是在合同约定的特定情形或国际上普遍认可的不负违约责任的情况下，当事人未能履行合同时，可以免除其违约责任。

（二）免责的法定条件

1. 因障碍而免责

公约第79条规定：当事人对不履行义务，不负责任，如果当事人能证明此种不履行义务，是由于非其所能控制的障碍，而且对于这种障碍没有理由预期其在订立合同时能考虑到，或能避免，或克服它或它的后果。这项规定表明，当事人因障碍不履行合同规定的义务时，不承担违约责任。障碍的构成要件包括以下四个方面：

（1）障碍是非当事人所能控制的事件。就一般情况而言，障碍来自两个方面，即自然事件和社会事件。前者包括水灾、旱灾、海啸、地震、飓风等；后者包括战争、暴动、罢工、政府禁令等。基于这一要件，来自当事人方面的造成合同不能履行的原因，应排除在障碍之外。

（2）障碍是在合同订立后发生的，在订立合同时，如果当事人已经知道或理应知道该妨碍合同履行的事件的存在，则该项事件不能作为障碍来免除当事人的责任。

（3）障碍是在订立合同时，双方当事人不能预见的。所谓不能预见，不是指"没有预见"，而是指根据订立合同时的主客观情况不可能预见到。通常认为，货物贬值、价格涨落等商业风险不是公约所说的障碍，因为商业风险是商人应当预见到的。

（4）障碍的发生及其后果是当事人不可避免和不可克服的。所谓不可避免，是指当事人对可能出现的意外情况尽管采取了及时合理的措施，但是客观上并不能阻止这一意外情况的发生。如果一个事件的发生完全可以通过当事人及时合理的行为而避免，则不属于不可避免。例如，某合同当事人存放在某港口库房的货物被盗，使其不能按合同规定的期限或数量交货，失窃这一事件就不能构成障碍。因为库房被盗并非是不可避免的。所谓不可克服，是指某一事件造成的结果不能通过当事人的努力得以克服。例如，因火灾烧毁了全部厂房，造成一方不能交货，这一事件应属当事人不可克服的事件。

以上各要件只有同时具备才构成障碍，才能免除当事人的违约责任。

公约第79条第3款还规定了适用障碍免责的时间效力，即免责对障碍的存在期间有效。这就是说，在障碍存在期间，因障碍全部不能履行义务的，全部免除其责任；因障碍部分不能履行义务的，部分免除其责任。未免责部分仍应履行，或者推迟时间履行。

此外，根据公约的规定，遭受障碍的一方在障碍发生后，要将障碍及其对他履约能力的影响及时通知另一方。如果该项通知在不履行义务一方已经知道或理应知道此一障碍后一段合理的时间仍未为另一方收到，则他对由于另一方未收到通知而造成的损害应负赔偿责任。这项法律规定包含三层意思：①遭受障碍一方负有通知另一方的义务。②通知在另一方收到时方为有效。③通知必须在合理的时间内为另一方收到。否则，因通知延误使对方遭受的损害，遭受障碍一方不能免除赔偿责任。

2. 因另一方行为而免责

公约第 80 条规定：一方当事人因其行为或不行为而使另一方当事人不履行义务时，不得声称该另一方当事人不履行义务。根据公约的这项规定，因当事人一方违反合同致使另一方当事人不履行合同义务时，应免除另一方不履行合同的责任。这里所说的"行为"，是指违反合同规定的积极的作为，如卖方按买方提供的图纸进行生产，因图纸有误造成产品不符合品质标准，在这种情况下，应免除卖方交货不合格的违约责任。而"不作为"是指违反合同规定的消极的不作为，如买方按合同规定应按时开出信用证、派船交货，但买方未开证，或未派船，在这种情况下，卖方不能交货不承担任何责任。

第五节　货物风险的转移

在国际货物买卖中，货物的风险主要是在高温、水浸、水灾、严寒、盗窃或者查封等非正常情况下发生的短少、变质或灭失等损失。明确风险划分的目的在于确定这些损失应由哪一方承担。尽管保险通常能为这些损失提供经济补偿，但仍须解决以下问题：确定向保险公司索赔的合格主体；当损失不属于保险范畴或当事人未购买相关保险时的风险分配问题；以及受损货物的保全与救助责任归属等。因此，在国际货物买卖中，风险的划分与分担对买卖双方均至关重要。公约的第三部分第四章，包含第 66～70 条共 5 个条文，构建了公约关于国际货物销售风险转移的基本框架与规则。

一、风险分担的原则

公约对买卖双方风险的分担采用了以下原则：

（一）以交货时间确定风险分担的原则

与某些国家以所有权的转移时间作为风险转移时间的做法不同，公约采用了所有权与风险相分离的方法，确定以交货时间作为风险转移时间，货物交付完毕，有关货物的风险即转移于买方。施密托夫称这是"商业现实主义对理论上的教条主义的胜利"[①]。

（二）国际惯例优先原则

根据公约规定，双方当事人可以在合同中使用某种国际贸易术语，如 FOB、CIF 等，而贸易术语对风险转移时间通常有明确规定，这时贸易术语的效力高于公约的规定。例如，根据《2010 年国际贸易术语解释通则》的规定，FOB、CIF、CFR 合同的风险划分是以装运港船舷为界。卖方承担货物越过船舷前的风险，货物越过船舷后的风险由买方承担。如果当事人在合同中选择了这种贸易术语，那么货物风险的转移时间即货物越过船舷时，而不是交货时。

二、风险转移的前提条件及后果

根据公约的规定，货物在划拨合同项下以前，货物的风险不发生转移。所谓划拨（Identify），又称特定化，是指对货物进行计量、包装、加上标记或以装运单据，或向买方发通知等方式表明货物已属合同项下。经过划拨的货物，卖方不得再随意进行提取调换或挪作他用。以"货物划拨合同项下"作为风险转移的前提条件，也是各国普遍的做法。

知识链接：**所有权转移**

公约第 66 条规定：如果货物在风险移转给买方后发生灭失或损坏，买方支付货款的义务并不因此解除，除非这种灭失或损坏是由于卖方的行为或不行为所造成的。按照这项规定，当风险转移到买方后，买方将承担起货物损失的责任。即便货物发生灭失或损坏，买方仍需支付货款，不得以此为由拒绝支付。然而，

---

① ［英］施密托夫：《国际贸易法文选》，赵秀文译，中国大百科全书出版社 1993 年版，第 347 页。

这一规则在因卖方行为或疏忽导致的损失情况下不适用。例如，在一项大米买卖合同中，卖方选择了一艘曾装运有毒物质的船舶来运输大米，导致大米受到污染而失去食用价值。尽管在此情况下，大米的风险在交付给承运人时已经转移给了买方，但由于这种损失直接归因于卖方的行为，买方有权选择不支付货款。

三、风险转移的时间

根据以交货时间确定风险转移的原则，公约对交货情形进行了三类划分，并详细界定了不同情况下的风险转移时间点。

（一）当交货涉及运输时的风险转移时间

公约第 67 条规定：在买卖合同涉及货物运输的情况下，若卖方无须在特定地点交货，那么当货物按照合同规定交付给第一承运人，以便运往买方时，风险即转移至买方。然而，若卖方有义务在特定地点将货物交付给承运人，则在货物在该地点交付给承运人之前，风险不会转移给买方。值得注意的是，尽管卖方可能保留控制货物处置权的单据，但这并不会影响风险的转移。公约这项规定包含以下三个方面内容：

（1）当合同涉及货物的运输时，风险由何时起由卖方转移于买方，公约分两种情况做了规定。一是合同未规定卖方须在特定地点交付货物，那么货物的风险自卖方依约将货物交付给第一承运人以运往买方时，即转移至买方。至于后续是否须通过第二承运人继续运输至目的地，通常应由买方自行负责并承担相关风险。二是合同中明确规定卖方须在特定地点交付货物，则风险转移的时点为该货物在指定地点交付给承运人之时。举例来说，若卖方的营业地在 A 地，而合同规定其须在 B 地将货物交付给承运人，那么从 A 地至 B 地的运输风险仍由卖方承担。只有当货物在 B 地成功交付给承运人后，风险才正式转移至买方。

（2）这些规定的核心在于明确货物运输的承担方。在货物运送过程中，经常会遭遇各种潜在风险，导致货物受损或丢失。因此，确定运输风险应由买方还是卖方承担，是一个至关重要且极为现实的议题。对此，公约确立的基本原则是，除非双方另有约定，运输风险应由买方承担。这是因为买方在目的地具有更便利的条件来检验货物，一旦发现货物受损，能够迅速采取措施减轻损失，并便于及时向责任承运人提出索赔或向保险公司要求赔偿。这一规定与多个国际贸易惯例所确立的原则相吻合。举例来说，在采用 FOB、CIF 和 CFR 等贸易术语时，运输途中的风险同样是由买方承担的。

（3）卖方保留了控制货物处分权的单据，并不影响风险的转移。由于公约采用的是所有权与风险转移相分离的原则，因此，作为所有权凭证的单据是否移交给买方，不影响风险的转移。公约这项规定与美国法的原则是相一致的。

（二）当货物在运输途中出售时的风险转移时间

当货物先被装载到前往特定目的地的船舶上，随后寻找合适的买主并订立合同时，这种交易便被称为"海上路货"，即运输途中的货物买卖。根据公约第68条的规定，对于在运输过程中出售的货物，风险自合同订立之时起便转移至买方。然而，若实际情况表明有必要调整，则风险可能从货物交付给签发载有运输合同单据的承运人时便由买方承担。值得注意的是，如果卖方在订立合同时已知或应知货物已受损或灭失，但未将此情况告知买方，那么卖方应对此损失或损坏负责。

海上路货的风险划分问题确实棘手，因为在签订买卖合同时，货物已置于运输工具之上，买卖双方往往难以知晓货物的实际状况，如是否受损或灭失。当货物抵达目的地后发现损坏或灭失时，追溯损失发生的具体阶段往往困难重重。因此，公约针对这种情况，既规定了风险转移的原则性时间点，也赋予了双方一定的灵活性以适应各种实际情况。其具体内容如下：

（1）对于在运输过程中售出的货物，风险原则上自合同订立之时起即由买方承担。这意味着，在大多数情况下，当买卖双方对在途货物的状况有充分认知时，风险自合同签订之时便转移至买方。

（2）然而，若实际情况表明有必要，风险转移的时间点可提前至货物交付给签发载有运输合同单据的承运人之时。此项规定旨在调整风险转移的时间点，使其提前至货物交付承运人之际，以适应不同的交易需求。这项规定的适用条件是"情况表明有需要时"。至于何谓"情况表明有需要"，则是一个事实问题，需要根据具体情况加以确定。一般来讲，如果在交易中很难判断货物发生损失的确切时间，无法确定该损失是发生在订立买卖合同之前还是之后，则可以适用该项规定。

（3）如果卖方在订立合同时已经知道或理应知道货物已发生灭失或损坏，却故意隐瞒这一事实，未向买方透露，则由此产生的损失应由卖方独自承担。这就是说，在卖方隐瞒实情的情况下，风险应当由卖方承担。

（三）在其他情况下风险的转移时间

在国际货物买卖中，有些合同并不涉及货物的运输问题，在这种情况下，风险从何时转移给买方，公约第 69 条分以下两种情况做了规定：

（1）在卖方营业地交货时，一旦买方接收了货物，风险即转移给买方承担。若买方未在约定时间内接收货物，即使货物已处于其可处置状态，而买方因违反合同未收取，风险也随即转移至买方。这里所说的"货物交买方处置"，是指卖方已将货物划归合同项下，完成交货准备并向买方发出通知等一系列步骤。

（2）当交货地点不在卖方营业地时，风险转移给买方的时刻，是交货时间已到且买方明确知晓货物已在该地点供其处置之时。在此之前，风险仍由卖方承担。

四、卖方根本违反合同与风险分担

公约第 70 条明确指出，当卖方存在根本性合同违约时，第 67 ~ 69 条的相关规定并不妨碍买方采取各种补救措施。即使卖方违约，货物的风险仍应按照公约规定转移给买方。然而，在这种情况下，买方对卖方根本违约所享有的补救权利不应受到任何影响。举例来说，若因卖方的根本违约导致货物灭失或损坏，即使风险已按公约转移给买方，买方仍有权采取撤销合同、要求卖方提供替代货物或请求损害赔偿等补救措施。

 复习思考题

一、简答题

1. 简述国际货物买卖合同中买卖双方的权利及义务。
2. 简述国际货物买卖合同中卖方违约时买方的救济方法。
3. 简述国际货物买卖合同中违约责任的免除。
4. 简述国际货物买卖合同中风险转移的时间。

二、案例分析

福建省 X 家具厂生产的皮箱式样美观，结实耐用，用料考究，于 20 世纪 90 年代中期打入新加坡市场，很受欢迎，成为当地主要的出口创汇产品。1998 年 2 月，新加坡 S 家具行向该家具厂发出购买皮箱的要约，要求订购 2000 只皮箱，并对皮箱的式样、用料提出了特殊要求，还要求皮箱必须在 5 月 4 日之前交货。X 家具厂接受了该要约，双方于 2 月 10 日正式签约。签约后，X 家具厂即按照对方的要求，开始生产皮箱。然而 3 月 25 日，X 家具厂收到 S 家具行的传真，声称 X 家具厂是乡镇小厂，生产能力极低，不可能按时履行合同，为防止 X 家具厂预期违约，决定对其解除合同。

X 家具厂收到传真后，立即给 S 家具行回电话，说明至 3 月 25 日已生产出 900 多只皮箱，按照这个生产速度，截至交货日，完全可以完成，S 家具行仅因为推测缺乏证据，因此无权解除合同，这种行为与《联合国国际货物销售合同公约》中对预期违约所作的救济方式不符。考虑到双方以往的友好合作关系，希望 S 家具行按双方签订的合约履行自己的义务。S 家具行对此未予答复。

4 月 30 日，X 家具厂电告 S 家具行，2000 只皮箱已按要求完全完工，请做好提货准备。但 S 家具行回传真说：合同早已解除，不准备提货。X 家具厂遂于 5 月 15 日向北京中国贸易仲裁委员会提请仲裁。

问题：S 家具行是否有权解除合同？是否有义务履行合同？

案例题答案

第四章

国际商事合同法

 学习目标

【知识目标】

(1) 了解国际商事合同争议的内容及分类。

(2) 熟悉要约、承诺以及国际商事合同的订立。

(3) 掌握合同履行的规则和原则以及抗辩权。

(4) 熟悉国际商事合同的变更、转让和消灭。

(5) 掌握我国《民法典》第三编有关合同的相关规定。

【能力目标】

(1) 具备运用合同知识确定合同效力的能力，并熟练运用履行抗辩权维护自身权益。

(2) 具备运用合同知识起草合同的能力，并具备处理合同纠纷的能力。

【思政目标】

(1) 通过疑难案件分析、法律实务、模拟法庭等课程和环节，灵活运用法律思维和创新性思维，结合实体法和程序法知识综合应用于法律实务中，培养分析和解决具体法律问题的综合处理能力。

(2) 聚焦本专业前沿热点问题，开展理论实践探索，提高学生科研创新能力、实践创新能力，强化培养知识创新能力和技术创新能力。

【关键术语】 国际商事合同　要约　承诺　违约责任

 引导案例

威廉先生有一座房屋，坐落于英王爱德华七世登基典礼游行的必经之路上。

史密斯先生向威廉租用该房屋一天，以便观看登基典礼，但这个目的并未载于合同之中。后来，登基典礼宣布取消，于是史密斯拒绝支付房租。威廉则向法院提起诉讼，法院判决威廉败诉。

思考：法院判决威廉败诉的原因？

引导案例分析

第一节　国际商事合同概述

合同是现代社会进行各种经济活动的基本法律形式，合同制度是各国发展商品经济的重要法律形式。合同在经济贸易方面是不可或缺的，涉外经济合同是对外经济贸易业务开展的基本形式，因此，合同法是对外经济贸易从业人员的必备知识。

一、国际商事合同法的编写体系

大陆法系和英美法系是世界各国合同法的两大法律体系，二者本质相同，但各具特色，主要体现在合同法的形式、编制体例等方面，某些具体的法律规则也稍有出入。

（一）大陆法系的商事合同法体系

在大陆法系国家，合同法以成文法的形式为主，以法国、德国、意大利、瑞士和日本等国为例，在其民法典的"债编"中规定有关合同的法律规范以及产生债的关系的其他原因，如侵权行为、不当得利及无因管理等法律规范。例如《法国民法典》于第三编规定合同或合意之债的一般规定；《德国民法典》对合同的规定逻辑性强、结构严谨，且设有"总则编"，以法律行为这一概念，规定了合同成立的一般规则，对合同的规定更具系统性，并于第二编规定债务关系法，对因合同而产生的债的关系等具体内容做了规定。

（二）英美法系的商事合同法体系

在英美法系国家，多以普通法（Common Law）规范关于合同的法律原则，大多数是判例法或习惯法而没有形成系统的、成文的合同法。虽然，英美等国针对某类具体合同制定了相关成文法，如英国《1893 年货物买卖法》、美国 1906 年《统一买卖法》和《统一商法典》等，但仅规范某类合同的具体规则，涉及合同法基本原则方面的规定仍以判例法为主。

（三）中国合同法体系

（1）1986 年 4 月 12 日，《中华人民共和国民法通则》（以下简称《民法通则》）颁布。《民法通则》的颁布，为民事司法提供了根本性的法律根据，为司法解释提供了法律依据。《民法通则》颁布后，经济体制改革有了进一步发展，1988 年 4 月 2 日最高人民法院发布了《关于贯彻执行〈中华人民共和国民法通则〉若干问题的意见（试行）》，共 200 条。法官和学者简称其为"二百条"。

知识链接：《中华人民共和国民法通则》

《民法通则》根据我国的国情采用了民商法合一的体例，基本上涵盖了民商事法律的主要内容，《民法通则》关于民事基本原则、民事主体、民事法律行为和代理、民事权利、民事责任、涉外民事关系的法律适用这几大部分的内容，虽然有些原则、简单、笼统，总共也只有 156 个条文，但因采用了与通则相适应的体系结构却极具包含性，基本上涵盖了民事法律关系的主要内容。

（2）1999 年 10 月 1 日起施行的《中华人民共和国合同法》分总则、分则和附则三部分。内容涵盖合同的订立、合同的效力、合同的履行、合同的变更和转让、合同的权利义务终止、违约责任等内容。该法还对买卖合同等多种不同合同做了具体的规定。[①] 该法的适用范围很广，同时适用于国内和涉外合同。

（3）《中华人民共和国民法典》（以下简称《民法典》）于 2021 年 1 月 1 日正式施行，相关法律同时废止。《民法典》共 1260 条，其中第三编为合同编，共

---

① 主要包括买卖合同，供用电、水、气、热力合同，赠与合同，借款合同，租赁合同，融资租赁合同，承揽合同，建设工程合同，运输合同，技术合同，保管合同，仓储合同，委托合同，行纪合同，居间合同。

526 条，《民法典》合同编在我国合同法的立法经验基础上对合同规则做了更系统的规范，使之更加与时俱进。《民法典》是我国调整民事法律关系的根本大法，其体例沿袭大陆法系，不仅在总则编的民事法律行为中对合同做出了相关规定，还在合同编中设立了通则规定合同的订立、效力、履行、保全、变更和转让、终止以及违约责任等规则，保障民事法律关系有法可依、有规可循。

知识链接：《中华人民共和国民法典》

二、商事合同的国际立法

由于不同法系、不同国家的合同法律制度之间存在差异，使各国在进行经济贸易往来时遇到许多法律上的障碍和不便，产生了许多国际商事纠纷，阻碍了国际贸易的发展。基于此，统一各国合同法的工作迫在眉睫，从 20 世纪初，就有一些国际组织从事统一各国合同法的工作，他们试图通过国家间的协商，制定出一套在国际上统一适用的合同法，以制订某种特定合同的统一法（如《联合国国际货物销售合同公约》）为基础，进而制定一部统一的国际商事合同法。

（一）《国际货物买卖合同公约》

如国际统一私法协会（成立于 1926 年，总部设在意大利首都罗马），于 1964 年制定的《国际货物买卖统一法公约》（Convention on Uniform Law for the International Sale of Goods）、《国际货物买卖合同成立统一法公约》（Convention on the Law Applicable to Contracts for the International Sale of Goods），在统一合同法、买卖法方面迈出了重要的一步。而此两项公约由于深受大陆法影响，内容较为烦琐，因此参加和批准的国家不多。在此情况下，1980 年，联合国国际贸易法委员会通过了《联合国国际货物销售合同公约》（the United Nations Convention on Contracts for the International Sale of Goods，CISG）。该公约作为国际合同法统一化进程中重要的里程碑，对国际贸易产生了积极的影响。但该公约也存在一些缺陷，如公约的适用范围仅仅限于国际货物买卖合同，对合同的效力、货物所有权的转移等重大问题没有做出规定，某些条款规定较为空泛、模糊等。

（二）《国际商事合同通则》

一直以来，越来越多的学者和实务人士主张采取非法律的方式来统一国际商法。采取非法律的方式统一国际商法又有两种途径：一种是对特定的交易订立示范条款和示范合同；另一种是对国际商事合同的普遍原则进行国际重述。鉴于贸易界和法律界人士对国际商事惯例的进一步发展和完善的迫切需求，以及对各国合同法一般原则的深入探讨，国际统一私法协会于 1971 年成立了一个专门委员会，旨在研究和评估阐述国际商事合同一般原则的可行性和实施策略。于 1980年组建特别小组，在充分吸纳各国合同立法成果的基础上加以提炼、升华，经过十四年的艰苦努力，最终制定出了一部《国际商事合同通则》（Principles of International Commercial Contracts，PICC，以下简称通则），1994 年 5 月在国际统一私法协会理事会上通过。通则是国际贸易领域统一合同法的最新成果，是对《联合国国际货物销售合同公约》的继承和发展，其法律原则具有普遍性、科学性和实用性，对国际合同法的统一化进程会产生深远的影响。通则由序言及七章组成共八个部分。序言述明通则的目的，其余七章共 118 条，分别规定总则、合同的成立、合同的效力、合同的解释、合同的内容、合同的履行和合同的不履行。通则除包括序言和 118 个条款外，对每个条款都附有评论，对很多条款，还附加了例释。①

三、国际商事合同的概念和特征

（一）国际商事合同的概念

世界各国对合同的定义有些许不同。大陆法系和英美法系均以当事人意思表示一致作为合同成立的要件，在大陆法系，民法的许多原则均源于罗马法，合同也是一样。

1. 大陆法

根据罗马法，合同是指"得到法律承认的债的协议"，查士丁尼一世（Justinian the Great）在《学说汇纂》中将协议分为国际协议、公法协议和私法协议

---

① 2004 年通则又增加了三章内容。现在，通则在序言之外的十章分别是总则，合同的成立与代理权，合同的效力，合同的解释，合同的内容，合同的履行，合同的不履行，抵销、权利的转让，义务的转移和合同的转让、时效。

三种。① 查士丁尼在他的《学说汇纂》中将协议划分为国际协议、公法协议和私法协议三类。在私法领域，债法、物权、亲属法和继承法均涉及合同的概念，如物权的设定与转让、婚姻关系的处理以及遗产分配的协议等。任何能产生私法效力的当事人之间的协议均可被视为合同。《法国民法典》对合同的定义源于罗马法，该法典第1101条明确规定，合同是指一个或多个人对另一个或多个人承担给付某物、作为或不作为的义务的合意。这一定义包含两个核心要素：双方合意和作为债权债务关系产生的基础或原因。由于《法国民法典》在世界民法史上的重要地位，这一定义逐渐成为大陆法系民事立法中有关合同的传统和经典定义，对许多国家的民事立法和民法理论产生了深远的影响。

《德国民法典》将合同归于法律行为的范畴中，视其为法律行为的一种。所谓法律行为是指当事人之间为了发生私法上的效果而进行的一种合法行为。《德国民法典》第305条规定："依法律行为设定债务关系或变更法律关系的内容者，除法律另有规定外，应依当事人之间的合同。"② 按照大陆法学者的解释，法律行为要有意思表示和合法行为两个因素。由于意思表示是法律行为的基本要素，故法律行为的基本分类就是单方法律行为与双方法律行为，而合同是双方法律行为。③

我国承袭大陆法系的概念，《中华人民共和国民法典》第464条规定：合同是当事人之间设立、变更、终止民事关系的协议。

2. 英美法

在英国合同法中，诺言（promise）占据着至关重要的地位，以至于在许多情境下，诺言与合同几乎可以互换使用。《第二次合同法重述》［Restatement (second) of Contracts］的第1条对合同给出了这样的定义：合同是指一项或一组诺言，这些诺言一旦被违反，法律将提供救济措施；或者是由法律以某种方式确认的义务履行。法恩斯沃思（Allan Farnsworth），这位在美国合同法领域享有盛誉的学者，也是《第二次合同法重述》的主要起草人，他在其著作《合同法》中，对合同进行了深入探讨。该书共分为五个部分，除了引言和关于第三方当事人权利的部分，其余三个部分均以诺言为核心议题。具体来说，第二部分的主题是"诺言的可执行性"，第三部分则是关于"诺言的范围及其后果"，而第五部分则聚焦于"诺言的强制执行"。

英国的合同法源于早期的"诺言之诉"，经过漫长岁月的沉淀，英国法的相

① 周枏：《罗马法》（下册），商务印书馆2014年版，第724页。
② 《德国民法典》（第5版），陈卫佐译，法律出版社2020年版，第109页。
③ ［德］维尔纳·弗卢梅：《法律行为论》，迟颖译，法律出版社2013年版，第29~30页。

关规则多是围绕违反诺言来制定，而非针对合同违约。这是导致诺言在英美合同法中占据举足轻重地位的历史与传统原因。英美合同法和大陆法系国家的合同法在形成路径上存在差异。在大陆法系国家，合同理论主要由法学家们创立和发展，他们认为合同法是民法的一部分，并发现合同关系、侵权行为关系、不当得利关系以及无因管理关系等，它们共同的特征在于它们都是特定的民事主体间的权利义务关系。法学家们将这种关系命名为"债"，以区别于其他如物权关系等民法关系。因此，在大陆法系国家，合同被视为债的一种形式。而在英美法系，合同法的理论则主要由法官们创制和发展。在审判案件时，法官主要关注的是如何为当事人提供救济。在具体的案件中，通常只有一方违反约定，法官直接观察到的是该方违背了自己所许的诺言，而非双方间抽象的权利义务关系。

然而，将合同简单地定义为法律为之提供救济的诺言并不是很妥善的。首先，合同应当是各方意思表示一致的产物，而诺言仅仅代表了一方的意愿。其次，从合同的订立过程来看，诺言的做出仅仅代表过程的开始，只有当各方的诺言都被对方接受时，这一过程才算完成。诺言是起因，而合同是结果。例如，要约可以被视为一种广义的诺言，它包含了为受约人提供利益的承诺，同时也请求受要约人为要约人提供相应的利益。但要约本身并不等同于合同，而是合同产生的前提和基础。最后，法律为之提供救济的诺言已经不再是普通的诺言，而是已经转化为合同本身。例如，一项要约在被受约人承诺后，便成为约束双方的合同。然而，诺言主要强调的是单方的义务，即诺言人必须遵守自己的承诺。仅仅用诺言来定义合同，并不能准确把握合同的核心特征，即合同对合同各方具有对等的约束力。

在当代美国合同法的著述和法律的规定中，人们可越来越多地看到与大陆法系的法学家的概括相似的合同定义。如前所述，《第二次合同法重述》对合同的概念下了两个定义。以上讨论的是传统的定义，另一个是现代的定义。根据后一定义，合同是对法律所确定的义务的履行。1979 年版《布莱克法学词典》"合同"词条为合同下的定义是：合同是"两个或者两个以上的人创立为或不为某一特定事情的义务的协议"。这一定义与《统一商法典》为合同下的定义很相似。该法典第 1-201（11）条写到："'合同'指产生于当事人受本法以及任何其他应适用的法律规则影响而达成的协议的全部法律债务。"

概言之，合同是当事人之间依协议确定的债权债务关系，或者说，合同是当事人确定彼此之间的债权债务关系的协议。合同是法律为之提供救济的诺言，合同是成立当事人之间的交易关系的协议，这种定义与大陆法系国家的合同定义并没有什么区别。

如前所述，传统的美国合同法把合同定义为法律为之提供救济的诺言。那么，使一项诺言成为法律为之提供救济的诺言的关键因素是什么？根据英美合同法的传统理论，最能体现其本质特征的是，一项诺言要获得法律的救济保护，受诺人必须向诺言人提供与该诺言相对应的某种回报。这种回报的存在，使得诺言对诺言人产生法律上的约束力，意味着诺言人无法随意撤回或违反诺言，否则法律将提供救济给受诺人。因此，将一项原本可由诺言人自由撤回的普通诺言转变为受法律救济保护的诺言，进而在诺言人与受诺人之间形成合同关系的前提是：双方之间必须存在某种交易。这意味着每一方都对另一方承担了特定的义务。根据这一理论，如果当事人一方仅向另一方提供利益，而另一方无须为此提供任何对应利益，这种协议（即赠与性或恩惠性的协议）并不构成合同。因此，当提供诺言的一方违反其诺言时，法律不会为受诺人提供救济。

如果我们把合同是法律为之提供救济的诺言（传统的合同定义）与合同是当事人之间设立债权关系的协议（现在的合同定义）结合起来，我们可以把美国合同法所确认的合同定义为：合同是当事人在彼此之间成立交易关系的协议。

（二）国际商事合同的特征

尽管各国对合同的定义存在差异，但合同通常具有以下共同特征：

1. 合同是双方的民事法律行为，不是单方的民事法律行为

合同至少要有双方当事人参加，而且双方当事人的意思表示必须一致，合同才能成立。如果双方当事人的意思不一致，就不能达成协议，合同就不能成立。这是合同的基本法律特征。合同是一种双方民事法律行为，而非单方面的意愿表达。它要求至少有两方当事人的参与，并且这两方当事人的意思表示必须达到一致，合同才能成立。若双方意思表示不一致，则无法达成合同。这一特点体现了合同的基本法律属性。

2. 合同的目的在于产生某种特定的民事法律效果

与事实行为不同，民事法律行为以产生一定的民事法律后果为其目的，并以当事人的意思表示作为其构成要件。例如，通过订立买卖合同，买卖双方之间建立了买卖关系。若买卖双方在合同成立后同意修改或终止原合同，则他们之间的民事法律关系将发生相应的变更或终止。因此，那些没有意思表示、不以产生特定民事法律后果为目的的行为，如不当得利和侵权行为，并不构成合同。

3. 合同必须是合法行为，不得违反法律规定

依法订立的合同受到法律保护，而违法订立的合同则在法律上无效。这一特征确保了合同的合法性和有效性，为合同的执行和纠纷解决提供了法律保障。

四、合同的分类

对合同的分类，不同法系的国家有不同的标准，大陆法系的国家对合同的分类存在学理上的划分和法典上的划分之别，而英美法系的国家对合同的分类多为学理上的分类。

（一）大陆法系对合同的主要分类

大陆法系的国家多将合同归结为法律行为，因而其合同的分类与对法律行为的分类标准是一致的。其对合同的基本分类有：

1. 双务合同与单务合同

依照当事人双方是否互负相关义务，将合同分为双务合同与单务合同。单务合同是指只有一方当事人负担义务而他方当事人不负担义务的合同。如《法国民法典》第 1103 条规定："如果一人或数人对于另一人或数人承担义务而后者不承担义务时，此种合同为单务合同。"双务合同是当事人双方相互负担相关义务的合同，如《法国民法典》第 1102 条规定："如缔约人双方相互负担义务时，此种合同为双务合同。"①

将合同分为双务合同与单务合同的法律意义主要是：

（1）在合同的履行方面，除当事人或法律有特别规定，双务合同以同时履行为原则，即双务合同的当事人享有同时履行抗辩权，在一方未履行或未提供履行的担保时，另一方有权拒绝自己的给付，单务合同则不存在该问题。

（2）在风险的分担方面，合同的标的是特定物的，单务合同的风险通常由该物品的所有人承担，除非对方存在过失。相比之下，双务合同的风险分担则更为复杂，涉及以下四种情形：①若因不可抗力导致双方无法同时履行合同，任何一方均无权要求对方继续履行，债务人将免除其合同义务。若一方已履行，对方应返还相应利益，否则将构成不当得利（Unjust Enrichment）之债。②如果合同无法同时履行是由于债务人的原因，债务人将无权要求对方继续履行。此时，对方

---

① 《法国民法典》，罗结珍译，北京大学出版社 2010 年版，第 295 页。

有权选择解除合同，并要求债务人赔偿因此造成的损失。③若因债权人的原因导致合同无法履行，债务人将有权要求对方继续履行合同，并赔偿因此所受的损失。④在双务合同中，如果债权人因对方的原因无法履行合同，债权人有权选择解除合同。而对于单务合同的债权人，他们只能选择撤回合同，而不是解除合同。

2. 物权合同与债权合同

以德国民法典为代表的大陆法系国家将合同分为物权合同与债权合同，主要是依据是否直接发生物权的变动为标准所做的分类。凡直接发生物权的变动的合同即为物权合同，如物的交付；不依发生物的变动为直接目的而仅发生债上请求权的合同为债权合同。这种划分并不具有代表意义。例如，《法国民法典》认为，物权的变动，是债权的必然结果。

3. 诺成合同与要物合同

将合同分为诺成合同与要物合同，其标准是以合同的成立除当事人的意思表示一致外是否尚须交付标的物。诺成合同是指当事人意思表示一致合同即告成立的合同，无须再为其他手续或交付实物；要物合同是指除当事人意思表示一致外，尚须交付标的物的合同。

区分诺成合同与要物合同的法律意义是：①成立的要件不同，诺成合同只需双方达成合意即可宣告成立，无须进一步的实际行动。相反，要物合同除了需要双方合意之外，还必须实际交付标的物才能成立。②成立的时间不同，诺成合同自双方合意达成之时起即告成立，而要物合同则须在标的物实际交付之时才正式成立。

4. 有偿合同与无偿合同

根据合同权利的转移是否偿付代价为标准，可以将合同分为有偿合同与无偿合同。有偿合同是指当事人双方为取得利益须支付一定代价的合同，如《法国民法典》第1106条规定："当事人双方相互承担给付某物或做某事的义务时，此种合同为有偿合同。"无偿合同则是当事人从对方取得利益而无须支付代价的合同，法国民法典将其称为"恩惠合同"，如法国民法典第1105条规定："当事人一方无代价给付他方利益时，此种合同为恩惠合同。"①

在罗马法上，有偿合同又分为实定合同与射幸合同。实定合同是指在合同订立时，双方的权利义务即确定由双方分别负担的合同；而射幸合同是指双方的权

---

① 《法国民法典》，罗结珍译，北京大学出版社2010年版，第295页。

利义务取决于一些偶然事件，如赌博、买彩票等。[1] 如《法国民法典》第 1104 条第 2 款明确规定："对于当事人各方根据不确定的事件而在取得利益或遭受损失方面存在偶然性时，此种合同为射幸合同。"[2] 对有偿合同进行分类的法律意义在于，只有对于实定合同，当事人才有可能以遭受损害为由而提出撤销合同的请求，射幸合同则不存在双方给付是否等价的问题，故"合同的偶然性即排除了合同导致一方损害的可能性"。

5. 要式合同与不要式合同

根据合同的成立是否须依特定的方式作为标准，可以将合同分为要式合同与不要式合同。要式合同须具备法律要求的形式和手续；不要式合同则没有形式和手续的特定要求。

区分要式合同与不要式合同的法律意义在于，确认是否成立生效。要式合同不经特定的程序，不能成立，不发生法律效力。

6. 即时清结的合同与不即时清结的合同

根据合同的给付是否具有连续性为标准，可以将合同分为即时清洁合同与不即时清结合同。即时清结的合同又称一次性给付的合同，若合同规定的当事人的给付应一次性完成的，为即时清结的合同；如果合同规定的当事人应为的给付在一定期间内分数次完成的，为不即时清结的合同。

区分即时清结合同与不即时清结合同的法律意义在于：合同因无效或撤销而引起的法律后果不同，即时清结的合同，其无效或撤销具有溯及力，即当事人已为的给付应当返还；不即时清结合同，其无效或撤销不具有溯及力，只指向将来发生效力。

7. 民事合同、商事合同与行政合同

根据民法典成立的合同为民事合同，主要适用于民事主体之间；根据商法典成立的合同为商事合同，主要适用于商人之间。此外，法国还有行政合同，行政合同是行政主体以其特殊身份与行政主体或私法主体所订立的合同。只有其以行政主体订立合同时，其所订合同才为行政合同；以私法主体订立合同，应受私法调整。

（二）英美法系国家对合同的主要分类

1. 正式合同与简单合同

将合同分为正式合同与简单合同，是英美法中较为传统的分类。正式合同包

---

[1] 周枏：《罗马法》（下册），商务印书馆 2014 年版，第 731 页。
[2] 《法国民法典》，罗结珍译，北京大学出版社 2010 年版，第 295 页。

括登记合同、盖印合同。登记合同就是指那些记录在具有一定管辖权的法院的案卷中的合同，并包括认可与法庭裁决。登记合同不是真正的合同，称其为合同的原因是在古老的普通诉讼程序中，它们是通过与真正的合同案件同样的诉讼程序来实施的。盖印合同，根据早期不成文法是指那些由合同义务人把自己的私人印章盖在文件上的合同，即用图章、戒指或其他印鉴在封缄纸上、软蜡纸上或其他物质上压盖下印痕，即签字蜡封式的合同。如果一个合同不具备此类的文件形式，该合同就会成为不能被强制执行的合同。随着历史的发展，盖印已被扩展到包括写上"L. S.""SEAL"，或者画押甚至潦草地涂上一笔。简单合同，即前面所讲的英美法系中合同的普遍定义。

2. 单边合同与双边合同

单边合同是指合同一方把接受对方做某事或不做某事作为自己允诺的约因。双边合同是指合同双方互相把对方的允诺作为约因而接受。两者的区别在于：在双边合同中，双方当事人应平等地履行他们的诺言；在单边合同中，只有一方即立约人应做什么事情。

3. 明示合同与默示合同、准合同

根据当事人表示同意的方式，可以将合同分为明示合同与默示合同。明示合同是指合同当事人的意思表示是通过明确的方式表示出来的；默示合同，是指合同当事人的意思表示是通过他们的行为及合同总的情况分析推断出来的。两者的唯一区别在于：当合同出现争执而提交法院时，用以举证的方式不同。

4. 有效合同、无效合同与可取消的合同

有效合同包括合同生效的全部要素，将发生法律上的权利义务；无效合同缺少法律规定的生效的要素，不能产生法律上的效力；可取消的合同是指可能无效的合同，即合同中包含有法律规定的可根据当事人的选择而使其无效的要素。可取消的合同与无效合同的区别在于，在当事人提出取消之前，合同双方所承担的权利义务与有效合同是一样的。

5. 非法合同与不可强制履行合同

非法合同是指违反法律或公共秩序的合同，非法合同一般是无效合同；非法合同与单纯的无效合同，两者所产生的法律后果不完全相同；不可强制履行合同虽然可产生法律上的权利义务，但不能通过法律程序强制履行，如超过诉讼时效的合同、与政府缔结的合同（因主权的豁免）。

6. 一次性交易合同与关系合同

一次性交易合同是指合同以一次性交易为目的，合同的所有条款皆针对一次性交易；关系性合同是有关交易合作关系的合同。关系契约论，在美国乃至世界范围引起了广泛讨论。

第二节　合同的订立

一、要约和承诺

合同的形成基于双方当事人的意思表示达成一致。按照各国合同法的观点，这种一致需要双方针对同一标的物各自表达意愿，并最终形成共同的协议。这种意愿的表达既可以是明示的，也可以是默示的，即可以通过当事人的行为来推断其真实意图。在法律术语中，要约是当事人向另一方提出的条件和意愿，而承诺则是对这一要约的接受和同意。一旦双方对某一要约和承诺达成一致，便在双方之间形成了一项具有法律约束力的合同。《国际商事合同通则》规定，合同可以通过对要约的承诺或通过当事人的能力充分表明其合意的行为而成立。我国《民法典》第 471 条规定，当事人订立合同，可以采取要约、承诺方式或者其他方式。[①]

（一）要约（Offer）

1. 要约的定义

要约是一方向另一方提出的愿意按一定的条件同对方订立合同，并含有一旦要约被对方承诺时即对提出要约的一方产生约束力的某种意思表示。提出要约的一方称为要约人（Offeror），其相对方称为受要约人（Offeree）。要约可以用书面形式、口头或行动做出。我国《民法典》第 472 条规定，要约是希望与他人订立合同的意思表示，该意思表示应当符合下列条件：（一）内容具体确定；（二）表明经受要约人承诺，要约人即受该意思表示约束。[②] 一项有效的要约必须符合以下要求：

（1）要约的核心是表明要约人愿意按照提出的条件与对方建立合同关系。要

---

① 杨立新：《中华人民共和国民法典条文要义》，中国法制出版社 2020 年版，第 346 页。
② 杨立新：《中华人民共和国民法典条文要义》，中国法制出版社 2020 年版，第 347 页。

约的本质目的是缔结合同，因此，任何不旨在订立合同的意思表示都不能被视为要约。要约的特性在于，一旦受要约人做出承诺，合同随即成立，无须再征得要约人的同意或确认。换句话说，只要受要约人对要约做出承诺，要约人就必须受其约束，不得否认合同的成立。否则，这样的意思表示不能被认定为有效的要约。因此，在法律层面，区分要约与要约邀请（Invitation for offer）显得尤为重要。

尽管要约邀请的目的也是为了建立合同关系，但它本身并不构成要约，而是作为一种邀请对方发出要约的方式。例如，在商业实践中，一些公司经常向潜在的交易伙伴发送报价单（Quotation）、价目表（Price Lists）或商品目录（Catalogues）等文件，其中可能包含价格、品质规格和数量等信息。然而，这些文件通常被视为要约邀请，而非直接的要约。只有当对方接受这些条件并发出正式报价或承诺后，合同才能成立。如果寄送报价单或价目表的一方未做出承诺，即使订货单的内容与之前的报价单或价目表相符，合同也不会成立，同时寄送方也不会受到任何约束。因此，要约与要约邀请的主要区别在于其法律约束力，一旦对方接受要约，要约人即受约束，合同随即成立；而要约邀请则不具有此等约束力，除非发出方明确承诺或确认，否则合同不会成立。

至于商店中商品标价陈列是否构成要约的问题，各国法律存在不同看法。英国法倾向于认为这是一种要约邀请，而非直接的要约。然而，某些大陆法国家如瑞士则持不同观点，认为商品标价陈列通常应视为要约。这显示了在不同法律体系下，对于类似商业实践的不同法律解读和处理方式。

关于要约的发送对象是否必须特定，各国法律存在不同的看法。这通常与广告（Advertisement）有关，因为广告通常面向社会公众而非特定个体。至于广告是否构成要约，这取决于具体情况。例如，悬赏广告（Reward），其中广告人承诺对完成特定行为的人给予报酬，如寻人广告或失物招领广告。这类广告在多数国家都被视为要约。一旦有人根据广告完成了指定行为，即视为承诺，合同随即成立，广告人须支付约定的报酬。对于普通商业广告，通常不被视为要约，而是被视为要约邀请。然而，英美法系的一些判例认为，要约可以针对个人、特定群体甚至全球公众发出，只要广告内容明确且足以构成承诺（Promise），即可视为要约。与此不同，北欧国家的法律认为，要约必须针对一个或多个特定个体发出。在这些国家，广告通常不被视为要约，而是被视为要约邀请，因为它是向广大公众发布而非特定个体。这显示了不同法律体系在解释和处理类似商业实践时的差异。

《国际商事合同通则》规定，凡不是向一个或一个以上的特定人发出的订立合同的建议，应视为要约邀请，除非发出该建议的一方另有明确的相反表示。

（2）要约的内容必须清晰明确，包含拟签订合同的主要条件，以确保受要约人一旦表示承诺，就能形成对双方均具有约束力的合同。根据《联合国国际货物销售合同公约》，货物数量和价格的明确规定，或者确定数量和价格的方法的明确规定，被视为十分确定。例如，在商业交易中，要约通常应涵盖商品名称、价格、数量以及交货和付款时间等要素。因此，要约人无需在要约中详尽列出合同的全部内容，只要达到足以明确合同内容的程度即可。至于某些细节条件，可以在后续阶段进一步确定。在这一点上，大陆法系和英美普通法的要求大致相同。

然而，《美国统一商法典》（Uniform Commercial Code）在此问题上采取了更为灵活和开放的态度。根据该法典第2条2-204项的规定，即使买卖合同中未对某一项或多项条款做出明确规定，只要当事人之间有明确的合同订立意图，并且有合理的依据来提供补救措施，合同仍然可以成立。因此，在货物买卖中，根据《美国统一商法典》，要约的核心在于确定货物的数量或提出确定数量的方法。至于价格、交货或付款时间等细节，可以暂时不提（Left Open），留待日后根据所谓的合理（Reasonable）标准来确定。例如，如果合同中对价格没有规定，日后发生争议时，美国法院会解释为按合理价格付款；若合同未规定交货或付款时间，同样会解释为在合理时间内履行相关义务。这里的"合理"是一个事实问题，由法院根据案件情况和当时实际情况来解释。这一规定旨在适应现代经济贸易发展的需要，尽可能避免因缺少某些条款而导致合同无法成立。

《国际商事合同通则》规定了"特意待定的合同条款"的合同的效力。通则第2.14条明确规定，某些主要条款可以待定，如果各方当事人有意订立合同，并同意将某一交易条件留待进一步协商或由第三方确定，那么这种待定条款不会成为合同成立的障碍。

（3）要约的生效需以传达到受要约人为前提。作为一种意思表示，要约按照多数国家的法律规定，遵循到达主义，即要约必须到达受要约人时才能产生法律效力，从而使受要约人获得对该要约做出承诺的权利。受要约人只有在了解要约的内容后，才能做出是否承诺的决定。因此，如果某人向另一方发出要约，愿意以5000美元的价格出售两台电脑，而受要约人在收到这一要约之前，主动提出以相同价格购买这两台电脑，尽管两者的提议内容相同，但这并不构成承诺，而只是所谓的"交错的要约"（Cross Offer）。这种情况下，双方并不能因此形成具有约束力的合同。对于这一问题，《国际商事合同通则》也明确规定，要约必须送达受要约人时才能生效。

2. 要约的拘束力

要约的拘束力包含两个方面：一是对要约人的约束，二是对受要约人的约束。这两种约束是不同的。通常情况下，要约对受要约人不具有约束力。受要约人收到要约后，即使不做出承诺，也没有通知要约人的义务。但在某些国家，例如《德国商法典》和《日本商法典》规定，在商业交易中，对于经常往来的客户，受要约人在接到要约后，无论是否承诺，都应当通知要约人。然而，这并不意味着缄默等同于承诺。

对于要约人对自身的约束力，是指在要约人发出要约后到对方承诺之前短时间内是否能反悔、修改要约内容或撤销要约的问题。这与前面提到的，一旦对方承诺，要约人即受束的情况是不同的。根据西方各国的法律，要约在到达受要约人之前并不具有法律效力，因此，要约人在这一阶段有权撤回要约或更改其内容。我国《民法典》第476条也规定，要约可以撤销，但存在以下情况除外：一是受要约人有理由认为要约不可撤销，并已为履行合同做了合理准备；二是要约人通过确定承诺期限或其他形式已明确表示要约不可撤销。[1]

（1）在英美普通法体系下，要约对要约人通常不具有约束力，这意味着在受要约人做出承诺之前，要约人有权随时撤销或更改要约的内容。即使要约中设定了有效期限，要约人仍可在该期限届满前撤销要约。这一观点的基础在于，英美法认为，一个人的承诺之所以在法律上产生约束力，是因为对方提供了某种形式的"对价"（Consideration）或允诺人（Promisor）在做出承诺时采用了法律所要求的特殊形式，例如通过书面文件签字或蜡封。如果允诺缺乏这些条件中的任何一项，那么该承诺对承诺人就不具有法律约束力。在英美法的框架内，要约被视为要约人做出的一项承诺。因此，除非要约人使用签字蜡封的形式或该要约有对价的支持，否则要约人通常不受要约的约束。根据英美法的解释，"对价"可以是金钱，也可以是其他具有价值的东西。例如，要约人可以在要约中明确规定，该要约在10天内不予撤销，但条件是受要约人须支付100英镑。如果受要约人同意这一金额，双方将成立一个担保合同或有选择权的合同，其中规定了在指定期限内不得撤销或修改要约的内容。在这种情况下，要约人在规定期限内就必须遵守要约的内容，不能随意撤销或更改。

显然，英美普通法的上述原则对于受要约人来说确实缺乏充足的保障。例

---

① 杨立新：《中华人民共和国民法典条文要义》，中国法制出版社2020年版，第348页。

如，如果受要约人基于对要约的信任而准备承诺，并因此与他人签订了合同或产生了费用，而要约人在受要约人做出承诺之前撤销了要约，那么受要约人可能会遭受损失。因此，英美两国都在考虑修改这一法律原则。美国已经先行一步，根据美国的判例，如果总承包人依赖于分承包人的价格进行投标，并且其投标被招标人接受，那么分承包人就不能撤销其要约，以免使总承包人遭受损失。《美国统一商法典》第 2 - 205 条进一步明确规定，在货物买卖中，满足一定条件的"确定的要约"（Firm Offer）即使无"对价"也具有约束力，即要约人在要约确定的期限内不得撤销。这些条件包括：①要约人必须是商人（Merchant）；②要约已规定期限或在合理期限内不予撤销（但不超过三个月）；③要约必须以书面形式并由要约人签字。如果满足这些条件，即使要约没有对价支持，要约人仍须受其要约的约束，在规定的期限内不得撤销。英国的法律修订委员会（Law Revision Committee）也曾在 1937 年提出一项建议，建议修改"对价"原则，对于规定有一定有效期限的要约，不应因其缺乏"对价"而认为其没有约束力。

（2）联邦德国法律规定，要约原则上对要约人具有法律约束力。《德国民法典》明确指出，除非要约人在要约中明确表明不受约束的意图，否则要约人必须受其要约的约束。如果要约中设定了有效期，那么在该有效期内，要约人不得撤回或更改其要约；若未规定有效期，则通常情况下，在可期待对方答复之前，要约人也不得撤销或更改其要约。瑞士、希腊、巴西等国均遵循这一法律原则。在这些国家的法律体系中，要约人可以通过使用"不受拘束"等措辞来表明其要约不具有法律约束力。然而，一旦要约中包含了这种排除约束力的措辞，这通常被视为要约邀请而非正式的要约。对方基于此类邀请做出的意思表示实际上构成了新的要约，这一新要约需经过原要约邀请方的承诺才能构成有效的合同。

（3）法国法通常认为，要约人在其要约被受要约人承诺之前有权撤销要约。《法国民法典》未对此做出具体规定，但法国法院判例指出，若要约人在要约中设定了承诺期限，要约人可在期限届满前撤销要约，但须承担因此产生的损害赔偿责任。若要约中未明确承诺期限，但根据具体情况或正常交易习惯，要约应在一定期限内等待承诺，此时要约人若不适当地撤销要约，亦须承担损害赔偿责任。在此情况下，若要约人在约定期限届满前撤销要约，受要约人不能通过承诺行为使合同成立，而只能就要约人过早撤销要约提出损害赔偿请求。关于要约人不适当撤销要约应承担赔偿责任的法律依据，学者意见不一。多数认为这基于侵权（Tort）责任；也有人认为是因要约人滥用权利（Abuse of Right）而产生的责任。《意大利民法典》对此问题有明确规定：若要约中设有承诺期限，要约人在该期限届满前不得撤销要约；若未设定期限，则在受要约人承诺前可撤销，但若受要约人善意信赖该要约并已为履行合同做了大量准备，要约人应对由此造成的损失承担赔偿责任。

（4）国际立法与惯例。由于各国在要约的法律规则上存在显著差异，给国际贸易带来了诸多不便。为了促进国际贸易的发展，罗马统一国际私法协会经过长达 30 多年的努力，拟定了一部旨在统一国际货物买卖法律规则的国际公约。其出发点是在于消除各国在合同法方面存着的差异，为国际货物买卖提供一套普遍适用的法规。其显著成果为联合国国际贸易法委员会于 1980 年 4 月 11 日在维也纳通过的《联合国国际货物销售合同公约》。该公约规定，要约原则上在受要约人接受前可以撤销，但存在两种例外情况：一是当要约中明确规定了承诺的期限，或以其他方式表明要约不可撤销时；二是当受要约人有合理理由信赖该要约并已按此行事时，要约不得撤销。

除此之外，国际统一私法协会在 1994 年 5 月完成了《国际商事合同通则》的制定，其中也包含了与上述公约相似的规定。这些公约和通则为调和英美法系与大陆法系国家在要约法律规则上的分歧提供了重要的折中方案。

3. 要约的消灭

要约的消灭，是指要约失去效力，无论是要约人或受要约人均不再受要约的拘束。

要约失效的原因主要有以下几种情况：①要约因期间已过而失效。如果要约规定了承诺的期限，而该期限已经过期，那么要约将自动失效。这意味着，即使在期限过后受要约人做出承诺，也无法成立合同，只能被视为一项新的要约。在大陆法系的许多国家，如德国、瑞士、日本等，民法典都明确规定，在跨地域的情况下，如果要约未规定承诺期限，而受要约人未在合理期限内做出承诺，则要约失效。在英美普通法中，如果未规定承诺期限，受要约人应在合理时间（Reasonable Time）内做出承诺，否则要约将失效。具体何为合理时间，由法院根据具体情况判断。②要约因被要约人撤回或撤销而失效。在某些大陆法系国家允许撤回要约，但撤回的通知必须与要约同时或在要约到达受要约人之前到达。大陆法一般不允许撤销要约；而在英美普通法中，要约原则上对要约人没有约束力，因此，要约人可以在要约送达受要约人之前撤回要约，甚至在送达后，只要受要约人尚未做出承诺，要约人也可以撤销。③要约因受要约人拒绝而失效。当拒绝通知送达要约人时，要约即告失效。此后，受要约人不能改变主意再对同一项要约表示承诺。如果受要约人在承诺中对要约的条款进行了扩展、限制或变更，这将被视为对要约的拒绝，实际上等于受要约人向要约人发出了一项反要约（Counter Offer），需要原要约人再次承诺，合同才可成立。

知识链接：要约 VS 反要约 VS 要约邀请

（二）承诺

1. 承诺的含义

承诺是指受要约人按照要约所指定的方式，对要约的内容表示同意的一种意思表示。一旦要约被承诺，合同即告正式成立。有效的承诺必须满足以下条件：①承诺必须由受要约人本人或其授权的代理人做出。任何第三方即使对要约内容知情并做出同意表示，也不构成有效承诺，因此无法成立合同。②承诺必须在要约的有效期内进行。如果要约设定了有效期，承诺必须在此期限内做出；若未设定有效期，则承诺应在"按常规可期待的承诺期限内"（大陆法系）或"合理时间内"（英美法系）进行。迟于有效期的承诺被视为无效的承诺。③承诺的内容必须与要约完全一致。承诺是受要约人同意按要约内容订立合同的意愿表达，因此其内容应与要约相符。若受要约人在承诺中更改、限制或扩充了要约内容，这通常不构成承诺，而是反要约，视为对原要约的拒绝，因此不具有承诺的效力。

然而，各国法律在此问题上的规定并不统一。美国法律在此方面采取了较为灵活的态度。

按照美国《统一商法典》第二篇第 207 条的规定，在商人之间，如果受要约人在承诺中附加了某些条款，而且这些附加条款不是对要约做出了重大修改，要约人接到后并没有及时拒绝，要约中也没有明确规定承诺时不得附加任何条件，那么承诺是有效的，这些附加条款即可视为合同的一个组成部分。

《国际商事合同通则》在对待承诺与要约关系的问题上，展现出一种灵活而务实的态度。该通则明确规定：①若承诺中包含有附加、限制或其他更改，通常应视为对原要约的拒绝，并构成反要约；②但如果承诺中所包含的条件并未对要约的实质内容造成过大影响，且在合理时间内未遭到要约人的反对，则该承诺仍可被视作有效。当要约人未提出异议时，合同条件将以原要约的条件以及承诺中所载的变更为准。尤其是涉及价格、支付、货物质量和数量、交货地点和时间、责任范围或争端解决等方面的附加或不同条件，它们通常被视为对要约条件的实质性变更。通则第 2.11 条在借鉴公约第 19 条的基础上，对要约条件的添加、限制和修改进行了分类处理。只有当修改被视为实质性的时候，它才会构成对原要约的拒绝，并形成一个反要约。非实质性的修改一般不会影响承诺的有效性，除非要约人及时表示拒绝。然而，关于如何确定实质性修改的界限，通则并没有采用具体列举的方式，而是强调需要根据每一交易的特定情况进行具体分析。这种处理方式为实际操作提供了更大的灵活性和实用性。

一致性原则是承诺的一般规则，承诺应当是对要约的无条件认可，在英美法中称为"镜像原则"，承诺的变更可以分为实质性变更和非实质性变更，我国《民法典》第 488 条规定，有关合同标的、数量、质量、价款或者报酬、履行期限、履行地点和方式、违约责任和解决争议的方法等的变更，是对要约内容的实质性变更。[①]

2. 承诺的生效时间

承诺何时生效，在合同法中至关重要，因为各国法律通常规定，承诺一旦生效，合同即告成立，双方当事人享有合同权利并承担相关义务。承诺生效时间在英美法和大陆法（特别是德国法）的规定有所不同，主要有三种学说，即"投邮主义""到达主义""了解主义"。我国《民法典》采到达主义，第 484 条规定，以通知方式做出的承诺，生效的时间适用于本法第 137 条的规定。若承诺不需要通知的，根据交易习惯或者要约的要求做出承诺的行为时生效。

知识链接：到达主义

（1）英美法认为，在以书信、电报做出承诺时，承诺一经投邮，立即生效，合同即告成立。例如，当承诺通过书信或电报做出时，承诺在受要约人将书信投入邮局信箱或将电报交给电报局发出时即生效，即使传递过程中函件丢失。只要受要约人能证明已支付邮资并将写有正确地址的信件交给邮局，合同仍可成立。这是因为要约人已默示地指定邮局为其接受承诺的代理人。与此不同，英美法由于坚持"对价"原则，认为要约人在承诺前可随时撤销要约。即使要约规定了承诺期限，要约人也可在期限届满前撤销。这一原则对受要约人不利。若承诺生效时间采取"到达主义"而非"投邮主义"，即承诺必须到达要约人时才生效，则

---

① 杨立新：《中华人民共和国民法典条文要义》，中国法制出版社 2020 年版，第 358 页。

要约人从发出要约到收到承诺的这段时间内，均可撤销要约。这无疑进一步加剧了受要约人的不利地位，使其交易安全受到威胁。因此，英美法对不同的意思表示采取了不同的原则。对于要约和撤回要约的意思表示，采取"到达主义"，即必须到达受要约人才生效；而对于承诺的意思表示，则采取"投邮主义"，即一经投邮即立即生效，以此来平衡要约人与受要约人之间的利益冲突。

（2）大陆法的承诺生效原则与英美法不同。《德国民法典》对承诺生效的时间没有具体规定，但按照德国法，无论是要约、承诺或撤回要约或承诺的通知，都属于意思表示之列，适用有关意思表示的规定。而根据《德国民法典》第130条的规定，对于相对人以非对话方式所作的意思表示，于意思表示到达相对人时发生效力，换言之，德国法规定，承诺生效的时间采取"到达主义"，即只有当承诺到达相对人时，才产生法律效力，合同也在此刻正式成立。与此不同，过去大陆法原则上遵循"了解主义"，这意味着不仅要求收到对方的意思表示，还必须真正理解其内容，该意思表示才能产生法律效力。

但是从法律上讲，要证明是否真正了解某种意思表示的内容很困难。所以《德国民法典》采取"到达主义"的原则。一切意思表示只要到达收信人的支配范围就立即生效，而不管收信人是否已了解其内容。这样的规定便于在发信人和收信人间明确划分彼此对于信件的传递过程中可能发生的风险的责任。发信人需承担自发出信件时起至信件送达收信人时止的全程风险。如果承诺函件在传递过程中丢失，该承诺将不产生法律效力，合同也因此无法成立。反之，从信件到达收信人的支配范围时起，即由收信人承担风险，纵使收信人没有及时拆阅，不了解其内容，承诺亦于到达时生效，所谓到达收信人的支配范围，一般是指送达收信人的营业所或惯常的居住地点，而不要求必须送到收信人的手中。尽管《法国民法典》未明确规定承诺的生效时间，但法国最高法院认为，承诺的生效时间应完全基于当事人的意愿。因此，这被视为一个具体情况具体分析的事实问题，特别是要考虑当事人的意图。然而，在实践中，通常推定适用"投邮主义"，即基于事实情况，假定承诺在发送承诺通知时即生效，且合同也在此刻成立。

日本虽然属于大陆法系，但在承诺生效时间的问题上却有其特色。《日本民法典》在总则中原则上规定，对隔地人之间的意思表示，自通知到达相对人时生效，即采取到达主义。但是在契约一章中规定，对于隔地人之间的契约又采用发出生效的原则，即在发出承诺通知时契约即告成立。

（3）《国际商事合同通则》对承诺生效基本上采取到达生效的原则。按照通则条第 7 条的规定：要约的承诺应于同意要约的表示送达要约人时生效。如果承诺未能于要约人规定的时间送达，则该项承诺不能生效，如果要约人没有规定承诺的时间，则承诺应当在合理时间内送达，否则无效。在确定何谓合理时间时，应考虑到交易的各种情况。

3. 逾期承诺

逾期承诺是指承诺通知到达要约人处的时间已经超过了要约所规定的有效期限或要约未规定有效期，已经超过了合理时间。对于逾期承诺的效力，《国际商事合同通则》分为可归责于承诺人的逾期和传递延迟的逾期两种不同类型，对于前者通常无效，除非要约人毫不迟延地告知受要约人该逾期承诺有效。在要约人告知受要约人该逾期承诺有效的情况下，合同成立的时间应是在该逾期承诺送达要约人时，而不是在要约人通知其认为该逾期承诺有效时；对于后者，如果受要约人已经及时做出了答复，但由于不可预见的传递延误导致承诺逾期送达给要约人，这种逾期的承诺应被视为有效，除非要约人立即表示拒绝。

二、对价和约因

（一）英美法的对价

对价（Consideration）是指一方为换取另一方做某事的承诺而向另一方支付的金钱代价或得到该种承诺的承诺。对价是英美合同法中的重要概念，对价的原理和制度在英美合同法中具有十分重要的地位。对价不仅是使合同获得强制执行效力的要件之一，而且是整个英美合同法的基石。对价从法律上看是一种等价有偿的允诺关系。

在对价原则尚未确立的时期，英国契约的效力主要源自其订立的形式，即要求书面记录并签字蜡封。这导致大量的非正式合同无法获得法律上的认可与处理。然而，这些非正式合同在现实生活中确实存在，法官不能忽视它们的存在。为了处理这些合同，法官面临一个核心问题：如何区分哪些非正式合同是可以强制履行的，而哪些则不是？在长期司法实践中，法官不仅找到了这个标准，还将其确立为英美合同法的核心基石，此标准即为"对价"。

美国作为联邦制国家，州政府在立法权上享有较大的自主权。因此，合同法主要由各州制定，而非联邦政府统一规定。这意味着在美国，每个州都有自己的合同法。当联邦法院审理涉及合同的案件时，它需要根据冲突规范来确定应用哪个州的合同法。尽管在 19 世纪，许多州都制定了自己的民法典，但这些民法典在实质上仍遵循英国的法律传统。直至 1872 年，加利福尼亚州才推出了其独特的民法典，即加州民法典。该法典明确指出，所有具有约束力的协议都必须具备"充分的约因或对价"。然而，路易斯安那州作为一个属于大陆法系的地区，其民法典的制定则与上述不同。路易斯安那州的民法典直接以 1804 年的《法国民法典》为蓝本，其对"约因"的解释为"订立合同的对价或动机"。

近年来，英美法在诠释对价概念时，重点在于当事人之间必须建立"我给你以换取你给我"的互惠关系，即双方当事人需要提供"相互给付"。这种关系在买卖合同中体现得尤为明显，其中一方提供的对价是期望另一方给予相应的回报。

根据英美法的诠释，一个有效的对价需要满足以下条件：

（1）对价必须是合法的。任何违反法律或公共政策的行为作为对价，都将被视为无效。这里的合法性是广义的，涵盖了法律和公共政策的各个方面。例如，向对方提供毒品或接受对方的犯罪委托，都不能作为向对方要求付款的有效对价。

（2）对价必须是待履行或已履行的，而非过去的对价。英美普通法将对价划分为三种类型：待履行的对价、已履行的对价和过去的对价。前两者是有效的，而后者则被视为无效。

知识链接：代履行的对价 VS 已履行的对价 VS 过去的对价

（3）对价必须具有某种价值，但不要求充足。对价必须具有法律上的价值。一开始这种价值强调的是经济价值，但后来法院在此问题上采用更为灵活的态度。美国法院曾判决，答应不吸烟，不喝酒，构成对价。但是这种价值不需要充足。比如，花 50 元购买价值 100 元的东西，仍然是有效对价。只要交易过程中不存在诈欺、胁迫、不正确说明、不正当影响等因素，这项交易是有效的。由于对价不要求足够或相称，就出现了"名义对价"（Nominal Consideration）。英美合同法中有句著名格言，"一粒胡椒子也可以作为对价"，表面上是对价，实际上是赠与，法律一般也认为其有效。

案例拓展：1853 年怀特（White）案与 1956 年沃德（Ward）案

（4）已经存在的义务或法律上的义务不能作为对价。在英美法中，一条确定的原则是，依法承担的义务不能构成对价。凡属于履行法律上的义务的，也不能作为对价。例如，一名警察与一商人达成协议：该警察在巡逻时将对该商人的商店多加关照；该商人每个月付给该警察 50 美元作为报酬。该商人的诺言是没有对价支持的，因为警察履行的是法律规定的义务。

案例拓展：1791 年哈里斯（Harris）案

现实中有这样的情况，警方悬赏要求提供破案线索或举报罪犯，举报本来是公民法定的义务[1]，警方的悬赏是否缺乏对价？实践中一般认为悬赏有效。可以这样理解：当允诺人明知对方是在履行法定义务而仍明确表示给予报酬时，应认为允诺有效。

（二）大陆法的约因

（1）法国法认为，合同是产生债的原因之一。"合同之债的原因是指订约当事人产生该项债务所追求的或最接近和直接的目的（Immediate and Direct end）"。在法国法上原因不仅包括合同之债，也包括其他债，如侵权之债。《法国民法典》第 1108 条把"债的合法原因"列为合同有效的条件之一，其第 1131 条规定，凡属无原因的债，基于错误原因或不法原因[2]的债，均不发生任何效力。[3] 合同之债的原因，即为"约因"。

《法国民法典》并未给约因下一个明确的定义，也未说明产生无约因、错误约因及不法约因的情况，因此约因便成为法国民法典中最不确定的概念之一，由此引发出许多争论，形成了不同的观点和理论。按照传统的客观约因理论，约因

---

[1]　在 1967 年刑法颁布前，在英国，知道重罪（Felony）而不举报是一种犯罪（包庇罪），此后不举报虽已不是犯罪，但举报仍为法定义务。

[2]　《法国民法典》第 1133 条解释了什么是不法原因："如原因为法律所禁止或原因违反善良风俗或公共秩序时，此种原因为不法原因。"参见《法国民法典》，罗结珍译，北京大学出版社 2010 年版，第303 页。

[3]　《法国民法典》，罗结珍译，北京大学出版社 2010 年版，第 303 页。

被视为合同的直接目的，即当事人订立合同的动机（Motive）或"远因"。动机与目的（或近因）是有所区别的，动机是内在的驱动力，而目的是动机的外在表现。客观约因论强调在合同分析中不应深入探索隐藏在目的背后的复杂动机，而应着重于客观事实。

在双务合同中，双方各自承担的义务相互成为对方义务的约因；在有偿的单务合同中，通常只有在实践合同中才涉及约因的问题；在实践合同中，一方承担义务的约因是另一方先前的给付行为；而在无偿合同中，一方愿意无偿转让利益给另一方的意愿即构成约因。因此，在双务合同中，存在两个约因，即双方互相承担的给付义务。例如，在买卖合同中，卖方的交货义务与买方的付款义务互为约因。然而，在无偿赠与合同中，尽管赠与的意愿是约因，但法律往往还要求采取特定的形式，如公证或书面记录。例如，《法国民法典》第 931 条规定，任何生前赠与的文书都必须按照契约的常规形式经过公证人公证，且证书的原本须留存于公证人处，否则赠与文书将无效。[①] 基于此，形式决定了赠与的效力，而非约因，这与英美法的签字蜡封式的合同相类似。

（2）《德国民法典》以及受其影响而制订的《瑞士债务法典》和《日本民法典》都没有采用"约因"这一概念。德国法有所谓不当得利的制度，《德国民法典》第 812 条规定，无法律上的原因而受领他人给付，或以其他方式由他人负担费用而得利益后，负有返还所得利益的义务。[②] 应当指出，德国法的不当得利制度与作为合同成立条件的法国法上的约因以及英美法上的对价并不是一回事，尽管有些情况下其结果有一定的相似性。不当得利在法国法和英美法上称为准合同。德国法所说的"法律上的原因"比"约因"及"对价"的含义都要广，可以理解为法律关系或正当理由。不当得利与约因或对价所处理的核心问题存在显著差异。以甲向乙承诺赠款为例，在德国法中，甲的赠与行为被视为充分的法律理由，因此，赠与完成后，甲不能基于不当得利要求乙返还。然而，若甲承诺赠送 A 物，却错误地交付了 B 物，那么乙对于 B 物的占有就没有法律上的依据，这构成了不当得利。同样地，即使是甲卖 A 物给乙却误交了 B 物，这也构成不当得利。无法律上的原因还包括"虽有法律上之原因而其后已不存在"的情况，如误将他人田地当作自己的田地进行灌溉。此外，无法律上的原因还可能由事件产生，如甲的牛羊误入乙的畜圈；或由法律规定产生，如因附合、混合、加工而

---

① 《法国民法典》，罗结珍译，北京大学出版社 2010 年版，第 267 页。
② 《德国民法典》（第 5 版），陈卫佐译，法律出版社 2020 年版，第 378 页。

取得物的所有权。相比之下，约因与对价的适用范围更为狭窄。通常，构成英美法上对价的要件，也能构成法国法上的约因。但反过来，法国法上缺乏约因的情形，并不一定构成德国法上的不当得利。约因和对价主要解决的是合同是否成立以及允诺是否具有约束力的问题。而不当得利则主要处理合同之外的问题，与合同并列为产生债务的原因之一。[①]

（3）美国的路易斯安那州，历史上曾是法国的殖民地，后来被美国从拿破仑手中购得。尽管其法律归属于大陆法系，但深受法国法的影响。路州民法典在制定时以 1804 年的拿破仑法典为蓝本，对于约因的定义解释为"订立合同的考虑或动机"。当一方由于错误诱因而订立合同，而实际上这种诱因从未存在或在订立合同之前已不存在，这时就说该合同没有约因。[②] 如果双方订立的合同有赖于某种事物的存在或某事件的发生，而实际上并未存在或发生，合同也被认为没有约因；根据这项原则，以未来的约因作为考虑的事由，如果约因没有发生，则无效。

（4）英国的苏格兰亦属于大陆法系，其合同法亦将合同看成是债的一种，并没有"对价"这一概念。苏格兰学者认为"债是一种法结（Legal Tie），一人由此而必须向另一人给付或履行某事"，"契约之债（Conventional Obligation）是给付、支付，做或不做某事的一种约定或承担；它使另一方获得请求履行的权利"。苏格兰法院在采用英国判例法时表现得相对保守，相比之下，它更倾向于受到布鲁塞尔法律实践的影响。在苏格兰的合同法律体系中，对价和约因的概念并不适用，这与其他法律体系存在明显不同。此外，关于缔约意图是否应视为合同的基本要素，在苏格兰法律界也存在广泛的争议和讨论。

第三节 合同的效力

一、合同的效力概述

（一）合同生效的概念

1. 合同生效

合同生效，是指合同当事人依据法律规定经协商一致，取得合意，双方订立

---

① 按大陆法一般理论，债产生的原因有合同、侵权、无因管理和不当得利。
② Louisana. Civil Code，Art. 1896.

的合同即发生法律效力。

我国《民法典》第143条规定，具备下列条件的民事法律行为有效：①行为人具有相应的民事行为能力；②意思表示真实；③不违反法律、行政法规的强制性规定，不违背公序良俗。第502条规定，依法成立的合同，自成立时生效，但是法律另有规定或者当事人另有约定的除外。当事人双方之间欲订立一项有效合同时，必须根据"依法成立的合同，自成立时生效"的规定，才能达到预期的目的，生效的合同在当事人之间具有法律拘束力。

2. 合同生效和合同成立的区别

在合同的订立过程中，合同成立与合同生效是两个不可或缺且相互关联的概念。合同成立是合同生效的先决条件，而合同生效则是合同成立的自然延伸。两者虽有联系，但各有其独特之处。二者区别体现为以下四点：①合同成立的关注点在于合同是否存在，而合同生效则关注合同的法律效力。②合同成立后的效力与合同生效后的效力有所不同。合同成立后，当事人不得随意撤回要约或承诺，而合同生效后，当事人则须按约履行合同，否则将承担违约责任。③合同不成立与合同无效的法律后果也存在差异。合同不成立时，当事人之间仅产生民事赔偿责任，如缔约过失责任。然而，合同无效可能导致除民事责任外的行政或刑事责任。④合同不成立主要影响合同当事人之间的法律关系，而合同无效则可能引发国家行政的干预，特别是当合同内容违法时。

（二）无效合同

1. 无效合同的含义

合同一旦依法成立，即具备法律效力。依法成立意味着合同的订立过程必须符合法律规定，同时已经成立的合同也需满足法律所规定的生效条件。任何不符合这些条件的合同，都不能产生预期的法律效力，因此被视为无效合同。无效合同与有效合同形成鲜明对比，任何不符合法律规定的合同要素，都会导致合同失去法律效力，进而归类为无效合同。

尽管合同已经成立，但如果其违反了法律、行政法规或社会公共利益，那么它将被认定为无效。这表明，无效合同是那些已经成立了但不符合法律规定要求的合同，是欠缺生效要件，不具有法律约束力的合同，不受国家法律保护。无效合同自始无效，合同一旦被确认无效，就产生溯及既往的效力，即自合同成立时起不具有法律的约束力，以后也不能转化为有效合同。无论当事人已经履行，或者已经履行完毕，都不能改变合同无效的状态。无效合同是当然无效。

2. 无效合同的特征

由于无效合同是违反国家法律、行政法规和社会公共利益的合同，因而它为法律上的当然无效，即无须当事人主张即产生无效的法律后果。按照我国《民法典》，无效合同有以下特征：①具有违法性。所谓违法性，是指违反了法律和行政法规的强制性规定和社会公共利益。②具有不履行性。不履行性是指当事人在订立无效合同后，不得依据合同实际履行，也不承担不履行合同的违约责任。③无效合同自始无效。无效合同违反了法律的规定，国家不予承认和保护。一旦确认无效，将具有溯及力，使合同从订立之日起就不具有法律约束力，以后也不能转化为有效合同。民事法律行为无效的，不影响其他部分的效力，其他部分仍然有效。

（三）可变更或可撤销合同

可变更或撤销的合同，指的是那些虽已成立，但因存在法定事由，使得当事人有权申请修改或废除合同的整体或部分条款。其显著特征是，在订立合同时，存在意思表示不真实的情况。在当事人提出变更或撤销请求之前，合同已成立，但由于缺乏某些对社会，对他人无影响的有效要件，如果所有当事人均无异议，合同可正常执行并视为有效。对于意思表示不真实的那一方，他们拥有选择修改或撤销合同的权利。一旦当事人达成变更协议并满足生效条件，该合同将从协议达成之时起生效。

知识链接：可撤销民事法律行为

（四）效力待定的合同

效力待定合同，指的是虽已成立但尚未确定其效力的合同，通常需经过特定权利人的认可才能生效。根据我国《民法典》的相关规定，以下三种情形属于效力待定合同：①限制行为能力人所签订的合同，需经其法定代理人追认方可有效；②行为人无代理权、越权代理或代理权终止后，以被代理人名义签订的合同，需经被代理人追认方具有法律约束力，否则由行为人承担相应后果；③无权处分他人财产权利的合同，需经权利人追认方为有效。

在此待定期间，有追认权的当事人可补正或撤销，再根据具体情况判断合同效力。此阶段合同效力悬而未决，既不是有效也不是无效。设立此待定状态，旨在让当事人有机会纠正瑕疵，使原本不能生效的合同尽快生效，以体现合同法鼓励交易的原则。然而，为加快社会财富流转和确定权利义务关系，效力待定的时间有限，最终合同要么有效，要么无效。法律规定民事行为须具备民事行为能力、代理权及处分权，旨在维护社会经济秩序、保障交易安全及保护当事人权益。

效力待定合同的效力确定，依赖于享有追认权的第三方在一定期限内的决策。若追认权人同意，合同效力回溯至成立之时；若拒绝，则合同自始无效。合同法设立的追认制度，在保障交易安全的同时，促进了财产流转。此外，赋予相对人催告和撤销权，平衡了各方利益。这一制度显著降低了无效合同的发生频率，使法律更加适应复杂多变的交易环境。

（五）附条件和附期限的合同

1. 附条件合同

（1）附条件合同的含义。

附条件合同，是指当事人约定一定条件，将条件的成就与否作为该合同生效或者解除的依据。也就是说，合同生效或者解除取决于该条件的是否成就。我国《民法典》第 158 条规定，民事法律行为可以附条件，但是根据性质不得附条件的除外。附生效条件的民事法律行为，自条件成就时生效。附解除条件的民事法律行为，自条件成就时失效。《民法典》第 159 条规定，附条件生效的民事法律行为，当事人为自己的利益不正当地阻止条件成就的，视为条件已成就；不正当地促成条件成就的，视为条件不成就。[①]

（2）附条件合同的条件。

条件具有限制合同效力的作用，必须具备以下要求：

①前提条件必须是未来的事实，而不能是过去或已经发生的事实，否则它将失去作为条件的意义。

②条件指的是那些不确定的事实，即当事人无法确定其是否会在未来发生。如果当事人在合同成立时已经确定某个事实必将发生，那么他们只需要在合同中设定一个期限，而不是设定一个条件。此外，如果合同所附加的条件是根本无法实现的，那么这将被视为当事人实际上并不希望订立合同。例如，如果双方约定"当地球灭亡时，将赠送全部财产"，这种条件就无法实现。

---

① 杨立新：《中华人民共和国民法典条文要义》，中国法制出版社 2020 年版，第 120～121 页。

③条件必须是当事人共同约定的事实。法律直接规定或根据合同性质当然具有的限制，不属于"条件"的范畴。例如，当事人约定在被继承人死亡时发生继承，这是法定继承的自然发生条件。如果当事人以这种方式约定条件，视为未附条件。

④条件必须是合法的。如果条件违反了法律或道德，那么这种条件将被视为不法条件，并因此无效。

⑤条件不能与合同的主要内容相冲突。如果以与合同主要内容相冲突的事实作为条件，那么应认为该合同尚未成立。

附条件合同的作用在于，它可以将不属于合同构成因素的行为人的动机作为合同的条件，以此赋予动机法律意义。根据其决定法律行为为效力的发生或消灭的作用可分为停止条件和解除条件。以条件事实的发生或不发生为标准可分为积极条件和消极条件。条件的成就，是指作为条件内容的事实已经实现。条件的成就是决定法律行为是否生效是否失效的问题，因此事关当事人的利益。条件成就的效力，在于决定法律行为效力的发生或消灭。

2. 附期限的合同

附期限合同，是指当事人在合同中设定一定的期限，作为决定合同效力的附款。其中"期限"是指：当事人以将来客观确定到来之事实。根据我国《民法典》第160条规定，民事法律行为可以附期限，但是根据其性质不得附期限的除外。附生效期限的民事法律行为，自期限届至时生效。附终止期限的民事法律行为，自期限届满时失效。[①] 期限是由当事人约定的而不是由法律直接规定的；期限须符合法律的规定，期限是将来确定要到来的事实。

二、缔约能力

（一）自然人的缔约能力

自然人的缔约能力，指的是其订立合同时应当具备的民事权利能力和民事行为能力。各国法律对于哪些人具有订立合同的行为能力，哪些人没有订立合同的行为能力，都有具体的规定。一般地说，未成年人和精神病患者没有订立合同的能力或者受到一定的限制，这些人所订立的合同，根据不同的情况，有的是无效

---

① 杨立新：《中华人民共和国民法典条文要义》，中国法制出版社2020年版，第121页。

的（void），有的是可以撤销的（voidable）。这些法律的目的，是为了保护未成年人和精神病人的利益。这些人年龄太小或者由于神志不清，缺乏判断力或经验，不能理解自身行为的后果，所以法律上需要给予特别的保护。

世界上每个国家都有成年制度。成年年龄是划分完全行为能力人、限制行为能力人和无行为能力人的重要标志。但是，各国对于成年年龄的规定差异却很大。例如，日本、瑞士为 20 岁，中国为 18 岁，意大利为 22 岁，奥地利为 24 岁，丹麦、西班牙、智利为 25 岁，近年来，一些国家规定的成年年龄还有降低趋势，例如法国原定 21 岁为成年，现在改为 18 岁。各国法律都区别成年人和未成年人。成年人除法律另有规定外，都具有订立合同的能力。

1. 中国法

根据《中华人民共和国民法典》第 17～24 条的规定，将自然人的民事行为能力分为三类：（1）完全行为能力人，指的是已经年满十八岁的成年人，具有完全的民事行为能力，能够独立进行民事活动，以自己的独立行为获取民事权利和承担民事义务。十六周岁以上但不满十八周岁的公民，且以自己的劳动收入为主要生活来源，亦被视为完全民事行为能力人，可独立完成签订各类合同等民事活动。（2）限制民事行为能力人，主要包括两类：一类是八周岁以上的未成年人，仅能进行与其年龄和智力水平相匹配的民事活动；另一类是不能完全辨认自己行为的成年人，只能进行与其精神健康状况相适应的民事活动。对于这两类人，在进行其他民事活动时，须要得到其法定代理人的代理或同意。（3）无民事行为能力人，包括不满八周岁的未成年人和不能辨认或不能完全辨认自己行为的成年人。因其无法实施有效的民事法律行为，因此他们签订的合同是无效的。

我国《民法典》关于限制民事行为能力和无民事行为能力规定的主旨，是保护未成年人、精神病人及其家人的利益，避免他们因缺乏经验或无法理性表达意志而造成的不利后果。同时，这也有助于维护社会经济秩序的稳定。

2. 德国法

德国法对于行为能力的划分，特别区分了无行为能力与限制行为能力两种状态。依据《德国民法典》第 104 条的相关规定，以下情况被视为无行为能力人：①未满七岁的儿童；②那些长期处于精神错乱状态、无法自由决策，且该状态并非暂时的人；③因患精神病被法院宣告为禁治产者。

禁治产这一法律术语源自大陆法体系，指的是那些因精神疾病、酗酒无法自理事务，或因挥霍无度可能导致家道败落的人。在亲属向法院提出申请后，法院会宣告其禁止管理财产。

上述所述的无行为能力人所做出的意思表示，均视为无效，他们所订立的合同不会产生任何法律效力。

限制行为能力人则指的是那些年满七岁的未成年人，他们的行为能力在法律上受到一定的约束和限制。根据《德国民法典》的规定，未成年人所做出的意思表示，须取得其法定代理人的同意。未成年人未经其法定代理人的同意所订立的合同，须经法定代理人追认后，方可生效。换言之，这种合同是暂时不发生法律效力，最后是否有效，取决于法定代理人是否予以追认。如法定代理人不予追认，则此项合同应视为自始无效。当未成年人达到法定成年年龄或按照法律的其他规定获得完全行为能力后，他们有权自行追认之前未经法定代理人同意所签订的合同，此举可替代法定代理人的追认行为。

此外，《德国民法典》还规定，如未成年人的法定代理人经法院的同意，允许未成年人独立经营业务者，未成年人对在其营业范围所做的一切法律行为有完全的行为能力，他所签订的合同无须取得法定代理人的同意即可生效。

德国法的一个显著特点在于，它将未成年人划分为未满七岁的儿童和七岁以上的未成年人两大类别，并以此作为界定他们是否具备无行为能力或限制行为能力的标准。在发达国家，除奥地利法律有类似规定外，其他国家的法律对这一点都没有做出具体规定，而是取决于具体情况，即视儿童的理解能力与判断是否了解他的行为的意义，来决定其行为的法律效果。

知识链接：禁治产

3. 法国法

法国法中，合同有效成立的必要条件是合同当事人具备行为能力，若当事人缺乏签订合同的法定能力，则所签合同将不具备法律效力。但在法国法中，没有无行为能力与限制行为能力的划分。依据《法国民法典》第 1124 条，无法签订合同的个体主要包括：（1）尚未解除亲权约束的未成年人；（2）受法律特殊保护的成年人，涵盖身体机能衰退者以及因过度消费、懒散生活而陷入经济困境者。

未成年人和受法律特殊保护的成年人在签署合同时，必须获得其法定监护人或管理人的许可，否则该合同视为无效。不过，该合同的无效状态须经法院宣告。同时，依据《法国民法典》的相关规定，上述群体有权以无签约能力为由，对所签合同提出抗辩。然而，具备缔约能力的个体则无法以对方无行为能力为由而主张合同无效。

知识链接：解除亲权

4. 英美法

英美法没有德国法禁治产者的抽象概念，而是采用精神病者和酗酒者（Drunkards）等具体概念，来判定不同的人的订约能力。根据英美法，未成年人（Infants，Minor）、精神病者、酗酒者，都属于缺乏订约能力的人，其订立合同的效力取决于不同的情况。

（1）未成年人。原则上，未成年人没有订立合同的能力。未成年人对其订立的合同，在其成年以后，可以予以追认，也可以要求撤销，但属于必需品的合同除外。

未成年人在其成年之后，如欲撤销其在未成年时订立的合同，必须在到达成年年龄后的适当时间内进行。何谓适当时间，是一个事实问题，应根据具体情况来确定。按照美国一些判例的解释，一般为成年后两年，如未成年人未在成年后的适当时间内撤销其合同，则应视为确认该合同，该合同即具有拘束力。但撤销权仅属于未成年人，与未成年人订立合同的另一方不得以其相对人为未成年人为理由，主张撤销合同。未成年人在撤销其合同时，原则上应退还其由于订立该合同所取得的财物。

但是，上述原则有一个重要的例外，就是必需品的合同。按照英美的法例，未成年人所订立的有关必需品的合同是有拘束力的。未成年人对供应其必需品的合同对方应付给合理的价金（Reasonable price）。所谓必需品不仅包括衣服、食物等维持生存所必需的物品，而且还包括按该未成年人的社会地位所合理需要的东西。

（2）精神病人。精神病人在其宣告精神错乱以后所订立的合同，一律无效；至于在宣告精神错乱以前所签订的合同，则可要求予以撤销。

（3）酗酒者。一般地说，确定酗酒者是否有订立合同的能力是比较复杂的。在审判实践中，要确定酗酒者在订立合同的当时，头脑是否清醒、有无判断力和理解力是很不容易的。依照美国的判例，酗酒者订立的合同，原则上应具有强制执行力，但是，如果酗酒者在订立合同的时候，由于醉酒而失去行为能力，则可要求撤销合同。

（二）法人的行为能力

法人是指拥有独立的财产，能够以自己的名义享受民事权利和承担民事义务，并且依照法定程序成立的法律实体。法人是由自然人组织起来的，它必须通过自然人才能进行活动。在发达国家，最常见的法人是公司（Corporation）。经济活动主要也是通过各种公司来进行的。

根据各国公司法的规定，公司必须通过它授权的代理人才能订立合同，而且其活动范围不得超出公司章程的规定。过去英国普通法要求，公司所签订的合同原则上都必须以签字蜡封的方式做成，但普通法的这种旧套已不适应现代商业的需要，所以已被公司法的成文法废止。根据 1948 年和 1967 年公司法的规定，公司也可以通过其代理人以自然人同样的方式订立合同，即可以签订简式合同（Simple Cortract）而无须采用签字蜡封的形式。

英国公司法在公司的行为能力问题上，强调公司的行为不得越权。按照英国公司法的规定，公司的订约能力须受公司章程的支配，不得越出公司章程规定的范围。如果公司订立的合同超出了公司章程规定的目的，即属于越权行为，此类合同在法律上是无效的。

三、合同的形式

从合同订立方式的角度划分，合同可分为要式合同与不要式合同。要式合同，是指必须遵循法律所规定的特定形式或程序进行订立的合同；不要式合同则指法律未规定必须按照特定形式订立的合同。要式合同的概念最早可追溯至罗马法。在古罗马时期，商品交易尚不发达，合同的类型有限，订立合同必须遵循固定的格式，并须使用特定的套语，配合完成特定的仪式，才能赋予合同法律效力。到了罗马法后期，随着商品货币关系的发展，合同的种类增多了，有买卖、借贷、租赁、合伙、寄托、委任等各种类型的合同。订立合同的形式和手续也简化了，开始出现了所谓"合意合同"，即仅依双方当事人意思表示一致即可发生法律效力的合同，这是不要式合同的发端。罗马法的这一法律原则，后来被资产阶级所接受，并成为当今发达国家合同法的一项重要的法律规则。

在现代社会，商品交换关系已高度发展，如果每种合同订立都需要烦琐的法律形式，无疑会阻碍经济活动的顺畅进行。因此，近代各国的法律在合同形式上普遍遵循"不要式原则"（Principle of Informality）。仅针对某些特定合同，法律才明确要求按照规定的特定形式来订立，这类合同相对较少，属于特殊情况。

各国法律之所以对某些合同设定法定形式要求，主要出于两个目的：一是作为合同生效要件；二是作为证明合同存在的证据。对于前者，如果合同未按法定形式订立，将无法产生法律上的约束力，从而被视为无效合同。对于后者，即便合同未遵循法定形式，它并非完全无效，只是无法强制执行。这种区分确保了法律在维护合同效力与灵活性之间的平衡。

关于商事合同的形式，无论是大陆法系还是英美法系国家，都以不要式合同为原则，要式合同仅仅属于例外，只有某些合同才要求具备法定的形式，其他合同都不要求具备特定的形式。

《联合国国际货物销售合同公约》第 11 条规定，销售合同的形式基本不受限制。《国际商事合同通则》规定合同的形式可分为口头形式、书面形式和其他形式。通则第 1.2 条规定，通则不要求合同必须以书面形式订立或有书面文件证明，可采取包括证人在内的任何形式。现今越来越多的国家在商事合同领域采取"不要式主义"，即不要求当事人采用某种特别形式成立合同，相当一部分国家采用电子数据交换（Electronic Data Interchange，EDI）合同。通则顺应国际经贸发展的趋势，在合同成立问题是不设置任何人为的障碍。

四、合同的合法性

（一）错误

各国法律普遍认可，并非所有意思表示的错误都足以使当事人主张合同无效或撤销合同，否则交易安全将无法得到充分保障。然而，各国法律同样承认，在某些特定情形下，当一方做出错误的意思表示时，其有权主张合同无效或要求撤销合同。这是为了保障那些非故意做出错误意思表示的当事人，避免其承担过重的责任。通过这一规定，法律在维护交易安全与保护当事人权益之间取得了平衡。至于在什么情况下有错误的一方可以要求撤销合同或主张合同无效，在什么情况下不可以，各国法律有不同规定和要求。

1. 中国法

我国《民法典》第 147 条明确指出，基于重大误解实施的民事法律行为，相关行为人有权向人民法院或仲裁机构申请撤销。重大误解，是指行为人对行为的本质、涉及的对方当事人、标的物的种类、品质、规格和数量等存在错误认知，导致行为结果与其真实意图相悖，并因此承受了较大的损失。若合同基于重大误解而订立，相关当事人面临两种选择：若请求调整合同内容，人民法院将依法予以变更；若选择撤销合同，人民法院将根据实际情况考虑是否变更或撤销。

2. 大陆法

《法国民法典》第 1110 条规定，错误只有在涉及合同标的物的本质时，才构成无效的原因。若误解仅关系到当事人一方希望与之订立合同的另一方，这并不能构成合同无效的理由；然而，若另一方当事人的个人身份被视作合同成立的关键因素，则前述规则不适用。关于标的物的性质方面的错误，根据什么标准来确定当事人对标的物的"基本品质"有错误的理解，在这个问题上，法国法院采用的是主观标准；关于涉及与其订立合同的对方当事人所产生的错误，按照法国法，如果仅仅是在认定谁是订立合同的对象上产生错误，是不能构成合同无效的原因的。但是，如果对订约对象的考虑是订立该合同的主要原因，而在订约时错认了订约对象，那就可以作为合同无效的原因。但这种情况仅限于对方当事人本身具有特别重要意义的合同，如承包合同、雇用合同或借贷合同等，因为在这些合同中，对方当事人的身份、能力、技能和品格对当事人决定是否同其订立合同具有重大意义。法国法认为，动机上的错误原则不能构成合同无效的原因。

《德国民法典》第 119 条规定，表意人所做的意思表示的内容有错误时，或表意人根本无意为此种内容的意思表示者，如可以认为，表意人若知其情事并合理地考虑其情况而不会做此项意思表示时，表意人得撤销其意思表示。德国法不像法国法那样区别合同的标的物、标的物的性质的错误及认定合同当事人的错误。德国法所强调的是意思表示"内容"的错误，而不管该内容是涉及合同的标的物的本质、合同的对方当事人还是意思表示的动机。

德国法认为，以下两种类型的错误均可导致合同的撤销：一是关于意思表示内容的错误，即当表意人在签订合同时受到错误的影响而做出意思表示；二是关于意思表示形式上的错误。

3. 英美法

英国普通法主张，原则上，订约当事人单方面的错误并不会影响合同的有效性。仅当错误导致双方未能达成真正的协议，或虽达成协议但在合同的关键问题上双方均存在同样的错误时，合同才会被视为无效。在英国法中，错误会导致合同从一开始就失去效力；而衡平法则通常仅允许一方撤销合同。

在对待错误的问题上，英国法与大陆法之间存在显著的区别。其一，英国法对于错误的要求相对严格，通常不允许仅凭单方面的错误就使合同失效。其二，两者在错误导致的后果上也存在差异：大陆法对于法律认定的错误，可能认定合同无效（如法国法），或允许撤销合同（如德国法）；而英国普通法与衡平法则遵循不同的原则，普通法认为错误会导致合同无效，而衡平法则允许撤销合同。

美国法同样主张，单方面的错误原则上并不足以要求撤销合同。当双方当事人都存在错误时，也只有在错误涉及合同的关键条款、涉及合同当事人的认定、合同标的物的存在、性质、数量或交易等其他重要事项时，才可能允许主张合同无效。

4. 《国际商事合同通则》的规定

合同由当事人的合意决定，但该合意只能在不违反法律的要求时才具有法律效力，法律不保护当事人的非法利益。存在于合同中的违反法律要求的因素，被称为影响合同效力的原因。通则列举了错误、欺诈、胁迫、重大失衡（Gross Disparity，即显失公平）等原因对合同效力的影响。《国际商事合同通则》第 3.4 条对错误进行了明确的定义，错误指的是在合同订立过程中，对既存事实或法律做出的不准确假设，这涵盖了事实错误和法律错误两方面。第 3.5 条则强调了诚实信用和公平交易的核心原则，并详细阐述了错误的构成以及双方当事人可采取的补救措施。如果某些错误在合同订立时显得如此重大，以至于一个理性的人在相同情境下，若知晓真相，会选择订立条款大不相同的合同，或干脆不订立合同，且另一方当事人也犯了相同的错误，或是导致了这一错误，或知晓或应当知晓该错误却违背了公平交易的商业准则行事。或者在宣告合同无效时，另一方尚未基于信赖而行动，一方当事人可以因错误而宣告合同无效。然而，有两种特殊情况需要特别注意：一是当错误是由于该当事人的重大疏忽造成时，其不能宣告合同无效；二是当错误与某事实相关，且该事实的错误风险已被预见，或综合考虑相关情况，该错误的风险应由错误方自行承担时，同样不能宣告合同无效。

通则对表述或传达中的错误在第 3.6 条做了专门规定，表述或传达中的错误由做出声明的人负责。但如果该信息已被正确地传达而接受方误解了其内容，则此种情况不属于本条规范的范畴。如果接受方按照对方所发信息的错误理解答复发送方，并且符合第 3.5 条规定的所有条件，则接受方有权依据第 3.5 条援引错误规则。

（二）诈欺

诈欺是指以使他人发生错误为目的故意行为。各国法律都认为，凡因受诈欺而订立合同时，蒙受欺骗的一方可以撤销合同或主张合同无效。

1. 中国法

以欺诈手段订立的合同违背了当事人的真实意愿，我国《民法典》第 148 条规定，一方以欺诈手段，使对方在违背真实意思的情况下实施的民事法律行为，受欺诈方有权请求人民法院或者仲裁机构予以撤销。

2. 大陆法①

法国与德国法对诈欺的处理有不同的原则。按照法国《民法典》第 1116 条的规定，如当事人一方不实行诈欺手段，他方当事人决不签订合同者，此种诈欺是合同无效的原因。即诈欺的结果将导致合同无效。而按照德国民法典第 123 条规定，因被诈欺或被不法胁迫而为意思表示者，表意人得撤销其意思表示。按照这一规定，诈欺的结果或者导致撤销合同或变更或无效。

3. 英美法

英美法体系将诈欺称为"欺骗性的不正确说明"（Fraudulent Misrepresentation）。不正确说明，是英美法中的专有术语，指的是在合同订立之前，一方为了诱使对方签订合同，对重要事实做出的虚假描述。它既不同于一般商业上的夸大宣传，也不同于普通的意见或看法（Opinion）。英国法解释为，如果做出不正确说明的人是基于诚实且确实相信所述事实，那么这属于无意的不实陈述；反之，如果做出不正确说明的人并非出于诚实且并非真正相信所述事实，那么这就构成了欺骗性的不正确说明。英国法律对于欺骗性的不正确说明采取了相当严厉的处理态度，受害方不仅有权要求赔偿损失，还可以选择撤销合同或拒绝履行其合同义务。对于非故意的不正确说明，英国法将两种情况做了区分，一种是非故意但有疏忽（Negligence）的不正确说明，另一种是非故意而且没有疏忽的不正确说明。在前一种情况下，蒙受欺骗的一方有权请求损害赔偿，可撤销合同。但法官或仲裁员有自由裁量权，他们可以宣布合同仍在，并裁定以损害赔偿代替撤销合同。在后一种情况下，受欺骗的一方可以撤销合同，但法官或仲裁员同样有自由裁量权，他们可以宣布维持原合同并裁定以损害赔偿代替撤销合同。两者的主要区别是：在后一种情况下，蒙受欺骗的一方无权主动要求损害赔偿，而只能由法官或仲裁员根据具体情况酌定是否可以以损害赔偿代替撤销合同。但无论在什么

---

① 在大陆法系，因受欺诈而为的民事法律行为应同时符合以下要件：（1）行为人客观上实施了欺诈行为；（2）行为人主观上有欺诈的故意；（3）欺诈行为与表意人不真实的意思表示之间具有因果关系；（4）欺诈行为达到了有悖诚实信用的程度。参见温耀原、周辉：《国际商法》（第 2 版），清华大学出版社 2022 年版，第 98 页。

情况下，都只有受欺骗的一方才能要求撤销合同，至于做出不正确说明的一方则不能以其自身错误行为，作为撕毁合同的借口。

至于仅对某种事实保持沉默（Silence）是否足以构成诈欺的，各国的处理办法略有差异。联邦德国判例认为，只有当一方负有对某种事实提出说明的义务时，不做这种说明才构成诈欺。如果没有此种义务，则不能仅因沉默而构成诈欺。至于当事人是否有此义务，应按合同的具体情况决定。

4.《国际商事合同通则》

通则第 3.2.5 条、第 3.2.6 条、第 3.2.7 条具体地规定了欺诈、胁迫、重大失衡的构成条件和救济手段。欺诈，指为使他人做出错误的意思表示为目的，故意陈述虚伪事实或隐瞒本应予以披露的真实情况。《国际商事合同通则》认为欺诈行为是合同无效的条件，包括欺诈性的陈述、语言、做法，以及应披露而欺诈性地未披露的情形。

（三）胁迫

胁迫，是指向当事人表示将施加危害使对方发生恐惧而做出不真实意思表示的行为。但并非任何胁迫都能构成影响合同效力的原因，只有当胁迫是急迫、严重到足以使受胁迫方无其他合理选择时才构成可宣告合同无效的原因。我国《民法典》第 150 条规定，一方或者第三人以胁迫的手段，使对方在违背真实意思的情况下实施的民事法律行为，受胁迫方有权请求人民法院或者仲裁机构予以撤销。大陆法系和英美法系均有关于胁迫合同无效的规定，且受胁迫对象不限于当事人本人，还包括其配偶或者近亲属。

（四）显失公平

显失公平的概念是《国际商事合同通则》在坚持错误、欺诈、胁迫情形下签订合同无效的基础上，做出的进一步规定。它是指在订立合同时，合同或合同个别条款不合理地使另一方当事人过分有利[①]，出现该种情况，不利方可以宣告合同无效或要求法官变更合同。该条是诚实信用与公平交易原则含义的具体体现，只有当事人各方均能从合同中享有利益才符合公平交易原则，而双方权利义务重大失衡就必定有一方过分得利，剥夺了另一方当事人期望得到的合理利益。

---

① "过分有利"是指价值与价格之间相当失衡或扰乱履行与对应履行之间的平衡，并且这种失衡非常严重，以至于破坏了正常人所具有的道德标准。

我国《民法典》第 151 条规定，一方利用另一方处于危困状态、缺乏判断能力等情形，致使民事法律行为成立时显失公平的，受损害方有权请求人民法院或者仲裁机构予以撤销。英美法系和大陆法系均对显失公平做出了相关规定，美国《统一商法典》和英国衡平法均赋予了法院或法官对显失公平合同条款的强制执行拒绝权；《德国民法典》第 138 条赋予了利用他人穷困、无经验、缺乏判断力或意志力薄弱的情形下订立的合同，不利方对显失公平合同具有撤销权。

第四节　合同的履行

一、合同履行概述

合同的履行是指合同当事人实现合同内容的行为。例如，在买卖合同中，卖方应按合同规定的时间、地点和质量交货，买方应按合同规定的时间、方式支付货款和受领货物等，这都是属于履行合同的行为。各国法律都认为，合同当事人在订立合同之后都有履行合同的义务，如果违反应履行的合同义务，就要根据不同的情况，承担相应的法律责任。

云思政：我国诚实守信、节约资源、保护生态的
传统美德在合同履行领域的体现

1. 中国法

我国《民法典》第 465 条规定，依法成立的合同，受法律保护。依法成立的合同，仅对当事人具有法律约束力，但是法律另有规定的除外。这一规定强调了合同的法律约束力，以法律形式确立了"重合同、守信用"的原则。合同一旦依法成立，当事人就有履行合同的义务，如果不履行合同，就要求承担民事法律责任。基于合同的相对性原则，合同的法律拘束力仅存在于合同当事人之间，不可扩张至其他民事主体。我国《民法典》第 509 条规定了合同应当以全面履行原则、诚信履行原则以及节约资源、保护生态原则作为基本准则。

2. 大陆法

《法国民法典》第 1134 条明文规定，依法成立的合同，在订立合同的当事人间具有相当于法律的效力。这就是说，合同当事人都必须受合同的拘束，都必须履行合同所规定的义务。该法典第 1147 条又进一步规定，如债务人不能证明其不履行债务系由于不应归其个人负责的外来原因时，即使其个人并无恶意，债务人对于其不履行或迟延履行债务，应支付损害赔偿。

《德国民法典》也明确规定，债权人根据债务关系，有向债务人请求给付的权利。这里所谓给付，就是指履行合同的内容。给付可以是作为义务，也可以是不作为义务，前者是要求债务人必须作某种行为，如买卖合同中卖方的交货义务和买方的付款义务都属于作为义务；后者是要求债务人不做某种行为，如在包销协议中要求包销商不得经营有竞争性的商品，这就是所谓不作为义务。

3. 英美法

英美法认为，当事人在订立合同之后，必须严格按照合同的条款履行合同。按照英美的法律和判例，如果合同中规定了履约的时间，而时间又是该合同的要素时，当事人就必须在规定的时间内履行合同，否则债权人有权解除合同并要求损害赔偿。至于时间是不是合同的要素，应视合同中是否做出这种规定，或依合同的情况当事人是否确有此种意图而定。一般来说，在商务合同中如果对履约时间做出了具体的规定，则该时间应当认为是合同的要素，因为在商业交易中，市场行情变化不定，履约时间对当事人来说是一个重要因素，如一方不按时履约，即构成违约，对方有权解除合同并可请求损害赔偿。但是，合同中关于付款时间的规定，除当事人另有约定外，一般不认为是合同的要素，因为相对地说付款时间不像交货时间那样重要。因此，如果一方当事人未按时付款，对方一般不能要求解除合同，而只能要求赔偿利息或汇率变动的损失。当然，如果双方当事人在合同中明确规定付款时间是该合同的要素，那就另当别论。此外，如果双方当事人在合同中对履约时间没有做出规定，则可解释为应在合理的时间内履行。至于什么是合理的时间，这是一个事实问题，须由法院根据具体案情做出决定。

二、合同履行中的抗辩权

（一）同时履行抗辩权

同时履行抗辩权，是指双务合同的当事人一方，在对方未为对待给付前，有拒绝自己给付的权利。同时履行抗辩权在法律上的根据，在于双务合同之债权债务在成立上的关联性，一方债权债务不成立或不生效，他方债权债务亦不成立或生效。成立的关联性决定了履行的关联性，双方当事人应同时履行自己所负的债务，在一方未履行或未提出履行前，另一方有权拒绝履行自己的义务。

1. 法律性质

同时履行抗辩权的法律性质，存在两种截然不同的学说：其一，交换请求权说。该学说主张，在双务合同中，双方当事人仅拥有以自身的给付来要求对方进行给付的权利。因此，在诉讼过程中，作为原告的一方必须提供证据，证明其已经履行了自己的义务，或者证明自己没有先行给付的义务。如《瑞士民法典》（第 82 条）、《奥地利民法典》（第 1052 条）、《法国民法典》（第 1612 条、第 1184 条第 1 项）均采交换请求权说。其二，抗辩权说。该学说主张，双务合同中的双方当事人的请求权被视为各自独立存在，它们的实现仅因对方行使抗辩权而相互产生关联和相互影响。如《德国民法典》（第 320 条第 1 项）、《日本民法典》（第 553 条）、《苏俄民法典》（第 139 条）、《泰国民法典》（第 369 条）。我国《民法典》第 525 条所规定的精神，显然采用抗辩权说。基于此，在性质上，同时履行抗辩权仅为停止的或延期的抗辩权，而非否定的或永久的抗辩权，因此不具有消灭对方请求权的效力。

2. 适用条件

（1）当事人须同一双务合同互负债务。首先，合同的类型须是双务合同且互负债务是同时履行抗辩权发生的前提条件。同时履行抗辩权系建立在当事人义务之间的牵连性的基础上的。其次，须双方当事人互负债务，互负债务是指双方各自承担的债务之间存在对价关系或连带关系。如果双方之间的债务并非基于同一双务合同产生，即使在实际中存在紧密的关联，也不能适用同时履行抗辩权。

（2）须双方互负的债务没有先后顺序且均已届清偿期。我国《民法典》第525 条规定，当事人互负债务，没有先后顺序的，应当同时履行。在对方未履行其义务之前，一方有权拒绝其提出的履行要求；若对方履行的债务不符合约定条件，一方同样有权拒绝相应的履行要求。同时履行抗辩权制度旨在确保合同双方的债务得以同时履行，从而使双方均能同步实现各自的权益。因此，仅当双方债务均到达约定的履行期限时，才能行使这一抗辩权。这就要求合同双方所互负的债务必须是真实且具备法律效力的。

（3）须对方当事人未履行或未按约定履行债务。双务合同一方当事人行使同时履行抗辩权，须以他方当事人未对待给付为要件，这一点理论上和实践中都已经认同，但具体的分析看来就"未履行"与"未按约定履行"又分以下几种情况：①迟延履行；②部分履行；③瑕疵履行或不完全履行；④对方的对待给付必须是可能实现的。同时履行抗辩权的设立，旨在通过一方拒绝履行来促使对方履行合同义务。然而，这一抗辩权的行使是以对方能够实际履行为前提的。若一方已履行其义务，而另一方因自身过错无法履行其债务，此时应适用债不履行的相关规定来寻求救济，而非主张同时履行抗辩权。若因不可抗力导致履行不能，则双方均将被免除责任。在此情况下，若一方提出履行请求，对方可主张否认该请求权的存在或选择解除合同，而非主张同时履行抗辩权。

同时履行抗辩权大多适用于双务合同，在双务合同中双方当事人的权利义务是对等的；若一方未履行，另一方有权拒绝履行自己的义务。但此对等性仅指双方债务的对价关系，并不要求价值、价格等细节的完全相等。

同时履行抗辩权的一个重要构成要件是，合同中既没有约定，法律也没有明文规定哪一方当事人应先履行其合同债务。在英美法系中，存在一个与"同时履行"概念相似的术语，即"对流条件"（Concurrent conditions）。当合同双方均有义务在同一时间履行其责任时，这种履行便构成了对流条件。根据美国《合同法精义诊解》第 267 条，以下情形可视为对流条件的前提：一是合同为双方当事人设定了相同的履行时间；二是仅为一方当事人设定了履行时间，而对另一方则未设定；三是合同未为任何一方设定明确的履行时间；四是合同规定双方应在某段期间内履行。当合同对履行期间做出上述规定时，任何一方当事人在对方履行其义务之前，均有权拒绝履行己方的义务。这种因对流条件而拒绝履行己方义务的做法，与大陆法系中的同时履行抗辩权在本质上是一致的。两者均强调合同双方具有同时履行（或对流）的义务，一方的履行（或提出履行）成为对方履行的先决条件，且合同中并未规定双方履行的先后顺序。

（二）先履行抗辩权

先履行抗辩权，指的是在双方互负债务且存在先后履行顺序的情境中，当先履行的一方尚未履行其义务时，后履行的一方有权拒绝其提出的履行要求，若先履行的一方所履行的债务未能符合债的本旨，后履行的一方则有权拒绝相应的履行要求。根据我国《民法典》第 526 条的规定，先履行抗辩权主要适用于那些具有先后履行顺序的双务合同，尤其是在先履行一方出现违约的情况下。这些特性使其与同时履行抗辩权有所不同。

先期违约，指的是合同的一方当事人首先违背了合同约定，从而导致另一方不再继续履行合同。先履行抗辩权实质上是对负有先履行义务的一方违约行为的一种抗辩，也是对先期违约的抗辩。这一概念的引入，有助于更加清晰地界定双方违约与单方违约之间的界限。在双务合同中，由于双方义务之间的相互关联性，很少出现双方各自违约并各自承担相应责任的情况。然而，在司法实践中，有时会出现将一方先期违约而另一方中止履行合同的情况被错误地认定为双方违约，并因此要求双方同时承担违约责任的情况。先履行抗辩权正是基于合同义务之间的内在联系而设立的，有助于我们准确理解一方先期违约与另一方中止履行合同之间的逻辑关系，这对于正确判断当事人行为的性质以及确定违约责任至关重要。

先履行抗辩权的成立，要求双方所负的债务均已到期，但其中一方的履行期限先于另一方。在后履行的一方，通常将另一方的履行作为自己履行的先决条件，或享有因在后履行而带来的期限利益。当应先履行的一方未履行其义务，或虽已履行但不符合合同约定的条件时，另一方即可行使先履行抗辩权。值得注意的是，先履行抗辩权是依赖于合同的履行效力而存在的，并非永久有效。一旦先期违约方纠正了其违约行为，使得合同的履行恢复正常并满足或基本满足另一方的履行利益时，先履行抗辩权便会消灭。行使抗辩权的一方在条件满足时应及时恢复履行，否则可能构成违约责任。当当事人行使先履行抗辩权却未能达到预期效果时，可根据法定条件通知对方解除合同。合同的解除意味着合同自始不具有履行效力，因此基于合同产生的先履行抗辩权也会随之消失。同样，如果合同被撤销或认定为无效，其履行效力将不复存在，自然也不会产生先履行抗辩权，但可能会产生权利不成立或消灭的抗辩权。

（三）不安抗辩权

不安抗辩权，又称拒绝权，是指在双务合同中，当事人互负债务，有先后履行顺序的，先履行的一方有确切证据表明另一方丧失履行债务能力时，在对方没有履行或者没有提供担保之前，有权中止合同履行的权利。不安抗辩权的理论基础在于虽提前毁约不是违约，但是，为减少交易风险，设立不安抗辩权。双务合同先履行方在对方财产显然减少时可中止履行，但提供到期支付的保证者，不在此限。

1. 法律渊源

不安抗辩权是大陆法系国家对双务合同中，义务履行有先后顺序约定的先履行义务一方当事人利益进行保护而普遍设立的一项重要的合同法制度。不安抗辩

权源于德国法，《德国民法典》第 321 条规定，因双方契约负担债务并应向他方
先为给付者，如他方的财产于订约后明显减少，有难以对待给付之虞时，在他方
未为对待给付或提出担保之前，得拒绝自己之给付。而法国学说称之为"不履行
的抗辩"，它来自中世纪罗马法，是从约因（Consideration）学说出发的。《法国
民法典》第 1613 条规定，如买卖成立，买受人陷于破产或处于无清偿能力致使
出卖人有丧失价金之虞时，即使出卖人曾同意延期支付，出卖人亦不负交付标的
的义务。但若买受人提供到期支付的保证则不在此限。另外，瑞士债务法第 3
条、意大利民法第 1469 条、奥地利民法第 105 条等都对不安抗辩权有所规定。
分析可见，《法国民法典》的规定只对买卖合同的出卖人适用，偏重于保护卖方
利益，而德国法则不限于买卖合同而推及一切双务合同。而且，法国法的规定主
张不安抗辩权的条件是采用支付不能主义，而德国法的规定则较为概括，因而，
先为给付义务人的拒绝给付权依照法国法将大部分丧失其行使的机会。所以，同
时大陆法系，同时不安抗辩权制度，在不同国家也不尽相同。相形之下，以德国
的为优。

我国《民法典》第 527 条规定，应当先履行债务的当事人，有确切证据证明
对方有下列情形之一的，可以中止履行：（1）经营状况严重恶化；（2）转移财
产、抽逃资金，以逃避债务；（3）丧失商业信誉；（4）有丧失或者可能丧失履
行债务能力的其他情形。当事人没有确切证据中止履行的，应当承担违约责任。

2. 权利限制

不安抗辩权是专属于承担先履行义务一方所享有的权利，当预期的回报面临
无法实现的风险时，不安抗辩权便应运而生。在行使这一权利时，并不要求对方
履行义务的期限已至，而仅需不安抗辩权一方的履行期届满。若承担先履行义务
的一方履行期尚未到来，不安抗辩权则不会产生，因为此时他们只能暂停履行的
准备工作，而不能实际停止履行。与此不同，先履行抗辩权的产生和行使则要求
双方的履行期均已届满，且必须是一方履行期在前，另一方在后。如果先履行一
方的履行期尚未到来，另一方便无权要求其履行，此时先履行抗辩权便没有必要
产生；同样，若后履行一方的履行期尚未届满，其履行效力尚处于未激活状态，
也便没有产生先履行抗辩权的基础。

然而，在合同实践中，有时会出现当事人滥用不安抗辩权的情况，借以撕毁
合同，达到违约的目的，这与立法精神的初衷背道而驰。为了防止不安抗辩权的
滥用，我国《民法典》第 528 条明确规定，不安抗辩权人在行使这一权利时，必
须承担举证和通知两项法定的附随义务。这一规定旨在确保不安抗辩权的合理行

使，维护合同的稳定性和交易的公平性。

　　3. 法律意义

　　不安抗辩权制度并非单纯法律逻辑的产物，其之所以能在大陆法系的产生和发展，乃至被多国合同立法所采纳，对各国产生深远影响，不是因为其核心因素并非单纯的理论合理性，而是其实践中的积极意义与立法者所追求的合同法价值目标的契合。体现为以下两点：第一，不安抗辩权制度凸显了公平性原则的重要性。在现代社会，双务合同的订立和履行往往不是同步进行的，双方履行义务的期限经常存在差异，一方可能会先履行给付。然而，由于社会经济因素的快速变化，从合同订立到履行的期间内，可能会出现诸多不可预见的情况，这些情况可能使合同未来难以或无法履行。不安抗辩权为先行履行方提供了保障，避免其陷入极端不利境地，确保了合同双方权利义务的平衡，使公平原则贯穿合同关系的始终，并为先行履行方提供了必要的救济手段。第二，不安抗辩权制度也强调了效益性原则。实施这一制度有助于将社会损失降至最低。当后履行方可能出现违约风险时，若不采用不安抗辩权制度，先行履行方只能按有效合同处理，并如期履行。这可能导致所有投入因对方的最终不履行而变为不必要，造成社会资源的巨大浪费。然而，若采用不安抗辩权制度，先行履行方有权及时从合同中解脱，并采取其他措施防止情况进一步恶化，从而将损失控制在最小范围内。

三、情势变迁、合同落空、不可抗力和艰难情势

　　一般来说，在订立合同之后，如果一方当事人不履行合同或者不适当地履行合同，都要负违约的责任。尽管合同已正式成立，但若有后续情形出现，导致其中一方无法按约履行其合同义务，且这些情况的产生并非当事人预期的、所愿承担的风险范畴，那么这些特殊情形应被视作例外情况，需特殊处理。例如，《德国民法典》第 275 条规定，债务关系发生后，因不可归责于债务人的事由，以致给付不能者，债务人免除给付义务。《瑞士债务法典》第 119 条也规定，因不可归由于债务人的事由，致给付不能者，视为债务消灭。给付不能就是履行不可能。履行不可能有两种情形，一种是事实上的不可能，另一种是法律上的不可能。某些事件的发生都不用于债务人所承担的风险范围之内，债务人对此并无过失可言，所以，在这种情况下，债务人是不承担违约责任的。但是，还有另一种情况，即在订立合同之后，非由于债务人的过失，发生了某种事先未预料到的情况变化，但这种情况的变化并未达到使债务人不可能履行合同的程度，而是使合同

的履行困难得多或者需要花费更多的钱，如果坚持按原合同履行，将会使合同的两方完全失去平衡，造成极不公平的结果。

（一）情势变迁原则

情势变迁原则，是指在法律关系确立之后，作为该法律关系基础的环境因素，由于不可归责于当事人的原因，发生了出乎预料的重大变化。若此时仍坚持原有的法律效力，将可能产生显失公平的结果，且与诚实信用原则相悖。因此，有必要对原有的法律效力做出相应的调整，比如调整履行义务的数量，甚至解除原有的合同关系。这一原则的重要理论支撑是"合同基础论"，其主张合同的有效性应以合同成立时的环境状况继续存在为前提。若环境状况在合同成立后发生了重大改变或不复存在，那么合同的效力也应随之调整，无法再按照原合同内容进行履行。尽管大陆法系普遍认可了情势变迁原则，但在具体的民事法律中，对于其法律效力并未做出明确的规范。《德国民法典》中并未直接提及情势变迁的相关问题，而《瑞士债务法典》也只是针对特定类型的合同进行了规定。我国《民法典》第 533 条规定，当合同成立后，若合同的基础条件发生了当事人在订立合同时无法预见且不属于商业风险的重大变化，继续履行将对一方当事人造成明显不公平时，受影响的当事人可与对方重新协商。若在合理期限内协商无果，当事人可请求人民法院或仲裁机构进行合同变更或解除。人民法院或仲裁机构在裁决时，将结合案件实际情况，基于公平原则做出相应的裁决。

知识链接：情势变更原则

当代世界国际商事交往频繁，政治、经济动荡不定，自然灾害经常发生。在订立合同之后情况常有变化，因此，如何适用情势变迁原则是个十分现实的问题。

（二）合同落空

合同落空源自英美法，与大陆法中的情势变迁原则有着异曲同工之妙。合同落空，指的是在合同成立之后，并非由于合同双方自身的过失，而是由于后续发生的意外情况，导致合同双方在订立合同时所期望的商业目标受到阻碍。在这种情况下，对于尚未履行的合同义务，当事人有权利进行免除。按照英国法的解读，并非所有在合同签订后发生的意外事件都能被认定为合同落空，而是需要这些事件导致的情况变化达到了一个特定的程度，即一个理智的人会认为，如果他们在签约前知晓这些变化，那么他们可能不会签订这份合同，或者会以不同的方式进行签约。英国的一些法律判例也显示，单纯的价格上涨，如20%～30%，并不足以构成合同落空，卖方依然需要履行其合同义务。在英国的法律和判例中，以下情形往往被视作合同落空来处理：标的物灭失、合同内容违法、政府实施的封锁禁运和进出口许可证制度，以及情况发生的根本性变化。如果合同订立后，情况发生了根本性的变化，导致合同失去了原有的基础，那么这份合同可以被视作落空处理。

美国法院对于情况变化对合同效力所产生的影响并没有形成一个总的原则。但美国《合同法重述》有一项关于合同履行不可能的条文，根据《合同法重述》第454条，履行不可能不但指严格意义上的不可能，也包括由于发生各种意外事件，使合同实在难以履行的情况。美国也以"合同基础论"作为合同落空的依据。

美国《统一商法典》针对卖方在何种情况下可以免除因迟延交货或不交货产生的违约责任进行了明确规定。根据法典第2～615条的内容，以下两种情况中，卖方可以免于承担违约责任：（1）当发生某些意外事件，导致合同实际难以履行，且这些事件在合同订立时，基于当事人的"基本假定"，是不会发生的；（2）当卖方严格遵守外国或本国政府的相关规章，从而导致合同实际难以履行时。

（三）不可抗力

判断一个具体案件中的合同是否落空或适用情势变迁原则，常常是一项复杂且艰巨的任务。因此，为规避潜在风险，合同双方最好在合同中预先设定一条款，即不可抗力条款。此条款明确，当双方无法控制的意外事故发生时，无论法律上是否构成合同落空或情势变迁，双方均有权延迟履行或解除履行义务，且任何一方不得因此要求损害赔偿。这种条款叫作不可抗力条款（Force Majeure Clause）。不可抗力事件的特征在于：（1）发生在合同签订之后；（2）并非由任何一方当事人的过失或疏忽导致；（3）是双方均无法控制的，即这种事件的发生是不能预见、不可避免和无法预防的。在某些国家的法律体系中，若此类意外事故导致合同无法履行，相关当事人可根据法律或合同规定免除责任。不可抗力事件通常包括自然原因，如洪水、风暴、干旱、大雪、地震等；以及社会原因，如战争、罢工、政府禁运等。具体哪些意外事故应纳入合同的不可抗力条款，可由双方在签订合同时协商确定。我国《民法典》第590条规定，因不可抗力导致一方无法履行合同的，根据不可抗力的影响程度，可以部分或全部免除其责任，但法律另有规定的除外。同时，当一方因不可抗力无法履行合同时，应及时通知对方，以减少可能给对方带来的损失，并在合理期限内提供证明。若延迟履行后发生不可抗力，则不免除其违约责任。

不可抗力事件可能导致的法律后果主要有两种：解除合同或延迟履行合同。至于具体在何种情况下选择解除合同或延迟履约，应视意外事件对合同的实际影响而定，也可由双方当事人在签订合同时协商确定。

（四）艰难情形

艰难情形，是指某些事件的发生导致一方当事人在履行合同时的成本显著增加，或者从合同中获得的价值显著减少，因而从根本上打破了合同的平衡状态。这些事件的发生需要满足以下几个条件：（1）这些事件必须在合同订立之后，或者至少处于不利地位的当事人在合同订立后才得知这些事件的发生；（2）处于有利地位的当事人在订立合同时无法合理地预见这些事件的发生；（3）这些事件不能为处于不利地位的当事人所控制或避免；（4）这些事件的风险不应由处于不利地位的当事人来承担。依据约定必须信守原则，情况变化不影响履行合同义务，但是如果出现的是导致双方义务均衡发生根本改变的艰难情势，仍要求当事人履行原合同，显然有违公平原则。通则关于艰难情势的规定不仅是公平交易原则的体现，也是对公约关于合同履行制度的革新。

《国际商事合同通则》第 6.2.3 条详细规定了艰难情形的法律适用。归纳看来，在艰难情形之下，（1）处于不利地位的当事人有权要求重新谈判，但这并不能使该当事人有权停止履约；（2）在合理时间内不能达成协议时，任何一方当事人均可诉诸法院；（3）法院可以根据认定的艰难情形，终止合同或者修改合同。可见，艰难情形的法律适用本质上是赋予合同双方当事人平等协商谈判的权利，并给予处于不利地位的当事人请求变更或者解除合同的权利，并通过法院的自由裁量来保证履约均衡和交易公平。

第五节　合同的消灭

合同的消灭（Discharge of Contract）是指合同由于某种原因而不复存在。合同的消灭是英美法的概念，至于大陆法系各国则把合同的消灭包括在债的消灭的范畴之内，作为债的消灭的内容之一。

一、大陆法的有关规定

在大陆法系国家中，普遍采用"债"这一核心概念，将合同、侵权行为、代理权的授予、无因管理以及不当得利等视为引发债的不同原因。合同只是债的其中一个表现形式，而非债的全部内容。因此，在大陆法系国家的民法典或债务法典中，更多是针对债的消灭做出具体规定，而非单独对合同的消灭进行详细规定。此外，大陆法系各国在债的消灭方面的法律规定，大体上都是相似的。除了认为合同的撤销、解除以及履行无法实现等因素可以引发债的消灭之外，各国的民法典或债务法典还对债消灭的各种情形进行了详细且具体的规定。根据《法国民法典》的规定，债有下列情形之一即告消灭：清偿；提存；抵销；免除；混同。

知识链接：合同消灭的形式

二、英美法的规定

英美法系认为，合同可以通过以下几种方式实现消灭：通过双方当事人的共同协议达成消灭；因合同完全履行而自然消灭；由于某方违约导致合同消灭；合同因不能履行而消灭；以及合同因法律规定发生消灭。值得注意的是，英美法系与大陆法系在这一问题上存在显著差异。在英美法系中，合同法与侵权行为法（Tort）是两个独立的法律分支，并没有像大陆法系那样，将两者统一在"债"这一总概念之下。因此，在英美法中，我们看不到关于债的消灭的法律规定，而只有关于合同消灭的具体法例。

三、中国法律的规定

我国法律有关合同的权利义务终止的情形的规定与大陆法债的消灭的情形相似。我国《民法典》第 557 条规定，有下列情形之一的，合同的权利义务终止：

（1）债务已经按照约定履行；（2）债务相互抵销；（3）债务人依法将标的物提存；（4）债权人免除债务；（5）债权债务同归于一人；（6）法律规定或者当事人约定终止的其他情形。

 复习思考题

一、简答题

1. 简述要约和承诺及其构成要件。

2. 简述合同有效成立的要件。

3. 简述情势变更的含义及其法律后果。

4. 简述合同消灭的形式。

二、案例分析

长江公司于 5 月 6 日传真："本公司有马钢生产各种规格钢筋供应，质量可靠、交货及时，敬请光顾。"黄河公司于 5 月 10 日上午传真："需马钢产 6 米钢筋 200 吨，货到黄河价格 3500 元/吨，货到付款，一个月内交货，请在一周内电复。"

问题：长江公司行为的法律性质？黄河公司行为的法律性质？

[情形 1] 黄河于 5 月 12 日发传真：因情况有变，撤销我方 5 月 10 日发价，见谅。问：黄河是否成功地撤销了要约？

[情形 2] 黄河于 5 月 10 日下午传真给长江：撤回我方的发价，请谅解。问：黄河是否成功地撤回了要约？

[情形 3] 若黄河 5 月 10 日传真中"请一周内复"改为"请复"，黄河 5 月 12 日传真内容不变。问：黄河是否成功地撤销了要约？

[情形 4] 长江收到黄河 10 日传真的次日复：一个月内交货可行，运费由贵方承担，请备妥货款。黄河未回电。长江于一周后送货至黄河，黄河拒收。长江表示愿承担运费，黄河仍拒收。问：黄河拒收是否有理？

[情形 5] 长江于 5 月 10 日收到传真后 5 月 19 日发传真给黄河：一周内送货，请备妥货款。黄河未回电。问：合同是否成立？

案例题答案

第五章

国际贸易术语

 学习目标

【知识目标】

（1）熟悉国际贸易术语的基本概念及作用。

（2）了解有关国际贸易术语的国际商事惯例。

（3）掌握 Incoterms® 的发展与变化。

（4）熟悉 Incoterms® 2020 中主要贸易术语的内容与适用规则。

（5）了解国际贸易中货物风险转移的规则。

【能力目标】

（1）通过对国际贸易术语规则的学习，体悟国际惯例在国际贸易实践中作用与影响，提升学生对理论知识的理解和应用能力。

（2）通过对国际商事惯例的了解，帮助学生了解不同国家和地区的商业法律制度和商业文化，培养学生的国际视野和跨文化交流能力。

【思政目标】

（1）引导学生形成法治思维，即以法律为准绳，以法律为保障，合法合规地开展跨国商业活动。

（2）通过对国际贸易术语的分析和实践操作，帮助学生深入了解跨国商业活动中的法律风险和法律责任，从而培养学生法治意识和法律素养。

【关键术语】 国际贸易术语　国际商事惯例　FOB　CIF　CFR

 引导案例

2019 年，韩国 K 公司与马来西亚 M 公司签订了出口叉车的合同，贸易术语采用了船上交货（FOB），釜山港。2019 年 4 月 1 日，货物在装运时发生了意外，其中一辆叉车在吊装过程中不慎掉落在运船的甲板上而造成了损坏。所有货物于 4 月 2 日在装运港装船完毕。船长签发了已装船提单，提单说明：除了一辆叉车在装船过程中出现损坏，其余货物均表面良好。韩国 K 公司也于当日向马来西亚 M 公司发出了装船通知。货物于 4 月 15 日到达马来西亚。马来西亚 M 公司在提货时发现，除了提单上显示的叉车破损，其他车辆的表面也因货舱碰撞出现了划痕、变形、灯碎等多种破损情况。马来西亚 M 公司随后向韩国 K 公司提出索赔要求，理由是韩国 K 公司没有正确交付货物。韩国 K 公司则认为，根据合同，货物在装运港越过船舷后，其风险就已经发生转移，而货物的损失实际上发生在装运港越过船舷后，因此马来西亚 M 公司应自行承担损失。①

　　问题：（1）国际货物买卖合同中的 FOB 术语是如何应用的？（2）在 FOB 术语条件下，关于货物的风险转移及其责任条款有哪些具体规定？

引导案例分析

第一节　国际贸易术语及相关国际商事惯例

一、国际贸易术语的含义及作用

　　国际贸易的双方当事人一般身处不同的国家或地区，有着不同的交易习惯和法律制度，履行合同过程中还涉及海关、银行、保险公司、商检机构等单位及相关手续的办理。货物在长途跨国运输中遭遇自然灾害和意外事故的风险比较大，由此会产生一系列与交货相关的问题，如运输、保险及报关费用由谁来承担，货物在运输过程中可能发生的损失风险由谁来承担等。为了避免或减少买卖双方当事人因相互不了解对方国家或地区的贸易习惯和法律制度而产生的误解和争议，在国际货物买卖的长期实践中，买卖双方经常选用关于货物的国际贸易术语来确

---

　　① 白泉旺：《国际商法双语教学案例》，北京大学出版社 2023 年版，第 57 页。

定他们之间的权利、义务以及双方的费用、责任及风险划分等问题。

国际贸易术语（Trade Terms），又称交货条件、贸易条件或价格术语，是指按照交货地点和方式的不同，划分买卖双方在交货方面的风险、责任和费用负担的专门用语，一般用一个简短的概念或其英文字母缩写来表示。[①] 在国际贸易中，确定一种商品的成交价格，不仅取决于其本身的价值，还要考虑货物交货过程中各项费用和风险的划分。同一批货物适用不同的贸易术语，其成交价格也会有所不同，因此贸易术语又称为价格术语。国际货物买卖合同的价格条款一般包括的内容有价格计量单位、单位价格金额、计价货币和贸易术语，如"每公吨550美元 FOB 青岛"。

在国际货物买卖合同的订立和磋商过程中，采用不同的贸易术语来确定双方的权利义务，可以大大简化交易谈判的内容和程序，缩短磋商时间，节省业务开支和费用，是尽快达成合同和加速贸易过程的重要手段。另外由于贸易术语表示价格构成因素，采用不同的贸易术语，买卖双方的报价也就不同，他们必然会考量所选择的贸易术语中包含的税费、运费、保险费、装卸费及进出口关税等费用，这就有利于买卖双方进行价格比较，加强各自的成本核算。[②]

知识链接：国际贸易术语与相关合同的关系

二、有关国际贸易术语的国际商事惯例

由于最初对贸易术语没有统一的解释，不同国家或地区的当事人对这些术语的不同理解，必然会影响到它们在业务实践中的使用，甚至引发贸易纠纷。为了避免各国在贸易术语解释上出现分歧和争议，有关国际组织和商业团体曾先后制定了一些有关贸易术语的解释和规则。这些解释和规则经过多年实践，大都已经被国际贸易界人士所熟悉、承认和接受，并成为他们经常遵守的国际贸易惯例。目前，在国际上有较大影响的有关贸易术语的惯例主要有下列几个。

---

① 徐仲建、屠世超：《国际商法》，浙江大学出版社2021年版，第156页。
② 徐仲建、屠世超：《国际商法》，浙江大学出版社2021年版，第160页。

（一）《1932 年华沙—牛津规则》

19 世纪中叶，CIF 贸易术语在国际贸易中被广泛采用，但由于各国对其解释不一，从而影响到 CIF 买卖合同的顺利履行。为了对 CIF 合同双方的权利和义务做出统一的规定和解释，国际法协会于 1928 年在波兰华沙制订了 CIF 买卖合同的统一规则，共计 22 条，被称为《1928 年华沙规则》。此后，在 1930 年纽约会议、1931 年巴黎会议和 1932 年牛津会议上，相继将对此规则进行修订，称之为《1932 年华沙—牛津规则》（Warsaw – Oxford Rules 1932）。

《华沙—牛津规则》对 CIF 合同的性质，特点及买卖双方的权利和义务都做了具体的规定和说明，为那些按 CIF 贸易术语成交的买卖双方提供了一套可在 CIF 合同中易于使用的统一规则，供买卖双方自愿采用。在缺乏标准合同格式或共同交易条件的情况下，买卖双方可约定采用此项规则，凡在 CIF 合同中订明采用《华沙—牛津规则》者，合同当事人的权利和义务，即应按此规则的规定办理。由于现代国际贸易惯例是建立在当事人"意思自治"的基础上，具有任意法的性质，因此，买卖双方在 CIF 合同中也可变更、修改规则中的任何条款或增添其他条款，当此规则的规定与 CIF 合同内容相抵触时，仍以合同规定为准。

《华沙—牛津规则》自 1932 年公布后，一直沿用至今，并成为国际贸易中颇有影响的国际贸易惯例，这是因为此项规则在一定程度上反映了各国对 CIF 合同的一般解释。同时，其中某些原则还可适用于其他合同，例如《华沙—牛津规则》规定，在 CIF 合同中，货物所有权转移到买方的时间，应当是卖方把装运单据（提单）交给买方的时刻，即以交单时间作为所有权移转的时间。此项原则，虽是针对 CIF 合同的特点制订的，但一般认为也可适用于卖方有提供提单义务的其他合同。由此可见，《华沙—牛津规则》的制订和公布不仅有利于买卖双方订立 CIF 合同，而且也有利于解决 CIF 合同履行当中出现的争议。

（二）《1941 年美国对外贸易定义修订本》

早在 1919 年，美国的几个商业团体共同制定了有关对外贸易定义的统一解释——《美国出口报价及其缩写条例》（The U. S. Export Quotation and Abbreviations），提供给从事对外贸易人员参考使用。此后鉴于贸易做法的演变，在 1940 年第 27 届全国对外贸易会议上要求对原有定义进行修改。1941 年 7 月 30 日，美国商会、美国进口商会理事会和全世界对外贸易理事会所组成的联合委员会正式通过并采用了此项定义。并由全国对外贸易理事会发行，此项规则被定名为

《1941 年美国对外贸易定义修订本》（Revised American Foreign Trade Definitions 1941）。该定义修订本对 6 个贸易术语进行了解释。

（1）原产地交货（Ex Point of Origin）；

（2）运输工具旁边交货（Free Along Side）；

（3）运输工具上交货（Free On Board）；

（4）成本加运费（Cost and Freight）；

（5）成本加保险费、运费（Cost, Insurance and Freight）；

（6）目的港码头交货（Ex Dock）。

《1941 年美国对外贸易定义修订本》不仅在美国使用，在加拿大和一些拉丁美洲国家也有较大影响。由于它在一些术语的解释上与其他国际贸易惯例有所不同，因此，在与美洲国家进行贸易时，应特别注意。

（三）《国际贸易术语解释通则® 2020》

1. 国际贸易术语解释通则的产生和发展

目前对于贸易术语的解释和规定，在国际上适用范围最广和影响最大的是国际商会①出版的《国际贸易术语解释通则》。1921 年，在伦敦举办的其成立后的第一次大会时就授权贸易术语委员会搜集各国所理解的贸易术语摘要。该摘要于 1923 年出版，内容包括各个国家对 FOB、FAS 等 6 个术语的定义。摘要的第 2 版于 1929 年出版，内容有了充实，摘录了 30 多个国家对上述 6 个术语的解释，并予以整理。经过十几年的磋商和研讨，国际商会终于在 1936 年制定了具有历史性意义的贸易术语解释通则，定名为《国际贸易术语解释通则》（International Rules for the Interpretation of Trade Terms，以下简称 Incoterms），通则将贸易术语分为 11 种，每一种术语订明买卖双方应尽的义务，以供商人自由采用。为了适应国际贸易实践的不断发展，在此之后，国际商会又于 1953 年、1967 年、1976 年、1980 年、1990 年、2000 年和 2010 年对 Incoterms 进行了修订和补充。

为适应国际贸易实务的最新发展，2019 年 9 月 10 日，国际商会正式向全球发布了《国际贸易术语解释通则® 2020》（以下简称 Incoterms® 2020②），新版本于 2020 年 1 月 1 日正式生效，这是目前 Incoterms 的最新版本，对国际贸易实务、

---

① 国际商会（International Chamber of Commerce，ICC）是世界上最大民间国际经济组织，于 1919 年成立，总部设在法国巴黎。国际商会现有公司会员 4500 多万家，分布在世界 100 多个国家和国际组织。

② 国际商会 2003 年 5 月 8 日在我国商标局完成"Incoterms"的商标注册，从 2010 年的版本起，使用"Incoterms®"的标识。

国际支付和贸易融资等方面都产生了重要的影响。①

云思政：中国参与 Incoterms® 2020 起草工作

2. Incoterms® 2020 的内容与结构

在形式上 Incoterms® 2020 包括 11 个贸易术语，每个术语均具有下列两个明显的特征：（1）由简短的三个英文字母表示，如 FOB、CIP；（2）用 A、B 两栏一一对应地分别列出卖方与买方的 10 项义务。这种形式使得规则简单明了，不仅在形式上容易推广和记忆，在内容上也容易查找和理解。

在内容上 Incoterms® 2020 解决的是货物（只包括有形物，不包括知识产权等无形物）贸易交付过程，买卖双方的一般义务、风险划分与费用承担问题，列明双方各自对对方的义务，而不是买卖双方在货物交付过程中的全部义务。

在分类上，Incoterms® 2020 将 11 个贸易术语分为"适用任何运输方式或多种运输方式的术语"和"适用于海运和内河水运的术语"两类。各个贸易术语均由使用说明和具体阐述两部分构成。使用说明部分主要是对术语进行解释，对术语的适用范围、特点进行介绍，并对术语使用过程中应该注意的事项进行提醒。每个术语的具体阐述部分都将买卖双方的义务分为 10 个条款对应进行介绍，结构清晰。具体如表 5 - 1 和表 5 - 2 所示。

表 5 - 1　　　　　　　　　　Incoterms® 2020 的 11 个贸易术语

分类方式	术语名称	术语条件
适用于任何运输方式 或多种运输方式	EXW	Ex Works　工厂交货
	FCA	Free Carrier　货交承运人
	CPT	Carriage Paid To　运费付至
	CIP	Carriage and Insurance Paid To　运费和保险费付至
	DAP	Delivered At Place　目的地交货
	DPU	Delivered At Place unloaded　目的地交货并卸货
	DDP	Delivered Duty Paid　完税后交货

---

① 王玉春、李贺、张敏：《国际商法》，上海财经大学出版社 2021 年版，第 124 页。

续表

分类方式	术语名称	术语条件
适用于海运 及内河水运	FAS	Free Alongside Ship　船边交货
	FOB	Free On Board　船上交货
	CFR	Costand Freight Paid to　成本加运费
	CIF	Cost Insurance and Freight　成本、保险费加运费

表 5 – 2　　　　　　　　Incoterms® 2020 买卖双方的义务

A　卖方义务	B　买方义务
A1　卖方的一般义务	B1　买方的一般义务
A2　交货	B2　提货
A3　风险转移	B3　风险转移
A4　运输	B4　运输
A5　保险	B5　保险
A6　交货/运输单据	B6　交货/运输单据
A7　进口/出口清单	B7　进口/出口清单
A8　查验/包装/标记	B8　查验/包装/标记
A9　费用划分	B9　费用划分
A10　通知	B10　通知

3. Incoterms® 2020 的主要修改

Incoterms® 2020 相比以前的通则总体变化不大，主要体现在以下几个方面：①

（1）引言部分。

Incoterms® 2020 的引言非常详细，是对该规则的整体概述与要点介绍，对正确理解和适用规则具有非常重要的指导意义。

知识链接：Incoterms® 2020 引言

（2）把 Incoterms® 2010 各个贸易术语中的使用说明（Guidance Note）升级

---

① 以下涉及 Incoterms® 2020 的内容，均参见中国国际商会/国际商会中国国家委员会组织翻译：《国际贸易术语解释通则 2020》，对外经济贸易大学出版社 2020 年版。

为用户解释说明（Explanatory Note for Users），对各术语依其本身的内容和特点进行了详细解释，包括应该何时使用、风险何时转移、买卖双方之间如何划分费用等，以便帮助用户在特定交易中更准确、高效地选择合适的规则。

（3）FCA 术语下就提单问题引入了新的附加选项，即如果买方和卖方同意按 FCA 贸易术语成交，则在卖方按 FCA 要求将货物交到集装箱码头，买方可以指示承运人在卖方交货给承运人后，向卖方签发已装船提单，以便卖方向银行交单。[1]

（4）增加 CIP 的保险范围，在 Incoterms® 2010 规则中，CIF 和 CIP 的 A3 条款均强制规定卖方有义务"自负费用取得货物保险，该保险须至少符合《协会货物保险条款》（Institute Cargo Clauses，LMA/IUA，劳合社市场协会/伦敦国际承保人协会）条款（C）或类似的最低险别的条款"。在 Incoterms® 2020 规则商谈期间，起草小组结合多方意见，决定在 CIF 和 CIP 规则中规定不同的最低险别。由于 CIF 规则更多用于海运大宗商品贸易，继续维持《协会货物保险条款》条款（C），双方当事人可以自由商定较高的保险险别。而在 CIP 规则中，卖方必须取得符合《协会货物保险条款》条款（A）的保险险别，双方当事人也可以自由商定较低的保险险别。

（5）将 DAT 更改为 DPU。在 Incoterms® 2010 规则中，DAT 和 DAP 之间的唯一区别在于，在 DAT 术语下，当货物从到达的运输工具卸载到"运输终端"时，卖方即完成交货；而在 DAP 术语下，当到达的运输工具上可供卸载的货物交由买方处置时，卖方即完成交货。在 Incoterms® 2020 规则中，DAT 规则的名称已经被改为 DPU，强调了目的地可以是任何地方，而不仅是"运输终端"的现实。在实践中，越来越多的交易双方希望货物的交付地点不仅限于码头，还可以包括工厂、货舱等其他地点。为了满足交易双方对于约定交付地点的任意性要求，国际商会做出了上述修改，使该术语具有更加普遍的适用性。

（6）FCA、DAP、DPU 及 DDP 允许卖方/买方使用自己的运输工具。在 Incoterms® 2010 规则中，国际货物运输都是假定由第三方承运，未考虑到由卖方或买方自行负责运输的情况。而 Incoterms® 2020 规则考虑到卖方或买方自行负责运输的情形。即在 DAP、DPU、DDP 规则中，允许卖方使用自己的运输工具。同样在 FCA 中，买方也可以使用自己的运输工具收货并运输至买方场所。双方在其他方面承担义务不变，在运输责任及费用划分条款中增加安保要求。

---

[1]　温耀原、周晖：《国际商法》，清华大学出版社 2022 年版，第 129 页。

（7）21世纪初与安全相关的问题受到了国际社会的普遍关注，在Incoterms® 2010规则中就开始简单提及了安保要求。随着运输安全（例如对集装箱进行强制性检查）要求越来越普遍，于是Incoterms® 2020规则将相关的安保要求明确规定在各个术语的A4"运输合同"及A7"出口清单"中，同时安保费用在A9/B9费用划分条款中做了明确的规定。

（8）费用划分条款的调整，Incoterms® 2020规则在保留Incoterms® 2010规则中散件的各条款的费用项目外，还在A9/B9条款中统一列出了不同条款的费用，提供给用户一站式费用列表，使买方或卖方得以很方便地在一个条款中找到其选择的贸易术语所对应的所有费用。

4. Incoterms® 2020的运用

在适用Incoterms® 2020时，必须明确其性质是国际商会所编纂的国际贸易惯例。国际贸易惯例对买卖双方不产生必然的约束力，所以在买卖合同中，买卖双方可以选择适用，也可以选择不适用。同时也可以对国际贸易术语解释通则的条款，按照双方协商一致的合意做出修改。但是，国际货物买卖合同双方一旦采用术语并订入合同，就对当事人发生法律约束力。另外，国际贸易惯例在适用的时间效力上并不存在"新法取代旧法"的说法，即Incoterms® 2020实施之后，并非之前的版本就自动废止，当事人在订立合同时仍然可以选择适用之前的版本。如果在买卖合同中，对国际贸易术语的版本未做出明确的规定，在双方发生争议诉诸法院或提交仲裁时，法院和仲裁庭也可援引Incoterms® 2020作为判决或者裁决的依据。

一旦买卖合同当事人决定在买卖合同中适用Incoterms® 2020的贸易术语，首先，需要在买卖合同中加以注明，如FCA Paris Incoterms® 2020。其次，要根据货物的性质和运输方式选择合适定价国际贸易术语。再次，合同各方要考虑是否想给对方增加额外的义务，根据此种考虑选择合适的贸易术语。最后，买卖双方应尽可能对地点和港口做出详细的说明，只有写明港口或地点，才能避免对风险的转移和费用的分担产生争议。

在适用Incoterms® 2020时，应明确，国际贸易术语并不能提供给买卖双方一个完整的合同。对于货款的支付、货物所有权的转移、违约的处理与救济等问题国际贸易术语解释通则并未涉及，需要在买卖合同中另行约定或依买卖合同的准据法来处理。[①]

---

① 吴建斌、肖冰、彭岳：《国际商法》，高等教育出版社2022年版，第150页。

如果合同中明确使用了 Incoterms® 2020 的国际贸易术语，但是合同中又规定了与其相抵触的条款，只要这些条款不违反合同当事人本国法律，就应受到有关国家法律的承认和保护。即应以合同条款为准，而非以 Incoterms® 2020 为准，这也是对当事人意思自治原则的尊重。

知识链接：国际商事惯例在中国法院的适用

第二节 主要的国际贸易术语

一、适用于海上运输或内河运输的贸易术语

（一）FAS 船边交货（…指定装运港）

FAS 是 Free Alongside Ship 的缩写，中文一般译作"船边交货"，其含义是指当卖方在指定的装运港将货物交到买方指定的船边（如置于码头或驳船上）时，即为交货。按 FAS 术语交易时，卖方须承担一切风险和费用，在指定装运港，于规定的日期或期间内，按该港口习惯的做法，将货物交到买方所指定的装货地的指定船舶边；买方则须负责安排租船订舱，将船名、装货地及交货时间及时通知卖方，承担货物交到船边以后的一切风险和费用，并按买卖合同规定支付货款。本规则仅适用于海运或内河水运运输方式下买卖双方意在将货物交到船边即完成交货的情形。

1. FAS 合同下卖方的主要义务

（1）卖方必须提供符合销售合同约定的货物和商业发票，以及合同可能要求的其他与合同相符的证据。卖方提供的任何单据，根据双方约定可以是纸质或电子形式，如果没有约定，则按照惯常做法提供。

（2）卖方必须在买方指定的装运港内的装货点（如有），以将货物置于买方指定的船舶旁边或以取得已经如此交付的货物的方式交货。卖方必须在约定日期，或在买方所通知的约定期限内的交货时间或约定期限届满之时或按照该港口

的习惯方式交货。如果买方未指定具体的装货点，卖方则可以在指定的装运港内选择最符合其目的之装货点。

（3）除非另有约定，卖方承担完成交货前货物灭失或损坏的一切风险。

（4）卖方对买方没有订立运输合同的义务。但是，应买方要求并由其承担风险和费用，卖方必须向买方提供卖方所拥有的买方安排运输所需的任何信息，包括与运输有关的安全要求。如已约定，卖方必须按照通常条款订立运输合同，由买方承担风险和费用。卖方必须在完成交货之前遵守任何与运输有关的安全要求。

（5）卖方对买方没有订立保险合同的义务。但是，应买方要求并由其承担风险和费用，卖方必须向买方提供卖方所拥有的买方获取保险所需的信息。

（6）卖方必须自付费用向买方提供已按照约定交货的通常证明。除非上述证明是运输单据，否则，应买方要求并由其承担风险和费用，卖方必须协助买方获取运输单据。

（7）卖方必须办理出口国要求的所有出口清关手续并支付费用，如出口许可证、出口安检清单及转运前检验等。应买方要求并由其承担风险和费用，卖方必须协助买方获取所有与过境/进口清关手续有关的任何单据和/或信息，包括任何过境国或进口国需要的安全要求和装运前检验。

（8）卖方必须支付为了交货所需要进行的查验费用（如查验品质、丈量、计重、点数的费用）。卖方必须自付费用包装货物，除非该特定贸易运输的所售货物通常无须包装。除非双方已经约定好具体的包装或标记要求，否则，卖方必须以适合该货物运输的方式对货物进行包装和标记。

（9）卖方必须支付以下费用：完成交货之前与货物相关的所有费用，按照约定应由买方支付的费用除外；按照约定向买方提供已经交货的通常证据的费用；按照约定办理出口清关有关的关税、税款和任何其他费用；买方按约定向卖方提供协助获取单据及信息相关的所有费用和开支。

（10）卖方必须就其按照约定完成交货或船舶未在约定时间内提货给予买方充分通知。

2. FAS 合同下买方的主要义务

（1）买方必须按照销售合同的约定支付货物的价款。买方提供的任何单据，根据双方约定可以是纸质或电子形式，如果没有约定，则按照惯常做法提供。

（2）当卖方完成交货时，买方必须提取货物。

（3）买方承担按照约定交货时起货物灭失或损坏的一切风险。如果买方未按照约定发出与交货有关的通知，或买方指定的船舶未准时到达，致使卖方无法按照约定交付货物，买方未接收货物，或早于通知的时间停止装货，则买方承担由此造成的货物灭失或损坏的一切风险。但以该货物已清楚地确定为合同项下货物为前提条件。

（4）除非双方另有约定，买方必须自付费用订立自指定装运港起的货物运输合同。

（5）买方必须接受按照约定提供的交货证明。

（6）应卖方要求并由其承担风险和费用，买方必须协助卖方获取与所有出口清关手续有关的任何单据和/或信息，包括出口国需要的安全要求和装运前检验。买方还必须办理任何过境国和进口国要求的所有手续并支付费用，如进口许可证、进口及任何过境安检清关及装运前检验等。

（7）买方必须支付以下费用：完成交货之时起于货物相关的所有费用，按照约定由卖方承担的除外；卖方按照约定提供协助获取单据及信息相关的所有费用和开支；办理过境或进口清关有关的关税、税款和任何其他费用；由于买方未按照约定发出交货通知或买方指定的船舶未准时到达、未提取货物或早于通知的时间停止装货所发生的任何额外费用，但以该货物已清楚地确定为合同项下货物为前提条件。

（8）买方必须就任何运输相关的安全要求、船舶名称、装货点以及约定期限内所选择的交货时间（如有）给予卖方充分通知。

在国际贸易实践中，船边通常是指船舶装卸设备的吊货机或岸上装卸索具可触及的范围。当装货港口拥挤或大船无法靠近时，卖方在征得买方同意后可将交货条件改为"驳船上交货"（Free on Lighter），此时，卖方的责任仅在货物越过驳船船舷时为止，驳船费用及其风险可由买方承担。另外当买方没有及时向卖方发出关于装运船舶、装运地以及交货时间等通知，或所指定的船舶没有按时抵达装运港，或船舶按时抵达却无法完成装货工作或提前停止装货时，在货物完成特定化后风险和费用可提前转移。

在 FAS 合同中关于船货衔接问题，如果买方指派的船只未按时到港接收货物，或者比规定的时间提前停止装货，或者买方未能及时发出派船通知，只要货物已被清楚地划出，或以其他方式确定为本合同项下的货物，由此产生的风险和费用均由买方承担。[①]

---

① 周黎明：《国际商法理论与实务》，北京大学出版社 2023 年版，第 134 页。

（二）FOB 装运港船上交货（…指定装运港）

FOB 是 Free on Board 的缩写，中文一般译成"装运港船上交货"。它是海上货物运输最早出现的国际贸易术语。该缩略语后的港口名称为装运港名称。该术语要求卖方在指定的装运港将货物交到买方选定的船上，或促成货物以如此方式交付，货物灭失或损坏的风险自货物装上该船时转移，且买方自此时起承担所有的费用。FOB 术语不适用于货物在装上船前已经交付给承运人的情况，如用集装箱运输的货物通常是在集装箱码头交货，在这种情况下一般适用 FCA 术语。

1. FOB 合同下卖方的主要义务

（1）卖方必须提供符合销售合同规定的货物和商业发票，以及合同可能要求的与合同相符的证据。卖方提供的任何单据，根据双方约定可以是纸质或电子形式，如果没有约定，则按照惯常做法提供。

（2）卖方必须在买方指定的装运港内的装货点（如有），以将货物置于买方指定的船上或以取得已经如此交付的货物的方式交货。卖方必须在约定的日期或买方所通知的约定期限内交货时间，如果未通知上述时间，则在约定期限届满之时按照装运港口的习惯方式交付货物。如果买方未指定具体的装货点，卖方则可以在指定的装运港内选择最符合其目的之装货点。

（3）除非双方另有约定，卖方承担完成交货前货物灭失或损坏的一切风险。

（4）卖方对买方没有订立运输合同的义务。但是应买方要求并由其承担风险和费用，卖方必须向买方提供卖方所拥有的买方安排运输所需的任何信息，包括与运输有关的安全要求。如已约定，卖方必须按照惯常条款订立运输合同，由买方承担风险和费用。卖方必须在完成交货之前遵守任何与运输有关的安全要求。

（5）卖方对买方没有订立保险合同的义务。但是，应买方要求并由其承担风险和费用，卖方必须向买方提供卖方所拥有的买方获取保险所需的信息。

（6）卖方必须自付费用向买方提供已按照约定交货的通常证明。除非上述证明是运输单据，否则，应买方要求并由其承担风险和费用，卖方必须协助买方获取运输单据。

（7）在适用时，卖方必须办理出口国要求的所有出口清关手续并支付费用，如出口许可证、出口安检清关、装运前检验等。此外应买方要求并由其承担风险和费用，卖方必须协助买方获取任何过境国或进口国需要的与所有过境/进口清关手续有关的任何单据或/和信息，包括安全要求和装运前检验。

（8）卖方必须支付按照约定交货所需要进行的查验费用（如查验品质、丈量、计重、点数的费用）。卖方必须自付费用包装货物，除非该特定贸易运输的所售货物通常无须包装。除非双方已经约定好具体的包装或标记要求，否则，卖方必须以适合该货物运输的方式对货物进行包装和标记。

（9）卖方必须支付以下费用：按照约定完成交货之前与货物相关的所有费用，双方约定应由买方支付的费用除外；按照约定向买方提供已经交货的通常证明的费用；办理出口清关以后的关税、税款和任何其他费用；买方按照约定向卖方提供协助获取单据及信息相关的所有费用和开支。

（10）卖方必须就其已按照约定完成交货或船舶未在约定时间内提货，给予买方充分通知。

2. FOB 合同下买方的主要义务

（1）买方必须按照销售合同规定支付价款。买方提供的任何单据，根据双方约定可以是纸质或电子形式，如果没有约定，则按照惯常做法提供。

（2）当卖方按照约定完成交货时，买方必须提取货物。

（3）买方承担按照约定交货时起货物灭失或损坏的一切风险。如果买方未按照约定发出交货相关的通知，或买方指定的船舶未按时到达致使卖方无法交付货物，或买方未接收货物，或早于交货通知的时间停止装货，则买方承担由此导致的货物灭失或损坏的一切风险，但以该货物已清楚地确定为合同项下货物为前提条件。

（4）除非卖方按照双方约定订立了运输合同，否则，买方必须支付费用订立自指定装运港起的货物运输合同。

（5）买方必须接受按照约定卖方提供的交货证明。

（6）如适用，应卖方要求并由其承担风险和费用，买方必须协助卖方获取出口国需要的与所有出口清关手续有关的任何单据和/或信息，包括安全要求和装运前检验。此外，买方必须办理任何过境国和进口国要求的所有手续并支付费用，如进口许可证、进口安检清关及装运前检验等。

（7）买方必须支付以下费用：按照约定完成交货之时起与货物相关的所有费用，按照约定应由卖方支付的费用除外；卖方按照双方约定向买方提供协助获取单据和信息相关的所有费用和支出；办理过境或进口清关有关的关税、税款和任何其他费用；由于买方未及时发出交货通知或买方指定的船舶未准时到达、买方未提取货物或早于交货通知的时间停止装货而导致的任何额外费用。但以该货物已清楚地确定为合同项下货物为前提条件。

（8）买方必须就任何与运输相关的安全要求、船舶的名称、装货点以及约定期限内所选择的交货时间（如有）给予卖方充分通知。

按使用 FOB 术语时需要注意以下几个问题：

（1）船货衔接问题。在 FOB 术语下，买方须在合同规定的期间内安排船只到合同指定的装运港装货，若买方延迟派船，由此引起的卖方仓储费用的增加及因迟收货款而造成的利息损失应由买方负责。若船只按时到达而卖方尚未备妥货物，由此造成的空仓费或滞期费应由卖方承担。实践中，如成交货物数量不大，只需部分船舱而用班轮（liner）装运时，买方往往要求卖方根据合同代订舱位（以卖方的名义）和取得提单，这属于 FOB 术语之外的代理关系。

（2）有关装船的费用划分。在 FOB 条件下，虽然卖方只承担货物装上船以前的风险和费用，但由于 FOB 术语同时又规定卖方要按照港口的照常方式将货物装到买方所指定船上，所以装船的费用并不一定由买方支付，而是由各港口的装船惯例或习惯做法决定。一般在班轮运输的条件下，由于承运人负责装卸货物，装船的费用包括在运费中，而 FOB 由买方负责运费，因此装船的费用是由买方承担。①

在国际贸易实践中，FOB 术语经常用作计算货物销售价格的基础，而非确定交货条件的术语。因此，在很多国家的海关及出口许可权力机关的实践中，无论买卖双方的约定的交货条件是什么，货物的出口价值都是以 FOB 为基础计算的。②

案例拓展：FOB 合同

（三）CFR 成本加运费（…指定目的港）

CFR 是 Cost and Freight 的缩写，中文一般译为"成本加运费"。该缩略语后的港口名称为目的港的名称。本术语只适用于海运或内陆水道运输，其基本含义是卖方将货物装上船舶或促成货物已如此交付，货物灭失或损坏的风险自货物装上该船时转移给买方，但是卖方必须订立运输合同和支付必要的运费与费用将货物运到指定的目的港。

---

① 左海聪：《国际商法》，法律出版社 2023 年版，第 141 页。
② 《中华人民共和国进出口税则（2024）》规则与说明中规定："出口货物的完税价格由海关以该货物的成交价格以及该货物运至中华人民共和国境内输出地点装载前的运输及其相关费用、保险费为基础审查确定。"

1. CFR 合同下卖方的主要义务

（1）卖方必须提供符合销售合同规定的货物和商业发票，以及合同可能要求的证明货物符合合同要求的任何其他证据。卖方提供的任何单据，根据双方约定可以是纸质或电子形式，如果没有约定，则按照惯常做法提供。

（2）卖方必须以将货物装上船或以取得已经如此交付的货物的方式交货。在这两种情况下，卖方均必须在约定日期或期限内，按照该港口的习惯方式交货。

（3）除非双方另有约定，卖方承担按照约定完成交货前货物灭失或损坏的一切风险。

（4）卖方必须签订或取得运输合同，将货物自交货地内的约定交货点（如有），运送至指定目的港，或位于该港内的任何交货点（如已约定）。运输合同必须按照惯常条款订立，由卖方承担费用，经由通常航线，用通常用于运输该类所售货物的船舶运送货物。卖方必须遵守运至目的地过程中任何与运输有关的安全要求。

（5）卖方对买方没有订立保险合同的义务。但是，应买方要求并由其承担风险和费用，卖方必须向买方提供卖方所拥有的买方获取保险所需的信息。

（6）卖方必须承担费用，向买方提供运至约定目的港的通常运输单据。该运输单据必须载明合同货物，且其签发日期必须在约定的运输期限内，还必须能使买方在目的港凭此向承运人索取货物，并且除非另有约定，须能使买方通过向其下家买方转让该单据或通知承运人来转卖在途货物。当该运输单据以可转让形式签发并有数份正本，全套正本必须向买方提交。

（7）如适用，卖方必须办理出口国要求的所有出口清关手续并支付费用，如出口许可证、出口安检清关及装运前检验等。另外应买方要求并由其承担风险和费用，卖方必须协助买方获取任何过境国或进口国需要的与所有过境/进口清关手续有关的任何单据和/或信息，包括安全要求和装运前检验。

（8）卖方必须支付交货所需的货物查验费用（如核查品质、丈量、过磅、点数的费用）卖方必须自付费用包装货物，除非该特定贸易运输的所售货物通常无须包装。除非双方已经约定好具体的包装或标记要求，否则，卖方必须以适合该货物运输的方式对货物进行包装和标记。

（9）卖方必须支付以下费用：按照约定完成交货之前与货物相关的所有费用，按照约定由买方支付的费用除外；按照约定卖方安排运输所发生的运费和所有其他费用，包括货物装船费用及与运输相关的安全费用；根据运输合同规定应由卖方承担的在约定卸货港产生的任何卸货费用；根据运输合同应由卖方承担的过境费用；按照约定向买方提供已经交货的通常证据的费用；办理出口清关有关的关税、税款和任何其他费用；买方按照约定向卖方提供协助获取单据和信息相关的所有费用和开支。

（10）卖方必须向买方发出已按照约定完成交货的通知。卖方必须向买方发出买方收取货物所需任何通知以便买方收取货物。

2. CFR 合同下买方的主要义务

（1）买方必须支付销售合同规定的货物价款。买方提供的任何单据，根据双方约定可以是纸质或电子形式，如果没有约定，则按照惯常做法提供。

（2）当卖方按照约定交货时，买方必须提取货物，并在指定目的港自承运人处收取货物。

（3）买方承担交货时起货物灭失或损坏的一切风险。如果买方未按照约定发出提取货物的通知，则买方承担自约定交货日期或约定交货期限届满之时起的货物灭失或损坏的一切风险，但以该货物已清楚地确定为合同项下货物为前提条件。

（4）如果运输单据与合同相符，买方必须接受卖方提供的运输单据。

（5）如适用，应卖方要求并由其承担风险和费用，买方必须协助卖方获取出口国需要的与所有出口清关手续有关的任何单据和/或信息，包括安全要求和装运前检验。此外买方必须办理任何过境国和进口国要求的所有手续并支付费用，如进口许可证、进口安检清关及装运前检验等。

（6）买方必须支付以下费用：按照约定卖方完成交货之时起于货物相关的所有费用，按照约定应由卖方支付的费用除外；过境费用，除非根据运输合同该项费用应由卖方承担；包括驳运费和码头费在内的卸货费用，除非根据运输合同该项费用应由卖方承担；卖方按照双方约定向买方提供协助获取单据及信息相关的所有费用和开支；办理过境或进口清关有关的关税、税款和任何其他费用；由于未按照约定发出提取货物通知而产生的自约定交货日期或自约定交货期限届满之时起的任何额外费用，但以该货物已清楚地确定为合同项下货物为前提条件。

（7）无论何时根据约定，买方有权决定运输时间和/或指定目的港的收货点，买方必须给予卖方充分通知。

3. CFR 合同须注意的问题

（1）安排运输，注意装船通知。按 CFR 术语成交，买卖双方在办理两项主要手续上的责任分担是：由卖方负责租船订舱，而买方负责办理保险。买方办理货物保险，当然是出于使自己的利益获得保险保障的考虑，因为从货物被卖方装上船这一交货点开始，货物可能遭受损坏或灭失的风险就从卖方转移给买方。为此，买方必须在货物装船前，也就是风险尚未转移给他之前办妥保险，否则就得由他自己来面临货物的风险损失。买方能否及时办理保险，关键在于卖方是否及时向他发出装船通知。如果卖方在装船后及时通知了买方，买方获悉后必然会抓紧时间投保；但如果卖方未能及时向买方发出装船通知，一旦发生了这种情况，势必造成买方无法及时办理保险手续，甚至漏保，而在没有办理保险的情况下，货物发生的风险损失是无法得到保险赔偿的。显然，卖方因过失而未及时履行装船通知，致使买方未及时办理保险所造成的后果得由卖方承担。

（2）注意卸船费用负担。在上文叙述 FOB 术语的内容时，注意到了有关装船费用的负担问题。在 CFR 以及下面的 CIF 合同中会遇到卸船费用的问题。按照 CFR 术语成交，卖方负担将货物运往指定目的港，并支付至目的港的运费。但是，运费中是否包含了在目的港卸货的费用，《国际贸易术语解释通则》没有做出明确的规定。因此，买卖双方对此应当进行商定，既可以在贸易合同中用文字具体说明，也可以采用在 CFR 术语后另列字句或缩写，对其进行变形。常见的 CFR 术语变形主要有：CFR 班轮条件（CFR Liner Terms），是指货物的卸船和卸船费用按班轮运输的做法办理，由支付运费的一方即卖方负担；CFR 舱底交货（CFR Ex Ship's Hold），是指货物运抵目的港以后，卖方在舱底交货，由买方自行启舱并负担从舱底起吊卸到码头的费用；CFR 吊钩下交货（CFR Ex Tackle），是指卖方将货物从舱底起吊至船边卸离吊钩为止，或在船舶不能靠上码头的情况下卸到买方租用的驳船上为止，由买方负担以后的费用；CFR 卸到岸上（CFR Landed），是指卖方负责将货物卸到目的港岸上，包括驳船费和码头费在内的各种费用，均由卖方负担；CFR 不管卸货（CFR Free In and Out），卖方在该术语下所支付的运费中不包括装卸费用，卸船费由买方负担。

（四）CIF 成本加保险费、运费（…指定目的港）

CIF 是 Cost, Insurance and Freight 的缩写，中文一般译成"成本、保险费加运费"。缩略语后的港口名称是目的港名称，指明运输费和保险费的计算是从装运港至目的港全程的运输费和保险费。本术语只适用于海运或内陆水道运输。在本术语下，卖方除负有 CFR 术语下的义务外，还必须办理货物在运输途中应由买方承担的货物灭失或损坏风险的海运保险，订立保险合同并支付保险费。

在 CIF 合同下，买方的义务与 CFR 合同下完全相同，卖方的义务则包括了 CFR 合同下卖方所有义务并参加投保和支付保险费的义务。该项投保和支付保险费义务的具体内容如下：

除非另有约定或特定贸易中的习惯做法，卖方须自付费用取得货物的保险。该保险须符合《协会货物保险条款》（Institute Cargo Clauses，LMA/IUA）条款（C）或任何适用于货物运输方式的类似条款。保险应于信誉良好的承保人或保险公司订立，并应使买方或任何其他对货物具有可保利益的人有权直接向保险人索赔。当买方要求且能够提供给卖方任何所需的信息时，卖方必须提供任何附加险，由买方承担费用，如果能够办理，诸如符合《协会战争险条款》和/或《协会罢工险条款》或任何其他类似条款相符合的险别（除非该险别已经包括在上述货物保险中）。最低保险金额应是合同规定价格另加10%（即110%），并应采用合同货币。保险范围应从货物自规定的交货点起，至少至指定的目的港止。卖方必须提供给买方保险单或保险证明或其他投保证明。此外，在应买方要求并由其承担风险和费用的情况下，卖方必须向买方提供买方取得任何额外保险所需信息。

关于 CIF 术语，还必须注意单据的作用。CIF 的主要特点之一是卖方以向买方提供适当的装运单据来履行其交货义务，而不是向买方交付实际货物。所以 CIF 条件下交货属于典型的象征性交货。卖方向买方提供的装运单据主要包括提单（或其他运输单据）、保险单和发票，其中最为重要的是提单。如前章所述，提单是货物所有权的凭证，是代表货物的象征，只要卖方把货物装上船，并将取得的提单与其他单据及时交付给买方，卖方即完成了交货义务，提单上记载的日期就是卖方交货的日期。卖方取得装运单据后，就可以凭单据要求买方付款，只要单据符合合同的要求，买方就必须付款。即使卖方在交付单据时，货物已经在运输途中灭失或损坏，买方仍须承担付款责任。在此种情况下，买方付款后，可以凭借运输单据或保险单获得补偿。如果货物损失的原因是属于承保范围之内的原因造成的，买方可以凭借保险单向保险公司提出索赔；若货物损失的原因是属于承运人的责任，买方可以凭借提单的有关规定，向船方索赔。当然，按 CIF 术语成交，卖方履行交单义务只是得到买方付款的前提条件，卖方依然要按照合同约定履行交货义务。若卖方提交的货物不符合合同要求，买方即使付款，仍然可以要求卖方承担相应的责任。

案例拓展：CIF 合同

二、适用于各种运输方式包括多式联运的贸易术语

（一）EXW 工厂交货（…指定地点）

EXW 是 Ex Works 的缩写，中文一般译作"工厂交货"，其含义是指当卖方在其所在地或其指定的地点（如工厂、仓库或工场等）将货物交由买方处置时，即完成交货，卖方不办理出口通关手续或将货物装上任何收货运输工具。买方或其代理人则应在约定时间或期间内安排运输工具前往约定交货地点提取货物并安排后续运输及保险事宜，承担货物交由其处置之后的一切风险及费用。该术语是卖方承担责任最小的术语，可适用于任何运输方式，也可以适用于多种运输方式。

1. EXW 合同下卖方的主要义务

（1）卖方必须提供符合销售合同约定的货物和商业发票，以及合同可能要求的其他与合同相符的证据。卖方提供的任何单据，根据双方约定可以是纸质或电子形式，如果没有约定，则按照惯常做法提供。

（2）卖方必须在指定交货地或位于该地的约定点（如果有约定），将未装载到任何接收货物的运输工具上的货物交由买方处置的方式交货。若在指定交货地未约定特定点，且在该地有多个地点可用，则卖方可选择最适合其目的之交货点。卖方必须在约定日期或约定交货期限内交货。

（3）只要货物已经被清楚地确定为合同项下货物，卖方承担完成交货前货物灭失或损坏的一切风险。

（4）卖方对买方没有订立运输合同的义务。但是在应买方要求并由其承担风险和费用的情况下，卖方必须向买方提供卖方拥有的买方安排运输所需的任何信息，包括与运输有关的安全要求。

（5）卖方对买方没有订立保险合同的义务。但是，在应买方要求并由其承担风险和费用的情况下，卖方必须向买方提供卖方所拥有的买方取得保险所需的信息。

（6）在应买方要求并由其承担风险和费用的情况下，卖方必须协助买方获取出口国、过境国或进口国要求的与所有出口、过境或进口清关手续有关的任何单据或信息，如进出口许可证、进出口安检清关、装运前检验等。

（7）卖方必须支付为了交货所需的查验操作费用（如查验品质、丈量、计重、点数的费用）。卖方必须自付费用包装货物，除非该特定贸易运输的所售货物通常无须包装。除非双方已经约定好具体的包装或标记要求，否则，卖方必须以适合该货物运输的方式对货物进行包装和标记。

（8）卖方必须支付完成交货前与货物相关的所有费用，应由买方支付的费用除外。

2. EXW 合同下买方的主要义务

（1）买方必须按照销售合同约定支付货物价款。买方提供的任何单据，根据双方约定可以是纸质或电子形式，如果没有约定，则按照惯常做法提供。

（2）当卖方已完成交货，并发出通知时，买方必须提取货物。

（3）买方承担交货时起货物灭失或损坏的一切风险。如果买方没有及时向卖方发出收取货物的通知，则买方承担自约定的交货日期起或交货期限届满之时起的货物灭失或损坏的一切风险，但以该货物已被清楚地确定为合同项下货物为前提条件。

（4）应由买方负责自费签订运输合同或安排自指定交货地起的货物运输。

（5）买方必须向卖方提供其已提取货物的适当证据。

（6）应由买方办理出口国、过境国及进口国所要求的所有出口、过境、进口清关手续，并支付该类费用，如进出口许可证、进出口安检清关、装运前检验等。

（7）买方必须支付完成交货之时起与货物有关的所有费用；偿付卖方为安排运输、保险及提供协助或信息而产生的所有费用和开支；支付货物出口应缴纳的所有关税、税款和其他费用，以及办理出口清关手续而产生的费用；支付因买方未提取已交由其处置的货物或未及时发出收货通知而产生的额外费用，但以该货物已被清楚地确定为合同项下货物为前提条件。

（8）无论何时根据约定，当买方有权决定在约定交货期限内的时间和/或在指定地点的提货点时，买方必须给予卖方充分通知。

EXW 术语的成交价格最低，卖方承担的义务最小。应当遵守以下使用规则：在 EXW 术语下，卖方并不承担装货的义务，即使在实际上卖方也许更方便履行此义务。如果卖方装货，也是由买方承担相关的风险和费用。如果卖方在装载货物中处于优势地位，则使用卖方承担装载费用与风险的 FCA 术语通常更适合。在使用 EXW 术语时，买方尤其要注意，卖方没有安排出口通关的义务，其仅在买方要求办理出口手续时负有协助的义务。如果买方不能直接或间接地办理出口情况手续的情况下，不应使用本术语，而应选择 FCA 术语。

（二）FCA 货交承运人（…指定地点）

FCA 是 Free Carrier 的缩写，中文一般译为"货交承运人"。本术语是从 FOB 术语发展而来的，其目的主要是为了适应集装箱运输、滚装船运输及多式联运的需要，因此可适用于任何运输方式，包括多式联运。其基本含义是：卖方在其所在地或另一指定地点将货物交给买方指定的承运人或另一人并在需要的情况下办理了货物的出口结关，即完成交货。货物的风险在指定的交货地点转给买方。在本术语下，卖方没有义务办理任何进口手续和支付任何进口税。

1. FCA 合同下卖方的主要义务

（1）卖方必须提供符合销售合同约定的货物和商业发票，以及合同可能要求的其他与合同相符的证据。卖方提供的任何单据，根据双方约定可以是纸质或电子形式，如果没有约定，则按照惯常做法提供。

（2）卖方必须在指定地或指定点（如果有），向买方指定的承运人（或其他人）交付货物或以取得已经如此交付货物的方式交货。卖方必须在约定时间或买方所通知的约定期间内的交货时间交货。如果未约定具体交货时间，则在约定期限届满之时，若指定交货地在卖方所在地，则当货物被装上买方提供的运输工具时，或在任何其他情况下，当货物在卖方的运输工具上做好卸载准备，并交由买方指定的承运人（或其他人）处置时，交货完成。如果买方未通知在指定交货地内的特定交货点，且有数个交货点可用，则卖方可以选择最符合其目的之交货点。

（3）卖方承担完成交货前货物灭失或损坏的一切风险，但以该货物已被清楚地确定为合同项下货物为前提条件。

（4）卖方对买方没有订立运输合同的义务。但是，在应买方要求并由其承担风险和费用的情况下，卖方必须向买方提供卖方所拥有的买方安排运输所需的任何信息，包括与运输有关安全要求。如已约定，卖方必须按照惯常条款订立运输合同，由买方承担风险和费用。卖方必须在完成交货之前遵守任何与运输有关的安全要求。

（5）卖方对买方没有订立保险合同的义务。但是，应买方要求并由其承担风险和费用，卖方必须向买方提供卖方所拥有的买方获取保险所需的信息。

（6）卖方必须自付费用向买方提供交货的通常证明。在应买方要求并由其承担风险和费用的情况下，卖方必须协助买方取得运输单据。

（7）卖方必须办理和支付出口国要求的所有出口清关手续，并应买方要求并由其承担风险和费用，卖方必须协助买方获取任何过境国或进口国需要的与所有过境、进口清关手续有关的任何单据和信息，包括安全要求和装运前的检验。

（8）卖方必须支付为了交货所需要进行的查验费用。卖方必须自付费用包装货物，除非该特定贸易的运输的所售货物通常无须包装。除非双方已经约定好具体的包装或标记要求，否则，卖方必须以适合该货物运输的方式对货物进行包装和标记。

（9）卖方必须支付以下费用：完成交货前与货物相关的所有费用，向买方提供已经货物的惯常证据的费用，办理出口清关有关的关税、税款和任何其他费用，买方提供协助获取单据及信息相关的所有费用和开支。

（10）在完成交货或者买方指定的承运人或其他人未在约定期间内提货的情况下，卖方必须给予买方充分通知。

2．FCA 合同下买方的主要义务

（1）买方必须按买卖合同规定支付价款。买方提供的任何单据，根据双方约定可以是纸质或电子形式，如果没有约定，按照惯常做法提供。

（2）当卖方按照约定完成交货时，买方必须提取货物。

（3）买方承担交货时起货物灭失或损坏的一切风险。如果买方未按照约定指定承运人（或其他人）或未发出收货通知，或买方指定的承运人（或其他人）未接管货物，买方承担在约定日期起（如无约定，从任何约定交货期限届满之日起）货物灭失或损坏的所有风险，但以货物已被清楚地确定为合同项下货物为前提条件。

（4）除非卖方应买方要求订立运输合同，买方必须自负费用订立运输合同或安排从指定交货地开始的货物运输。

（5）买方必须接受卖方按照约定提供的完成交货的证据。如果双方已如此约定，买方必须自担费用和风险，指示承运人向卖方出具载明货物已经装载的运输单据（如已装船提单）。

（6）应卖方要求并由其承担风险和费用，买方必须协助卖方获取出口国需要的与所有出口清关手续有关的任何单据和/或信息，包括安全要求和装运前检验。买方还必须办理和支付过境国和进口国要求的所有手续，如进口许可证、进口及任何过境安检清关、装运前检验等。

（7）买方必须支付以下费用：完成交货之时起与货物有关的所有费用；卖方应买方要求提供协助获取单据及信息相关的所有费用和开支；办理过境或进口清关有关的关税、税款和任何其他费用；由于买方未按照约定指定承运人或其他人，或由买方指定的承运人或其他人未接管货物所产生的任何额外费用。

（8）买方必须向卖方发出以下通知：指定的承运人或其他人的名称，该通知应留出充分的时间，以便卖方能按照约定完成交货；在约定交货期限内所选择的由指定的承运人或其他人收取货物的时间；指定的承运人或其他人使用的运输方式，包括任何与运输有关的安全要求；在指定交货地的收货点。

3. FCA 合同须注意的问题

FCA 与 FOB 在价格构成上基本相同，两者都不包括运费、保险费。主要区别在于以下两点：一是 FOB 是适合于海运或水路运输，而 FCA 适用于各种运输方式；二是风险划分不同，FOB 的风险划分是在装运港载货轮船的船上，而 FCA 的风险划分是在货交承运人时。在使用 FCA 合同时应注意下列问题：

（1）交货义务的履行。按照通则的规定，在指定地点按约定的交货日期或期限内以约定的方式，将货物交给买方指定的承运人或其他人照管。如果指定的地点是卖方所在地，则卖方应负责将货物装上买方指定的承运人或代表买方的其他人提供的交通运输工具上完成交货义务；如果卖方在任何其他地点交货，卖方则不负责卸货，即当货物在卖方的运输工具上，尚未卸货而交给买方指定的承运人或其他人处置时，卖方即完成了交货义务。

若没有约定具体的交货地点，并有几个地点可供选择，卖方可以选择最适合其目的地的交货地点。若买方未给予准确的指示，卖方可以按承运人的运输方式和货物的数量或性质要求的方式将货物交给承运人。

（2）风险的转移。在货物交给承运人后，风险转移给买方。买方自行承担未能指定承运人，或指定的承运人未能在约定时间将货物置于买方控制之下所引起的一切额外损失，买方承担自约定交货期限届满之日起的全部风险。①

（三）CPT 运费付至（…指定目的地）

CPT 是 Carriage Paid to 的缩写，中文译为"运费付至……"。其基本含义是指卖方在约定的地点（在当事人之间约定这样地点的情况下）将货物交给其指定

---

① 克里夫·M. 施米托夫：《施米托夫论出口贸易》，中国人民大学出版社 2014 年版，第 11 页。

的承运人或另一人，并订立运输合同和支付必要运费以将货物运往指定目的地，但是货物的风险在交货地转移给买方。

1. CPT 合同下卖方的主要义务

（1）卖方必须提供符合合同规定的货物和商业发票，以及合同可能要求的证明货物符合合同要求的任何其他凭证。卖方提供的任何单据，根据双方约定可以用纸质或电子形式，如果没有约定，则按照惯常做法提供。

（2）卖方必须将货物交给合同约定的承运人或以取得已经如此交付的货物的方式交货。在这两种情形下，卖方均必须在约定日期或约定期限内交货。

（3）卖方承担完成交货前货物灭失或损坏的一切风险。

（4）卖方必须签订或取得运输合同，将货物自交货地内的约定交货点（如有），运输至指定目的地，或位于该目的地的任何交货点（如已约定）。运输合同必须按照惯常条款订立，由卖方承担费用，经由通常路径，按照所售货物类型的惯常运输方式运送货物。如果该具体地点未经约定，也未根据实务确定，则卖方可选择最符合其交货目的之交货地点和位于指定目的地内的交货点。卖方必须遵守运至目的地过程中任何与运输有关的安全要求。

（5）应买方的要求并由其承担风险和费用的情况下，卖方必须向买方提供卖方所拥有的买方取得保险所需的信息。

（6）根据惯例或应买方要求，卖方必须承担费用，向买方提供按照合同约定订立的运输合同项下的通常运输单据。该运输单据必须载明合同项下的货物，且其签发日期应在约定的运输期限内。如已约定或依照惯例，该运输单据还必须能使买方在指定目的地向承运人索取货物，并能使买方通过向其下家买方转让该单据或通过通知承运人来转卖在途货物。当该运输单据可以转让方式签发且有数份正本时，全套正本必须向买方提交。

（7）卖方必须办理出口国要求的所有出口清关手续并支付费用，如出口许可证、出口安检清关、转运前检验等。应买方要求并由其承担费用和风险，卖方必须协助买方获取任何过境国或进口国需要的所有与清关手续有关的任何单据和信息，包括安全要求和转运前检验。

（8）卖方必须支付为交货所需要进行的查验费用（如查验品质、丈量、计重、点数的费用）。卖方必须支付费用包装货物，除非该特定贸易运输的所售货物通常无须包装。除非双方已经约定好具体的包装或标记要求，卖方必须以适合该货物运输的方式对货物进行包装和标记。

（9）卖方必须支付以下费用：完成交货前与货物相关的所有费用；运费和所

有其他与装货费用及与运输有关的安全费用；在约定目的地产生的任何卸货费用，但仅以运输合同规定应由卖方承担此类费用为条件；根据运输合同应由卖方承担的过境费用；向买方提供已经交货的通常证据的费用；办理出口清关有关的关税、税款和任何其他费用；买方提供协助获取单据及信息相关的所有费用和开支。

（10）卖方必须向买方发出完成交货的通知。卖方必须向买方发出任何所需通知买方以便其收取货物。

2. CPT 合同下买方的主要义务

（1）买方必须支付买卖合同规定的价款。买方提供的任何单据，根据双方约定可以是纸质或电子形式，如果没有约定，则按照惯常做法提供。

（2）当卖方按照约定交货时，买方必须提取货物，并在指定目的地或在该地方内约定地点自承运人处收取货物。

（3）买方承担自交货时起货物灭失和损坏的一切风险。如果买方未按照约定发出收货通知，则买方承担自约定的交货日期起或约定交货期限届满之时起的货物灭失或损坏的一切风险，但以该货物已清楚地确定为合同项下货物为前提条件。

（4）如果运输单据与合同相符，买方必须接受卖方提供的运输单据。

（5）应卖方要求并由其承担风险和费用，买方必须协助卖方获取出口国需要的与所有与出口清关手续有关的任何单据和信息，包括安全要求和装运前检验。买方必须办理任何过境国和进口国要求的所有手续并支付费用，如进口许可证、进口安检清关、转运前检验等。

（6）买方必须支付以下费用：完成交货时起与货物有关的所有费用；过境费用，除非根据运输合同该项费用由卖方承担；卸货费用，除非根据运输合同该项费用应有卖方承担；卖方应买方要求提供协助获取单据及信息相关的所有费用和开支；办理过境或进口清关有关的关税、税款和任何其他费用；由于未按照约定发出通知而产生的自约定交货日期或自约定交货期限届满之时起的任何额外费用，但以该货物已清楚地确定为合同项下货物为前提条件。

（7）无论何时根据约定，当买方有权决定发货时间和/或指定目的地的收货点时，买方必须给予卖方充分通知。

CPT 与 CFR 的价格构成基本相同，除成本外，还包括了运费。两者的区别在于适用的运输方式不同，以及风险转移的时间不同。CPT 术语中，风险和成本在不同的地方发生转移。买卖双方当事人应在买卖合同中尽可能准确地确定交货地点和运输合同中载明的指定目的地。如果使用多个承运人将货物运至指定目的地，且买卖双方并未对具体交货地点有所约定，则合同默认风险在货物由卖方交给第一个承运人时转移。

（四）CIP 运费、保险费付至指定目的地

CIP 是 Carriage and Insurance Paid to 的缩写，中文一般译成"运费及保险费付至……"它是指卖方除负有 CPT 术语相同的义务外，还必须办理货物运输途中应由买方承担的货物灭失或损坏风险的保险，因此卖方应订立保险合同并支付保险费。

CIP 合同中，买方的具体义务与 CPT 合同下的买方义务完全相同，卖方的义务则包括了 CPT 合同下卖方所有义务并参加投保和支付保险费的义务。应予注意的是，除非以后约定或在特定贸易中的存在习惯做法，卖方必须自负费用取得货物保险，该保险须符合《协会货物保险条款》条款（A）或任何适于货物运输方式的类似条款。保险应与信誉良好的承保人或保险公司订立，并应使买方或任何其他对货物具有可保利益的人有权直接向保险人索赔。当买方要求且能够提供给卖方所需信息时，卖方必须提供任何附加险，由买方承担费用。最低保险金额应是合同规定价格另加 10%，并应采取合同货币。保险范围从货物规定的交货点起，至少至指定的目的地止。卖方必须提供给买方保险单或保险证明或任何其他保险投保证明。此外，应买方要求并由其承担风险和费用，卖方必须向买方提供买方取得任何附加险所需信息。

CIP 与 CIF 相比，价格构成基本相同，都包括了成本、运费和保险费。但在运输方式和风险划分上有明显不同。在 CIP 合同中所指的保险不仅包括海运保险，还可能包括其他各种运输保险。

（五）DAT 运输终端交货

DAT 是 Delivered at Terminal 的缩写，中文一般译成"运输终端交货"。该术语可适用于任何运输方式，包括多式联运。其基本含义是指当卖方在指定港口或目的地的指定运输终端将货物从抵达的卸载工具上卸下，交给买方处置时即完成交货义务。"运输终端"意味着任何地点，而不论该地点是否有遮盖，如码头、仓库、集装箱堆积场或公路、铁路、空运货站。卖方承担将货物送至指定港口或目的地的运输终端，并做好卸货准备无须卸货即完成交货义务。

1. DAT 合同下卖方的主要义务

（1）卖方必须提供符合买卖合同约定的货物和商业发票，以及合同可能要求

的证明货物符合合同要求的任何其他凭证。卖方提供的任何单据，根据双方约定可以用纸质或电子形式，如果没有约定，则按照惯常做法提供。

（2）卖方必须在约定目的地内的约定地点（如有），以将放置在抵达的运输工具上并做好卸货准备的货物交由买方处置或以取得已经如此交付的货物的方式交货。在这两种情况下，卖方必须在约定日期或约定期限内交货。

（3）卖方承担完成交货前货物灭失或损坏的一切风险。

（4）卖方必须自负费用签订运输合同或安排运输，将货物运至指定目的地或指定目的地内的约定交货点（如有）。如果该具体地点未经约定，也未根据实务确定，则卖方可以选择最符合其目的之指定目的地内的交货点。卖方必须遵守运至目的地过程中任何与运输有关的安全要求。

（5）卖方必须自负费用向买方提交所要求的任何单据，以便买方能够接管货物。

（6）卖方必须办理出口国和任何过境国要求的所有出口和过境清关手续，并支付费用，如出口/过境许可证、出口/过境安检清关、装运前检验等。应买方要求并由其承担风险和费用，卖方必须协助买方获取进口国所需的所有与进口清关手续相关的任何单据和信息，包括安全要求和装运前检验。

（7）卖方必须支付为了交货所需要进行的查验费用（如查验品质、丈量、计重、点数的费用）。卖方必须自付费用包装货物，除非该特定贸易运输的所售货物通常无须包装。除非双方已经约定好具体的包装或标记要求，否则，卖方必须以适合该货物运输的方式对货物进行包装和标记。

（8）卖方必须支付以下费用：完成交货前与货物及其运输相关的所有费用，应由买方支付的费用除外；在目的产生的任何卸货费用，但仅以运输合同规定应由卖方承担此类费用为条件；按照约定提供交货/运输单据的费用；办理出口和任何过境清关有关的关税、税款和其他费用；买方按照约定提供协助获取单据及信息相关的所有费用和开支。

（9）卖方必须向买方发出买方收取货物所需的任何通知。

2. DAT 合同下买方的主要义务

（1）买方必须按买卖合同的约定支付货物价款。买方提供的任何单据，根据双方约定可以是纸质或电子形式，如果没有约定，则按照惯常做法提供。

（2）当卖方按照约定交货时，买方必须提取货物。

（3）买方承担按照约定交货时起货物灭失或损坏的一切风险。如果买方未按照约定履行协助提供进出口清关手续的义务时，其承担因此造成的货物灭失或损坏的一切风险。另外如果买方未按照约定发出收货通知，则自约定交货日期起或交货期限届满之时起，买方承担货物灭失或损坏的一切风险。但以该货物已清楚地确定为合同项下货物为前提条件。

（4）买方对卖方无订立保险合同的义务。但是，应卖方要求并由其承担风险和费用，买方必须向卖方提供卖方取得保险所需的信息。

（5）买方必须接受卖方按约定提交的单据。

（6）应卖方要求并由其承担风险和费用，买方必须协助卖方获取出口国和任何过境国需要的与所有出口/过境清关手续相关的任何单据和/或信息，包括安全要求和装运前检验。另外，买方必须办理进口国要求的所有手续并支付费用，如进口许可证、进口安检清关及装运前检验等。

（7）买方支付以下费用：完成交货时起与货物相关的所有费用；在指定目的地从抵达的运输工具上提取货物所必需的所有卸货费用，除非根据运输合同该费用应由卖方承担；卖方提供协助获取单据及信息相关的所有费用和开支；办理进口清关有关的关税、税款和任何其他费用；如买方未按约定协助卖方获取相关单据和信息，或未按约定发出提取货物通知，导致卖方发生的任何额外费用，但以该货物已清楚地确定为合同项下货物为前提条件。

（8）无论何时根据约定，当买方有权决定约定期限内的时间和/或指定目的地提货点时，买方必须给予卖方充分通知。

（六）DPU 指定目的地交货

DPU 是 Delivered at Place Unloaded 的英文缩写，中文一般译成"目的地交货并卸货"。该术语的含义为卖方自行负担费用和风险签订运输合及保险合同，按照惯常路线或方式，在规定的日期或期限内，承担将货物运至指定目的地并在该地点卸货的一切风险。在 DUP 规则中，交货地点可以是任何地方，例如码头、仓库、集装箱堆场或东路、铁路或航空运输站。[①]

1. DPU 合同下卖方的主要义务

（1）卖方必须提供符合买卖合同约定的货物和票据，以及合同可能要求的其他与合同相符的证据；卖方提供的任何单据，根据双方约定可以是纸质或电子形式，如果没有约定，则按照惯常做法提供。

（2）卖方必须在指定目的地的约定地点（如有），已将货物从抵达的运输工

---

① 温耀原、周晖：《国际商法》，清华大学出版社 2022 年版，第 137 页。

具上卸下并交由买方处置或以取得已经如此交付的货物的方式交货。在这两种情况下，卖方必须在约定日期或约定期限内交货。

（3）卖方承担完成交货前货物灭失或损坏的一切风险。

（4）卖方必须自付运费签订运输合同或安排运输，将货物运至指定目的地或者指定目的地内的约定交货点（如有）。如果该具体地点未经约定，也未根据实务确定，卖方可以选择最符合其目的之指定目的地内的交货点。卖方必须遵守运至目的地过程中任何与运输有关的安全要求。

（5）卖方必须自付费用向买方提交所要求的任何单据，以便买方能够接管货物。

（6）卖方必须办理出口国和任何过境国要求的所有出口和过境清关手续，并支付费用，如出口/过境许可证、出口/过境安检清关、装运前检验等。应买方要求并由其承担风险和费用，卖方必须协助买方获取进口国所需的所有与进口国清关手续相关的任何单据和/或信息，包括安全要求和装运前检验。

（7）卖方必须支付交货所需要进行的查验费用（如查验品质、丈量、计重、点数的费用）。卖方必须自付费用包装货物，除非该特定贸易运输的所售货物通常无须包装。除非双方已经约定具体的包装或标记要求，否则，卖方必须以适合该货物运输的方式对货物进行包装和标记。

（8）卖方必须支付以下费用：完成交货前与货物及其运输相关的所有费用，按照约定应由买方支付的费用除外；提供交货/运输单据的费用；办理出口和任何过境清关有关的关税、税款和任何其他费用；买方提供协助获取单据及信息相关的所有费用和开支。

（9）卖方必须向买方发出买方收取货物所需的任何通知。

2. DPU 合同下买方的主要义务

（1）买方必须按照买卖合同约定支付货物价款。买方提供的任何单据，根据双方约定可以是纸质或电子形式，如果没有约定，则按照惯常做法提供。

（2）当卖方按照约定交货时，买方必须提取货物。

（3）买方承担交货时起货物灭失或损坏的一切风险。如果买方未按照约定办理或协助卖方办理进出口手续，则承担由此造成的货物灭失或损坏的一切风险。卖方未按照约定发出提取货物的通知，则自约定交货日期起，或自约定交货期限届满之时起的货物灭失或损坏的一切风险。但以该货物已被清楚地标明为合同项下货物为前提条件。

（4）买方对卖方无订立保险合同的义务。但应卖方要求并由其承担风险和费用，买方必须向卖方提供取得保险所需的信息。

（5）买方必须接受卖方按约定提交的单据。

（6）应卖方要求并由其承担风险和费用，买方必须协助卖方获取出口国和任何过境国需要的所有与出口/过境清关手续相关的任何单据和/或信息，包括安全要求和装运前检验。另外买方必须办理进口国要求的所有手续并支付手续费，如进口许可证、进口安检清关、装运前检验等。

（7）买方必须支付以下费用：按约定完成交货时起与货物相关的所有费用；支付卖方按买方要求提供协助获取与进口相关的单据及信息相关的所有费用和开支；办理进口清关有关的关税、税款和任何其他费用；如买方未按照约定履行合同义务或未按照约定发出提货通知，导致卖方发生的任何额外费用，但以该货物已清楚地确定为合同项下货物为前提条件。

（8）无论何时根据约定，当买方有权决定约定期限内的时间和/或指定目的地的提货点时，买方必须给予卖方充分通知。

（七）DDP 完税后交货

DDP 是 Delivered Duty Paid 的缩写，中文一般译作"完税后交货"，其含义是指卖方在指定的目的地将处于抵达的运输工具上但已经完成进口清关，且可供卸载的货交由买方处置时，即为交货。卖方必须承担将货物运至目的地的一切费用及风险，并有义务完成货物出口和进口清关，支付所有出口和进口的关税和办理所有海关手续。该术语适合于多种运输方式。

1. DDP 合同下卖方的主要义务

（1）卖方必须提供符合销售合同约定的货物和商业发票，以及合同可能要求的其他与合同相符的证据。卖方提供的任何单据，根据双方约定可以是纸质或电子形式，如果没有约定，则按照惯例做法提供。

（2）卖方必须在指定目的地的约定地点（如有），以将放置在抵达的运输工具上做好卸货准备的货物交由买方处置或以取得已经如此交付的货物的方式交货。在这两种情况下，卖方必须在约定日期或约定期限内交货。

（3）卖方承担按照约定完成交货前货物灭失或损坏的一切风险。

（4）卖方必须自付费用签订运输合同或安排运输，将货物运至指定目的地内的约定交货点（如有）。如果该具体地点未经约定，也未根据实务确定，卖方可以选择最符合其目的之指定目的地的交货点。卖方必须遵守运至目的地过程中任何与运输有关的安全要求。

（5）卖方必须自付费用向买方提交所要求的任何单据，以便买方能够接管货物。

（6）卖方必须办理出口国、过境国和进口国要求的所有出口/过境/进口清关手续，并支付费用，如进出口许可证、进出口安检清关、装运前检验等。

（7）卖方必须支付按照约定交货所需要进行的查验费用（如查验品质、丈量、计重、点数的费用）。卖方必须自付费用包装货物，除非该特定贸易运输的所售货物通常无须包装。除非双方已经约定好具体的包装或标记要求，否则，卖方必须以适合该货物运输的方式对货物进行包装和标记。

（8）卖方必须支付以下费用：按照约定完成交货前与货物及其运输相关的所有费用，按照约定应由买方支付的除外；在目的地产生的任何卸货费用，但仅以运输合同规定应由卖方承担此类费用为条件；按照约定提供交货/运输单据的费用；按照约定办理出口/过境及进口清关有关的关税、税款和其他费用；买方按照约定提供协助获取单据及信息相关的所有费用和开支。

（9）卖方必须向买方发出买方收取货物所需的任何通知。

2. DDP 合同下买方的主要义务

（1）买方必须按照销售合同约定支付货物价款。买方提供的任何单据，根据双方约定可以是纸质或电子形式，如果没有约定，则按照惯常做法提供。

（2）当卖方按照约定交货时，买方必须提取货物。

（3）买方承担按照约定交货时起货物灭失或损坏的一切风险。如果买方未按照约定协助卖方办理进出口或过境国所需要的所有清关手续有关的单据或信息时，买方承担因此造成的货物灭失或损坏的一切风险。另外买方如果未按照约定发出提货通知，则自约定交货日期起或交货期限届满之时起，买方承担货物灭失或损坏的一切风险。但以该货物已清楚地确认为合同项下货物为前提条件。

（4）买方对卖方无订立保险合同的义务。但应卖方要求并由其承担风险和费用，买方必须向卖方提供取得保险所需的信息。

（5）买方必须接受按照约定提交的单据。

（6）卖方要求并由其承担风险和费用，买方必须协助卖方办理出口国/过境国/进口国需要的所有与进出口或过境清关手续及有关的单据或信息，如进出口许可证、进出口安检清关及装运前检验等。

（7）买方必须支付以下费用：按照约定完成交货时起与货物相关的所有费用；在指定目的地从抵达运输工具上提取货物所必需的所有卸货费用，除非根据运输合同该费用应由卖方承担；如买方未履行协助卖方获取与进出口或过境相关清关手续的义务或未按照约定发出提货通知，导致卖方发生的任何额外费用，但以该货物已清楚地确定为合同项下货物为前提条件。

（8）无论何时根据约定，当买方有权决定约定期限内的时间和/或指定目的地的提货点时，买方必须给予卖方充分通知。

在 DDP 术语下，卖方承担完成交货前货物灭失或损坏的一切风险。买方承担完成交货时起货物灭失或损坏的一切风险。因为到达指定地点过程中的费用与风险都由卖方承担，因此 DDP 属于下卖方承担的责任最大，如果卖方不能直接或间接地取得进口许可，不建议当事人使用此术语。另外，DDP 和 DPU 术语的区别在于：DDP 术语是卖方负责办理进口清关手续，买方负责卸货费用和风险，而 DPU 术语是买方负责进口清关手续，卖方负责卸货费用和风险。[①]

 复习思考题

一、简答题

1. 简述国际贸易术语的含义与作用。

2. 简述 Incoterms® 2020 的主要修改和变化。

3. 简述在 Incoterms® 2020 中，FOB 术语下买卖双方的主要义务有哪些。

4. 简述在 Incoterms® 2020 中，CIF 术语下买卖双方的主要义务有哪些。

二、案例分析

中国某公司以 CIF 价（双方约定适用 Incoterms® 2020）向德国某公司出口一批农副产品，向中国人民保险公司投保了一切险，并规定以信用证方式支付。中国公司在装船并取得了提单后，办理了议付。第二天，中国公司接到德国公司来电，称装货的海轮在海上失火，该批农副产品全部烧毁，要求中国公司向中国人民保险公司提出索赔，否则要求中国公司退还全部货款。

请问：中国公司是否有义务向中国人民保险公司提出索赔？[②]

案例题答案

---

① 中国国际商会/国际商会中国国家委员会：《国际贸易术语解释通则2020全面解读与法律指引》，中国海关出版社有限公司2021年版，第9页。

② 吴建斌、肖冰、彭岳：《国际商法》，高等教育出版社2022年版，第156页。

第六章

国际货物运输法

 学习目标

【知识目标】

(1) 了解国际海上货物运输的概念、种类。

(2) 了解承运人的义务与责任。

(3) 掌握提单的概念、作用、种类的基础知识和技能。

(4) 熟悉海牙规则、维斯比规则、汉堡规则及鹿特丹规则的基本制度。

(5) 了解国际航空运输、国际陆路运输的相关法律制度。

【能力目标】

(1) 能够依法签订班轮运输合同，能够确认合同与提单的区别。

(2) 能够正确使用提单。

(3) 能够明确班轮合同承运人的权利与义务，依法履行班轮运输合同。

【思政目标】

(1) 培养学生在处理国际货物运输时应该具备的使命、敬畏、严谨、勇于开拓的职业精神。

(2) 结合本课程教学内容和相关热点问题及货物运输的新形势，体现出目前中国在世界贸易、世界航运业中举足轻重的作用，坚定学生的"四个自信"，践行社会主义核心价值观，增强学生的民族自豪感。

【关键术语】 国际海上货物运输　提单　承运人　惯例与规则

 引导案例

有人说，国际货轮是海上漂流的金库，那提单就成了"打开金库的钥匙"。

记名提单恰恰就是一些狡猾的客户暗算中国出口商玩的致命的一招，而这把钥匙却是货主自己奉上的。一般做进出口的都知道一个简单的道理：提单就是物权凭证，谁控制提单，谁就控制了货物。珠三角一家位居中国某一机电产品品类出口前三名的出口企业也坚信这一点。于是在只收了一点定金的情况下，就为以色列客户出具了五个集装箱货物的记名提单，结果货款还没收到，对方竟然在未拿到提单的情况下就提走了货物。找专业人士了解后才知道，原来承运人可以无须收货人出示正本记名提单而只要证明提货人是记名提单上的真实提货人就可以放货了。[①]

第一节 国际海上货物运输法

一、国际海上货物运输概述

国际货物的运输方式多种多样，其中包括海上运输、公路运输、铁路运输、航空运输、江河运输和国际多式联合运输等。在各类运输方式中，海上货物运输是最主要的形式。在国际贸易中，大约三分之二以上的货物都采取此类运输方式。

（一）海上货物运输的概念

国际海上货物运输是承运人使用船舶将托运人的货物通过海路从一国的港口运至另一国的港口的运输方式。国际海上货物运输是国际贸易的重要环节，20世纪下半叶以来，随着集装箱运输的发展，海上货物运输也发展迅猛起来。

（二）国际海上货物运输的国际公约

随着海上运输业的迅猛发展，很多国家都制定了关于海上运输的法律，如1893年美国制定了《哈特法》[②]（The Harter Act）、1904年澳大利亚于制定了

---

① 韩宝庆：《国际商法》，清华大学出版社 2020 年版，第 157 页。

② 《哈特法》（The Harter Act）、全称《关于船只航行、提单及财产运输的某些义务、责任和权利的法案》（An Act Relating to Navigation of Vessels, Bills of Lading, and to Certain Obligations, Duties, and Rights in Connection with the Carriage of Property），是指 1893 年由美国制定，目的在于打击英国船主在提单中任意规定免责条款的行径，保护本国货主的利益。《哈特法》作为处理海上货物运输中货损风险分担的第一部立法，被誉为是"海事立法上的一项创新"。参见邹瑜：《法学大辞典》，中国政法大学出版社 1991 年版；Frederick Green, The Harter Act. Harvard Law Review, Vol. 16, No. 3, January 1903, pp. 157 – 177.

《海上货物运输法》，1924 年英国制定的《海上货物运输法》等，1992 年我国也颁布了《中华人民共和国海商法》。目前调整国际海上货物运输的公约主要有三个：1924 年的《关于提单统一法律规定的国际公约》（International Convention for the Unification of Certain Rules of Law Relating to Bills of Lading）简称《海牙规则》（Hague Rules，H. R.）、1968 年的《修改统一提单若干法律问题的国际公约的议定书》（Protocol to Amend the International Convention for the Unification of Certain Rules of Law Relating to Bills of Lading），简称《维斯比规则》（Visby Rules），以及 1978 年的《联合国海上货物运输公约》（United Nations Convention on the Carriage of Goods by Sea），简称《汉堡规则》（Hamburg Rules，HBR）。

知识链接：《海牙规则》的主要内容

《海牙规则》是统一海上货物运输法的第一部国际公约，《海牙规则》还规定了承运人的免责事项、索赔、诉讼、责任限制等几个方面。欧美大部分国家都加入了这个公约。但是随着国际贸易的发展，《海牙规则》的部分内容不适应时代的需要，对其进行修改已成必然趋势。国际海事委员会及时修改了《海牙规则》，于 1968 年通过了《维斯比规则》。《维斯比规则》进一步扩大了《海牙规则》的适用范围，加强了承运人的责任限制，提高了承运人对货物损害赔偿的限额。然而《维斯比规则》使船、货双方的利益仍处于不平衡的状态，要求对其修改的呼声不断。1978 年联合国通过了《汉堡规则》。《汉堡规则》的基本精神发生了根本性的改变，扩大了承运人的责任。使《海牙规则》中的航海过失免责归于无效。[①]

此外，2008 年联合国通过了《全程或部分海上国际货物运输合同公约》，简称《鹿特丹规则》（United Nations Convention on Contracts for the International Carriage of Goods Wholly or Partly by Sea），《鹿特丹规则》（Rotterdam Rules）在内容上、范围上和关联性上均达到了相关公约无法比拟的程度。

---

① 马德懿：《试论航海过失免责的生命力——兼论汉堡规则对废除航海过失免责的理性分析》，载于《河北法学》2002 年第 11 期，第 189～192 页。

知识链接：《鹿特丹规则》

表 6 – 1　　《海牙规则》《维斯比规则》《汉堡规则》《鹿特丹规则》比较

	《海牙规则》	《维斯比规则》	《汉堡规则》	《鹿特丹规则》
通过时间	1924 年	1968 年	1978 年	2008 年
适用范围	只适用于缔约国签发的提单，不适用船舶租赁合同	任何缔约国签发的提单或从缔约国港口起运的提单	不仅适用在两个缔约国之前，并且被告所在地、提单签发地、装货港或者卸货港、运输合同指定的地点中任一在缔约国内的都可以适用该规则	将传统的海上区段以外的其他区段涵盖在内适用范围扩展到了非海上领域；运输方式扩展到了"海运和其他运输方式"；责任主体随着运输方式的增加而扩大，包括了海运、港口、陆路运输的各种经营人
承运人责任基础	不完全过错责任	不完全过错责任	完全过错责任	完全过错 + 推定过错
承运人责任期间	钩至钩	钩至钩	收到交	门到门
承运人的基本义务	①适航义务②管货义务	①适航义务②管货义务	增加管船义务（取消航行过失免责）	废除航行过失免责和火灾过失免责
承运人赔偿限额	每件或每个单位不超过 100 英镑	每件或者每一单位 666.67 特别提款权或毛重每公斤 2 个特别提款权，两者之中以高者为准	每件货每公斤 835 特别提款权或毛重每公斤相当于 2.5 特别提款权为限，两者之中以高者为准	赔偿限额为每件或者每一其他货运单位 875 特别提款权
诉讼时效	1 年，自货物交付或应当交付之日起算	1 年，双方可以协商延长。对于第三者的索赔期限还有 3 个月的宽限期	2 年，双方可协商延长。对于第三者的索赔期限还有 90 天的宽限	3 年，自承运人交付或者应当交付货物之日起计算

资料来源：笔者根据相关资料的归纳整理。

（三）国际海上货物运输方式

1. 班轮运输

班轮运输也称为定期运输。签订班轮运输合同后，承运人接收货物，签发提单，此后，托运人、收货人或提单持有人，他们与承运人之间的权利，均以提单为准。因此，班轮运输又称提单运输。

要注意的是，承运人签发的提单不得随意扩大托运人的责任或限制自己的义务，承运人签发的提单要受到国内海商法和有关国际公约的约束。

在实践中，提单往往都是由船公司提前制定好的，托运人只需要按要求填写签字，并由船长签署，运输合同宣告成立，并不需要托运人与承运人另外签订一份运输合同。

2. 租船运输

租船运输也叫不定期船运输。原油、食糖、矿石等大宗货物一般都采用这种运输方式。按租赁方式的不同，租船运输可分为程租船、期租船和光船租船三种。但光船租船实际上仅为财产租赁的一种形式，出租人并不承担运输义务。

班轮运输与租船合同的区别是很大的。首先，租船合同只是租船人与船东之间订立的合同，该合同仅仅规定了租船人与船东之间的权利与义务，而与收货人无关。其次，租船合同的订立完全依照当事人的意思自治原则，不像提单那样受到国际公约的约束。但是如果租船人在租船合同下转让所签发的提单，那就仍然受到国际公约的约束。

二、提单及相关法律问题

（一）提单的概述、作用与种类

1. 提单的概念

提单（Bill of Lading，B/L），是承运人向托运人签发的，用以证明海上货物运输与托运人已经达成的合同凭据。

提单早在 16 世纪出现了，它是海上货物运输中应用最广泛的一种单证。随着国际贸易和航运事业的不断发展，提单也从一般托运收据发展成为物权凭证。提单作为代表货物所有权的凭证，可以通过背书转让或抵押，它已具备了一种有价证券的性质。提单的内容、条款，以及调整提单的法律也随现代国际贸易的迅速发展而日趋详细和完善。

2. 提单的作用

根据以上概念，提单具有三方面的法律功能：

（1）提单是承运人与托运人之间的国际海上货物运输合同的证明。

提单主要适用于班轮运输，有时在租船合同下也签发提单。在海上货物运输实践中，承运人签发提单前，托运人会向承运人提出订舱的意思表示，订舱行为一经承运人接受，海上货物运输合同即告成立。承运人签发提单仅是在履行合同过程中的一个环节。而且成立海上货物运输合同凭借托运人和承运人的双方法律行为来实现，提单的成立仅需要承运人签发单方法律行为即可。因此，提单应当作为合同的一种证明，而非海上货物运输合同本身。在这个意义上，提单的内容和条款也是承运人和托运人之间订立海上货物运输合同的补充证明。同时，提单是一种可转让单证，当提单转让给善意的第三方时，提单就成了约束承运人和提单持有人的唯一凭证，原先的托运人与承运人之间的船舶订舱协议对他们就没有拘束力了。我国《海商法》第 78 条规定："承运人同收货人、提单持有人之间的权利、义务关系，依据提单的规定确定。"由此可见，提单这个法律性质，适用在不同的当事人中其法律意义是不一样的。

（2）提单是承运人接收货物或者将货物装船的证明。

承运人收到托运人托运的货物后，应根据托运人的请求签发提单。提单的签发不仅表明了承运人、托运人双方的身份与地位，而且还意味着承运人已在某一时间按照提单上所列的内容收到托运的货物，并已装上特定的船舶。

提单上关于货物情况的记载具有收据性质，可以作为证据使用。这主要体现在两方面：一方面，提单的签发日期就是指装船完毕的日期，不能出现预借提单和倒签提单的违法情形；另一方面，提单上关于承运人所收货物的标志、件数、数量、重量及其货物表面状况的记载，即表明承运人从托运人处收到了符合该记载事项的货物，因而有义务在目的港向收货人交付该货物。

提单作为承运人收到货物的收据，其证据效力也应从两方面考虑：一方面，对托运人而言，提单只是承运人收到货物的初步证据，不具有绝对效力。在航运实务中，承运人对货物的了解往往是由托运人书面提供的，如果承运人有充分理由证明货物的缺陷是装船时就存在，或者是因托运人的欺诈所致，则承运人在赔偿收货人损失后，可以向托运人追偿。另一方面，对提单受让人而言，提单是承运人按提单记载接收到货物的终局性证据。即使货物实际并未装船，承运人亦不能免除其对提单受让人的责任，除非提单受让人已得知货物未实际装船后仍然受让提单。这是因为提单受让人在受让提单时，并无机会检查实际装船的货物，只能完全相信承运人在提单中的记载，承运人有义务按提单记载向提单受让人交付货物，而不得以提单中的"未知条款"对抗善意的提单受让人。

（3）提单是承运人保证据以交货的物权凭证。

提单是物权凭证，它代表着提单内记载货物的物权，提单持有人对提单内的货物享有所有权，并有权向承运人提货。提单具有物权性质也决定了它可以在一定条件下转让、抵押、结汇等。因此，从这种意义上说，提单类似于一种有价证券。

由于提单具有物权凭证的法律属性，它可以通过背书转让给第三者。提单的合法转让，等于货物的合法转让。提单转让有两种情况：第一，货物所有权的转让。这种转让是双方当事人签订海事运输合同后，提单持有人可以通过背书转让该提单。提单项下的货物也可以随着提单的转让而转让。第二，提单抵押转让。提单持有人收清货物抵押款后，应将提单背书，还给抵押申请人或由他指示的合法受让人。

需要注意的是，提单的转让与票据的转让不同，提单一经合法手续背书转让后，转让人与受让人之间不必负连带责任。受让人可以凭提单向承运人主张权利或提取货物。

3. 提单的种类

按不同的分类标准，提单可以划分为许多种类：

（1）按提单收货人的抬头划分为记名提单（Straight B/L）、指示提单（Order B/L）、不记名提单（Bearer B/L, or Open B/L, or Blank B/L）。

记名提单又称收货人抬头提单，是指提单上的收货人栏中已具体填写收货人名称的提单。提单所记载的货物只能由提单上特定的收货人提取，或者说承运人在卸货港只能把货物交给提单上所指定的收货人。如果承运人将货物交给提单指定以外的人，即使该人占有提单，承运人也应负责。这种提单失去了代表货物可转让流通的便利，但同时也可以避免在转让过程中可能带来的风险。

不记名提单是指提单上收货人一栏内没有指明任何收货人，而注明"提单持有人"（Bearer）字样或将这一栏空白，不填写任何人的名称的提单。这种提单不需要任何背书手续即可转让或提取货物，使用极为简便。承运人应将货物交给提单持有人，谁持有提单，谁就可以提货，承运人交付货物只凭单，不凭人。如果不记名提单丢失或被窃，会带来极大风险，若转入善意的第三者手中时，也容易引起纠纷，因此国际上较少使用这种提单。

指示提单是指在提单正面"收货人"一栏内填上"凭指示"（To order）或"凭某人指示"（Order of）字样的提单。如果在收货人栏内只填写"指示"字样，则称托运人指示提单。这种提单在托运人未指定收货人或受让人之前，货物所有权仍属于卖方，在跟单信用证支付方式下，托运人就是以议付银行或收货人为受让人，通过转让提单而取得议付货款的。如果收货人栏内填写"某某指示"，则称记名指示提单。如果在收货人栏内填写"某某或指示"，则称选择指示人提单。记名指示提单或选择指示人提单中指名的"某某"既可以是银行的名称，也可以是托运人。指示提单是一种可转让提单。

（2）按货物是否已装船分为已装船提单（Shipped B/L, or On Board B/L）和收货待运提单（Received for Shipment B/L）。

已装船提单是指货物装船后由承运人或其授权代理人根据大副收据签发给托运人的提单。如果承运人签发了已装船提单，就是确认他已将货物装在船上。这种提单除载明一般事项外，通常还必须注明装载货物的船舶名称和装船日期，即是提单项下货物的装船日期。

收货待运提单是指承运人在收到托运人交来的货物但还没有装船时，应托运人的要求而签发的提单。签发这种提单时，说明承运人确认货物已交由承运人保管并存在其所控制的仓库或场地，但还未装船。所以，这种提单未载明所装船名和装船时间，在跟单信用证支付方式下，银行一般都不肯接受这种提单。

（3）按提单上有无批注划分为清洁提单（Clean B/L）和不清洁提单（Unclean B/L or Foul B/L）。

清洁提单是指在装船时，货物外表状况良好，承运人在签发提单时，未在提单上加注任何有关货物残损、包装不良、件数、重量和体积，或其他妨碍结汇的批注的提单。

使用清洁提单在国际贸易实践中非常重要，买方要想收到完好无损的货物，首先必须要求卖方在装船时保持货物外观良好，并要求卖方提供清洁提单。

不清洁提单是指在货物装船时，承运人若发现货物包装不牢、破残、渗漏、玷污、标志不清等现象时，大副将在收货单上对此加以批注，并将此批注转移到提单上。我国《海商法》第75条规定："承运人或者代其签发提单的人，知道或者有合理的根据怀疑提单记载的货物品名、标志、包数或者件数、重量或者体积与实际接收的货物不符，在签发已装船提单的情况下怀疑与已装船的货物不符，或者没有适当的方法核对提单记载的，可以在提单上批注，说明不符之处、怀疑的根据或者说明无法核对。"

（4）按运输方式的不同划分为直达提单（Direct B/L）、转船提单（Transshipment B/L）、联运提单（Through B/L）和多式联运提单（Multimodal Transport B/L or Intermodal Transport B/L）。

直达提单又称直运提单，是指货物从装货港装船后，中途不经转船，直接运至目的港卸船交与收货人的提单。直达提单上不得有"转船"或"在某港转船"

的批注。凡信用证规定不准转船者，必须使用这种直达提单。如果提单背面条款印有承运人有权转船的"自由转船"条款者，则不影响该提单成为直达提单的性质。

使用直达提单，货物由同一船舶直运目的港，对买方来说比中途转船更加有利，它既可以节省费用、减少风险，又可以节省时间，及早到货。因此，通常买方只有在无直达船时才同意转船。在贸易实务中，如信用证规定不准转船，则买方必须取得直达提单才能结汇。

转船提单是指货物从起运港装载的船舶不直接驶往目的港，需要在中途港口换装其他船舶转运至目的港卸货，承运人签发的提单。在提单上注明"转运"或在"某某港转船"字样，转船提单往往由第一程船舶的承运人签发。由于货物中途转船，增加了转船费用和风险，并影响到货时间，因此一般信用证内均规定不允许转船，但直达船少或没有直达船的港口，买方也只能同意可以转船。

按照海牙规则，如果船舶不能直达货物目的港，非中转不可，一定要事先征得托运人同意。船舶承运转船货物，主要是为了扩大营业、获取运费。转运的货物，一般均属零星杂货，如果是大宗货物，托运人可以租船直航目的港，也就不会发生转船问题。

联运提单是指货物须经两种或两种以上运输方式（海陆、海河、海空、海海等）联运，由第一承运人（第一程船舶运输的承运人）收取全程运费后，在起运地签发到目的港的全程运输提单。提单联运提单虽然包括全程运输，但签发提单的各程承运人只对自己运输的一段航程中所发生的货损负责，这种提单与转船提单性质相同。联运提单第一程运输方式一般是海运。

（5）按提单内容的简繁划分为全式提单（Long Form B/L）和简式提单（Short Form B/L, or Simple B/L）。

全式提单是指提单正面印就提单格式所记载的事项，背面列有关于承运人与托运人及收货人之间权利、义务等详细条款的提单。由于条款繁多，所以又称繁式提单。在海运的实际业务中大量使用的大都是这种全式提单。

简式提单是相对于全式提单而言的，是指提单背面没有记载关于承运人与托运人及收货人之间的权利义务等详细条款的提单。这种提单一般在正面印有"简式"（Short Form）字样，以示区别。

（6）按收费方式分为运费预付提单（Freight Prepaid B/L）、运费到付提单（Freight to Collect B/L）和最低运费提单（Minimum B/L）。

运费预付提单是指按规定货物托运时，必须预付运费的提单。这种提单正面载明"运费预付"字样，运费付后才能取得提单。付费后，若货物灭失，运费不退。成交 CIF、CFR 价格条件为运费预付。

运费到付提单是指以 FOB 条件成交的货物，不论是买方订舱还是买方委托卖方订舱，运费均为到付，并在提单上载明"运费到付"字样的这种提单。货物运到目的港后，只有付清运费，收货人才能提货。

最低运费提单又称起码收费提单，是指对每一提单上的货物按起码收费标准收取运费所签发的提单。如果托运人托运的货物批量过少，按其数量计算的运费额低于运价表规定的起码收费标准时，承运人均按起码收费标准收取运费，为这批货物所签发的提单就是最低运费提单。

（二）提单的内容

1. 提单正面的记载事项

关于提单正面的记载事项，各航运公司拟制的提单大致相同，一般包括下列各项：

（1）承运人的名称和主营业所。

承运人是指与托运人订立运输合同的人。承运人是运输合同的一方当事人，主要是船舶所有人、船舶经营人、船舶承租人以及无船承运人。在提单正面的承运人名称是识别承运人的重要依据。如果发生货物损害的情况，托运人一般是可以向提单上记载的承运人索赔的。然而，值得注意的是，提单上注明的承运人可能并不是真正的实际从事货物运输的人，如无船舶承运人；提单上注明的承运人可能委托实际承运人从事运输。所以，货物在发生损害的情况下，除了可以向提单上记载的承运人主张权利，提单持有人根据情况还可以向那些实际承运人主张索赔。因此，提单上承运人条款，可以方便托运人或提单持有人找出对货物灭失或损害承担责任的主体。

（2）托运人的名称。

实践中，提单上的"托运人"一栏中记载的一般都是货物卖方，即发货人，而很少记载买方。我国《海商法》规定了两种托运人[1]，即合同托运人和交货托运人，此种记载在中国法律下并不会产生任何问题。但是，在其他大多数国家，由于只承认"与承运人订立海上货物运输合同的人"才是托运人，所以，在

---

[1] 《中华人民共和国海商法》第 42 条。

FOB贸易下，将卖方记载为"托运人"，事实上与法律的规定并不相符。为了避免因此而产生的矛盾，现在很多公司的提单已将"托运人"一栏的名称改为"托运人/发货人"或者"托运人/出口方"。

（3）收货人的名称。

收货人是在目的港收受货物的人。提单上收货人一栏，应根据货物买卖合同的约定或者信用证的内容加以记载。

（4）通知方。

通知方是指承运人在卸货港与之联系的人，一般为进口商的货运代理人。在签发指示提单的情况下，收货人一栏是空白不填的，因此，应在此栏填写通知方的名称，以便承运人到港时与之联系，及时办理报关提货手续。

（5）船舶名称。

在提单上应该载明所承运货物的船舶名称，并载明该船舶的航次。载明船名的提单为已装船提单。承运人应该提供双方约定的装运货物的船舶，未经托运人同意而更换船舶，是违约行为，货方可要求赔偿损失并可解除运输合同。

（6）装货港和卸货港。

提单应载明装货港和在装货港接收货物的日期。装货港是承运人将货物装船起运的港口，但不一定是承运人收受货物的港口。国际航运竞争激烈，许多航运公司为争取货载，纷纷在内陆设立揽货站，再将所揽货物运到港口装船。卸货港是承运人将货物卸下并交给收货人的港口。在提单中载明装货港与卸货港，涉及运输合同的履行地，对法律适用有较大影响。在多式联运提单中，一般都要求载明接收货物的地点和交付货物的地点。

（7）货物的品名、标志、包数或者件数、重量或者体积。

提单具有货物的收据的性质。因此，提单内所记载的货物名称、标志、包装、件数、体积或重量都必须明确说明。这项说明是提单的主要内容之一。各国海商法对此都有规定，我国《海商法》第73条对此做出规定。

（8）提单的签发日期、地点和份数。

提单一般签发正本三份，副本若干份。提单签发日期一般以装船日期为准，提单签发人可能是船长或代理人，作为承运人的代理人签发。

提单有正本提单和副本提单之分。副本提单只用于日常业务，不具有法律效力。正本提单是一式几份，以防提单的遗失、被窃或迟延到达或在传递过程中发生意外事故造成灭失。各国海商法和航运习惯都允许签发数份正本提单，并且各份正本提单具有同等的效力，其中一份正本提单使用后，另外各份正本提单便失去效力。

（9）运费的支付。

在提单中应载明运费的种类及数额。运费有预付运费和到付运费两种。预付运费于提单签发前支付，到付运费在货物运达目的港后支付。目前采取预付运费方式较普遍。

2. 提单的背面条款

海运提单的背面通常载有关于双方当事人权利和义务的条款。各种提单格式的条款虽不尽相同，但主要内容基本上是一致的：

（1）管辖权和法律适用条款。

该条款规定与提单有关的争议由何法院或仲裁院管辖。提单上管辖权条款如发生效力，必须做到清楚、明确。此外，该条款还规定提单及与提单有关的争议受某一国际公约或某国内法的约束。例如，首要条款中指明适用《海牙规则》或《海牙—维斯比规则》（Hague - Visby Rules）或采纳上述规则的国内法的制约。

（2）承运人责任条款。

该条款规定承运人在货物运送过程中所应承担的责任和免责事项。如果提单已订有法律适用条款，就无须另订承运人责任条款。本条款的具体内容一般根据提单适用的国际公约或国内法制定。

（3）承运人责任期间条款。

提单中经常订有责任期间条款，例如，规定承运人的责任自货物装上船开始至货物卸离船之时为止，承运人对于货物装前卸后发生的损失不负责任。美国的《哈特法》① 规定：承运人的责任期间为收货之时起，至交货之时为止。

（4）赔偿责任限额条款。

关于承运人对货物灭失、损坏及迟延交付的赔偿限额及其计算方法的规定，通常是根据提单所适用的国际公约或者国内法的规定而制定，如果本条款所规定的赔偿限额低于提单适用的国际公约或者国内法规定的赔偿限额，则该条款所定的较低限额无效。

（5）特殊货物条款。

特殊货物的特征决定了这类货物具有某些一般货物不具有的特殊风险，因

---

① 1893 年，美国国会通过哈特法，即《关于船舶航行、提单及财产运输有关的某些义务、责任和权利的法案》规定了承运人承担的最低责任。

此，提单中一般均对特殊货物做出特别的规定。特殊货物主要包括：危险品与违禁品；舱面货、植物和活牲畜；集装箱货物；冷藏货；木材等。

（6）留置权条款。

留置权条款主要规定承运人在未收到运费及其他有关费用时，可对货物行使留置权。例如，当托运人、收货人未付运费、亏舱费、滞期费和其他应付款项以及应分摊的共同海损的情况下，承运人有权留置货物及其有关单证，并有权出售或处理货物，如果出售货物所得不足以抵偿应收款项和引起的费用，承运人有权向托运人、收货人索赔差额。

（7）共同海损和新杰森条款。

共同海损条款规定了共同海损理算地点和规则。国际间主要是按 1974 年《约克—安特卫普规则》（The York Antwerp）进行的。中国远洋运输公司提单规定，发生共同海损纠纷，在中国按《中国国际贸易促进委员会共同海损理算规则》办理。

新杰森条款（New Jason Clause）是指由于承运人受雇人或代理人的疏忽或过失引起的共同海损得以成立。该条款规定，如果在航次开始之前或之后，由于无论是疏忽与否任何原因而引起的意外、危险、损坏或灾难，而根据法令、合同或其他规定，承运人对此类事件或此类事件的后果都不负责任，则货物托运人、收货人或货物所有人应在共同海损中与承运人一起分担可能构成或可能发生的具有共同海损性质的牺牲、损失或费用，并应支付关于货物方面所发生的救助费用和特殊费用。如果救助船舶为承运人所有或由其经营，则救助费用应与该救助船舶属于第三者一样，支付足额的救助费。

（8）双方有责碰撞条款。

双方有责碰撞条款又称美国碰撞条款。根据美国法律的规定，承运人对于船舶碰撞所造成的货物损失要与责任船舶承担连带责任，因此，凡是去美国的船舶都订有双方有责碰撞条款。

此外，提单中还有关于战争、检疫、冰冻、罢工、拥挤、转运等内容的条款。

（三）提单项下承运人的义务

大多数国家已采用《海牙规则》和《维斯比规则》，其中提单当事人主要有两项基本义务，即适航义务与管货义务。

1. 适航义务

适航义务要求承运人谨慎处理，使船舶适航（Making the Ship Seaworthy）。具体来说，就是承运人在船舶开航前和开航的当时，应当谨慎处理，使船舶处于适航的状态下，妥善配备船员、装备船舶和配备供应品，并使货舱、冷藏舱、冷气舱和其他载货处所适于并能安全收受、载运和保管货物。

2. 管货义务

管货义务要求承运人妥善并谨慎地管理货物（Properly and Carefully Managing the Goods）。如果因其疏忽或过失造成货物损失的，则承运人应负赔偿责任。

妥善是指技术上要有一定的业务水平，谨慎通常指的是对承运人责任心上的要求。例如，某轮在海上突然遭遇到大风浪，舱内的一台机器因颠簸碰撞受损，本来该次风浪承运人是可以依靠天灾免责的，但船东事前并没有把该台机器牢牢固定在舱内，属于未谨慎造成的损失。

（四）承运人的责任限制

1. 承运人的免责事项

承运人的权利主要体现为对承运人定的免责事项，相关规定主要在国际海上货物运输的国际公约以及相关法律中。

《海牙规则》中的免责事项。"不论承运人或船舶，对列原因引起或造成的灭失或损坏，均不负责。"（《海牙规则》第4条）。《海牙规则》第2款和第4款列举了在18种情况下除承运人应承担的责任：（a）船长、船员、引航员或承运人的雇用人员，在驾驶或管理船舶中的行为、疏忽或不履行义务；（b）火灾，但由承运人的实际过失或私谋导致的除外；（c）海上或其他能航水域的灾难、危险和意外事故；（d）天灾；（e）战争行为；（f）公敌行为；（g）君主、当权者或人民的扣留或管制，或依法扣押；（h）检疫限制；（i）托运人或货主、其代理人或代表的行为或不行为；（j）不论任何原因引起的局部或全面罢工、关厂停止或限制工作；（k）暴动和骚乱；（l）救助或企图救助海上人命或财产；（m）货物的固有缺点、性质或缺陷引起的体积或重量亏损，或任何其他灭失或损坏；（n）包装不善；（o）唛头不清或不当；（p）虽恪尽职责亦不能发现的潜在缺陷；（q）非承运人的实际过失或私谋，或者承运人的代理人或雇用人员的过失或疏忽引起的其他任何原因，但是要求引用这条免责利益的人应负责举证，证明有关的灭失或既非承运人的实际过失或私谋，亦非承运人的代理人或雇用人员的过失或疏忽造成；（r）合理绕航。

案例拓展：恪尽职责亦不能发现潜在缺陷案例——
"阿姆斯泰斯洛特"轮案

2. 承运人的责任期限

《海牙规则》第1条第5款规定货物运输是指自货物装上船时起，至卸下船时止的一段时间。在这段时间内，承运人有责任把货物从起运港安全地运送到目的港，在实践中，多将此期间理解为"钩至钩"责任，即在使用船上的吊杆装卸货物的情况下，承运人管货义务的责任期间是从货物挂上船上的吊钩起，至货物卸至驳船上为止。

《海牙规则》第7条规定了装船之前和卸船之后的责任承担，承运人或托运人就承运人或船舶对海运船舶所载货物于装船以前或卸船以后所受灭失或损害，或与货物的保管、照料和搬运有关的灭失或损害所应承担的责任与义务，可以订立任何协议、规定、条件、保留或免责条款。

《汉堡规则》承运人对货物的责任期限，通常称为"港至港"，包括货物在装货港、运输途中和卸货港处于承运人掌握管理之下的期间。在下述期间内，承运人应被视为已经掌管货物：

（1）自承运人从托运人或代其行事的人接管货物时起；或者自承运人根据装货港适用的法律或规章，从须将货物交其发运的当局或其他第三方接管时起。

（2）直至承运人按下列方式交付货物之时为止：将货物交付收货人；或者如果收货人不向承运人提货，则依照契约或在卸货港适用的法律或特定商业习惯，将货物置于收货人支配之下；或者根据卸货港适用的法律或规章，将货物交付所需交付的当局或其他第三方。

需要注意的是，上述承运人或收货人除他们本人之外，还包括承运人或收货人的雇用人或代理人。

《鹿特丹规则》规定承运人责任期间是"收货—交货"，并且不限定接收货物和交付货物的地点。因此，该规则适用于承运人在船边交接货物、港口交接货物、港外交接货物或者"门到门"运输。与《海牙规则》、《海牙—维斯比规则》、我国《海商法》规定的"装货—卸货"和《汉堡规则》规定的"装港—卸港"相比，《鹿特丹规则》扩大了承运人的责任期间。这一承运人责任期间的扩大，将有利于航运业务尤其是国际货物多式联运业务的开展，但同时在一定程度上将增加承运人的责任。

3. 承运人的赔偿责任限制

《海牙规则》第 4 条第 5 款规定，承运人对货物的灭失或损失的赔偿责任，在任何情况下每件或每单位不得超过 100 英镑或与其等值的其他货币，但托运人于装货前已申明该货物的性质和价值，并在提单上注明者不在此限。

《维斯比规则》将《海牙规则》承运人的赔偿限额修改为不超过每件或每单位 10000 金法郎，或按灭失或受损货物毛重计算，每公斤相当于 30 金法郎，两者之中以较高者为准。金法郎是指一个含有纯金度 900‰的黄金 65.5 毫克的单位。《维斯比规则》产生之时，10000 金法郎相当于 431 英镑。

《汉堡规则》承运人对于货物的灭失或损坏的赔偿责任，以每件或每一其他装运单位的灭失或损坏货物赔偿相当于 835 特别提款权或毛重每公斤相当于 2.5 特别提款权为限，二者之中以较高者为准。

《鹿特丹规则》使承运人赔偿责任限制大大提高。主要体现为，《鹿特丹规则》规定承运人对货物的灭失或损坏的赔偿限额为每件或者每一其他货运单位 875 特别提款权，比《海商法》和《海牙—维斯比规则》666.67 特别提款权提高 31%，比《汉堡规则》835 特别提款权提高了 5%；或货物毛重每公斤赔偿 3 个特别提款权，比我国《海商法》和《海牙—维斯比规则》规定的 2 个特别提款权提高了 50%，比《汉堡规则》2.5 个特别提款权提高了 20%。

第二节 国际航空货物运输法

一、国际航空运输合同概述

（一）合同的形式

国际航空货物运输是一种时间短、速度快、风险较小的现代化服务方式。国际航空货物运输分为班机运输和包机运输两种形式。

1. 班机运输

班机运输是指航班在固定时间、固定航线进行的国际航空货物运输方式。此种运输方式适用于货物数量较少的运输。

2. 包机运输

包机运输是指包租整架飞机进行国际航空货物运输的运输方式。这种运输方式又可分整机包租和部分包租两种。整机包租是指航空公司按照事先约定的条件和费率，将整架飞机租给承租人，从一个或几个航空站装运货物至指定的航空站的运输方式。这种运输合同适用于数量大、有急需或有特殊要求的货物。部分包租是指由几家航空货运代理公司或发货人联合包租整机，或由包机公司把整架飞机的舱位分租给几家航空货运代理公司的运输方式。

(二) 航空运单 (Air Waybill)

国际航空运输合同的形式表现为航空运单，它是指航空承运人或其代理人与托运人之间签订的空运单证。在没有相反证据的前提下，航空运单就是承运人和托运人之间的航空运输合同，也是托运人托运货物后取得的货物收据。

航空运单在法律性质上有别于海上运输的提单，在航空运输中，航空货运单不具有物权凭证的功能，所以不能进行背书转让。这是因为航空运输的速度快，通常在航空运单尚未寄送收货人时，货物已经先期运抵目的地，时间上不允许转让。此外，航空运单属于记名单据，航空运单上一般都印有"不可转让"的字样，因此无法转让。需要注意的是，航空运单不是提货的凭证，一般情况下，收货人仅凭借承运人的货到通知及相关证据（收货人的身份证明等），在随货运到的运单上签收即可提货，无须出示航空提单。

《1999 年的蒙特利尔公约》规定了航空运单的主要内容：（1）出发地点和目的地地点的标示；（2）收货人的名称与地址；（3）货物的性质；（4）货物的品名、重量、数量、体积或尺寸；（5）货物的包装件数、包装方式、特殊标志或号码；（6）约定的运输期限和概要的经过路线；等等。

二、国际货物航空运输的公约

(一)《华沙公约》(Warsaw Convention)

《关于统一国际航空运输某些规则的公约》（以下简称《华沙公约》①）于

---

① 《华沙公约》，全称《关于统一国际航空运输某些规则的公约》。1929 年制定，是国际空运的一项基本的公约。规定了以航空运输承运人为一方和以旅客和货物托运人与收货人为另一方的法律义务和相互关系。共分 5 章 41 条。参见邹瑜：《法学大辞典》，中国政法大学出版社 1991 年版。

1929 年在华沙签订，1933 年 2 月 13 日生效。1958 年我国加入该公约。

1. 公约的适用范围

公约适用于所有以航空器运送旅客、行李或货物而收取报酬的国际运输以及航空运输企业以航空器办理的免费运输。其中国际运输是指根据有关各方所签订的合同，不论在运输中是否有间断或转运，其出发地和目的地是在两个缔约国或非缔约国的领土内有一个约定的经停地点的任何运输。

几个连续的航空承运人所办理的运输，如果被合同各方认为是一个单一的业务活动，则无论是以一个合同或一系列的合同的形式订立的，就公约的适用来说，应作为一个单一的运输，并不因其中一个合同或一系列的合同完全在同一缔约国的主权、宗主权、委任统治权或权力管辖下的领土内履行而丧失其国际性质。

2. 承运人的责任

根据公约的规定，承运人的责任如下：

（1）承运人对航空期间发生的货损、货物灭失、延误承担责任。所谓航空期间，是指在承运人保管之下，不论在航空站内、航空器上或航空站外降落的任何地点，不包括航空站外任何陆运、海运或河运。但如果这种运输是为了履行空运合同，是为了装货、交货或转运，则也视为航空期间。

（2）承运人对货物损失的赔偿责任为每公斤 250 金法郎。如托运人在交货时特别声明货物价值，并交纳了必要的附加费，则承运人的赔偿额以所声明的价值为限。

3. 免责和责任限制

根据公约的规定，在发生下列情况时，免除承运人应承担的责任：

（1）承运人证明自己和其代理人已为避免损失采取了一切必要措施或不可能采取这种措施。

（2）损失的发生是由于驾驶方面、航空器的操作方面或领航上的过失。

（3）货物的灭火或损失是由于货物的属性或本身质量缺陷造成的。

（4）损失是由受害人的过失引起或助成。

公约中规定的承运人免责和损害赔偿限额是一个最低标准，任何超出公约免责范围并规定更低赔偿金额的合同条款，一律无效。当货物的损坏和灭失是由于承运人及其代理人和受雇人员故意的不良行为引起时，承运人则无权援引公约关于免责和限制责任的规定。

4. 托运人责任

根据公约的规定，托运人承担如下责任：

（1）托运人对货运单上关于货物的各项说明和声明的正确性及由于延误、不合规定、不完备，给承运人及其代理人造成的损失承担责任。

（2）托运人在履行运输合同所规定的一切义务的情况下，有权在启运地、目的地将货物提回或在途中经停时终止运输，或将货物运交非货运单上指定的收货人，但不得使承运人或其他托运人遭受损害。

（3）托运人须提供各种必要资料以便完成货交收货人前的海关、税务或公安手续，并将有关证件附货运单交给承运人并承担因资料或证件缺乏、不足或不合规定给承运人造成的损失。

5. 索赔和诉讼时效

收货人在发现货损时，最迟应在收货后 7 天内提出异议，如发生延误，最迟应在收货后 14 天内提出异议。《海牙议定书》将这两个时限分别改为 14 天和 21 天。异议要写在运输凭证上或以书面方式提出。除非承运人有诈欺行为，否则超过规定期限，收货人不能对承运人起诉。有关赔偿的诉讼，应在航空器到达目的地之日起 2 年内提出，否则丧失追诉权。诉讼地点由原告选择，可以是承运人营业所在地、目的地或合同订立地的法院。根据公约规定，由几个连续承运人办理的航空运输，第一承运人和每一段运输的承运人要对托运人和收货人负连带责任。公约规定的国际航空货物运输诉讼时效为 2 年，从航空器到达目的地之日或者应该到达目的地之日，或从运输终止之日起算。

（二）《海牙议定书》（Hague Protocol）

《海牙议定书》①，订立于 1955 年 9 月，1963 年 8 月 1 日生效。我国于 1975 年加入该议定书。《海牙议定书》对《华沙公约》的修订主要体现在简化了运输凭证的内容；提高了责任限额；缩小了承运人的免责范围；删除了航行过失责任条款；扩大了适用范围。它规定无论是连续运输还是非连续运输，无论有无转运，只要启运地和目的地在两个缔约国内，或虽然在一个缔约国领域内而在另一个缔约国或非缔约国的领域内有一定的经停地点的任何运输都可以适用《华沙公约》。

---

① 《海牙议定书》，全称《修改 1929 年 10 月 12 日在华沙签订的统一国际航空运输某些规则的公约的议定书》，是指关于国际航空运输凭证和承运人责任的协议，1955 年 9 月 28 日在海牙订立，1963 年 8 月 1 日生效，共 3 章 27 条，其主要内容是对《华沙公约》的修改和补充。参见马广文：《交通大辞典》，上海交通大学出版社 2005 年版。

（三）《瓜达拉哈拉公约》（Guadalajara Convention）

《瓜达拉哈拉公约》全称是《统一非缔约承运人所办国际航空运输某些规则以补充华沙公约的公约》，1964 年生效。该公约把《华沙公约》中关于承运人的各项规定，扩及非合同承运人，即根据与托运人订立航空运输合同的承运人的授权来办理全部或部分国际航空运输的实际承运人。我国尚未加入该公约。

（四）《蒙特利尔公约》（Montreal Convention）

随着社会的发展，华沙公约中的某些规定已显陈旧，为了使华沙公约及其相关文件现代化和一体化，国际民用航空组织（International Civil Aviation Organization，ICAO）起草定稿了《蒙特利尔公约》，并在 1999 年 5 月在蒙特利尔召开的国际航空法大会上由参加国签署。中国和其他 51 个国家在该大会上签署了该项公约。公约的目的在于确保国际航空运输消费者的利益，对在国际航空运输中旅客的人身伤亡或行李损失，或者运输货物的损失，在恢复性赔偿原则基础上建立公平赔偿的规范体系。

第三节 国际陆路货物运输法

一、国际铁路货物运输法

（一）国际铁路货物运输法概述

关于国际铁路货物运输的公约有两个：《国际铁路货物运输公约》（Convention Concerning International Carriage of Goods by Rail，CIM）和《国际铁路货物联合运输协定》（Agreement on International Railroad Through Transport of Goods，CMIC）。《国际铁路货物运输公约》，以下简称《国际货约》。

《国际铁路货物联合运输协定》（简称《国际货协》），1951 年在华沙订立。我国于 1953 年加入。1974 年 7 月 1 日生效其修订本，其成员国主要是苏联、东欧，加上中国、蒙古国、朝鲜、越南等共计 12 国。

《国际货协》的成员国东欧国家同时又是《国际货约》的成员国，这样《国际货协》国家的进出口货物可以通过铁路转运到《国际货约》的成员国去，这为沟通国际间铁路货物运输提供了更为有利的条件。我国是《国际货协》的成员国，凡经由铁路运输的进出口货物均按《国际货协》的规定办理。

云思政：论国际铁路运输公约对"一带一路"的重要性

（二）国际铁路运输主要法律问题

1. 国际铁路货物运输合同

国际铁路货物运输合同是指铁路承运人以火车将发货人的货物，从一国运送到另一国，将货物交付给收货人，由发货人或者收货人支付运费的协议。

根据《国际货协》的规定，发货人在托运货物的同时，应对每批货物按规定的格式填写运单和运单副本，由发货人签字后向始发站提出。从始发站在运单和运单副本上加盖印戳时起，运输合同即告成立。

运单是铁路收取货物、承运货物的凭证，也是在终点站向收货人核收运杂费用和点交货物的依据。与提单及航运单不同，运单不是物权凭证，因此，不能转让。运单副本在加盖加戳后退还发货人，并成为买卖双方结清货款的主要单据。

2. 承运人的基本权利、义务和责任

承运人的基本权利：

（1）收取运送费用和其他费用，并交付货物和运单；

（2）有权检查运单中记载事项的正确性，并对不完全、不准确记载和声明核收罚款；

（3）对非承运人过失而引起的货物灭失、损坏、短量不负责任。

承运人的基本义务：

（1）从承运货物时起，到到站交付货物时为止，对于货物运到逾期以及因货物全部或部分灭失或毁损所发生的损失负责，如向非参加国际货协铁路的国家办理货物转发送时，则负责到按另一种国际协定的运单办完运送手续时为止；

（2）对铁路对发货人在运单内所记载并添附的文件由于铁路过失而遗失的后果负责；

（3）对由于铁路的过失未能执行托运人按《国际货协》规定提出的运送合

同变更申请书的后果负责。

承运人的免责范围：

承运的货物，由于下列原因，发生全部或部分灭失、减量或毁损时，承运人对这项灭失、减量或毁损不负责任：（1）由于铁路不能预防和不能消除的情况；（2）由于货物的特殊自燃性质，以致引起自燃、损坏、生锈、内部腐坏和类似的后果；（3）由于发货人或收货人的过失或由于其要求，而不能归咎于铁路；（4）由于发货人或收货人装车或卸车的原因所造成；（5）由于发送路规章许可，使用敞车类货车运送货物；（6）由于发货人或收货人的货物押运人未采取保证货物完整的必要措施；（7）由于容器或包装的缺点，在承运货物时无法从其外表发现；（8）由于发货人用不正确、不确切或不完全的名称托运违禁品；（9）由于发货人在托运应按特定条件承运的货物时使用不正确、不确切或不完全的名称，或未遵守《国际货协》的规定；（10）由于货物在规定的标准范围内的减量。

此外，在下列情况下，未履行货物运到期限时，应免除铁路的责任；（1）发生雪（沙）害、水灾、崩陷和其他自然灾害；（2）按照有关国家铁路中央机关的指示，发生其他致使行车中断或限制的情况。

责任限额：

根据《国际货协》的规定，对全部或部分灭失的货物铁路应予赔偿时，赔偿额应按外国售货者账单所列的价格，或按这项账单摘录（该摘录应按赔灭请求提出国规定的办法加以证明）中所列的价格计算。如果不能按上述办法确定全部或部分灭失的货物价格时，则货物的价格应由国家鉴定机关确定。当声明价格的货物全部或部分灭失时，铁路应按声明价格，或相当于货物灭失部分的声明价格的款额给予赔偿。灭失货物或灭失部分货物的运送费用、海关税和因运送发生的其他费用，如未算入货物价格内时，均应予以偿还。与运送合同无关的费用和损失不应赔偿。

货物毁损时，铁路应支付相当于货物价格减低额的款额，不赔偿其他损失。声明价格的货物毁损时，铁路应按照相当于货物由于毁损而降低价格的百分数，支付声明价格的部分赔款。如因毁损以致全批货物减低价格时，不应超过全部灭失赔偿额；如因毁损仅使该批货物的一部分减低价格时，不应超过减低价格部分的灭失赔偿额。

3. 托运人的基本权利和义务

托运人包括发货人和收货人。

托运人的基本权利：

（1）货到站后，收货人应付清运费并领取货物；

（2）货物发生重大质变，不能按原用途使用时，收货人有权拒绝领取货物；

（3）发货人和收货人都有对运送契约变更一次的权利。

托运人的基本义务：

（1）按规定计算、支付运费，即发送路铁路国内运价由发货人支付；到达路发生的运费按到达国国内运价由收货人在到站支付；过境铁路运费按《国际货协》统一的过境运价规程计算，在发站或到站由收货人支付。

（2）发货人对运单记载和声明事项的正确性承担义务，否则，承担相应的一切后果。

（3）发货人对货物包装、标记符合要求负责。

4. 索赔和诉讼

根据《国际货协》的规定，发货人和收货人有权根据运输合同提出赔偿请求，赔偿请求可以书面方式由发货人向发送站提出，或由收货人向收货站提出，并附上相应根据，注明款额：

（1）运单项下货物全部灭失时，由发货人提出，同时须提出运单副本；或收货人提出，同时提出运单或运单副本；

（2）货物部分灭失、毁损或腐坏时，由发货人或收货人提出，同时须提出运单及铁路在到达站交给收货人的商务记录；

（3）逾期交货时，由收货人提出，同时须提出运单；

（4）多收运送费用时，由发货人按其已交付的款额提出，同时必须提出运单副本或发送站国内规章的其他文件；或由收货人按其所交付的运费提出，同时须提出运单。

铁路自有关当事人向其提出索赔请求之日起，必须在 180 天内审查该项请求，并予以答复。发货人或收货人在请求得不到答复或满足时，有权向受理赔偿请求的铁路所属国家的法院提起诉讼。

有关当事人依据运输合同向铁路提出的赔偿请求和诉讼，以及铁路对发货人和收货人关于支付运送费用、罚款和赔偿损失的要求和诉讼，应在 9 个月期间内提出；关于货物运到逾期的赔偿请求和诉讼，应在 2 个月期间内提出。具体诉讼时效起算日如下：（1）关于货物毁损或部分灭失以及运到逾期的赔偿，自货物交付之日起算；（2）关于货物全部灭失的赔偿，自货物运到期限届满后 30 天起算；（3）关于补充运费、杂费、罚款的要求，或关于退还此项款额的赔偿请求，或纠正错算运费的要求，应自付款之日起算；如未付款时，应自交货之日起算；
（4）关于支付变卖货物的余款的要求，自变卖货物之日起算；（5）在其他所有
情况下，自确定赔偿请求成立之日起算。

云思政：推动中欧班列高质量发展　为"一带一路"
国际经贸合作提供高效通道体系

二、国际公路货物运输法

（一）国际公路货物运输法概述

公路运输最适合于短途运输。它可以配合船舶、火车、飞机等运输工具完成
运输的全过程，是港口、车站、机场集散货物的重要手段。尤其是鲜活商品、集
港疏港抢运，往往能够起到其他运输方式难以起到的作用。它可以将两种或多种
运输方式衔接起来，实现多种运输方式联合运输，做到进出口货物运输的"门到
门"服务。公路运输是欧洲大陆国家之间进出口货物运输的最重要的方式之一。
我国的边境贸易运输、港澳货物运输，其中有相当一部分也是靠公路运输独立完
成的。集装箱货物通过公路运输实现国际多式联运。集装箱由交货点通过公路运
到港口装船，或者相反。美国陆桥运输，我国内地通过香港的多式联运都可以通
过公路运输来实现。

规范国际公路运输的重要公约是《国际公路货物运输合同公约》（Convention
de Merchandises Par Routes/Convention on the Contract for the International Carriage of
Goods by Road，CMR）。它的广泛适用性有一定的局限，缔约国主要来自欧洲。

（二）国际公路运输主要法律问题

1. 国际公路货物运输合同

国际公路货物运输合同指接管和交付货物的地点位于不同国家，承运人以营
运车辆进行货物运输，托运人支付运费并明确合同双方当事人权利、义务关系的
合同，其中营运车辆是指用于国际货物运输公路营运的机动车、拖挂车、拖车和
半拖车等公路交通货运工具。

根据 CMR 规定，运输合同应以签发运单来确认。无运单、运单不正规或丢失不影响运输合同的成立或有效性，仍受本公约规定所制约。运单应签发有发货人和承运人签字的三份正本，这些签字可以是印刷的或如运单签发国的法律允许，可由发货人和承运人以盖章代替。第一份应交付发货人，第二份应交付跟随货物，第三份应由承运人留存。当待装货物在不同车内或装有不同种类货物或数票货物，发货人或承运人有权要求对使用的每辆车、每种货或每票货分别签发运单。

2. 承运人的责任

（1）货物灭失、损坏及延迟交付的责任。

承运人应对自货物接管之时起到交付时止发生的全部或部分灭失和损坏以及货物交付中的任何延迟负责。但如果货物灭失、损坏或延迟是由于索赔人的错误行为或过失，是由于索赔人的指示而不是由于承运人的错误行为或过失，由于货物的固有缺陷或承运人不能避免的情况和承运人不能防止的结果所造成，承运人应免除责任。由于前述原因之一所引起的灭失、损坏或延迟，承运人应负举证责任。对由于为履行运输合同而使用之车辆的不良状况或由于承运人已租用其车辆的人或其代理人或其受雇人的错误行为或过失，承运人不应免除责任。

（2）特殊风险的责任。

若货物的灭失或损坏是在下述情况中产生的特殊风险所引起的，承运人应予免责：当已在运单中明确议定和规定使用无盖敞车；如货物根据其性质，在无包装或未予妥善包装时易于损耗或损坏的情况下，无包装或包装不良；由托运人（发货人）、收货人或代表托运人（发货人）或收货人所从事的货物搬运、装载、积载和卸载；特别是由于断裂、生锈、腐烂、干燥、渗漏、正常损耗或虫蛀等易造成全部灭失或损坏的某些货物的性质；包装上标志或号码不足或不当；承运活动物。

（3）延迟交付货物的责任。

如果货物未能在议定的时效期限内交付，或虽无此种议定时效期限，但在考虑到实际情况后，运输的实际期限，特别是分票运输，在通常组成整票货物所需时间超过了一个勤勉承运人的合理时间，则视为延迟交付发生。

（4）推定灭失的责任。

在议定期限届满后 30 天内，或如无议定期限，从承运人接管货物时起 60 天之内，货物未交付的事实应视为货物灭失的最终证明，所以有权提出索赔的人可视为货物已经灭失。有权提出索赔的人在收到对灭失货物的赔偿时，可以书面要求在赔偿支付后 1 年期间，如货物被找到应立即给其通知。对此种要求应予书面确认。上述有权提赔人在接到通知书后 30 天之内，在交付运单上应付费用和退还其收到的赔偿金（减去其中包括的费用）后，可要求将货物交付给他。但不妨碍要求延迟交货的赔偿和应得的附加费及优惠利息等。如提赔人没有在 1 年内找到货物获得通知的要求或在接到找到货物的通知 30 天期间无任何指示，或在赔款支付超过 1 年后货物仍未找到，承运人有权根据货物所在地的法律处理该货物。

（5）未收取"现款交货"费用的责任。

如果货物已被交付收货人而未按运输合同条款收取承运人应收取的"现款交货"费用，承运人应向托运人（发货人）负责赔偿不超过该费用的金额。此种赔偿不妨碍他对收货人的诉讼的权利。

（6）危险货物运输的责任。

托运人（发货人）把有危险性质的货物交付承运人时，托运人（发货人）应将危险的确切性质通知承运人，如有必要时指出应采取的预防措施，如此种情况并未列入运单，托运人（发货人）或收货人可通过一些其他方式负责举证证明承运人了解由该货物运输所造成危险的确切性质。如果托运人（发货人）交付货物而未说明货物危险的确切性质及预防措施，承运人不知道货物的危险性质，则危险货物可能随时随地由承运人卸载、销毁或使之无害而无须给予赔偿；再者，发货人应对接管或运输此种危险货物引起的所有费用、灭失或损坏负责。

（7）赔偿额的计算。

承运人负责赔偿货物的全部或部分灭失时，这种赔偿应参照接运地点和时间以及货物的价值进行计算。货物的价值应根据商品交易所价格确定，如无此种价格则根据现行市价计算，如无商品交易所价格或现行市价，则参照同类、同品质货物的通常货价决定。但该短缺的赔偿额毛重每公斤不超过 25 金法郎。

3. 索赔和诉讼

根据 CMR 第 30 条和第 32 条对索赔和诉讼时效做出相关规定：

（1）如果收货人接管货物时未与承运人及时检验货物状况或如有明显的灭失或损坏，在不迟于交货的时候，如灭失或损坏不明显，在交货后 7 日内（星期日和节假日除外）未向承运人提出保留说明灭失或损坏的一般性质，则接收货物的事实应作为其收到运单上所载明的货物的初步证据。如货物灭失或损坏不明显，则所述保留应用书面做出。

（2）当货物的状况已经收货人和承运人及时检验，只有在灭失或损坏不明显而且收货人在检验之日起7日内（星期日和例假日除外）已向承运人及时提出书面保留的情况下，才允许提出与本检验结果相反的证据。

（3）除非自货物置于收货人处置时起21天内已向承运人提出书面保留，否则交货延迟不予赔偿。

（4）在计算本条规定的时效期限时，根据实际情况，交货日或检验日或将货物置于收货人处理之日，不应包括在时效期限内。

（5）承运人和收货人应相互为进行必需的调查和检验提供各种合理的便利。

按照国际公路货物运输所引起的诉讼，其时效期限是1年，但如是故意的不当行为，或根据受理案件的法院或法庭地的法律认为过失与故意的不当行为相等同时，时效期限为3年。时效期限开始起算的时间是：如果货物系部分灭失、损坏或交货延迟，自交货之日起算；如果系全部灭失，以议定的交货期限届满第30天，或如果无议定的交货期限，则从承运人接管货物之日起第60天开始起算；在所有其他情况下，在运输合同订立后满期3个月时起算。此外，时效期限开始之日不应计算在期限内。

 复习思考题

一、简答题

1. 海上货物运输有哪些类型？
2. 简述提单的概念、种类和作用。
3. 简述海运承运人的基本义务。
4. 海上货物运输的国际公约有哪些？
5. 比较海上货物运输国际公约规定的承运人的责任期间和责任限制。

二、案例分析

承运人对一批橘子的托运人口头保证：船舶装货后将直达目的港并卸货。然而承运人绕道航行至其他港口。结果当托运人的橘子到达港口时，正好遇上进口关税的提高，此时也正赶上橘子大量到货，结果橘子价格下跌。托运人认为，如果承运人按约定直达港口，则不会遇到关税提高和橘子价格下跌。托运人向法院起诉，要求承运人赔偿损失。承运人辩称，提单中载明承运人可以任意选择航线将货物直接或间接运到目的地的条款。认为自己不应承担因绕道带来的损失责任。

问题：

（1）双方的口头约定是否有效？

（2）提单是不是运输合同本身？

（3）承运人是否要赔偿托运人的损失？

案例题答案

第七章

国际货物运输保险法

 学习目标

【知识目标】

（1）熟悉国际货物运输保险的基本概念及历史发展。

（2）掌握国际货物运输保险的基本原则。

（3）熟练掌握国际海上货物运输保险合同的主要内容。

（4）掌握国际海上货物运输保险的承保范围、险别及条款。

（5）了解国际陆上货物运输保险条款规定的险别。

（6）了解国际航空货物运输保险条款规定的险别。

【能力目标】

（1）能够充分利用保险的基本原则解决实际应用问题，具体订立保险合同的能力。

（2）应用所学的理论与实务知识研究相关案例，培养和提高在特定业务情景下分析解决问题与决策设计的能力。

【思政目标】

（1）能结合教学内容，依照职业道德与行业规范与标准，分析行为的善恶，强化职业道德素质。

（2）引导学生运用创新思维分析货物运输保险问题，培养学生勇于探索、敢于创新的精神。

【关键术语】 国际货物运输保险　保险利益原则　最大诚信原则　海上风险　代位求偿

引导案例

M 国际有限公司诉 X 财产保险股份有限公司案①

原告 M 国际有限公司（以下简称 M 公司），被告 X 财产保险股份有限公司上海市分公司（以下简称 X 公司）。

2021 年 1 月 4 日，被告向原告 M 国际有限公司签发了 1 份国际货物运输电子保险单，列明：被保险人是原告，合同号为"TM - PSP - 2020001783/4500009010"，保险货物项目为 Wire-rope（钢丝绳），保险金额为 99757. 85 美元；装载运输工具为"Pacific Qingdao 2101W"，保险期限自 Yokohama（日本横滨）至 Shanghai（中国上海），承保险别为"Covering War Risk and all Risks Including TPND Breakage and Leakage Irrespective of per Centage（战争险和一切险，一切险包括盗窃和提货不着险、破损险和泄漏险，不计免赔）"。

同月 9 日，涉案货物抵上海港码头并被立即在卸货时发现涉案 3 个集装箱外观有不同程度的变形受损。次月 4 日涉案集装箱运至收货人仓库拆箱发现货物的外包装有不同程度的受损。原告便起诉索赔。

被告 X 财产保险股份有限公司是否应当对原告的损失进行赔偿？

引导案例分析

第一节 国际货物运输保险法概述

一、国际货物运输保险的概念及其历史发展

国际货物运输保险是指投保人（国际货物买卖中的买方或卖方）根据合同约定，向保险人支付保险费，当运输中的被保险货物遭受承保风险而产生损失时，

---

① 谢振衔：《上海海事法院民事判决书》，中华人民共和国上海海事法院网，2023 年 3 月 30 日，https://www. hshfy. sh. cn/shfy/flws/hsfy/flws_view. jsp？pa = adGFoPaOoMjAyMqOpu6Y3MsPxs/UxMTkzusUmd3N4aDOyz。

由保险人按保险金额及损失程度，承担相应的赔偿责任。

早在公元前 800 年至公元前 700 年，巴比伦、印度、希腊、罗马等地的航海商人中流行一种以船舶和货物为抵押的借款，如船货在航海中灭失，则借款免还；船舶安全到达，则借款人须偿还全部借款，贷款人则借所收的高额利息弥补遭受的损失。由于贷款人承担了船舶航行安全的风险，所以，贷款利息要比一般的借款高得多。这种高出一般利息的部分，实际上就是海上保险费。以后，在宗教活动的推动下又产生了相互救济组织，这是海上保险的雏形。

现代意义的保险法产生于 14 世纪之后。世界上第一张保险单是意大利商人乔治·勒克维伦于 1347 年签发的承保 "圣太·克拉拉" 号船舶的一张保险单。这种保险单因没有订明保险人承保的风险，还不具备现代保险单的形式。但到 1397 年在佛罗伦萨出现的保险单上已经出现了 "海上灾害、天灾、火灾、抛弃、王子的禁止、捕捉" 等字样，已经开始具备现代保险单的形式。

随着海上贸易的发展，海上保险事业不断繁荣，欧洲地区的海上交通要道，如西班牙的巴塞罗那、意大利北部地区的地中海沿岸的热那亚、佛罗伦萨等，先后发布了各种海事法规，这些法规大多含有海上保险的内容。其中 1435 年的西班牙巴塞罗那法令规定了有关海上保险承保规则和损害赔偿的手续，这一法令被称为是世界上最古老的海上保险法典。1906 年，英国制定了《海上保险法》（Marine Insurance Act 1906），这部保险法是在英国曼斯菲尔德爵士自出任英国皇家法院首席大法官后 20 年间，对上千个海上保险判例所做研究的基础上结合国家惯例而制定的。长期以来，它对各国的保险法产生着深刻的影响，直到现在，它仍然是世界上最具权威的一部海上保险法典。因此国际海上货物运输保险成为产生最早的国际货物运输保险险种，也是陆上货物运输保险、航空货物运输保险等其他货物运输保险险种的基础。

国际货物运输保险对国际货物贸易具有促进作用。货物在运输途中面临各种风险，保险可以解决买卖双方的后顾之忧，通过货物运输保险将风险变成固定费用，从而保证交易的正常进行。有了国际货物运输保险，买卖双方也就不必准备大量资金应付可能产生的意外风险。

二、国际货物运输保险法的基本原则

保险作为一种重要的补偿损失的方法，在其上千年的发展历史及保险司法实践中逐渐形成了其特有的原则。在保险业务的每一个环节、在保险合同的每一个方面，都存在着保险的原则和相应的法律来指导和规范投保人、被保险人和保险人的行为。只有在这些原则下才能保证保险的作用充分发挥。保险法的基本原则是保险合同双方当事人在订立、变更和履行合同的过程中必须遵循的准则。

（一）保险利益原则（Insurable Interest）

1. 保险利益原则的基本含义

保险利益又称可保利益，即在财产保险合同中被保险人对保险标的具有法律上承认的利害关系。它体现了投保人或被保险人与保险标的之间存在的利益关系。[①] 衡量投保人或被保险人对保险标的是否具有保险利益的标志，是看投保人或被保险人是否因保险标的的损害或丧失而遭受经济上的损失，即当保险标的安全时，投保人或被保险人从中获益；反之，当保险标的受损，投保人或被保险人必然会遭受经济损失。

2. 保险利益的确定

保险合同的成立必须以保险利益的存在为前提，因此，对保险利益的确定十分重要。投保人对保险标的的利益关系并非都是保险利益，按照各国法律的解释，可保利益通常来自被保险人：（1）对保险标的享有所有权、占有权；（2）担保物权和债权；（3）依法承担的风险和责任；（4）因标的物的保全可得到的利益或期得利益。就货物运输保险而言，反映在运输货物上的利益，主要是货物本身的价值，但也包括与此相关的费用，如运费、保险费、关税、预期利润等。当保险标的安全到达时，被保险人就受益；当保险标的遭到损毁或灭失时，被保险人就受到损害或负有经济责任。

因此，作为保险利益，必须具备以下条件：（1）确定性。可保利益必须是确定的。被保险人的可保利益必须是已经确定的或可以确定。（2）合法性。可保利益不得违反国家的强制性法律规定及公共利益和善良风俗。（3）有价的。可保利益是可以计算的。在财产保险中，这种损失通常是用金钱加以计算的。非经济利益，如精神损失，则不予补偿。

国际货物运输保险同其他保险一样，要求被保险人必须对保险标的具有保险利益，但它又不像其他保险要求被保险人在投保时便具有保险利益，它仅要求在保险标的发生损失时具有保险利益即可。投保人投保时尚未取得可保利益，不影响保险合同的有效性。但如果在保险标的发生损失时尚未取得可保利益，被保险

---

① 黄海东、孙玉红：《国际货物运输保险》，清华大学出版社 2021 年版，第 58 页。

人则不得依据保险单要求赔偿。① 但保险单订有"不论是否损失"条款的情况除外。这种情况通常发生在货物保险单上，原因是货物保险单习惯上是通过卖方向买方转移货物的利益来转让的，因而双方在航次中的不同时间对货物均具有可保利益，也即双方均有索赔权。但双方分别依据同一保险单进行索赔是不实际的，况且当货物抵达受损时，要了解其受损的准确时间是相当困难的，故此，保险单标准格式通常含有"不论是否损失"条款。如果货物保险单上订有此条款的，即使可保利益是在货物损失后才取得的，被保险人仍可以向保险人索赔。但该项权利的行使是以双方当事人在订立合同时均不知道保险标的已经损失为条件的，如果被保险人在订立合同时已经知道保险标的发生损失，保险人则不负赔偿责任。

知识链接：保险利益原则的作用

（二）最大诚信原则（Utmost Good Faith）

1. 最大诚信原则的基本含义

最大诚信原则是指，保险合同当事人订立保险合同及在合同的有效期内，应依法向对方提供影响对方做出是否缔约及缔约条件的全部实质性重要事实，同时绝对信守合同订立的约定与承诺。否则，受到损害的一方可以以此为由宣布合同无效或不履行合同的约定义务或责任，还可以对因此而受到的损失要求对方予以赔偿。②

2. 投保人的最大诚信

对保险人而言，投保标的可能发生危险的性质和大小，决定保险人是否承保、费率的高低以及在发生保险事故后如何进行赔偿。而对投保标的的情况，只有投保人了解最详细、最真实和全面。而保险人对保险标的一般不能做实地勘察，仅仅依靠投保人叙述的情况来决定是否承保及怎样承保。因此特别要求投保人诚信可靠。对投保人的具体要求有：

（1）投保人或被保险人必须披露重大事实。所谓重大事实，是指以一个谨慎的保险人在决定是否承保或确定费率时可以依据的事实，如货物性质、货物的价

---

① 1982年英国伦敦保险协会货物A保险条款规定：为了根据本保险索赔，在保险标的的损失当时被保险人必须具有某种可保利益。
② 1906年英国《海上保险法》规定"海上保险是建立在最大诚信原则的基础上的保险合同，如果任何一方不遵守这一原则，他方可以宣告合同无效"。

值等。某一事实是否重大属于事实问题，而不是法律问题，通常由法院根据案件的具体情况加以决定。有些事实虽然可能重要，但如果保险人未提出询问，投保人或被保险人没有义务予以披露。如投保人隐瞒应当披露的事实，保险人可以解除合同；如发生承保事故，保险可以拒绝赔偿并照收保险费。

（2）对重要事实的陈述必须真实。所谓真实是指"基本正确"。陈述是指对事实的陈述，包括对可能的或期望的事实的陈述。即投保人所做的陈述与实际正确的事实之间的差异，在谨慎的保险人认为出入不大，即为真实的陈述。投保人或被保险人在订立合同前或订立合同时对重要事实所做的陈述必须真实，否则保险人有权解除合同。

（3）不得违反担保。担保①是指在订立保险合同时，投保人或被保险人明示或默示做出的保证，如作为或不作为的保证；某种状态存在或不存在的保证。投保人或被保险人日后违反这些担保，则保险人可以解除合同，并对违反这些担保之后发生的损失不予赔偿。

3. 保险人的最大诚信

保险合同多使用格式合同，合同的内容一般是由保险人单方面制定的，投保人只能同意或不同意，或以附加条款的形式接受。而保险合同条款较为复杂，专业性强，一般的投保人或被保险人不易理解和掌握，如保险费率是否合理、承保条件及赔偿方式是否苛刻等。所以，保险合同要求保险人基于最大诚信来履行其应尽的义务与责任，其具体要求主要有：

（1）在订立保险合同时，保险人应主动地向投保人说明保险合同条款的内容，特别是免责条款的内容须明确说明。②

（2）在保险事故发生时或保险合同约定的条件满足后，保险人应按合同约定如实履行赔偿或给付义务；若拒赔条件存在，应发送拒赔通知书。

（三）损失补偿性原则（Principle of Indemnity）

1. 损失补偿性原则的基本含义

经济补偿是保险的基本职能，也是保险产生和发展的最初目的和最终目标。因而保险的损失补偿性原则是保险的重要原则。该原则的基本含义是指当保险标的发生保险责任范围内的损失时，被保险人有权按照合同的约定获得保险赔偿，

---

① 1906 年英国《海上保险法》第 33 条至第 41 条规定了担保的具体事项。
② 如果保险人在订立保险合同时未尽告知义务，如对免责条款没有明确说明，根据我国《保险法》第 17 条规定，该条款不产生效力。

用于弥补被保险人的损失，但被保险人不能因损失而获得额外的利益。[1]

2. 损失补偿性原则的补偿限制

损失补偿性原则要求，被保险人获得的保险赔偿金的数量受到实际损失、合同和保险利益的限制：

（1）损失补偿以被保险人的实际损失为限，被保险人不能从损失中获益；

（2）损失补偿以投保人投保的保险金额为限，赔偿金额不能高于保险金额；

（3）损失补偿以投保人或被保险人所具有的保险利益为限；

（4）在重复保险的情况下，保险标的发生损失的，应由各保险人分摊。

实践中，如果上述几个限额同时起作用，其中金额最少的限额为保险赔偿的最高额。

知识链接：损失补偿原则的意义

（四）近因原则（Proximate Cause）

近因原则是判断保险事故与保险标的的损失之间的因果关系，从而确定保险赔偿责任的一项基本原则。[2] 在保险实践中，对保险标的的损害是否进行赔偿是由损害事故发生的原因是否属于保险责任来判断的。而保险标的的损害并不总是由单一原因造成的，其表现形式多种多样；有的是多种原因同时发生，有的是多种原因不间断地连续发生，有的是多种原因时断时续地发生。近因原则就是要求从众多原因中找出哪些属于保险责任，哪些不属于保险责任，并据此确定是否进行赔偿。

1. 近因原则基本含义

所谓的近因是指引起保险标的损失的直接的、最有效的、起决定性作用的因素，它直接导致保险标的的损失，是促使损失结果发生的最有效的或是起决定性作用的原因。在多个原因导致一个损失发生时，主因在时间上不一定是最接近的原因。近因原则基本含义是：若引起保险事故发生，造成保险标的的损失的近因属于保险责任，则保险人承担损失赔偿责任；若近因责任属于除外责任，则保险

---

[1]　《中华人民共和国海商法》第 220 条规定："保险金额由保险人与被保险人约定。保险金额不得超过保险价值；超过保险价值的，超过部分无效。"

[2]　黄海东、孙玉红：《国际货物运输保险》，清华大学出版社 2021 年版，第 66 页。

人不负赔偿责任；即只有当承保危险是损失发生的近因时，保险人才负赔偿责任。①

2. 近因的认定

在保险理赔中，对于引起保险标的的损失的原因，可以从以下几种情况来认定近因，确定保险责任：

（1）单一原因的情形。如果导致事故发生并造成损失的原因只有一个，则该原因为损失近因。如果该近因属于承保风险，保险人应对损失负赔偿责任；如果该近因是除外责任，保险人则不予赔偿。

（2）多种原因同时并存的情形。如果同时存在导致损失的多种原因均为保险责任，则保险人应承担全部损失的赔偿责任；若同时发生的导致损失的多种原因均为除外责任，则保险人不承担任何损失赔偿。当同时发生导致损失的多种原因中既有保险责任又有除外责任，则应分析损失结果是否易于分解，如果可以分解，则保险人只对承保危险所导致的损失承担赔偿责任。如果损失的结果不能分解，则除外责任为近因，保险人可不负责赔偿。

（3）多种原因连续发生的情形。如果多种原因连续发生导致损失，并且前因和后因之间存在未中断的因果关系，则最先发生并造成了一连串事故的原因就是近因。只要该近因属于保险责任，保险人就应承担损失的赔偿责任。

（4）一连串原因间断发生的情形。当发生并导致损失的原因有多个，并且在一连串发生的原因中有间断情形，即有新的独立的原因介入，使原有的因果关系断裂，并导致损失，则新介入的独立原因是近因。只需判断该近因是否属于保险责任范围即可。

坚持近因原则的目的在于分清有关各方的责任，明确保险人的承保危险与保险标的的损失之间的因果关系。近因原则的规定是保险实践中的理论依据，但致损原因的发生与损失结果之间的因果关系往往错综复杂，因此，运用近因原则时，应根据实际案情，实事求是地分析，认真辨别，并遵循国际惯例，特别是注重对重要判例的援用。

三、国际货物运输保险合同

（一）国际货物运输保险合同的概念

国际货物运输保险合同是指，投保人与保险人订立的，由投保人按照一定的

---

① 《1906 年英国海上保险法》第 55 条规定，除非保险单另有规定，保险人对承保风险作为近因而导致的任何损失承担保险责任。

险别向保险人投保并支付保险费，在货物因跨国运输风险发生而造成损失时由保险人向被保人予以赔偿的合同。①

（二）订立

与其他合同一样，国际货物运输保险合同的订立是投保人和保险人意思一致的法律行为。投保人提出保险申请，即要约。要约以投保单形式提出，在投保单上列明订立保险合同所要求的内容和项目。保险人同意承保后，以签发保险单或保险凭证的形式表示承诺，保险合同成立。② 而在英美国家，保险合同由投保人通过保险经纪人作为代理人才能签订。保险经纪人出具承保单，保险公司在承保单上签字，合同即告成立。保险经纪人缴纳保险费并从保险公司收取佣金。如投保人不交保险费，则不能从保险经纪人手中得到保险单。

（三）国际货物运输保险合同的内容

国际货物运输保险合同的内容主要包括以下几项：（1）保险人和被保险人。二者是保险合同的当事人。保险人（Insurer）在我国是以公司形式出现的，也就是保险公司，保险合同应当载明保险公司的名称；在国际货物运输保险中，被保险人（Insured）是指其运输中的货物受保险合同保障，享有保险金请求权的人。（2）货物名称。货物是国际货物运输保险的标的，是作为保险对象的财产。（3）保险价值。保险价值是指保险标的的实际价值。由于财产保险具有补偿性，所以确定保险价值非常重要，以免保险人的赔付超出被保险人的实际损失。按保险合同是否明确约定保险价值为标准，可将财产保险分为定值保险和不定值保险。保险合同中明确约定了保险价值的为定值保险；当事人在合同中没有约定保险价值，留待保险事故发生后再行估价进行计算的为不定值保险。由于国际运输的货物流动性强，在不同地点发生保险事故可能得出不同的核定价值，因而一般采用定值保险。（4）保险金额。保险金额是指被保险人对保险标的的实际投保金额。保险金额是保险人对一次保险事故承担赔偿责任的最高限额。法律一般不要求必须就保险标的的全部价值投保，按保险金额与保险价值之间大小，可分为足额保险、不足额保险和超额保险。保险合同约定的保险金额等于保险价值的，称为足额保险；保险金额低于保险价值的，称为不足额保险；保险金额高于

---

① 中国《海商法》第216条规定海上保险合同"是指保险人按照约定，对被保险人遭受保险事故造成保险标的的损失和产生的责任负责赔偿，而由被保险人支付保险费的合同"。

② 中国《保险法》第13条规定："投保人提出保险要求，经保险人同意承保，保险合同成立。"

保险价值的，称为超额保险。① 按照保险补偿的性质，在超额保险中，超过保险价值部分的保险无效。（5）保险责任和除外责任。保险责任具体规定保险人承保的风险范围，保险人仅仅对约定的风险事故造成的损失承担赔偿责任；除外责任也就是保险人不予承保责任。保险责任是从正面规定保险人的承保范围，除外责任则从反面规定保险人的承保范围。（6）保险期间。保险期间就是保险责任开始到终止的时间。保险人只对保险期间所发生的承保风险造成的保险标的损失承担赔偿责任。（7）保险费。保险费是保险人同意承保某种风险及损失而收取的报酬。保险费是按照保险费率计算出来的，即保险费＝保险金额×保险费率。保险费率则是根据损失率，参照国际保险费率水平、业务成本等因素来确定的。此外，国际货物运输保险合同还须列明运输工具、运输路线、保险险别等事项。

（四）保险单证

保险单证是保险人与被保险人之间订立保险合同的证明文件，它反映了保险人与被保险人之间的权利和义务关系，是保险人对被承保货物的承保证明。被保险货物遭受承保范围内的损失时，保险单证是被保险人向保险人索赔的主要依据，也是后者进行理赔的主要依据。

1. 保险单的概念（Insurance Policy）

保险单（Insurance Policy），俗称"大保单"，是使用最广的一种保险单证，是保险人与被保险人之间订立保险合同的一种正式书面证明。保险单应将保险合同的全部内容详尽列明。除载明保险人和被保险人名称、地址，被保险货物名称、数量或重量、唛头，运输事宜、保险起止地点、承保险别、保险金额和保险期限等项目外，还应载明保险人的责任范围，保险人和被保险人双方的权利、义务。保险单是保险人制定和出具的，多采用格式条款。所以，当保险人和被保险人双方对保险单条款文字的解释有争议时，应该作有利于被保险人的解释。

2. 保险单的主要内容

（1）保险项目。如被保险人名称、保险标的的种类、保险金额、保险期限、保险费，以及其他有关承保风险的声明。这些声明的内容是按照投保人在申请投保时提供的材料，列入保险单内，作为保险人承保风险的依据。如果申报不实，由投保人自行负责，保险人有权拒赔。

（2）保险责任。保险人承担的保障责任，包括损失赔偿、责任赔偿、保险金

---

① 左海聪：《国际商法》，法律出版社 2023 年版，第 238 页。

给付、费用负担（施救、救助、诉讼费用等）。

（3）除外责任。此即保险人承保责任的限制和修正，如不承保的风险事故、不承保的损失、不承保的财产等。

（4）附注条件。这是对履约双方享受权利和履行义务的规定。因为保险合同是一种赔偿合同，享有权利的主要是被保险人，因而附注条件多为被保险人为取得赔偿权利应履行的义务，如保单的变更、转让、注销、索赔期限、索赔手续、代位追偿、争议的处理等。

保险单虽然是保险合同的证明，但保险合同的存在与否并不以保险人是否已出立保险单为准。只要投保人的要约一经保险人承诺，保险合同即告成立，即使保险人尚未出立保险单，也应承担保险责任。

3. 保险单的种类

（1）定值保险单（Valued Policy）。

指载明保险标的约定价值的保险单，该价值就是保险公司在保险事故发生后的赔偿价值。通常为货物的 CIF 或 CIP 加上 10% 的买方预期利润。

（2）航程保险单（Voyage Policy）。

指以一次或多次航程为期限的保险单。航程保单中通常订有"运输条款"或"更改航程条款"。依据前者，如航程中发生了被保险人不能控制的绕航、卸货、重装、转船、延误等，保险合同继续有效；依据后者，如遇变更目的港或不正当绕航，保险公司在增收保费的情况下，保险合同继续有效。

（3）流动保险单（Floating or Blanket Policy）。

指保险人与被保险人就总的承保条件，如承保风险、费率、总保险金额、承保期限等事项事先予以约定，细节留待以后申报的保单。根据流动保单，被保险人按承保期间内可能起运的货物价值预交保险存款，在每批需要承保的货物装运后通知保险人，保险单自动生效。每批货物价值从货物的总价值中扣除，直至保险总金额用完，保险合同终止。因此，在流动保险单中，被保险人得不到保单本身，只能得到保险公司开出的保险凭证。为此，买卖合同一般都规定"买方必须接受保险单和（或）保险凭证"。否则，卖方必须提供正式保险单。流动保险单手续简便，所以在实践中，特别当托运人是大规模从事出口贸易的商人时，适用非常普遍。

（4）预约保险单（Open Policy）。

又称开口保单，与流动保险单类似，只是在保险单中未规定保险总金额。承保货物一经起运，被保险人通知保险人后，保单自动生效。保险合同终止取决于被保险人和保险人之间的约定，任何一方在收到对方终止合同的通知后，合同即告终止。

（5）重复保险单（Double Insurance）。

指被保险人在同一保险期内与数个保险人就同一保险利益、同一保险事故分别订立数个保险合同。重复保险金额的总金额不得超过保险标的的价值。如为不当得利之目的恶意从事重复保险，则保险合同无效。

（6）保险凭证（Insurance Certificate）。

保险凭证是一种简式保险合同，俗称"小保单"。通常仅载有正式保险单证明所具有的条款，如被保险人名称、保险货物名称、运输工具种类与名称、投保险别、保险期限、保险金额等，而对于正式保单背面有关被保险人和保险人权利、义务的规定则不予登载。当事人在采用流动保单和预约保单的方式投保时，被保险人得不到正式保单，只能得到保险凭证。[①]

知识链接：保险单

（五）国际货运保险合同的变更、转让与终止

1. 合同的变更

由于保险标的经常有变化，为了如实申报，各国的保险法一般都允许保险合同内容的变更。保险合同的变更一般用批单的形式加以批注。批单是指为变更保险合同的内容，保险人所出具的补充书面说明。批单的签发，可以由保险人提出，也可以由被保险人提出。保险合同当事人的任何一方提出的更改要求，经对方同意后，即以批单来更改。批单可以是在原保险单或保险凭证上批注，也可以另外出立一张变更合同内容的单证。批单的效力大于保险单的效力，保险单经过批注的事项，以批单所规定的内容为准。

2. 合同的解除

保险合同的解除，是投保人或被保险人与保险人之间的权利义务关系的终止。根据合同法的一般原则，合同一经成立即约束双方当事人，任何一方不得任意解除合同，除非合同另有规定，或法律有特别规定。我国《海商法》规定，当

---

① 周黎明：《国际商法理论与实务》，北京大学出版社 2023 年版，第 261 页。

事人在以下两种情况下可以解除合同：（1）被保险人未履行如实告知义务，保险人可以解除合同。被保险人未履行该项义务基于两种不同情况，一种出于故意，另一种属于非故意。无论故意与否，保险人都有权解除合同。但若出于故意，保险人可不退还保险费并对合同解除前发生保险事故造成的损失不负赔偿责任。若非出于故意，保险人对合同解除前发生保险事故造成的损失则予以赔偿，当然，这种赔偿是以被保险人未如实告知，对保险事故的发生没有因果关系为前提。（2）保险责任开始之前，被保险人有权解除合同。被保险人之所以享有这种权利，是因为保险责任尚未开始，解除合同并不会给保险人造成经济损失。但是被保险人须向保险人支付手续费，而保险人须退还保险费。

3. 合同的转让

在国际贸易中，买卖双方分处不同的国家，货物在运输途中即可能被出售，如果遵守保险利益原则的话，货运保险合同会因货物转让而失效，这样对货物的交易十分不利。为便于国际货物贸易的进行，海运货物保险合同的转让可以通过转让保险单来实现。海上货物运输保险单的被保险人有权行使该项权利而无须征得保险人的同意。该项权利的行使由被保险人在保险单背面签字或写上受让人的名字。此时，合同的权利义务即转移至受让人，如被保险人已付清保险费，原有合同关系即告消灭，而由受让人作为新的被保险人取而代之，与原合同的保险人建立新的合同关系。如货物在运输保险合同转让过程中，货物本身、货物包装、货物标志等有所变更，则保险人不负责损失的赔偿。①

4. 合同的终止

货物运输保险合同与其他合同一样，除因正常终止原因而终止外，还因某些特殊原因而终止。

因正常终止原因而终止，是指保险合同当事人按照合同规定的期限履行完毕。货物保险的期限通常实行"仓至仓"责任原则，即自保险货物运离保险单上所载明的起运地仓库或储存处所开始运输时起，至该项货物到达保险单上所载明目的地收货人的最后仓库或储存处所为止，合同即告终止。

因特殊原因而终止包括因保险合同无效、保险合同失效和保险合同的解除而终止。

保险合同无效，通常发生于以下几种情况：（1）投保人或被保险人对保险标

---

① 中国《海商法》第229条规定："海上货物保险合同可以由被保险人背书或者以其他方式转让，合同的权利、义务随之转移。合同转让时尚未支付保险费的，被保险人和合同受让人付连带支付责任。"

的无可保利益；（2）投保人没有得到委托而为他人订立的保险合同；（3）投保禁运品或走私品的保险。在上述情况下签订的合同为无效合同。如投保人或被保险人并非出于故意而订立了此种合同，可请求保险人退回全部或部分保险费。

保险合同失效是因合同订立后，危险已经消失，或可保利益已经丧失；或在保险期限内，投保人或被保险人的缘故，而使危险显著变更或增加；或虽非投保人或被保险人的缘故，但他们得知这种情况而未及时通知保险人，则保险人可以认为此种合同已失效。

如上文所述，保险合同的解除主要是指被保险人未履行如实告知义务而保险人有权解除合同和在保险责任开始前被保险人有权解除合同两种情况。因以上原因导致合同被解除时，海运货物保险合同也告终止。

（六）国际货物运输保险合同当事人的权利与义务

国际货物运输保险合同是双务、有偿合同，缔约双方互负给付义务。就保险人而言，是在保险事故发生时，根据保险条款的约定支付保险金，同时不得明知被保险人对保险标的已无可保利益仍然接受投保并收取保险费。被保险人的义务则贯穿保险合同的签订和履行全过程，其通常承担以下义务：（1）如实申报：被保险人或投保人在填写保单时，必须对货物、货物性质、价值等重要事实如实申报，否则，保险人可以解除合同，并对保险标的的损失不予赔偿。（2）及时提货：被保险货物抵达保单所载目的地，被保险人应及时提货。（3）保全货物：对遭受承保范围内危险的货物，应迅速采取合理措施、减少或防止货物损失。（4）通知：当获悉航线改变或发生保单所载货物运输工具、航程有遗漏或错误时，被保险人应立即通知保险人，在必要时需另加保费，保险单继续有效。（5）索赔：当发现货物遭受损失时，应立即向保单上所载明的检验、理赔代理人申请检验，并向承运人、受托人或海关、港务当局索取货损、货差证明，并以书面方式提出索赔。在向保险人提出索赔时，要提供保险单正本、提单、发票、装箱单、磅码单、货损货差证明等有关单证和凭证。

四、国际货物运输保险的理赔

保险理赔是指保险人根据保险合同或有关的法律、法规，受理被保险人提出的赔偿损失的请求，对损失进行查勘、检验、定损、理算、赔偿等业务活动。它包括损失通知、保险索赔、损失确定、责任审定、赔款计算、赔款给付。若损失赔偿涉及第三者的责任，保险人还应该进行追偿工作。

1. 保单的核对与通知

保险公司在接到保单项下的保险标的出险的损失通知后，应立刻查出有关保单的副本或保单进行核对，并要求被保险人填写正式的"出险通知书"。对重大的损失赔偿，应及时通知上级公司，并按照理赔金额权限上报上级公司或总公司。

2. 现场查勘、检验、核损

保险人或其代理人获悉损失后，应立即组织对受损保险标的进行现场查勘和损失检验。现场检验工作是保险理赔的一个关键步骤，专业性很强，对于一些较复杂的损失和较大的货物损失，保险公司经常聘请公证机构或有关专业机构以第三者的身份对损失的程度、损失的原因进行检验和鉴定并出具检验报告。

3. 核实案情

保险人或其代理人对损失进行了实地查勘检验后，还应向有关各方收集情况，对理赔案的材料进行核实、补充和修改，如保险事故发生后，被保险人或其代理人采取的处理措施、责任方资信的调查、有关利益方对赔案的态度。通过核实案情，有利于保险人全面掌握赔偿的情况。

4. 分析案情，确定责任

保险人在做好上述工作的基础上，对下列情况进行分析：（1）核查索赔人是否有可保利益；（2）核实保险事故是否发生在保险有效期内；（3）确定保险标的发生损失的原因，明确保险标的的损失是否属于保险责任范围；（4）判断被保险人是否已按合同规定履行了合同义务；（5）对保险人应承担责任的损失，保险人审查有关索赔单证和文件是否齐全和有效。

5. 计算赔偿金额，支付保险赔款

保险人的赔偿责任一经确定，应计算出赔偿金额，尽快支付保险赔款。保险赔偿金额的计算可由保险人计算，也可以委托海损理算人理算，赔款计算出结果后，由财务部门赔付给索赔人。

6. 损失处理

对受损财产的残余部分应根据其可用程度，实事求是地作价折旧归被保险人，从赔款中扣除。如双方达不成协议，可由保险公司收回处理，收回的残余物资要严格按规定手续办理，由被保险人开列详细清单，保险公司再签收，损余处理的收入必须按规定冲减赔款，不得转移或挪用。

7. 追偿

保险标的发生保险责任范围内的损失，如根据国家法律或有关约定，应由第三者负责时，保险人可先行赔付，然后由被保险人填具权益转让书，将向责任方索赔的权利转移给保险人。应注意要求被保险人在索赔有效期间内向保险人进行权益转让，以避免因索赔期届满，而导致保险人丧失追偿权。

8. 赔付后要注意的问题

赔付部分损失后，对保单正本应做出相应批注，根据情况分别出具注销、减少保额或恢复承保的批单，并将其贴在保单正面并加盖骑缝章。赔付全损后务必要收回保单正本。

9. 拒赔案

订立保险合同是一个法律行为，对客户的索赔要求一旦拒赔，就意味着保险人可能在以后的诉讼案件中充当被告角色。因此，保险公司处理拒赔案应相当慎重，只有在拒赔理由充足又有法律依据的情况下，才能考虑拒赔。

10. 归档

理赔案处理完毕后，应将保险单、损失清单、报告、追偿文件等一切有关理赔案的单证、文件予以保存，以便查阅。检验报告、损失证明、赔款计算书、损失处理按险种、编号、年份一并归档，并按规定期限。

第二节 国际海上货物运输保险承保的范围

一、国际海上货物运输保险承保的风险

货物在海上运输过程中可能遭遇到的风险种类很多，海上货物保险并不是对所有海上风险造成货物的损失都予以负责，只有当被保险货物遭受的损失是由保险单上具体列明的承保风险所造成的，保险人才承担赔偿责任。海上货物保险承保的风险包括：

1. 自然灾害

一般是指由于自然界变异现象的力量而造成的灾害，即人力不可抗拒的灾害，如恶劣气候、雷电、地震、海啸、洪水等。这些自然灾害在海上货物保险业都有特定的含义。

（1）恶劣气候（Heavy Weather），不是指一般的、常见的、可预测的气候条件，而是指载运货物的船舶在海上偶然遭受的不常见的、未能预测的、不可抗拒的气候条件，如暴雨、飓风和大浪等。它们足以使船舶倾覆、船舱进水，造成船体破裂、船舶机器设备损坏，进而造成货物潮淋、倒垛、散包等损失。

（2）雷电（Lightning），主要是指雷击闪电自然现象造成在运输过程中的货物的直接损失，或者由于雷电所引起火灾造成货物的损失。

（3）地震（Earthquake），是指因地壳内部不停变化所产生的内力作用，使地壳岩层变形、断裂、错动，从而在一定范围内引起地球表层快速振动的自然灾害，造成在运输过程中的货物的损失。

（4）海啸（Tsunami），是指因水下地震、火山爆发或水下塌陷和滑坡等引起的，在涌向海湾内和海港时所形成的破坏性的巨浪，给处于这些海域的船舶及其所载货物所造成损毁或灭失。

（5）洪水（Flood），是指偶然暴发的具有灾害性质的大水，如山洪暴发、江河泛滥、潮水上岸或倒灌，以及暴雨积水成涝，造成航行或停泊于沿海水面的船舶及其所载货物被淹没、冲散、冲毁、浸泡等损失。

（6）火山爆发（Volcanic Eruption），是指火山内部的岩浆突然冲破地壳向外喷射流出，或因火山爆发产生地震，造成处于运输过程中的货物损失。

（7）浪击落海（Washing Overboard），是指装载在船舶舱面上的货物在运输过程中被海浪冲击而落海的损失。浪击落海不属于我国《海洋运输货物保险条款》的基本险所承保的风险，而应由作为特别附加险的舱面险承保。

2. 意外事故

意外事故是指由于偶然的非意料之中的原因造成的事故。海上保险业务中的意外事故，并不局限于发生在海上，也包括发生在陆上的意外事故，如运输工具的搁浅、触礁、沉没、失火、爆炸、与流冰或其他物体的碰撞等，但是一般常见的可预测的风和浪并不是海难。①

（1）沉没（Sunk），是指船舶由于海水进入舱内而失去浮力，致使船体全部或大部分浸没于水面之下或沉入海底，而且已丧失继续航行的能力，船上所载货物因此而遭受损失的事故。如果船体只没入水中一部分，或者海水虽然不断涌入船舱，但船舶仍保持航行能力的，则不能视为沉没。

---

① 中国《海商法》第 216 条第 2 款规定："前款所称保险事故，是指保险人与被保险人约定的任何海上事故，包括与海上航行有关的发生于内河或者陆上的事故。"

（2）碰撞（Collision），是指船舶在水中与其他船舶或与沉没中的船舶残骸发生直接接触或撞击，船上所载货物因此而遭受损失的事故。

（3）触碰（Contact），是指船舶在水中与船舶以外的其他任何物体发生直接接触或撞击而造成所载货物损失的事故。其他物体包括码头、防波堤、桥墩、浮筒、灯塔、航标及浮泳、漂流物等各种固定的或浮动的物体。

（4）触礁（Stranding），是指船舶在航行过程中，船身或船底意外地触及海中的滩礁或海底的沉船、木桩、渔栅等障碍物而造成所载货物损失的事故。

（5）搁浅（Grounding），是指船舶在航行或锚泊中遭受意外而造成船底与海底、海滩或岩礁紧密接触，使之无法航行，处于静止或摇摆状态，并造成船体损坏或停航 12 小时以上，船上所载货物因此而遭受损失的事故。

（6）倾覆（Over Turn），是指船舶在航行中因遭受自然灾害或意外事故而失去平衡，致使船身侧倾翻倒，不能恢复正常状态，非经施救不能继续行驶，船上所载货物因此而遭受损失的事故。

（7）失踪（Missing），是指船舶在航行期间内，因遭遇恶劣气候或其他灾害，未从被获知最后消息的地点抵达目的地，经过相当的时间而依然不知道其去向和下落的事故。

（8）火灾和爆炸。火灾（Fire），是指船舶或船上所载货物在航行或运输途中因意外着火后烧到一定的范围并酿成一定程度的损失的灾害事故。火灾起因一般属于意外事故，但也有因雷击、地震等自然灾害引起的。爆炸（Explosion），是指因火与热导致气体膨胀，发出巨大的声响和具有摧毁力的破坏现象。爆炸有物理性爆炸和化学性爆炸之分。爆炸既能毁损发生爆炸的物体本身，该物体爆炸所产生的热和气体又足以摧毁其他物体，因此构成爆炸的必要条件是必须有造成灾害的后果。

（9）抛货（Jettison）。抛货是指船舶在航行中遇到直接危及船舶及船上所载货物安全的海上灾害事故时，为摆脱共同危险而故意将船上的一部分货物抛入海中所造成的损失。抛货行为必须是有意的，目的是保证船货的共同安全，避免船货的全部损失。抛弃的货物必须有实际使用价值，它们置放在舱面上必须符合航运习惯。如果抛弃的是已经损坏或霉变的货物，或是不允许置放在舱面上的货物，则不属于抛弃的范围。

（10）船长或船员的恶意行为。船长或船员的恶意行为是指载货船舶的船长或船员作为船东的雇用人员，在履行他们各自的职责时或在驾驶操作过程中，有意损害船东利益的行为所造成的货物的损失。构成恶意行为的条件有两个：其一必须是船长或船员的行为，船东或货主事先不知情，也未唆使、纵容、授意乃至共谋，否则就应作为船东或货主的故意行为；其二必须是故意的、怀着恶意做的，而不是无意的过失，如果并非出于不良动机或出于恶意的话，他们的行为就构成疏忽行为。

英国《协会货物保险条款》将船长或船员的恶意行为列入其 A 条款的承保范围，即属于基本承保风险，而我国《海洋运输货物保险条款》则不把这项风险作为基本承保风险，而是作为特约承保风险由海上货运罢工险来承保。

3. 外来风险

外来风险（Extraneous Risk）是指海上风险以外的其他外来原因引起的风险。所谓外来原因，必须是意外的，事先难以预料的，而不是必然发生的外来因素。外来风险又可分为一般外来风险和特殊外来风险。

（1）一般外来风险，是指在海上运输过程中，引起货物损失的一般外来原因，不包括货物自身的固有缺陷和自然损耗，主要有偷窃、雨淋、短量、玷污、破碎、受潮、受热、渗漏、串味、锈损、钩损、包装破裂等原因所导致的损失。

（2）特殊外来风险，是指在海上运输过程中，由于国家的政策、法令、行政命令、军事等原因所造成的风险和损失，如战争、罢工、交货不到、拒收、舱面等风险所致损失等。

二、国际海上货物运输保险承保的损失

货物在海上运输过程中遭受的损失简称海损（Average），有广义和狭义两种解释。广义上的海损是对货物在海上运输途中所发生的任何损失的统称，包括通常海损和非常海损。通常海损，是指可以预料的正常的耗损，即一般风浪造成的磨损或损坏；非常海损，则指海上自然灾害或海上意外事故造成的损失。狭义上的海损仅指非常海损。海上货物保险当然只对货物遭受的非常海损而不是通常海损提供保障。但是，海上货运险也并不是无条件地补偿所有承保风险造成货物的损失，只有在保险单上具体约定由承保风险所导致的某种特定损失，它才负责赔偿。海上货运险承保的损失可以从不同的角度进行区分：按照损失程度不同，可分为全部损失和部分损失，其中的全部损失又可分为实际全损和推定全损两种；部分损失按损失性质不同，则可分为单独海损和共同海损。

（一）全部损失（Total Loss）

全部损失是指运输中的整批货物或不可分割的一批货物遭受全部损失。全部损失又分为实际全损和推定全损。

1. 实际全损（Actual Total Loss）

实际全损一般指被保险货物完全灭失，或完全变质，或不能再归被保险人所有。[①] 被保险货物在遭到实际全损时，被保险人可按其投保金额获得保险公司对全部损失的赔偿。构成海上货运险承保的实际全损一般有以下几种情况：

第一，被保险货物完全毁损或灭失。这是指货物的实体已经完全毁损或不复存在，例如货物在运输途中被大火全部焚毁；载货船舶的舱内进水，糖、盐这类易溶货物被海水溶解。

第二，被保险货物失去原有的性质和用途。这是指货物受损以后，其形外虽然依旧存在，但不再具有投保时的属性，已丧失商业价值或使用价值。例如，茶叶被海水浸泡，虽外表形体还在，但已既不能饮用也不能销售；水泥浸海水后已变成硬块，不再具有水泥的特性，成为无用之物；大米在运输过程中因受潮发热或串味变质，不能食用。

应当注意的是，如果货物虽然受损，但经处理后，其原有属性并未丧失，或仍有使用价值，则不构成实际全损，被保险人不能以全损索赔。例如，小麦在途中被海水浸泡可湿损，到岸后经烘干整理再削价出售，因为小麦仍可食用或使用，且已削价出售挽回部分利益，保险人只能作为部分损失赔偿。

第三，被保险货物的所有权丧失，已无法追回。这是指货物实际上仍存在，也未丧失原有属性和用途，但被保险人已丧失了对它的有效占有，而且无法挽回。例如，货物在运输途中遭遇海盗被劫夺，或在战争期间被敌对国家扣留、没收。

第四，被保险货物因船舶失踪而随之不知去向。这是指船舶在航行途中突然失踪，如目前时常有船舶在驶入百慕大地区和其他群岛的水域以后，外界便收不到它们的无线电联系，也收不到呼救号，神秘地消失。根据英国《1906 年海上保险法》的规定，"船舶在航行途中失踪，经过相当时间，仍得不到消息的，可以认为是实际全损"。船舶失踪，船上所载货物自然也下落不明，同样可以作为

---

① 中国《海商法》第 215 条规定："保险标的发生保险事故后灭失，或者受到严重损坏完全失去原有形体、效用，或者不能在归被保险人所拥有的，为实际全损。"

实际全损处理。

2. 推定全损（Constructive Total Loss）

推定全损一般指被保险货物受损后，实际全损已经不可避免，或者为避免发生实际全损而对其进行施救、整理、修复所需的费用或者这些费用再加上继续将其运至目的地的费用的总和，将超过货物在目的地处于完好状态的价值。构成海上货运险承保的推定全损一般有以下几种情况：

第一，被保险货物的实际全损已经无法避免。这是指货物在遭遇承保风险后的受损程度一时还未达到完全灭失的地步，但将无法避免实际全损。

第二，为了防止实际全损发生而需要支付的费用将超过货物的保险价值。这是指货物遭遇承保的风险后，为不让其发生实际全损而采取施救措施或请求他人救助，但得不偿失，因为施救费用或救助费用的支出以及继续将货物运抵目的地的费用将超过该目的地货物的价值。

第三，修理受损货物的费用将超过货物修复后的价值。这是指货物受损后，估计用于修复和整理的费用和其他必须支出的费用相加，总成本将超过货物本身的价值。

第四，为收回已经丧失所有权的货物所需支出的费用将超过货物的价值。这是指被保险人对货物拥有的所有权因承保风险发生而丧失，收回的可能性不大，或者即使收回，但所需支出的费用超过货物收回后的价值。

实际全损与推定全损的主要区别：

第一，实际全损强调的是保险标的在遭受保险事故后，确实已经完全毁损、灭失或失去原有的性质和用途，并且不能再恢复原样或收回；推定全损则是指保险标的已经受损，但未完全灭失，可以修复或回收，不过因此而需支出的费用将超过该保险标的的复原或收回后的价值。可见，实际全损是一种物质上的灭失，而推定全损是一种经济上的灭失。

第二，发生实际全损后，被保险人无须办理特别手续，即可向保险人要求赔偿全部损失，但在推定全损下，被保险人可以按部分损失向保险人索赔，也可以按全部损失要求保险人赔付。但如果采用后一种方式。被保险人还必须向保险人办理赔付手续。

（二）部分损失（Partial Loss）

部分损失是指没有达到全部损失程度的损失。按照损失的性质不同，部分损失又分为共同海损（General Average）与单独海损（Particular Average）。在海上货运险中，对部分损失中的单独海损，保险人是根据被保险人所投险别的具体规定来确定是否承担赔偿责任的，如我国《海洋运输货物保险条款》中的平安险就不承保自然灾害所造成被保险货物的部分损失，事实上这里的部分损失仅指单独海损；但是，对被保险货物的全部损失，保险人则不管被保险人投保哪一种基本险别，是都负责赔偿的。

1. 共同海损

共同海损是指在同一海上航程中，船舶、货物和其他财产遭遇共同危险，为了共同安全，有意地、合理地采取措施所直接造成的特殊牺牲、支付的特殊费用。例如，载货船舶在海上遭遇风暴，船上主机损坏且船身严重倾斜，随时有沉没的危险，船长立即下令抛弃船上所载部分货物，以使船身恢复平衡，同时依靠过往船舶的救助，将遇难船只拖带至附近的安全港口。为避免船货全部损失而被抛弃入海的货物即为特殊牺牲，而支付给救助船舶的报酬则为额外费用，它们都属于共同海损。共同海损可以是一种牺牲，也可以是一种费用或者两者并存，但它们必须是非常性质的，必须是在航行过程中遭遇共同危险时，为了共同安全而由船长或船上的其他负责人指挥进行抢救的各种行为所导致的船货部分损失或所支出的额外费用。共同海损是采取救难措施而引起的，它的成立必须具备以下条件：

第一，共同海损的危险必须是危及船舶和货物共同安全的，而且必须是实际存在的。这项条件具体包含两层意思。

一是危险必须是船货共同的。船舶与其所载货物在海上航行途中可能遭遇到的风险事故很多，一旦风险事故发生，出现危险，不是危及船方就是危及货方，有时则是危及船货双方。如果发生的危险仅仅威胁到船或货一方的安全，那么为解除这种危险而采取措施所造成的损失和费用就不能构成共同海损。二是危险必须是实际存在的。共同危险必须是确确实实来自突发的自然灾害或意外事故，是实际存在的而不是主观臆想出来的。为避免实际存在的危险而采取措施所引起的损失和费用，就构成共同海损。

第二，共同海损行为必须是有意而合理的。这项条件包含两层意思。

一是行为必须是有意的。所谓有意，是指明知这一行为会造成船货的部分损失和支出一定的额外费用，但考虑到为解除危险并防止船货遭到更大乃至全部的损失，不得不故意地、主动地采取措施。二是行为必须是合理的。所谓合理，是指采取这一行为在当时的危险情况下对排除险情来说是必要的，是符合船货各方共同利益的。凡是不合理的行为或超出合理限度的行为，都不能认为是共同海损行为。

第三，共同海损牺牲必须是特殊的，共同海损费用必须是额外的，而且是共同海损行为的直接后果。这项条件包含两层意思。

一是牺牲和费用必须是特殊的。所谓特殊，是指这项牺牲和费用在正常情况下是不会发生的，它们只能是非正常运输情况下所采取的行为的产物。二是这些牺牲和费用必须是共同海损行为的直接后果。因采取共同海损行为而产生的牺牲和费用并非一定都属于共同海损，只有与共同海损有直接因果关系的牺牲和费用才能列入共同海损。

第四，共同海损行为必须取得效果。采取共同海损行为的目的是通过牺牲局部以保住全部。如果在采取了有意的合理的措施，做出了特殊牺牲和支付了额外费用以后，但最终未能使船货获救而仍遭全损，这样既没有获救财产也没有受益方，共同海损也就不能成立。

以上四项条件是构成共同海损的一个统一体，必须同时具备才构成共同海损。由于共同海损成立与否在实践中有着十分重要的作用，直接关系到船货双方的利益，因此也常常成为双方争议的关键问题。

2. 单独海损

单独海损是指除共同海损以外的部分损失，即被保险货物遭遇海上风险受损后其损失未到全损程度，应由受损方单独承担的部分损失。构成单独海损必须具备以下两个条件：一是特定的保险标的单独遭受损失，由对此标的具有保险利益的一方单独承担由此而引起的损失，而并非由该受损方与其他各方共同承担所遭遇的风险损失；二是损失是由于偶然的和意外的海上灾害事故所致，而并非人们故意采取的行为造成的。例如，一艘船舶满载袋装砂糖驶往某地，途中因气候恶劣，海水涌进舱内，致使部分糖包浸水，砂糖被溶解，此项货物损失属于货物的单独海损。

就损失程度而言，单独海损与共同海损均属于部分损失，这是它们的共同点。然而，两种海损的性质和起因却完全不同，补偿方式也不一样。首先，损失的起因不同，单独海损是船舶或货物因遭遇承保风险而直接造成的意外损失，共同海损则是为了解除或减轻船货的共同危险而人为造成的；其次，损失的构成不同，单独海损仅指保险标的物本身的损失，而共同海损既包括船或货的牺牲，也包括采取共同海损行为所额外支出的费用。最后，损失的承担者不同，单独海损是由受损的船方或货方单独承担；共同海损包括共同海损牺牲和共同海损费用，则应由受益的船方、货方和运费方三方分摊。另外还应注意到这两种部分损失发生的先后：在一般情况下，船舶或货物的单独海损往往先于共同海损行为发生，因危及船货双方的共同安全，才有意采取措施而产生共同海损。

案例拓展：全部损失与部分损失

三、国际海上货物运输保险承保的费用

海上运输保险的费用是指保险标的发生保险事故后，为营救被保险货物所支出的费用，包括施救费用和救助费用。

（一）施救费用（Sue and Labour Expenses）

施救费用是指当保险标的遭受保险责任范围内的灾害事故时，为防止损失扩大，被保险人或其代理人、雇用人和保险单受让人等采取措施，抢救保险标的，所支出的合理费用为施救费用。保险人对这种施救费用负责赔偿。

在海上保险中，作为被保险人和其代理人有义务采取合理的措施，即履行施救义务来避免或减少保险标的的损失，因此而产生的费用将由保险人给予补偿。但是，并非所有因对被保险货物采取施救措施而支出的费用，保险人都予以赔偿。海上货物运输保险合同项下负责赔偿的施救费用，必须具备以下几个条件：

第一，施救行为必须是因承保风险所引起的。如果所采取的行动是为了避免或减少非保险承保的损失，其费用不得作为施救费用向保险公司索赔。

第二，只能是由被保险人（或其雇用人员或代理人）所支出的，不同于被保险人支付给参与货物救助的第三者的报酬即救助费用。

第三，必须是为了避免或减少承保的损失而支出的，如果保险单上载有单独海损不赔条款或免赔额规定，对为避免或减少此项不赔的单独海损而支出的费用也就不予负责。

第四，费用的支出必须是谨慎而合理的，如同被保险人在没有投保的情况下为保护自己货物少受损失而支出的那样，对于不合理的部分，保险人可以不赔偿。

第五，施救费用的赔偿并不考虑措施是否成功。即便保险标的发生全部损失，保险人仍然可以对于施救费用给予赔偿。

根据施救费用的这些特点，不难看出该项费用与共同海损和救助费用的区别。也正因为如此，各国的海上货运险条款都规定共同海损和救助费用不能在施救条款项下得到赔偿，换言之，保险人负责赔偿的施救费都不包括共同海损和救助费用。与其他各种财产保险对负责施救费用赔偿所做的规定一样，海上货运险对被保险人在保险责任范围内所支出的合理的施救费用，在另一个保险金额限度内负责赔偿。我国《海洋运输货物条款》第 1 条第 2 款第 5 项规定："本保险负责赔偿被保险人对遭受承保责任内危险的货物采取抢救、防止或减少货损的措施而支付的合理费用，但以不超过该批被救货物的保险金额为限。"这也就是说，海上货运险对施救费用的赔偿与对被保险货物的赔偿，分别计算保险金额，各以不超过保险金额为限。

（二）救助费用（Salvage Charges）

救助费用是指保险标的遭遇保险责任范围以内的灾害事故时，由保险人或被保险人以外的第三者采取救助措施并获得成功，获救方应向救助方支付相应的报酬，所支付的该项费用被称为救助费用，属于保险赔付范围，保险人对此应负责赔偿。

前来援救的外界力量可以应遇难货主的请求而来，也可自愿赶来；可以是专业的海上救助机构，也可以是在海上航行的其他过往船舶。救助的目的是使遭遇灾害事故的货物得救或使其损失尽可能减少到最低限度，这同样有利于保险人减少保险赔款支出。为此，海上货运险对作为被救助人的被保险人所支出的救助费用，只要是属于保险责任范围的，即予以负责偿还。海上救助要成立必须具备三项条件。

第一，被救的船舶、货物或其他财产必须处于某种不能自救的危险境地。

第二，救助人必须是无救助义务的第三者，进行救助是出于自愿，即并不是因为对被救助人负有法律义务（如两船相撞，肇事船对被撞船就应承担营救的法律责任）或合同规定的义务（如两船签订拖带合同，拖带船努力拖带遇难的被拖船脱离险境是其合同义务）。

第三，救助必须取得成效。

由于是有效果才支付报酬给救助人，而且支付报酬的多少取决于救助效果的大小，这种救助报酬因而被称作"无效果、无报酬"合同救助费用。在海上救助实践中，"无效果、无报酬"救助合同为世界各国普遍采用。

救助费用往往与共同海损有着密切的联系，这是因为如果救助人的救助行动是为了解除船货所面临的共同危险而进行的，救助报酬也就成为共同海损救助费用。共同海损救助费用与一般救助费用主要存在两点区别：一是共同海损救助费用的支出关系到船货双方的共同安危，而一般救助费用仅仅涉及货物一方的利益；二是共同海损救助费用只能在航程终止以后由受益方进行分摊，而一般救助费用在救助行动结束时就可向被救助人实施索取。

海上货运险对被保险人作为被救助人所支出的救助费用，在对被保险货物赔偿的那个保险金额内负责赔偿，也就是说，保险人对被保险货物的损失、救助费用和共同海损的赔偿总和，不能超过一个保险金额。

施救费用与救助费用是海上货运险主要保障的两种费用，两者有以下不同：一是从行为实施的主体来区别。施救是自救，实施的主体是被保险人（或其雇用人员或代理人）自己；救助是他救，实施的主体是被保险人和保险人以外的第三者。二是从保险赔偿的原则来区别。被保险人实施施救以后，不管是否取得成效，保险人对其支出的施救费用均负责赔偿；救助人对被救助人实施救助，被救助人按照"无效果、无报酬"原则决定是否支付报酬，保险人只有在作为被救助人的被保险人向救助人支付报酬的前提下才承担对这笔救助费用的赔偿。三是从保险赔偿的额度来区别。保险人对施救费用的赔偿以另一个保险金额为限，即在对被保险货物本身损失赔偿的那个保险金额之外，再给一个保险金额赔偿施救费用；保险人对救助费用的赔偿则是放在与对被保险货物本身损失赔偿的那个保险金额之内，即将对救助费用的赔偿与对被保险货物本身损失的赔偿合在一起，以一个保险金额为限。四是从与共同海损的联系来区别。施救费用是因被保险人为减少自己的货物损失采取施救措施而产生的，与共同海损没有联系；救助费用在大多数情况下是由于作为救助人的其他过往船舶为船货获得共同安全而前来救助并取得成效而产生的，因此可列入共同海损费用项目。

四、代位求偿与委付

（一）代位求偿

1. 代位求偿的含义

在海上保险中，致使保险标的发生损失的原因既属于保险责任，又属于第三者的责任原因时，被保险人有权向保险人请求赔偿，也可以向第三者请求赔偿。

代位求偿（Subrogation）是海上保险的重要制度之一，是指保险人向被保人赔付保险金后依法所享有的，对造成保险标的的损害而负有赔偿责任的第三人行使的追偿权。代位求偿权是一项法定的权利，很多国家的法律都对其进行了规定。从性质上讲，代位求偿属于一种债权让与。被保险人在法律规定的条件下，依据保险合同将其享有的对第三人的债权转让给保险人，使保险人取代被保险人的地位，来行使和处分该债权。

海上代位求偿主要有下列作用：首先，防止被保险人获得双重赔偿，防止道德风险。双重赔偿是指被保险人就承保责任范围内的损失在保险人处及第三人处均获得赔偿，且两者金额相加超过了保险标的的实际损失的情况。双重赔偿使被保险人从中获利，违反了财产保险合同的补偿性原则，容易诱发道德风险。其次，保护保险人利益，使保险人免于因赔付保险金之后没有继续追偿的权利而遭受损失。同时，限制被保险人随意处分对第三人的权利。最后，保护被保险人的利益，使被保险人可以从向第三责任人的索赔中解脱出来，及早从保险人处获得损失赔偿。

2. 保险人行使代位求偿权的条件

保险人享有代位求偿权须符合以下三个条件：（1）保险标的发生保险责任范围内的损失是由第三人造成的，也即因第三人的侵权行为给被保险人造成损害，根据侵权法而使被保险人具有追索损害赔偿的权利；（2）被保险人遭受损失后尚未向责任方索赔或索赔未果并且尚未放弃索赔权，当被保险人放弃对第三者的请求赔偿权时，保险人不享有代位追偿权；[①]（3）保险人已向被保险人做了赔付。保险人按合同要求，对被保险人履行赔偿义务后，才有权取得代位求偿权。

3. 代位求偿权的实施

保险人行使代位求偿权，既可以被保险人的名义，也可以自己的名义。实践中，无论以被保险人名义还是以自己名义向第三人追偿，通常都请求被保险人签署权益转让证书，以使双方明确自己的权益，避免日后发生权益纠纷或带来不必要的麻烦。

保险人行使代位求偿权从第三人处取得的赔款，若超过其支付的保险赔偿的，超过部分应当退还给被保险人。[②] 这是因为，保险人向第三人索赔的金额，是用以补偿其已支付的那部分损失，对超过其应得的部分，理应退还给被保险

[①] 《中华人民共和国海商法》第 253 条规定：被保险人未经保险人同意放弃向第三人要求赔偿的权利，或由于过失致使保险人不能行使追偿权利的，保险人可以相应扣减保险赔偿。

[②] 《中华人民共和国海商法》第 254 条第 2 款规定：保险人从第三人取得的赔偿，超过其支付的保险赔偿的，超过部分应当退还给被保险人。

人。同理，当追索权由被保险人行使时，从第三人处取得的赔偿额如果超过保险人支付的赔偿数额，被保险人有权留存超出的部分。由此可以看出，代位求偿权规定的目的不仅在于防止被保险人获得双重赔偿，从而保障保险人的利益，也同样防止保险人通过代位求偿权而获得额外的利益，损害被保险人的利益。因此，保险人的代位求偿的金额以其对被保险人赔付的金额为限。

（二）委付

1. 委付的含义

委付是海上货物保险独有的一种处理保险标的损失的手段，是指被保险人在发生保险事故造成保险标的的推定全损时，将保险标的的一切权益转移给保险人，而请求保险人按保险金额全数予以赔付的行为。委付是被保险人放弃物权的法律行为，在海上保险中经常采用。

2. 委付成立的条件

委付的成立需要具备以下条件：

（1）委付必须以保险标的的推定全损为前提条件。委付包含由全额赔偿和保险标的的全部权益转让两项内容，因此，要求必须在保险标的推定全损时才能适用。

（2）委付必须由被保险人向保险人提出。该条件要求被保险人进行委付，须提出委付申请。提交委付通知是被保险人的一种单方面行为，不必征得保险人的同意。如果被保险人不提交委付通知，保险人对受损的被保险货物只能做部分损失处理。

（3）委付须就整体的保险标的提出要求。保险标的在发生推定全损时，通常标的本身不可拆分，因此，委付应就整体的保险标的进行委付，若仅部分委付，极易产生纠纷。

（4）委付须经保险人同意。委付是否成立，还需要保险人的承诺，因为委付不仅是将保险标的的一切权益进行了转移，也将被保险人对保险标的的一切义务同时转移。因此，保险人在接受委付之前必须慎重考虑。当保险人接受委付时，则委付成立，保险人不得撤回①；反之委付不成立。

（5）委付不得附加条件。委付要求被保险人将保险标的的一切权利与义务转

---

① 《中华人民共和国海商法》第249条。

移给保险人，并不得附加任何条件。①

3. 委付成立的效力

委付一经成立，便对保险人和被保险人产生法律约束力：一方面被保险人在委付成立时，有权要求保险人按照保险合同约定的保险金额全额赔偿；另一方面保险人将被保险人对该保险标的的所有权利和义务一并转移接收。例如，船舶触礁沉没后，经委付后沉船及相关运费均为保险人所有，但同时保险人须履行打捞沉船和清理航道的义务。保险人通常不接受委付，只有在经过调查了解和做出权衡比较之后，确信自己不会因为承认推定全损而处于不利境地时才会接受。在实践中，保险人为了避免在接受委付后承担由此而产生的有关法律责任和义务，除了拒绝接受委付以外，还常常采用另一种办法，那就是在被保险人尚未宣布推定全损之前主动放弃要求被保险人提交委付通知的权利，而按全损赔偿对方，从而解除保险合同的一切责任。

4. 委付与代位权的区别

从以上可以看出，委付和代位权是有区别的，其主要区别在于：

（1）代位追偿权是一种纯粹的追偿权，取得这种权利的保险人无须承担其他义务；而保险人在接受委付时，则是将权利和义务全部接收，既获得了保险标的的所有权，又须承担该标的所产生的义务。

（2）在代位追偿权中，保险人只能获得保险赔偿金额内的追偿权；而在委付中，保险人则可享有该项标的的一切权利，包括被保险人放弃的保险标的的所有权和对保险标的的处分权。在委付后，保险人对保险标的的处置而取得的额外利益也由保险人获得，而不必返还给被保险人。

第三节　国际海上货物运输保险条款

在国际海上货物运输保险中，保险人的承保范围是通过各种不同的保险条款确定的，投保人可以根据货物的特性和属性、航线与港口的实际情况选择适当的险别。在国际海上保险市场上，各国保险组织都制定了自己的保险条款。

---

① 《中华人民共和国海商法》第 250 条。

一、我国海上货物运输保险条款

为适应国际货物海运保险的需要，中国人民保险公司于 1981 年根据我国保险实际情况并参照国际保险市场的习惯做法，分别制定了各种保险条款，简称"中国保险条款"（China Insurance Clause，CIC），目前使用的是 2009 年版本。该条款分为基本险和附加险条款。

知识链接：中国人民财产保险股份有限公司海洋
运输货物保险条款（2009 年版）

（一）承保险别

1. 基本险

基本险，也称为主险，是指可以独立承保，而不必附加于其他险别之下的险别。我国海上货物运输保险条款规定了三种基本险别：平安险、水渍险和一切险。投保人可以根据自己的需要选择其中一种险别进行投保。

（1）平安险（Free from Particular Average，F. P. A）。

平安险原意为"单独海损不赔"。其承保的风险范围包括：被保险货物在运输途中由于气候恶劣、雷电、海啸、地震、洪水等自然灾害造成的整批货物的实际全损或推定全损。被保险货物用驳船运往或运离海轮的，每一驳船所装的货物可视作一个整批；由于运输工具搁浅、触礁、沉没、互撞、与流冰或其他物体碰撞以及火灾、爆炸、意外事故造成货物的全部损失或部分损失；在运输工具已经发生搁浅、触礁、沉没、焚毁等意外事故的情况下，货物在此前后又在海上遭受恶劣气候、雷电、海啸等自然灾害所造成的部分损失；在装卸或转运时，由于一件或数件货物落海造成的全部或部分损失；被保险人对遭受承保范围内危险的货物采取抢救、防止或减少货损的措施而支付的合理费用。但以不超过该批被救货物的保险金额为限；运输工具遭遇海难后，在避难港由于卸货所引起的损失以及在中途港、避难港由于卸货、存仓以及运送货物所产生的特别费用；共同海损的牺牲、分摊和救助费用；运输合同中订有"船舶互撞责任"条款，根据该条款规定应由货方偿还船方的损失。

平安险是三种基本险中保险人责任最小的一种。所谓"单独海损不赔"实际上是不确切的。它仅指对由于自然灾害造成的单独海损不赔,对于由于意外事故发生的单独海损以及运输工具在运输途中发生搁浅、触礁、沉没、焚毁等意外事故前后发生的单独海损,保险公司仍要赔偿。

(2)水渍险(With Particular Average,W. P. A)。

水渍险原意为"单独海损负责赔偿"。其范围除包括上述平安险的各项责任外,还负责被保险货物由于气候恶劣、雷电、海啸、地震、洪水等自然灾害所造成的部分损失。即水渍险包括平安险以及平安险中不包括的那部分单独海损损失。

(3)一切险(All Risk,A. R)。

一切险包括上述水渍险的各项责任外,还负责被保险货物在运输途中由于外来原因所导致的全部或部分损失。所谓"外来原因"是指一般附加险承担的责任,而不包括特别附加险和特殊附加险。因此,投保一切险并不意味着保险公司承担了一切损失责任。

案例拓展:保险索赔案

2. 附加险

中国保险条款规定海上货物运输保险的附加险包括一般附加险、特别附加险和特殊附加险。

(1)一般附加险。

一般附加险所承保的保险责任是自然灾害和意外事故之外的一般外来风险造成的损失,共有 11 种:

①偷窃,提货不着险(Theft,Pilferage and Non-delivery)。承保货物在运输过程中遭偷窃或在货到目的地后整件货物短交造成的损失。但保险公司只就船方或其他责任方按运输合同规定免除赔偿的部分负责赔偿。

②淡水、雨淋险(Rain Fresh Water Damages)。承保直接由于淡水和雨水(包括舱汗、船上淡水舱或水管漏水等)造成的货物损失。但包装外须有淡水或雨水痕迹予以证明。

③短量险(Risk of Shortage)。承保货物在运输过程中因外包装破裂或散装货发生数量短少和实际总量短缺的损失,但不包括正常的途耗。

④混杂、玷污险（Risk of Intermixture and Contamination）。承保货物在运输过程中因混进杂质及与其他货物接触混装而被污染引起的损失。

⑤渗漏险（Risk of Leakage）。承保流质、半流质、油类货物在运输过程中由于容器损坏而引起的渗漏损失以及用液体储存的货物因液体渗透而使货物发生变质、腐烂等损失。

⑥碰损、破碎险（Risk of Clashing and Breakage）。承保被保险货物在运输过程中因震动、碰击、被压造成的破损和碰撞损失。所谓碰损，主要指对金属货物或木质家具等在运输过程中因受震、受压、碰击造成货物本身凹陷、脱瓷等。所谓破碎，主要指对易碎物品（如玻璃、瓷器等）在运输过程中因受震、受压、受撞造成的破碎。

⑦串味险（Risk of Odour）。承保货物在运输过程中受其他货物影响而引起的串味损失。

⑧受潮、受热险（Damages Caused by Sweating and/or Heating）。承保货物在运输过程中由于气候变化或船上通风设备失灵导致舱内水汽凝结、发潮、发热造成的货物损失。

⑨钩损险（Hook Damages）。承保货物在运输过程中因使用钩子装卸导致包装破裂、货物外漏或钩子直接钩破货物的损失，以及对包装进行修补或调换所支付的费用。

⑩包装破裂险（Loss and/or Damages Caused by Breakage of Packing）。承保货物在运输过程中因搬运或装卸不慎使包装破裂造成的货物短少、玷污、受潮等损失以及为继续运输对包装进行修补或调换所支付的费用。

⑪锈损险（Risk of Rusting）。承保货物在运输过程中受海水、淡水、雨淋或潮湿生锈发生的损失，可锈、必锈物资如裸装金属板、块、条等，不予承保。

以上一般附加险不能单独承保，它们全部包括在一切险之中，或是由投保人在投保了平安险或水渍险之后，根据需要，再选择加保其中的一种或几种险别。

（2）特别附加险。

特别附加险承保的是货物基本险和一般附加险不予承保的基于法律方面原因而产生的风险，包括：

①交货不到险（Failure to Deliver）。指自货物装上船舶开始，满6个月未运到原目的地交货，则不论何种原因，保险公司按全损予以赔偿。对于战争险下可以赔付的损失或因未申领进口许可证不能进口导致的交货不到，保险公司不予赔偿。

②进口关税险（Import Duty）。承保被保险货物发生保险范围内损失，被保险人仍要按完好货物的价值交纳进口关税时，保险公司对这部分关税损失予以赔偿。

③舱面险（On Deck）。承保货物因置于舱面而被抛弃或风浪冲击落水的损失。

④拒收险（Rejection）。承保被保险货物在进口时，不论什么原因，在进口港遭有关当局禁止进口或没收发生的损失。为此，被保险人必须提供所保货物进口所需要的许可证及其他证明文件。

⑤黄曲霉素险（Aflatoxin）。承保被保险货物因进口国卫生当局化验发现其所含黄曲霉素超过规定的限制标准，被拒绝进口、没收或强制改变用途而造成的损失。

⑥出口货物到香港（九龙）或澳门存仓火险责任扩展条款（Fire Risk Extension Clause-for Storage of Cargo at Destination Hong Kong including Kowloon or Macao）。承保出口到香港（包括九龙）或澳门的货物，卸离运输工具后，如直接存放于保单所载明的过户银行所指定的仓库时，保单存仓火险责任扩展，自运输责任终止时开始，直至银行收回押款解除对货物的权益后终止，或自运输责任终止时起算，满30天为限。

⑦卖方利益险（Contingency Insurance Covers Sellers'Interest only）。承保在FOB和CFR合同中以托收方式支付货款的情况下，买方拒绝付款赎单时卖方蒙受的货物损失。

与一般附加险不同，这些险别不包括在一切险中，而需要投保人向保险人提出申请，经特别同意后，在投保了基本险别的情况下，保险公司予以承保。

（3）特殊附加险。

特殊附加险是指在某一种海运货物基本险的基础上，针对特定的社会危险而单独承保的风险，包括：

①战争险（War Risk）。中国人民保险公司《海上运输货物战争险条款》规定，其承保范围包括：由战争、类似战争行为、敌对行为、武装冲突或海盗行为直接引起或作为上述行为的后果造成的被保险货物的损失；由于上述事件导致货物被捕获、没收、扣留、禁制或扣押造成的损失；因各种常规武器包括水雷、鱼雷和炸弹造成的损失；由于上述原因导致的共同海损牺牲、分摊和救助费用。但对由于敌对行动使用原子和核武器造成的损失和费用，基于执政者、当权者或任何其他武装集团扣留、限制或扣押造成的承保航程损失或落空提出的索赔，保险

公司不予赔偿。与其他险别不同，战争险的承保责任是自被保险货物在保单所载明的装运港装上油轮或驳船时开始，至保单所载明的目的港卸离海轮或驳船为止。如果被保险货物不卸离海轮，则保险责任从船舶达到该港口之日午夜时起算，满 15 天为限。当需要中途转船时，不论被保险货物是否卸载，则保险责任在该转运港的最长期限从船舶到达该港口或卸货地之日午夜起算，满 15 天为限。然而，如果被保险货物装上续运海轮，则本保险恢复有效。

另外，战争险承保的范围还包括战争险的附加费用（Additional Expenses – War Risks），即承保因战争后果所引起的附加费用，如卸货、存仓、转运、关税等。

②罢工险（Strikes Risk）。承保因罢工被迫停工、工潮、暴动或民变造成被保险货物的直接损失。按照国际保险习惯，罢工险通常与战争险同时投保，投保人只需在保单上注明战争险包括罢工险并附上罢工险条款即可，无须另加付保险费。

同特别附加险一样，这几种险别也不包括在一切险之内，而需要投保人向保险公司提出申请，经特别同意后，在投保了基本险别的情况下，保险公司予以承保。

（二）除外责任

对于海上运输中被保险货物发生的下列损失，中国人民保险公司不负责赔偿：

（1）被保险人的故意或过失导致的损失；

（2）属于发货人责任引起的损失；

（3）保险责任开始前，被保险货物已经存在品质不良或数量短差造成的损失；

（4）保险货物的自然损耗、本质缺陷、特性以及市场价格跌落、运输延迟引起的损失或费用；

（5）属于中国人民保险公司海洋运输货物战争险条款和罢工险条款中规定的责任范围和除外责任。

（三）保险责任期间

1. 仓至仓条款（Warehouse to Warehouse Clause，W/W Clause）

仓至仓条款又称运输条款（Transit Clause）。根据中国保险条款的规定，承保人的责任起讫为"仓至仓"即：（1）从被保险货物运离保险单所载明的启运地仓库或储存处开始运输时起，至该货物到达保险单所载明的目的地收货人的最后仓库或储存处，或被保险人用作非配、分派或非正常运输的其他储存处所为止；（2）如未抵达上述仓库或储存处所，则以货物在最后卸载港全部卸离海轮后满60天为止；（3）如在上述60天内货物被转运至保单所载明的目的地以外地点，则保险责任从货物开始转运时终止。

案例拓展：对"仓至仓"条款的理解

2. 扩展责任条款

又称运输合同终止条款（Termination of Contract of Carriage Clause）。当货物被运往非保险单所载明的目的地是由于被保险人无法控制的运输迟延、绕道、被迫卸货、重新装载、转载或因承运人依运输合同赋予的权限所做的任何航海上的变更或终止运输合同，则保险单在下列情况下继续有效：（1）被保险人及时将上述情况通知保险人；（2）加付保险费。

在这种情况下，保险人的扩展责任按下列规定终止：（1）被保险货物如在非保单所载明的目的地出售，保险责任至交货时止。但不论何种情况，均以被保险货物在卸货港全部卸离海轮后满60天为止；（2）被保货物如在上述60天期限内继续运往保单所载原目的地或其他目的地时，保险责任仍按"仓至仓"条款的规定终止。

（四）被保险人义务

根据中国人民保险公司海上运输保险条款的规定，被保险人应承担以下义务：（1）提货。当被保险货物抵达保险单所载目的港（地）后，被保险人需要及时提货；（2）交纳保险费；（3）不得违反担保；（4）索赔。当发现被保险货物整件短少或有明显残损痕迹，应立即向承运人、受托人或有关当局（海关、港务当局等）索取货损、货差证明。如果货损、货差是由于承运人、受托人或其他有关方面的责任造成的，则应以书面形式向其提出索赔，必要时须取得延长时效的证明；（5）保全货物。对遭受承保范围内危险的货物，被保险人应迅速采取合理的救助措施，防止或减少货物的损失。被保险人采取该项措施，不应被视为放弃委付的表示；（6）通知。当发生航程变更或发现保单所载货物、船名或航程有遗漏或错误时，保险人应在获悉后立即通知保险人，并在必要时加付保险费，保险单继续有效。在获悉运输合同中"船舶互撞"责任条款的实际责任后及时通知保险人；（7）提供单证。在向保险人索赔时，必须提供下列单证：保险单正本、提单、发票、装箱单、磅码单、货损货差证明、检验报告及索赔清单。如涉及第三者责任，还须提供向责任方追偿的有关函电及其他必要的单证或文件。被保险人未履行上述义务，影响了保险人利益时，保险人对有关损失，有权拒绝给予赔偿。

（五）索赔期限

保险单索赔时效，从被保险货物在最后卸载港全部卸离海轮之日起算，最多不超过 2 年。索赔期限不同于诉讼时效，前者是债权人提出索赔要求的最长时限，灭失的是实体权利；而后者是债权人请求法院或仲裁庭保护其债权的最长时限，灭失的是诉讼权利。[①]

案例拓展：海南丰海粮油工业有限公司诉中国人民财产保险股份有限公司海南省分公司海上货物运输保险合同纠纷案

二、英国伦敦保险业协会的海上货物运输保险条款

英国自 17 世纪以来就一直是海上保险的中心，在国际海上贸易、航运和保险业中占有重要的地位，许多国家的海上保险业经营都与英国海上保险市场保持密切的往来联系。曾被英国《1906 年海上保险法》列为附件的劳合社 S. G 保险单（Lloyd's S. G. Form of Policy），在相当长的时期内一直是国际海上保险单的范本，而作为 S. G 保险单附加条款的《协会货物保险条款》（Institute Cargo Clause，ICC）也长期为世界各国奉为经典。我国现行的《海洋运输货物保险条款》就是在参照包括 FPA、WA 和 AR 三套条款在内的 1963 年 ICC 的基础上修订的。

知识链接：英国劳合社

伦敦保险协会对 1963 年 ICC 进行了数次修改，并于 1982 年 1 月在伦敦保险

---

① 黄海东、孙玉红：《国际货物运输保险》，清华大学出版社 2021 年版，第 136 页。

市场上投入使用协会保险新条款和新格式的海上保险单，而且很快被世界各国和地区在业务经营中直接采用。目前，我国的保险人在承保海上货运险业务时也经常根据被保险人的要求使用 1982 年 ICC。

（一）伦敦保险业协会海上货物保险条款的特点

1. 用英文字母表示原来各基本险别名称

新保险险别分别改用英文字母 A、B、C 来表示旧的一切险、水渍险和平安险，从而避免了过去因险别名称含义不清且与承保范围不符而容易产生的误解。

2. 消除了原险别之间的交叉和重叠

原水渍险和平安险承保的范围基本是重叠的，而水渍险只是增加了平安险不承保的那部分，即对由于自然灾害引起的货物部分损失给予赔偿。而平安险虽称为单独海损不赔，但对在运输工具遭遇航行事故的情况下，或在此之前又遭遇自然灾害而给货物造成部分损失，又给予赔偿。这样水渍险和平安险之间的差别更小了。修改后的 B 险承保因自然灾害造成的全部损失或部分损失以及因重大或非重大意外事故造成的货物全部损失或部分损失，而 C 险只承保由于重大意外事故造成的货物全损或部分损失，这样，两种险别之间减少了交叉和重叠，界限更为清晰。

3. 新货物险条款增加了承保路上风险

如 B 条款、C 条款承保由于路上运输工具的颠翻、出轨、碰撞引起的保险标的的损失或损害以及湖水、河水侵入船舶造成的损害。

4. 独立投保的保险条款

伦敦保险业协会的新保险条款共有 6 种。除协会货物保险 A 条款、B 条款、C 条款外，还有协会战争险条款、罢工险条款、恶意损害险条款。除恶意损害险条款外，各条款均包括承保范围、除外责任、期限、赔偿、保险受益、减少损失、避免延误、法律和惯例以及附注 9 部分，共 19 项条款。与旧货物保险条款不同，新的协会战争险条款和罢工险条款既可以在投保了 A 条款、B 条款、C 条款后加保，也可以在需要时作为独立的险别进行投保。

（二）伦敦保险业协会货物保险条款的承保范围及除外责任

1. A 条款（Institute Cargo Clause A）

A 条款相当于原来的"一切险"条款。其承保范围为一切险减除外责任。即除了该条款规定的除外责任外，承保被保险货物的一切灭失和损害风险及费用。

除外责任包括两部分：一般除外责任和特殊除外责任。

（1）一般除外责任。包括：①被保险人的故意行为造成的损失，损害或费用；②保险标的的自然渗漏、重量和数量的自然消耗，或自然磨损或破裂；③因保险标的包装货准备不充分或不适当造成的损失或费用，此包装指由被保险人或其雇用人员完成的包括集装箱或运输专用箱在内的装载；④因保险标的内在的缺陷或性质引起的损害或费用；⑤因延迟直接造成的损失、损害或费用；⑥因船舶所有人、经理人、租船人或经纪人破产或拖欠款项造成的损失、损害或费用；⑦因使用任何原子或核子裂变和（或）聚变或其他类似反应堆或放射性作用或物质的战争武器而造成的损失、损害或费用。

（2）特殊除外责任。包括：船舶不适航、不适货以及战争、罢工。不适航、不适货指：船舶或驳船的不适航；船舶、驳船、运输工具、集装箱或运输专用箱不适宜安全运送保险标的。战争、罢工指：战争、内乱、革命、叛乱、造反或由此引起的骚乱，或交战势力或针对交战势力的任何敌对行为；捕获、拘留、扣留、禁制或扣押（海盗行为除外）以及因此引起的后果或任何企图；遗弃的水雷、鱼雷、炸弹或其他遗弃的战争武器；因罢工、停工、工潮、暴动或民变造成；因任何恐怖主义者或任何带有政治动机的人的行为造成的。

2. B 条款（Institute Cargo Clause B）

相当于旧的"水渍险"。其承保因自然灾害以及重大与非重大意外事故造成的保险标的的损失或损坏。其中，自然灾害包括：地震、火山爆发或雷电等。重大意外事故包括：火灾或爆炸；船舶或驳船搁浅、触礁、沉没或倾覆；陆上运输工具的颠翻或出轨；船舶、驳船或运输工具与除水之外的任何外界物体的碰撞或接触；在避难港卸货。非重大意外事故包括：货物在装卸时落海或摔落造成整件货物的灭失。

此外还承保共同海损牺牲；抛货或浪击入海；海、湖或河水进入船舱、驳船、运输工具、集装箱、运输专用箱或储存处所造成的损失。

其除外责任，与 A 条款有两点不同：（1）除被保险人外，A 条款对一切人的故意行为造成的损失、损害或费用给予承保；而 B 条款对任何一人或数人采取非法行为故意损坏或故意破坏保险标的或其中任何一部分，均不予承保。（2）在战争险除外责任中，A 条款将海盗行为从战争除外责任中排除，即对海盗行为引起的后果予以承保；B 条款在战争除外责任中未将海盗行为排除，则意味着对海盗行为造成的后果不予承保。

3. C 条款（Institute Cargo Clause C）

C 条款相当于原来的"平安险"。其承保因重大意外事故造成的保险标的损失、损害及费用。此外，还承保共同海损牺牲与抛货。

除外责任与 B 条款完全相同。

4. 战争险条款（Institute War Clause – Cargo）

承保范围包括：（1）战争等敌对行为对货物造成的损害；（2）因战争行为引起的捕获、扣留、扣押等；（3）非敌对行为使用原子武器造成的损失。对海盗行为、敌对行为使用原子武器不予承保。

5. 罢工险条款（Institute Strike Clause – Cargo）

承保范围包括：（1）由罢工者及参与罢工的人员造成的货物损失或损害；（2）因罢工、停工等给保险标的造成的损失；（3）恐怖分子或出于政治动机而行动的人对保险标的造成的损害。但对航程终止后因罢工造成的存仓费、重新装船费等不予承保。

6. 恶意损害险条款（Malicious Damage Clause）

承保由于恶意行为、故意破坏行动而导致的保险标的的灭失或损害。但如果是出于政治动机的人的行为，则不予承保。

关于各保险责任期间，与中国人民保险公司的货物保险条款基本相同。

案例拓展：2005 年英国石油钻井案（The Cendor MOPU）

云思政：五部门出台政策支持　航运保险市场发展有望提速

第四节　国际航空货物运输保险法

一、国际航空货物运输保险法概述

航空货物运输保险是以飞机作为运输工具的货物运输保险。利用飞机进行国际间的货物运输始于 20 世纪初。伦敦签发第一份航空保单，承保机体坠落险以及第三人责任险。近年来，随着航空技术的迅速发展和对航空运输的需求猛增，航空运输在国际贸易货物运输中的地位日益重要，航空运输货物保险业随之快速发展。

二、中国人民保险公司国际航空货物运输保险条款

中国人民保险公司于 1981 年 1 月 1 日修订的国际空运货物保险条款，现行版本是 2009 年版。该保险条款规定的是关于经航空运输的国际贸易货物进行的保险，其内容包括承保范围、除外责任、责任期间、被保人义务和索赔处理等。

（一）承保险别

1. 航空运输险

航空运输险的责任范围与海上货运险的水渍险大致相同，主要承保下列风险：

（1）被保险货物在运输途中遭受雷电、火灾、爆炸或由于飞机遭受恶劣气候或其他危难事故而被抛弃所造成的全部或部分损失。

（2）由于飞机遭受碰撞、倾覆、坠落或失踪等意外事故所造成的全部损失或部分损失。

（3）被保险人对遭受承保范围内风险的货物采取抢救措施而支付的合理费用，但以不超过该货物的保险金额为限。

2. 航空运输一切险

航空运输货物一切险与海上货运险的一切险相似，保险责任范围除航空运输承保的责任外，还承保由于偷窃、短少等外来原因所造成的全部或部分损失。

3. 附加险

保险责任范围包括战争险和罢工险。其具体规定与海运货物战争险基本相同。

（二）除外责任

上述两种航空货物运输险种的除外责任与海上货运险的除外责任完全相同。

（三）责任起讫

航空货运险的责任起讫也采用仓至仓条款，与海上货运险的基本相同。其具体规定是：保险责任自被保险货物运离保单所载明的启运地仓库或储存处所开始运输时生效，包括正常运输过程中的运输工具在内，直至该项货物运达保险单所载明目的地收货人的最后仓库或储存处所或被保险人用作分配、分派或非正常运输的其他储存处所为止。但与海上货物运输保险不同的是，如货物运达保险单所载明的目的地而未运达保险单所载明的收货人仓库或储存处所，则以被保险货物在最后卸载地卸离飞机后满 30 天为止。如在上述 30 天内被保险货物需转运到非保险单所载明的目的地时，则以该货物开始转运时止。

三、英国伦敦保险业协会国际航空货物运输保险条款

1965 年伦敦保险业协会制定《协会航空运输货物一切险条款》，1982 年修改为《协会航空运输货物保险条款》。此外还制定了《协会航空运输货物战争险条款》和《协会航空运输货物罢工险条款》。

（1）协会航空运输货物险条款。航空运输货物保险一般采用一切险条件承保，但由于航空运输货物通常与陆地运输相联系，因而在航空运输货物保险中，对航空运输部分的货物保险，采用一切险条件承保；对于陆上运输保险部分的货物，采用特定危险条件承保。

（2）协会航空运输货物战争险和协会航空运输货物罢工险条款。战争险和罢工险都属于附加险。

第五节　国际陆上货物运输保险法

一、国际陆上货物运输保险法概述

陆上运输货物保险始于 19 世纪末，第一次世界大战爆发后得到较快发展。在欧洲、非洲以及拉丁美洲内陆国家，经由陆上运输的国际贸易货物比重相当大。陆上运输货物保险主要承保以火车、汽车等陆上运输工具进行货物运输的保

险。中国人民保险 1981 年 1 月 1 日修订国际陆运货物保险条款，现行版本为
2009 年版。该保险条款规定的是对经铁路的火车运输和经公路的汽车运输的国
际货物贸易进行的保险，其内容包括承保范围、除外责任、责任期间、被保险人
义务和索赔处理等。

二、承保险别

陆上货物运输保险中保险人承保的基本险包括陆运险（Overland Transport
Risks）和陆运一切险（Overland Transport All Risks）两种，附加险主要是战
争险。

（一）陆运险

保险人的承保范围包括：被保险货物在运输途中遭受暴风、雷电、地震、洪
水等自然灾害或由于陆上运输工具（主要指火车、汽车）遭受碰撞、倾覆或出
轨，如有驳运过程，包括驳运工具搁浅、触礁、沉没或由于遭受隧道坍塌、崖崩
或火灾、爆炸等意外事故所造成的全部损失或部分损失，还负责赔偿被保险人对
遭受承保责任的货物采取抢救、防止或减少货损的措施而支付的合理费用，但这
种赔偿以不超过该批被救货物的保险金额为限。

（二）陆运一切险

保险人的承保范围除包括上述陆运险的责任外，还负责对被保险货物在运输
途中由于外来原因造成的短少、短量、偷窃、渗漏、碰损、破碎、钩损、雨淋、
生锈、受潮、受热、发霉、串味、玷污等全部或部分损失。相当于海上货物运输
保险中的一切险。

此外，还有陆上运输冷藏货物险。它具有基本险的性质，责任范围除包括陆
运险的责任外，还负责赔偿由于冷藏设备在运输途中损坏而导致货物变质的
损失。

（三）战争险

陆上运输货物战争险是陆上运输货物的一种附加险。这种附加险，很多国家
的保险公司是不予承保的。中国保险公司为了适应国际贸易业务的需要予以加
保，但仅以火车运输为限。该险承保的责任范围是火车在运输途中，由于战争或

类似战争行为和敌对行为以及武装冲突所导致的损失，还包括各种常规武器，包括地雷、炸弹所导致的损失。责任起讫与海上运输战争险类似，以货物置于运输工具为限。除战争险外，陆上运输货物保险还可以加保罢工险。

三、除外责任

投保陆上货物运输险的基本险，保险人对下列损失不负责赔偿：（1）被保险人的故意行为或过失所造成的损失；（2）属于发货人责任所引起的损失；（3）在保险责任开始前，被保险货物已存在的品质不良或数量短差所造成的损失；（4）被保险货物的自然损耗、本质缺陷、特性以及市价跌落、运输延迟所引起的损失或费用；（5）陆上货物运输战争险条款和罢工险条款规定的责任范围和除外责任。

四、责任期间

陆运险仍采用仓至仓条款。保险人负责自被保险货物运离保险单所载明的起运地仓库或储存处所开始运输时生效，包括正常运输过程中的陆上和与其有关的水上驳运在内，直至该批货物运达保险单所载明的目的地收货人的最后仓库或储存处所或被保险人用作分配、分派的其他储存处所为止。如未运抵上述仓库或储存处所，则以被保险货物运抵最后卸载的车站满 60 天为止。

五、索赔时效

从被保险货物在最后目的地车站全部卸离车辆后起计算，最多不超过两年。

 复习思考题

一、简答题

1. 简述国际货物运输保险合同的基本原则。
2. 简述海上货物运输的风险。
3. 简述平安险、水渍险和一切险的承保范围及三者的区别。
4. 简述海上货物运输保险的代位权及委付。

5. 什么是共同海损？共同海损与单独海损的区别有哪些？

二、案例分析

中国 A 进出口公司与美国 B 公司签订了一份服装出口合同，CIF 价格成交。2022 年 7 月 25 日，A 公司将货物在上海港装船。随后，A 公司向中国人民财产保险公司投保海上货物运输保险。在海运途中，货轮遭遇风险，货物遭遇损失。

请回答下列问题：

（1）如果 A 公司投保平安险，而货物遭受部分损失是由于货轮在海上遭遇海啸，B 公司能否向保险公司索赔？

（2）如果 A 公司投保水渍险，而货物遭受损失是由于货轮船员罢工，货轮滞留中途港，服装受潮发霉，B 公司能否向保险公司索赔？

（3）如果发生的风险是由承运人的过错引起的，并且属于承保范围内的风险，保险公司赔偿损失后，货方能否再向承运人提出索赔？

 案例题答案

第八章

国际商事代理法

 学习目标

【知识目标】

（1）了解商事代理的基本概念、主要特征和相关法律规范。

（2）熟悉代理权产生在大陆法系和英美法系有哪些共同点和区别。

（3）掌握代理法律关系中本人、代理人和第三人之间相关的权利和义务。

（4）掌握代理关系终止的几种情形。

（5）熟悉中国外贸代理制度的历史沿革和相关规定。

【能力目标】

（1）能够在国际商事实践中正确识别无权代理和表见代理。

（2）能够在国际商事代理活动中预判代理业务和代理法律关系中的一般性风险。

（3）能够依法确认代理人的身份，判断代理人的权限，签订规范的代理协议。

【思政目标】

（1）引导学生在对代理权产生和终止的辨析中、在代理各项法律关系的体悟中培养法治思维，在合法合规开展商业活动的情景模拟中了解法律风险和法律责任，在案例分析和知识拓展中提升法律素养。

（2）引导学生关注商业道德和社会责任，培养学生的商业道德观念和职业操守，在专业问题的讨论中思考商业道德困境和伦理挑战。

（3）引导学生了解商事环境的变化和创新驱动的重要性，培养学生创新能力和创新精神，培养学生对经贸环境以及市场的洞察力和创新意识。在团队合作中，锻炼学生分析问题和解决问题的能力和创新思维。

【关键术语】　代理权的产生　代理关系的终止　直接代理　显名代理　隐名代理

引导案例

甲公司为一内地土特产公司，乙公司为一专业外贸公司，丙公司为一美国公司。乙接受甲的委托出售一批大蒜给丙公司，丙公司不知甲乙之间的关系。若乙丙订立合同后，甲公司突然提出无货可供。

本案中乙公司应该如何处理？

【法条链接】在《中华人民共和国民法典》第 926 条明确规定了委托人对第三人的权利和第三人选择权。当受托人以自己的名义与第三人订立合同时，如果第三人不知道受托人与委托人之间的代理关系，受托人应当向委托人披露第三人，由委托人向第三人行使权利。在这种情况下，第三人可以选择受托人或者委托人作为相对人主张其权利。但需要注意的是，如果第三人与受托人订立合同时如果知道该委托人就不会订立合同的情况除外。

在国际商事交往中，代理制度是一种应用广泛而且普遍的法律关系存在形式，尤其在经济全球化的发展过程中，有的学者甚至认为其作用不亚于合同。和其他主要民商事法律关系相比，代理制度的产生和完善更为依赖商品经济的高度发展和社会关系的逐步进化。早期的罗马法并不存在代理制度，因为当时的社会经济条件并没有孕育出适合代理制度生存的土壤，而在资本主义制度下，商品交换关系得到进一步发展，社会关系呈现出多样化态势，人们不再愿意或者不可能再事事亲力亲为，小到购置财产或者偿还债务，大到国际贸易中的运输业务、保险业务、广告业务和金融业务等都需要通过代理人才能顺利进行。所以，代理在本质上是一定时期内上层建筑对经济基础的应激反应，在内容上是引入除本人之外的其他人代替促成法律行为实现的法律制度，在精神上蕴含着法律规则对人与人之间诚信的倚仗和调整，在现代法律理论中至关重要。

第一节　代理制度的历史沿革

一、大陆法系国家代理法的产生和发展

虽然弗里德里希·恩格斯（Friedrich Engels）曾经赞许罗马法早期具有简单商品生产社会最完备的法律体系，代理制度也确实是民法中一项具有悠久历史和

古老渊源的法律制度，但遗憾的是，在古罗马时代确实找不到代理制度与人类文明所擦出的激烈火花。① 对此，学术界有两种解释：其一，古罗马法时代对程序和形式的要求非常严格，甚至达到了苛刻的程度，一般法律行为的履行都需要满足固定的形式要求。例如，早在《十二铜表法》以前即已成为惯例的"曼兮帕蓄"（拉丁文 Mancipatio），即所谓的要式买卖，也是古罗马时代的所有权取得方式之一，著名法学家盖尤斯（Gaius）曾经形象地描述过这一备受罗马人看重的仪式，该仪式要求除了当事人必须亲自到场以外，任意一个固定的动作或者套语发生错误或一个证人不到场，都会导致民事行为归于无效，所以，在这种严格的程式下，是不可能委托他人代为民事法律行为的。其二，古罗马时期流行"家父权"制度，家父权即家长权，在家庭中，家父为自权人，其他家庭成员为他权人，其他家庭成员的人身自由和财产方面须受家父权的诸多限制，就像卡尔·马克思（Karl Heinrich Marx）所说，"罗马的家长对于他的家庭经济范围内的一切享有绝对的权力"②，所以，家庭其他成员像奴隶一样，没有权利能力，不是民事活动主体，一般不能代他人为民事法律行为。③ 以上两个原因导致在该时期没有设立代理制度的必要。当然，更深入地挖掘可以发现，以上现象无非是商品经济不发达在契约法和婚姻家庭法上的反映和折射。

随着社会经济的发展，在帝政时期，古罗马在占有的取得与保存方面允许存在"不得代理原则"的例外，即可由他人代理，不过，此处的代理也并非近代民法意义上的代理，因为缺少第三人，只在直接占有人与间接占有人之间产生关系。伴随着罗马领土的扩张和经济的发展，家父权对于经济生活的不利影响逐渐显现，如果固守非家长本人不得缔结契约的原则，家长只有事必躬亲，不能利用家属或奴隶进行代理，这必然阻碍商品的流转。④ 于是，至共和国末年，大法官创设了"奉命诉""海商诉""企业诉""特有产和所得利益诉""分摊诉"五种诉权，这被一些学者称之为民事代理制度，后来，又将类似规定扩大适用于其他民事法律行为，使得家属和奴隶代理家长从事交易成为可能。举例来说，按照奉命诉（Actio Quod Jussu）的规定，凡家属或奴隶奉家长或家主的命令与他人订立契约的，该家长或家主应对第三人与其家属、奴隶负连带责任，这一时期夫妻一方享有代理配偶他方的权利，即所谓的"日常家事代理权"也是该制度的具体体

---

① "曼兮帕蓄"需要买卖双方亲自到场，邀请五六位具有行为能力的成年罗马市民为证人，一人为司秤，之后由买主做固定的动作和说固定的语句，以成立买卖关系。
② 《马克思恩格斯全集》第十六卷，人民出版社 1964 年版，第 650 页。
③ 佟柔：《中国民法学·民法总则》，中国人民公安大学出版社 1992 年版，第 257 页。
④ 江帆：《代理制度研究》，中国法制出版社 2000 年版，第 37 页。

现。[1] 五种诉权的出现无疑对于代理制度的产生具有重要的启蒙意义，但是其局限性也是不言自明的，家长或家主只处于债务人的补充地位，而家属或奴隶仍然是主债务人，无论从最终责任承担者还是形式上考查，都只能说代理制度并未真正形成。[2]

商事代理业务于十一二世纪在西方国家出现，当时的西欧城市产生了脱离农业、工业，而以商品贸易为业的商人阶层，他们不仅自营买卖，同时也应手工业者之托，从事代买购销等商事代理业务。十二三世纪，在欧洲手工业和商品交换繁荣的基础上，海上贸易得到了长足发展，地中海沿岸的意大利城邦以及西欧一些国家的商品所有者组成经营海上运输的专门性组织，商人不再亲自出海，而是将货物或业务委托给代理人经营，这一习惯做法对于商事代理的发展起到了极大的促进作用。在这样的背景下，注释法学派和后期注释法学派及教会法发展了代理人的制度。虽然，大陆法系国家的商业习惯中已经存在着广泛的代理关系，但是真正的代理理论直到 17 世纪荷兰法学家格劳秀斯（Grotius，1583～1645 年）时代才开始出现，格劳秀斯在其著名的《战争与和平法》（1624 年）一书中写到："代理人的权利直接来源于本人，他的行为基于本人的委任。"代理权源于本人的论述认为代理人具有实施代理行为的代理权限，代理人应该以被代理人名义与第三人缔结法律关系，这一论述构成了当时代理理论的基础，其颇具影响的学术建树对于后世具有标志性意义。

代理法律制度的真正确立和发展，源于资本主义生产方式建立之后。一方面，资本主义强调人与人之间生而平等和独立，人们有处理和安排自己事务的自由，这与罗马法时代阻碍代理关系发展的家父制正好相反，为人们提供了委托他人代为进行活动的法律依据。另一方面，高度发展的商品经济、规模不断扩大的各种经营组织和错综复杂的社会关系导致人们迫切需要他人代为办理各种事务，尤其受 18 世纪末英国工业革命的影响，作为现代意义上的大规模、长期、稳定的商事代理关系普遍建立于工商业之间。

19 世纪初，法国、德国等主要大陆法系国家开始了民法典的编纂工作，代理制度正式走上了历史舞台。1804 年的《法国民法典》中，把代理关系规定在委任契约之内，并对委任契约涉及第三人之权利义务做了明确指示，即"委任人对于受任人依授与的权限所缔结的契约，负履行的义务。委任人对受任人权限外

---

[1]　周楠：《罗马法原论》（下册），商务印书馆 1996 年版，第 616 页。
[2]　史浩明：《论夫妻日常家事代理权》，载于《政治与法律》2005 年第 3 期，第 48 页。

的行为，仅在其为明示或默示追认时，始负责任。"虽然《法国民法典》中自始至终并没有明确代理权和授权行为等法律概念，但是与古罗马法的委任制度相比，代理关系仍然获得了相对独立的意义。① 《法国商法典》关于商业代理的规定体现在两个法令之中，一个是 1958 年 12 月 23 日第 58～1345 号关于商业代理人的法令，另一个是 1991 年 6 月 25 日第 91～593 号关于商业代理人与委托人关系的法令，以上两个法令强化了代理人在商业领域的独立责任地位。同时，商法典对特定行业的代理人做了具体规定，如第五编的证券经纪人和居间商、运输行纪商等，总体上看，《法国商法典》并未脱离民法典有关委任契约的框架。法国这种对委任和代理不做严格区分的立法体例对后来一些大陆法系国家民法典的编纂有很大的影响，比利时、卢森堡，奥地利、西班牙、巴西、泰国以及美国路易斯安那州等的民法典也像法国民法典一样，没有关于代理的一般性规定。

到德国商法典时代，即 19 世纪中期，德国法学家耶林（Jhering）首先强调："在代理关系中委任与代理的并存纯属偶然，受任人无代理权者有之，代理人未受委任者亦有之。"② 德国法理学家保罗·拉班德（Paul Laband）于 1866 年发表了《代理权授与及其基础关系之区别》一文，认为代理权与委任契约是相互独立的法律概念，委任契约仅规定作为契约一方的受委任人的义务和能力，而代理权则是代理人在与第三人发生法律关系时能够拘束被代理人的制度，这就是被誉为"法律发现上的一个重要典范"的区别论。③ 1896 年的《德国民法典》关于代理的规定采纳了拉班德的理论，将代理和代理权的概念和内容规定在总则编，将委任作为一种"债之关系"放在法典的第二编，根据该法典的规定，授权行为被赋予了独立的法律意义，代理关系基于代理权而存在，独立于代理人与委托人之间的委任契约，代理权根据委托人的授权行为而产生，委托、合伙、雇用等委任契约关系只是授权行为的基础法律关系，与代理的形成没有必然的因果关系，其所包含的权利义务也不影响因代理行为所发生在委托人与第三人之间的权利义务。授权行为的这种独立性特点具有形式上的完美性和逻辑性。《德国商法典》产生于区别论之前，因此，商法典的做法也许并没有接受区别论的指导，只是从商事主体的角度将代理人分为包括民事代理人、经理人和行纪商等 13 种具体名目，有学者认为商法典的规定以及立法者的准备资料，构成了拉班德区别论的法律证

---

① 罗马法将委任契约与代理关系相混淆，认为代理是委任等基本法律关系的对外效力，既不承认有独立的授权行为，也不认为有独立的代理，始终未能将委任与代理相区别开来。参见倪万英：《论隐名代理制度》，载于《政治与法律》2005 年第 3 期，第 56 页。

② 荀军年：《论代理制度的发展与完善》，载于《法治研究》2008 年第 5 期，第 49 页。

③ 徐海燕：《英美代理法研究》，北京法律出版社 2000 年版，第 350 页。

据。德国民法典和商法典在大陆法代理制度的发展史上具有开创性的贡献，区别论为许多大陆法系国家的代理立法所接受，并成为大陆法上代理概念的理论基础，1896 年的《日本民法典》、1911 年的《瑞士债务法》和《瑞典代理法》、1942 年的《意大利民法典》、1992 年的《荷兰民法典》无不受区别论的影响。

二、英美法系国家代理法的产生和发展

英国学者普遍认为，英国的代理制度发端于中世纪早期盎格鲁－撒克逊时代，以后随着商事习惯法的发展日趋完备，罗马法对英国代理法没有起任何作用。在英国代理法的发展过程中，教会法起到了一定作用，国王和主教授权他人以其名义借债，指定他人为某种特殊目的活动，这样便出现了代理的雏形。梅兰德（Melander）曾对爱德华一世（Edward Ⅰ，1239～1307 年）时期"寺院院长由于修道士购买用于修道院的货物的价金而被诉"一案加以评论，指出"修道士在法律上的死亡，促进了代理法的发展"。不过，按照缪勒·弗雷费尔斯（Mueller Freifers）教授的观点，除教会法外，英国代理法还有其他两个来源，一个是盎格鲁－撒克逊"保护权"观念（尤其适用于雇主与佣人间的关系），另一个是诺曼底的代理人制度。因此，他认为，尽管教会以不同方式促进了代理法的发展，但这种影响是不足以使代理制度充分完善的。无论这些观点是否正确，在中世纪早期的英国，代理的情形还是存在的。

事实上，在中世纪，英国商人频繁地参与到欧陆活跃的商事活动中，导致英国法院在一些案例中承认了代理的效力。例如，1389 年，伦敦市政厅审理了"学徒和代理人"一案，

该案中，一位伦敦商人在英格兰的桑德维奇（Sandwich）从一个法国商人手中购买了 10 吨酒，但未付货款，卖方从法院得到了由该学徒支付货款的判决书，该学徒由于无力偿付货款而被送进了监狱，后来该学徒起诉他的雇主，声称是后者令他进行了该项交易。伦敦市长和高级市政官员们"根据商人法和本市的惯例"判定，既然该学徒买酒是"供他的雇主使用和为了雇主的利益"，因此该雇主须直接向卖方支付货款，该学徒被无罪释放。这个判例的意义在于允许第三人直接向本人提出权利请求，由此，由代理人的行为而使本人承担与第三人的契约责任的原则得以确立。1469 年的一个判例更为明确地指出："如果我要求我的仆人购买某种物品，或者我把某人作为我的代理人派去购买商品，而此人从另一个人那里买到了商品。在这种情况下，我应负责履行该合同，即使该货物从未到达

我的手中，或者我根本不知道（该代理人做了什么事）。原因是我向他授予了（采买货物的）权力。"① 此外，这一时期还有一些案例表明，如果合同项下的货款和货物涉及丈夫的利益，则丈夫有可能要对其妻子所签订的合同负责，如果丈夫事先授权或事后追认，妻子签订的合同便如同丈夫自己签订的一样。

到 14～15 世纪，商人习惯法变得日趋重要和巩固，最初的诉讼制度表现出了较多的灵活性。"雇主或本人的责任不再被视为债务问题，而开始越来越多地被视为合同问题。"这时的普通法确立了一种原则，即如果本人授予代理人签约的权利或者追认了他的行为，那么本人就要对其代理人代表他所签订的合同负责。这样也就较早地为普通法上的代理概念奠定了理论基础。英国法学家霍尔特（Holt）在 1689～1710 年担任王座法院首席法官期间，将"海事法院中关于船东、船长和商人之间关系"的规则纳入有关本人与代理人之间的关系的法律中，从而把代理法发展为英国普通法的一个分支。18 世纪前期，英国代理法只承认明示授权的代理和追认代理，但由于已经纳入普通法的衡平法、海事法、民法规则和商法的影响，出现了两种商业代理人，即经纪人（Brokers）和代理商（Factors），代理人（Agent）一词代替了"学徒"或"仆人"的说法，大法官法院也把本人与代理人之间的关系视为受益人与受托人之间的关系。到 18 世纪后期，19 世纪前期，不可否认原则得到确立，关于隐名代理的法律也出现了，在整个 19 世纪，英国代理法的概念、制度和原则经历了一个去粗取精的完善过程，以适应商品社会的发展。

虽然制度形成的经济背景相似，但是代理法在英美法上的发展轨迹与大陆法不同。对应而言，大陆法系国家存在日常家事代理权的规定，英美法存在"因同居关系而构成的代理（Agency from Cohabitation）"制度，在英国 1935 年《法律改革法》（Law Reform Act）颁布之前，妻子一般没有自己的独立财产，也不能对自己订立的合同承担责任，为保护与妻子进行交易的第三人利益，法律规定丈夫必须对其妻子购买必需品的交易行为负责，也可以说，妻子是丈夫的代理人，这就是所谓的"因同居关系而构成的代理"。较之日常家事代理权，此处的代理权限要狭窄得多。至 1970 年，英国的《婚姻程序及财产法》废除了原法律中丈夫对家务契约单独负责的规定，改为夫妻互有家事代理权，对因同居关系而构成的代理之认识又近了一步。然而，此种代理关系中，夫妻之间既无明文或默示的代理协议，也无授

---

① ［英］施米托夫：《国际贸易法文选》，赵秀文译，中国大百科全书出版社 1993 年版，第 380 页；吴兴光：《国际商法》，清华大学出版社 2019 年版，第 70 页。

予代理权的表示或行为，只能从夫妻同居关系这一事实中推断出代理关系的存在。

知识链接：英美法系因同居关系而构成的代理

美国代理法基本沿用了英国代理法的概念和规则，由于受奥利弗·温德尔·霍姆斯（Oliver Wendell Holmes, Jr.）法官的影响，美国法学家和法官们没有将本人与代理人间的关系同雇主与受雇人间的关系加以区别，而是将有关雇主与受雇人关系的法律视为代理法的一个组成部分，美国1933年和1958年修订的《法律重述·代理》中均明确反映了这种观点。

值得一提的是，英美代理制度在其漫长的历史演变过程中建立了不同于大陆法的代理理论基础，即本人与代理人的等同论，其内涵表现为"通过他人去做的行为视同自己做的一样"，这与大陆法上的区别论显著不同。

三、各国代理法的发展趋势

20世纪以来，随着商品经济的高度发展，各国代理法日臻发达和完善，并出现了以下新的情况和趋势：第一，社会分工越来越细，专业代理人纷纷出现。任何人都不可能成为精通所有专业的通才，专业代理公司为专业代理人打造了平台，诉讼代理人、销售代理人、不动产代理人、专利代理人等成为专门的职业。第二，有关代理的立法日趋完善。大陆法系国家在自己的民商法典中补充了代理相关的法律规范，如法国于1965年7月13日以第65~570号法律补充了民法典第1990条，再如，1979年的英国《不动产代理人法》和美国的《标准公司法》等都有所体现，这一时期，一些适应现代商品交换需要的代理法原则，如"优势责任原则"，也得以确立。第三，一些新型代理开始出现。随着国际贸易和商品经济的高速发展，在商事活动领域，"承担双重责任的代理"应运而生，类似的代理制度不完全符合传统代理的特征，在某种程度上混淆了代理与其近似制度的区别，很多西方学者认为这种现象是修改传统代理理念的预警信号。第四，代理突破国界，大大繁荣了国际商贸活动。随着世界经济贸易的发展和市场经济的国际化，外贸公司在国内外业务的衔接上起到了一定作用，可以说代理业务已经扩展到世界的每个角落，在国际经贸领域中扮演着越来越重要的角色。

四、国际代理法的产生和发展

近代资本主义社会，各国代理法律制度最终确立，国际代理有了较大发展，此时仍未出现专门针对国际代理的法律制度，各国国内法仍是实践中处理代理纠纷的法律依据，世界各国代理法的发展历史也正是国际代理法的发展史。第二次世界大战以后，特别是 20 世纪 60 年代以后，在深刻的社会经济原因的影响下，代理关系彻底突破了地域的界限，渗透到世界经济领域的每一个角落，国际代理在更大规模和范围内被人们广泛使用，建立一套调整国际代理关系的统一国际代理法律规范的要求变得越发迫切。这里简单梳理一下世界各国的代理法律制度以及有关代理的国际法律文件：

第一，各国国内民商法典或单行代理法规中的实体代理法律规范常常被扩大适用于国际代理实践，虽然这一部分法律法规数量少并且不明确，但是却构成了国际代理法的重要渊源和基础。

第二，20 世纪 60 年代开始出现于欧洲的新国际私法典均设有专门条款规定代理权的设立及效力、代理的内外部关系等，这些私法典包括 1964 年《捷克斯洛伐克国际私法及国际民事诉讼法》（第 10 条）、1966 年《波兰国际私法》（第 27 条）、1979 年奥地利联邦的《国际私法法规》（第 48 条）、1979 年《匈牙利于国际私法》第 13 号法令（第 25 条）、1987 年《瑞士联邦国际私法法规》（第 126 条）。另外，1971 年的美国《法律重述·冲突法（第二次）》也有专节（第 291～293 条）对代理关系的法律适用问题做了详细规定。[①]

第三，国际私法多边公约中也有专门的篇章规定了国际代理制度。如 1928 年的泛美会议于古巴首都哈瓦那通过的《国际私法法典》（又名《布斯塔曼特法典》）中便有对代理商的义务、紧急代理等内容的规定。

第四，为了消除各国代理制度差异对国际贸易的障碍，国际组织在有关代理的国际法律文件的起草方面做出了卓越贡献。1961 年国际统一私法协会制定的《国际性私法关系中的代理统一法规》（简称《代理统一法公约》）、《国际货物买卖佣金合同统一法规》（简称《佣金合同统一法规》），1967 年起草了《国际货物运输代理人代理合同公约》（简称《运输代理人公约》）。1950 年和 1952 年，国

---

① 国际私法法律渊源，国际私法官方网站，2024 年 2 月 3 日，http：//www. law－walker. net/gjsf/Ar-ticlelist. asp？bigclassid＝9。

际法协会提出两项有关代理的公约草案，即哥本哈根草案和卢塞恩草案。1960 年国际商会推出了《商业代理合同起草指南》（简称《商业代理指南》），1990 年又公布了《国际代理合同示范格式（ICC 商务代理合同）》。这些公约草案虽未获通过，但其在统一世界各国代理法律制度方面所做的有益尝试绝对是值得肯定的。[1]

1983 年在日内瓦召开的外交会议上通过了由国际统一私法协会起草的《国际货物销售代理公约》，该公约对大陆法和英美法的分歧做了富有价值的协调，是迄今为止最为成功和完备的国际代理统一法公约，我国民法也借鉴了相关规定。该协会起草的《国际保理公约》也已于 1988 年在渥太华外交会议上获得批准，该公约在国际代理法的统一方面也发挥了重要作用。另外，2004 年由该协会编纂的《国际商事合同通则》第二章新增一节 "代理权"，共 10 段，对缔约代理人的权利做了较为完备的规定，其规定代表了国际商法学界对国际商事代理法的最新认识，也是对国际商事代理法律规范的系统编纂。

知识链接：《国际货物销售代理公约》内容

1986 年，欧共体理事会为使其成员国的商事代理法律制度最大限度地获得一致，在欧洲通过了《关于协调成员国间有关代理商法律的指令》（简称欧共体《协调代理商法律的指令》），该指令已于 1990 年 1 月 1 日起实施，英国也已公布了实施该指令的条例草案。在法律适用方面，1980 年欧共体制定了适用于欧共体内的《关于合同义务法律适用公约》，1978 年海牙国际私法会议制订了《代理法律适用公约》，在此之前，1975 年美洲国家组织制订了《美洲国家间关于代理人国外行使代理权法律制度的公约》。

第二节　代理法概述

一、代理的概念和特征

（一）代理的概念

代理（Agency）是指代理人（Agent）按照本人（Principal）的授权（Au-

---

① 汪渊智：《经济全球化下我国代理法律制度的完善（一）》，国际经济法网，2012 年 1 月 31 日，http：//ielaw.uibe.edu.cn/lfjy/8071.htm。

thorization），代表本人同第三人订立合同或作其他的法律行为，由此而产生的权利与义务直接对本人发生效力的法律制度。本人，又叫被代理人，即委托人；代理人就是受本人的委托代替其订立合同或者从事其他法律行为的人；第三人则是泛指代理人在订立合同或者从事其他法律行为时遇到的相对人。

两大法系对于代理概念的理解不尽相同。

在大陆法系中，德国、瑞士和日本的代理理论以区别论为基础。所谓区别论（Theory of Seperation）①，即在概念上将委任合同和代理权严格区别开来，英国著名法学家施米托夫认为这是"大陆法上的代理理论最重要的特征"②。在把代理关系划分为内部关系和外部关系的前提下：委任关系是指代理人与被代理人之间形成的内部关系，委任合同是规定代理人与被代理人之间权利和义务的合同，第三人一般无从知晓；授权代理关系是代理人及被代理人与第三人之间形成的外部关系，建立在抽象的授权行为基础上的代理权是指代理人为被代理人利益而与第三人缔结合同的权利，旨在表明代理人能以被代理人的名义表明其代理人身份的权限。按照区别论，委任合同与代理权是互相独立，互不牵连的，一方面，被代理人在委任合同中对代理人权限的限制，原则上并不对第三人发生法律效力；另一方面，委任合同宣告无效或撤销，代理人同第三人订立的合同依然有效。故而，将委任合同和代理权予以划分的区别论更有利于保护第三人的利益。

知识链接：大陆法系的代理理论——区别论

以英国和美国为代表的英美法系的代理理论称为等同论。所谓等同论（Theory of Identity），顾名思义，即不区分委任合同和代理权，代理人的行为等同于被代理人的行为，即"代理人视为本人的另一个自我"。英美法对代理关系并不作内部和外部关系之划分，也没有抽象法律行为这种概念，其所关心的主要是由谁来承担代理人与第三人所签订合同的责任，而不是代理人究竟以代表的身份还是以被代理人的名义与第三人签约。按照这一理论，避免了对不同代理形式进行烦琐的肢解和分割，代理的三方关系得以简化，代理的一般概念可以作为实践中出

---

① 大陆法系民法学说在接受德国法学家 P. 拉邦德（Paul Laband）的"区别论"之后形成了更为抽象和完善的代理理论。1844 年 P. 拉邦德在著作中正式提出的"区别论"是大陆法系现代代理制度的理论基础。Cfr·Dölle，*Juristische Entdeclungen*. *Verhand lungen des 42. Deutschen Juristentages* 1957，Vol. 2，1959，B5. 转引自 Clive M. Schmitthoff's Select Essays on International Trade Law，Cheng Chia Jui Agency in international trade，*A Study in Comparative Law*. London：Martinus Nijhoff Publishers，1988，P. 311.

② ［英］施米托夫：《国际贸易法文选》，赵秀文译，中国大百科全书出版社 1993 年版，第 371 页。

现的各类代理关系的理论基础。[1]

知识链接：英美法系的代理理论——等同论

大陆法系的区别论和英美法系的等同论虽然同样具有抽象理论的局限性，无法完全覆盖实践中存在的各种纷繁复杂的代理形式。但是相比之下，区别论更加强调代理关系的外部性，在不引用其他理论予以校正的情况下，容易造成对第三人的过分保护，而等同论则具有强大的包容性和灵活度，与代理实践的冲突程度更小。

（二）代理的特征

有学者从主体、行为和关系的三个方面归纳出代理行为的特征，认为其主体特征为：代理必须存在本人、代理人、第三人三方主体，这是代理的前提；行为特征为：代理构成中包含两个法律行为即本人之授权行为和代理人之代理行为，这是代理的实质；关系特征为：代理包括三方面法律关系，即本人与代理人之间的授权委托关系、代理人与第三人之间的代理行为关系、本人与第三人之间的效果归属关系，这是代理的内容。以上角度对于理解代理的含义大有裨益，但是主流观点一般按照民法理论从构成视角进行下列描述，以期使代理区别于其他相近的民事法律制度。

1. 代理是代理人以被代理人的名义进行的

在代理关系中，代理人代替被代理人谈判、协商和订立合同，并完成其他法律行为，从而实现被代理人所追求的民事法律后果。这一过程中，虽然代理人直接参与以上活动，但却是以被代理人的名义进行的，实践中，可以通过在合同中注明"代表我的委托人"或"代表委托人某某"等字样，使第三人知晓其代理人的身份。代理的这一特征与行纪合同形成鲜明对比，行纪合同是指行纪人以自己的名义为委托人从事贸易活动，委托人支付报酬的有偿合同，虽然处理事务的结果最终归于委托人承受，但行纪人是以独立的主体资格与第三人订立合同，无须向第三人披露自己与委托人的委托关系，对该合同直接享有权利并承担义务。

2. 代理人在代理权限内独立实施代理行为

该特征一方面要求代理人独立为意思表示，另一方面要求代理人必须在代理

---

① Clive M. Schmitthoff's Select Essays on International Trade Law，Cheng Chia Jui Agency in in ternational trade，*A Study in Comparative Law*. London：Martinus Nijhoff Publishers，1988，pp. 315 –316.

权限范围内实施代理行为，所以，代理人只有在代理权限范围内独立为意思表示才有可能符合被代理人的利益。其中，代理权限是根据法律规定或委托人的授权所赋予的代理人代理活动的范围，这意味着代理人的代理行为尽管受到法律或本人意志的制约，如本人授权命令代理人只有在市场价位高于某一预期值时才可以抛售某产品，则代理人必须严格遵照本人授权要求去做，至于具体在高于多少时才可以进行交易，则可以由代理人在具体谈判中决定，即代理人的代理权是具有相对独立性的。这一特征使代理人区别于法定代表人，法定代表人是法人的法人机关，代表人与法人是同一个民事主体，其所表示的意思就是法人的意思，不存在法律行为效力归属问题，而代理人与被代理人则是两个独立的民事主体，代理人从事的法律行为的效力归属于被代理人。代理人也不同于居间人或传达人，居间人只是接受委托，为双方当事人建立民事法律关系提供条件，并不参加该法律关系，也不独立为意思表示，而传话人一般限于传递委托人的意思表示，不提出自己的意见。

3. 代理行为必须是具有法律意义的行为

"代理"一词并非法律上的专门用语，在日常生活中也有广泛的应用，例如代替他人开会、校对稿件、整理资料、接收快递或者演讲等，具体到国际商事贸易中，代理人对客户的宴请以及代理人内部的管理活动都不能构成本书意义上的代理，因为这些"代为办理"的事实行为并不能产生相应的法律后果，在当事人之间并不能形成一定的法律关系，所以不能作为法律制度中的代理被处理和对待。只有以代理人的意思表示能够在被代理人与第三人之间产生、变更或消灭某种法律关系的行为才被称之为具有法律意义的行为，才可能构成代理行为。

4. 代理行为的法律后果直接归属于被代理人

因为代理行为的目的是实现被代理人追求的法律后果，所以，代理人在代理权限内所实施的代理行为在法律上视为被代理人的行为，同本人亲自实施的法律行为产生同样的效果。其效力直接及于本人，本人享有代理行为带来的权力和利益，同时，也要承担代理行为带来的义务和损失。[①]

二、国际商事代理的概念和特征

(一) 国际代理

国际代理即介入了国际因素的代理，或者相对某一国家介入了涉外因素的代

---

① 广宇：《民事代理的特征、范围和种类》，载于《政治与法律》1986 年第 5 期，第 4 页。

理。所谓的国际因素或涉外因素一般包括以下三种情况：（1）主体具有涉外因素，按照国籍标准，即本人、代理人和第三人至少有两方具有不同的国籍或者位于不同国家的住所，按照地域标准，即本人、代理人和第三人至少有两方在不同国家设有营业所；（2）内容具有涉外因素，即代理人以本人的名义为意思表示时所产生、变更或者消灭的法律关系为涉外民商事法律关系；（3）地点具有涉外因素，代理人根据本人的委托，代理本人在另一国家或地区实施代理行为。

相比国内代理制度，国际代理具有以下特点：

（1）国际代理广泛地运用于国际商事交易中，包括银行、运输、专利、商标、证券、广告、外贸等诸多业务，构成了国际经贸发展的重要支柱，其运用场合之多、变化之大、内容之复杂、范围之广泛都远非国内代理所能比拟。正因如此，所以，委托人多数寻找具有一定资质、经验和实力的公司作为代理人。

（2）国际代理成立的法律条件比国内代理的更为苛刻，往往一方面要符合本人所属国家的法律规定，从而使本人与代理人之间的授权和委托生效，另一方面又要符合代理权行使地国家的法律规定，从而保证代理权可以依法行使。

（3）直接约束国际代理的国际法律文件并不十分完善，各国国内有关代理的实体法律法规客观上存在着法律冲突问题，对实践问题的解决不能达到预期的效果，所以，代理的法律适用问题，对处理好国际代理法律关系，有着极为重要的意义。

（二）商事代理

代理可以分为民事代理和商事代理，商事代理是商主体在商事活动中，寻找职业代理人代替自己订立商业合同或者独立完成其他商事法律行为，由此而产生的权利与义务直接对本人发生效力的法律制度。商事代理具有有偿性、广泛性和连续性的特征，是民事代理在长期的法律实践中逐步衍生出来的特殊形式，是其在商事活动中的个别应用。

商事代理除了符合民事代理一般性的规律以外，还对民事代理有一定程度的革新和发展。从主体上看，民事代理中的被代理人是公民或法人等民事主体，代理人是具有民事行为能力的公民或法人，而商事代理的被代理人却只能是商人，即商自然人、商合伙和商法人，代理人必须是经过商事登记成立的具有专业技术资格的代理商；从类型上看，传统的民事代理可以是来源于被代理人委托的委托代理、来源于法律直接规定的法定代理和来源于人民法院，或者有关单位指定的指定代理三种类型，而商事代理一般仅指委托代理，来源于被代理人的委托，这是由其商事性决定的；从有偿性上看，民事代理既可以是有偿的，也可以是无偿的，而商事代理均具有有偿性；从名义上看，民事代理必须以本人名义进行而非代理人名义，即显名的原则，商事代理则既可以以本人的名义进行，也可以以代理人的名义进行。

（三）国际商事代理

国际商事代理是指在国际商事交往中，代理人为取得佣金，按照本人的授权，为本人的利益同第三人签订国际商事合同或做其他有法律意义的国际商事行为，从而在本人、代理人和第三人之间建立具有国际因素的权利和义务关系的法律制度。有学者认为国际商事代理可以分为广义和狭义的两种。广义的国际商事代理包括代理人以本人名义实施代理行为和代理人以自己名义实施代理行为，代理效果均归属于本人的两种情况。狭义的国际商事代理则仅指前一种。各国国内代理法的规定虽然不尽一致，但是日趋繁荣的国际商贸形势对该定义的理解采用逐步开放式的态度，尤其是 1983 年于日内瓦正式通过的《国际货物销售代理公约》第 1 条第 4 款规定："不论代理人以他自己的名义或以本人的名义实施行为，均适用本公约。"该公约表明国际立法的态度倾向于从广义上理解国际商事代理。

国际商事代理除了符合商法精神之外，还具有国际性和商事性的两个构成性特征。先看国际性，目前，各国国内法和国际公约对于国际因素的衡量标准并未统一，主要的两种标准中，一种是认为代理中三方当事人至少要有两方国籍不同，不考虑营业地问题的国籍标准，另一种是认为三方当事人至少要有两方的营业地不同或代理行为地与营业地不同，不考虑当事人的国籍问题的地域标准。按照《国际货物销售代理公约》第 2 条第 1 款的规定："本公约仅适用下列情形，本人与第三人在不同国家设有营业所，而且（a）代理人在某一缔约国内设有营业所，或者（b）国际私法的规则规定要适用某一缔约国的法律。"可见，该公约采纳的是地域标准。再看商事性，国际商事代理中，代理人从事的商行为主要指一切营利性的商业行为，如货物买卖、货物运输、仓储保管、代理、保险、金融和出版等。

三、代理的分类

（一）大陆法系国家的代理分类

根据不同的标准，代理可以划分为多种，而大陆法系按照"名义标准"将代理划分为直接代理和间接代理，间接代理作为一种理论上的说法，在法律规定上类似于行纪行为；根据代理人主动抑或是被动接受意思表示，代理可以分为积极代理和消极代理；根据代理权产生的原因，代理又可分为法定代理和意定代理。

1. 直接代理和间接代理

所谓直接代理（Direct Representation），是指代理人为了本人的利益，以本人的名义与第三人开展商事活动，其法律后果直接归属本人的商事代理。大陆法系代理法本着公开性原则（the Publicity Principle），要求代理人开展代理活动既要符合代理权限，也要向第三人披露代理身份，即代理人必须以本人的名义实施相应的法律行为。对于公开性原则的变通在于，大陆法系的判例和学说认为，"以本人名义"并不要求明确提出本人的姓名或名称，只要能够从个案中推断出代理人系以本人名义行事就足够了。直接代理中本人既可以是显名的，也可以是隐名的，对于后者，代理人为被代理人订立合同时，必须说明自己作为代理人订立合同的意图，或者必须能够从具体情形中推断出代理人是作为本人的代理人而与第三人订立合同。

所谓间接代理（Indirect Representation）是指代理人为了本人的利益，以自己的名义与第三人进行民商事活动，该行为的效力不直接及于本人，而是先由代理人承担，代理人再根据委托协议与被代理人约定的权利和义务承担相应的法律后果的代理方式。与直接代理不同的是：其一，间接代理不存在代理的三方关系，而是只有两方关系，即被代理人与代理人的关系，代理人与第三人的关系；其二，以谁的名义与第三人开展商事活动，代理的法律效果就由谁承受，间接代理关系中的代理人在和第三人缔约时，并未言明自己是代理人，故而，第三人是基于对代理人的资信状况的信赖才与代理人签约的，第三人有理由认为代理人即合同的当事人，那么由此产生的法律后果当然归属代理人。只有当代理人将其与第三人所订立合同移转给委托人时，委托人才能直接介入代理人与第三人订立的合同，并对第三人主张权利。实质上，大陆法系代理理论强调委托与授权分立，在代理概念和构成要件上尤为强调代理的公开性，代理人在代理权限内为代理行为必须以本人的名义，否则不能发生约束本人的效力，所以，一般不把间接代理看作是一种代理制度，而是作为对行纪制度的一种文字表述。

2. 积极代理和消极代理

积极代理（Aggressive Representation），是指代理人主动为意思表示的代理。消极代理（Negative Representation）是指被代理人被动接受意思表示的代理。

知识链接：积极代理和消极代理的区分

3. 法定代理和意定代理

我国《民法典》第 163 条规定：代理包括委托代理和法定代理，委托代理人按照被代理人的委托行使代理权。法定代理（Statutory Representation）是指在代理权产生的原因上不是基于当事人的授权，而是基于法律的规定而产生的代理。法定代理人依照法律的规定行使代理权。意定代理（Voluntary Representation）是指来源于本人的意思表示，从而赋予当事人的代理权，因为其基于本人委托而产生所以也称为委托代理。在后文代理权的产生中还有更为详尽的介绍。

（二）英美法系国家的代理分类

英美法上不存在直接代理和间接代理的划分，以代理人的责任承担方式或者本人身份的公开状况为标准，把代理分为公开本人身份的代理和不公开本人身份的代理。按照英国代理法专家鲍斯泰德（Bousted）的观点，只要第三人在进行商事活动时意识到有本人的存在，无论第三人能否查清本人的姓名，本人的身份都算是公开的，鲍斯泰德依此把公开本人身份的代理分为显名代理和隐名代理。[①]《美国代理法·重述》中说法稍有不同，把公开本人身份的代理分为公开本人姓名的代理（显名代理）和身份部分公开的代理，所谓身份部分公开的代理指第三人知道与其进行交易的人是代理人，但不知道本人的姓名，即前述的隐名代理。英美法上显名代理和隐名代理均属公开本人身份的代理，英美法上的"不公开本人身份的代理"同大陆法上的间接代理之间存在着一定差别。

案例拓展：英美法系的本人和第三人有直接合同关系原则——柯斯特思诉福特恩案

1. 显名代理（公开本人姓名的代理）

显名代理（Express Representation）是指既明示为本人利益，又明示以本人名义而表示意思或接受意思表示的代理。申言之，代理人同第三人进行商事活动

[①]　F. M. B Reynolds, *Bostead on Agency*. London：Sweet & Maxwell, 1985, P. 105.

时，既要公开本人的存在，也要公开其姓名，代理人同第三人订立的合同即本人与第三人之间的合同，法律后果归属本人，代理人不承担个人责任。

2. 隐名代理（不公开本人姓名的代理）

隐名代理（Unnamed Representation）指代理人在订约时表明自己的代理人身份，公开本人的存在，但不指出本人的姓名，明示为本人利益而表示意思或接受意思表示的代理。实践中采取的做法是在合同中注明"代表本人"或"作为代理人"等字样，这方面英国的要求更为苛刻，按照英国的判例，代理人在同第三人订立合同时，如果仅在信封上角或在签名之后加列"经纪人"或"经理人"的字样并不足以排除其个人责任，而必须以清楚的方式表明其是买方或卖方的代理人。我国一些进出口公司在代理本人和外商做贸易时也经常采取这种方式，以避免本人和第三方建立直接联系。①

3. 不公开本人身份的代理

不公开本人身份的代理（Undisclosed Representation）是指既不明示以本人名义，也不明示为本人利益，而是以自己的名义同第三人签订合同，该合同被认为是代理人自己和第三人之间的合同，由代理人直接对合同承担法律责任。不公开本人身份的代理中，代理人事实上得到本人的授权，具有代理权，而第三人因为没有义务询问是否存在着身份不公开的本人，所以，第三人并不知道被代理人的存在，往往认为代理人就是合同中的对方当事人。

（三）国际商事代理的分类

近年来，新技术革命浪潮席卷之处，新的经济组织、新的行业不断出现，跨越国界的国际商事活动方兴未艾。国际商事代理业务范围极广、种类繁多、专业性很强，在代理行业发挥了巨大作用，在前述分类理论基础上还存在着商事代理更加科学、合理和个性化的分类，了解它们是学习国际商事代理法律问题的重要途径。

1. 商业代理和商务代理

按照行为的标的，商事代理可分为商业代理和商务代理。商业代理是传统的商事代理形式，指对有形商品交易活动进行的代理；而商务代理是指新型的商事

---

① 针对隐名本人和代理人的责任，"艾格辛格诉麦克诺顿"一案指出，基于公平合理原则，第三人有权要求代理人履行其作为合同当事人的义务，该案的裁判逻辑是，若将第三人根本不认识的本人强加给第三人，会剥夺第三人享有的原合同约定的全部救济措施。See Agersinger v. Mac Naughton, (1889) 114N. Y. 535, 21N. E. 1022, 11Am. St. Rep. 687.

代理形式，是对无形的营利性服务的代理，如广告代理、保险代理和商事申请申报代理等。实践中，不能简单地将劳务性的商事服务与商务代理相混淆，打字、复印、接发传真、信件等办公室工作，部分酒店附属的商务中心，以及一些企业咨询服务公司提供的服务乃劳务性商事服务，并非具有法律意义之商事代理行为。

2. 显名代理、隐名代理和代名代理

按照代理行为的名义，商事代理可分为显名代理、隐名代理和代名代理三种。其含义与一般意义上的代理分类的相应概念是基本一致的，其中代名代理即前述不公开本人身份的代理，是指代理人既不表明自己为本人代理的关系，更不指明本人的身份。从表面上看，作为代理人的外贸企业与第三人（国外客商）之间的合同关系与普通的国际货物买卖合同并无区别，但由于代理人与委托人之间的代理关系的真实存在，代名代理存在委托人的介入权和第三人的选择权等特殊性规定：当代理人因第三人的原因对委托人不履行义务，委托人在证明与代理人之间事先存在代理协议的情况下，可以直接向第三人主张权利，第三人可以向委托人主张其对代理人的抗辩权；同样，代理人因委托人的原因对第三人不履行义务的，第三人既可以直接要求代理人承担责任，也可以在代理人明示委托人身份的情况下，直接向委托人行使权利，但第三人在选定责任人之后，不能随意变更，第三人以委托人为相对人的，委托人可以向第三人主张其向代理人主张的抗辩权。

3. 自营商事代理与他营商事代理

按照代理人的隶属，商事代理可分为自营商事代理与他营商事代理。自营商事代理是指被代理人以自己设立的非独立机构（如经销部）所进行的商事代理，在商事实务中，通常自营商事代理中双方的权利和义务不容易划分，代理人有时会具有当事人的身份；而他营商事代理是指商事代理人以独立商事主体接受被代理人委托而进行的商事代理，他营商事代理中的双方权利和义务比较明确，代理人与被代理人的角色不会发生交叉或错位。

4. 总代理、独家代理和一般代理

按照代理人的权限，商事代理可分为总代理、独家代理与一般代理。总代理是指在确定的地区，有权代理本人从事全面业务活动的代理；独家代理是指在合同约定的地区代理人对某一类商品或业务有专营权的代理；一般代理是指不享有任何特别权利的代理，既有地区与业务范围的限制，同时又不具有专营权，代理人权限大小由当事人之间约定。

5. 特别责任代理与普通责任代理

按照代理人所负的责任，商事代理可分为特别责任代理与普通责任代理。特别责任代理是商事代理中独有的代理类型，是相对于普通责任代理而言的，是指代理人在代理关系之外，自己对第三人另行承担责任的代理，它实际上是在原有的代理关系上另外附加了一个从属的法律关系，如信用担保代理、保付代理等都属此类。

6. 本代理和复代理

按照代理人代理权来源的不同，可以把商事代理区分为本代理和复代理。本代理是指代理权来源于被代理人直接授予代理权的行为的代理方式；复代理又称再代理，是指代理人为了实施代理权限内的全部或部分行为，以自己的名义选定他人担任被代理人的代理人，该他人称为复代理人，复代理人是被代理人的代理人，而不是代理人的代理人，其代理行为产生的法律效果直接归属于被代理人，代理人对复代理人享有监督权和解任权。商事代理为委托代理，对代理人的选定一般基于本人对代理人的知识、技能和信用的信赖，因此，代理的内部关系具有较强的人身信赖性，代理人原则上应负担亲自执行代理事务的义务，除非事先得到本人同意或事后得到追认，以及发生紧急情况时才允许产生复代理，以更好地保护被代理人的利益。

7. 商品购销代理、地产代理和广告代理等

按照商事代理的业务类型，商事代理可分为商品购销代理、地产代理、广告代理、保险代理、运输代理、证券代理、旅游代理、商事申请申报代理（如企业登记代理税务、申报代理、海关申报代理、专利申请代理、商标申请代理、建筑报建代理）等。随着商事代理业务的发展，实践中的商事代理业务分类远不止如此，并且还在不断更新中。

第三节　代理权的产生与代理关系的终止

一、代理权的产生

关于代理权产生的原因，大陆法和英美法的法例有所不同，现分别介绍如下：

（一）大陆法

大陆法把代理权产生的原因分为两种：一种是非由本人的意思表示而产生的，即基于法律的直接规定而产生的代理权，称为法定代理，另一种是由于本人的意思表示而产生的，称为意定代理。

1. 法定代理

法定代理是指被代理人于法律上或事实上不能为法律行为时，按照法律直接规定由他人代为进行法律行为的代理。凡不是出于本人的意思表示而产生的代理权称为法定代理权，具有这种代理权的人称为法定代理人。

根据大陆法国家的法律规定，法定代理权的产生主要有以下几种原因：（1）根据法律的规定而享有代理权，例如，根据各国民法典规定，父母对于未成年子女有代理权、夫或妻对于日常家事互为法定代理人等；（2）代理人因本人以外的私人指定或选任而取得代理权，例如，未成年人的亲属所选任的监护人及遗产管理人等；（3）代理人由于法院的选任而取得代理权，例如，法院选定的监护人、破产管理人、法人清算人等。

大陆法系国家民法同时认为法定代理存在以下两种情况：（1）民法上的法定代理，如无民事行为能力人、限制民事行为能力人的监护人为其法定代理人；（2）商事法上的法定代理，即基于本人与代理人之间存在特定的组织关系，是法律为保护本人合法权益而设立的法律制度，如股份有限公司的董事的法定代理权，因为公司法人本身不能进行活动，它必须通过代理人来处理各种业务，公司法人的"董事可以正确地说成是公司的代理人"，而且是公司法人的第一位的代理人，因为他还有指定另外的代理人的权力，但是，德国法与英国法关于该第一位的代理人的规定有所不同，按照前者，公司法人第一位的代理人的权力由法律规定，按照后者，该第一位的代理人的权力来自法人章程的规定。

法定代理在大陆法系主要是为了保护无民事行为能力或限制民事行为能力的未成年人或精神病患者的利益，因此，法定代理原则上是无偿的。

2. 意定代理

意定代理又称委托代理，是指基于本人的意思表示而发生的代理权，其中，本人对代理人授予代理权限的行为称为授权行为。意定代理中的意思表示是德国学者首创的大陆法系的特有概念，根据《德国民法典》第 167 条的规定，被代理人是通过其无形式限制但须有相对人的意思表示而赋予代理人以委托代理权的，对于被代理人的授权意思表示需要做以下几点解释：

第一，该意思表示必须具有相对人。相对人既可以是代理人，也可以是代理关系中的第三人。被代理人向代理人为意思表示的，为内部授权，向第三人为意思表示的，为外部授权。此外，代理权的授予人依广告或其他方法对不特定人的授权行为也发生授权的法律效力，如空白委任状即含有向不特定人授予代理权的意思表示。

第二，委托授权的形式原则上并无要求。即委托授权的意思表示既可以明示做出，也可以通过一定行为默示做出。《德国民法典》第 167 条第 2 款明确规定，授权的意思表示无须依有关代理权的法律行为所规定的方式。我国《民法通则》（已废止，下同）第 65 条第 1 款规定，授权行为可以是书面形式，也可以是口头形式，但法律有特殊规定者不在此限。[①] 当然，此种情况也存在一些例外，第一种情况是，大陆法系国家某些法律规定，授权的意思表示必须采取特定的形式，例如，《德国民法典》第 1945 条第 3 款规定，代理人代理进行拒绝继承的意思表示时，须提交经过鉴证的代理权证书，这种代理权的授予人在授予代理权时，应采取书面的且经过有关官员鉴证的形式；第二种情况是，按一些学者的观点，如果法律规定代理行为应采取某种方式是为了警示当事人慎重地为这种法律行为时，该授权行为往往应采取这种方式，例如，书面赠与、不动产买卖之授权。就国际代理而言，因其涉及利益广泛和代理标的较大等特点，为慎重起见，应以书面的授权委托书之形式授权为宜。

第三，关于授权行为的性质。对于授权行为的性质，学说和立法例上存在三种不同的观点：（1）法国法系民法采用委任契约说。认为代理是委任契约的外部关系，由委任契约而产生，因此在委托代理关系中，除了委任契约外，无所谓独立的代理权授予行为。[②]（2）日本学者主张无名契约说。认为授权行为是本人与代理人之间诺成的一种在民法债编中没有明文规定的无名契约，类似于委任，其特征在于使代理人担负本人为法律行为的义务，但该契约的效力不只存在于当事人之间，它对第三人亦有效力。[③]（3）德国为代表的绝大多数大陆法国家采用单独行为说。此说认为代理权的授予并非契约关系，而是一种以委托人的单方意思表示为要件的单方法律行为，只要委托人一方向代理人或第三人做出了授权意思表示，代理人即取得了代理权，授权的法律效果便随之产生，至于代理人与本人

[①] 《民法典》第 165 条规定：委托代理授权采用书面形式的，授权委托书应当载明代理人的姓名或者名称、代理事项、权限和期限，并由被代理人签名或者盖章。

[②] Christian Larroumet, Droit civil, tome III, Les obligations, le contrat. *Economica*, 2003, P. 618.

[③] ［日］我妻荣：《中国民法债编总则论》，洪锡恒译，中国政法大学出版社 2003 年版，第 27 页。

的内部关系，则属于另一个问题。①

（二）英美法

普通法上的代理主要是契约代理，也称委托代理，在一般情况下，委托人与代理人之间的代理关系可以通过协议产生，即通过本人实际地授权给代理人代表自己进行活动且代理人表示同意的方式产生。但在某些情况下，即使本人事实上并未授权给代理人，本人亦受其代理人行为的拘束，另外，代理关系还可因事后追认而产生。英美法国家认为代理权可以由下列原因产生：

1. 实际授权（Actual Authority）

实际授权是指本人和代理人之间通过协议或合同而在实际上给予代理人代理权。它包括明示授权、默示授权两种。

（1）明示授权（Express Authority）。

明示授权又称协议代理，是英美法上产生代理权最基本的途径，是指本人和代理人之间以明确的意思表示达成建立代理关系的协议，代理人得到本人的明示指定或委任而实际享有代理权。按照英美的法例，代理协议的成立不要求特定形式，可以采用口头或书面方式，关键在于对代理权的授予要以语言文字的方式进行，以便具有证据和解释的效力。明示授权不同于显名代理，前者主要是代理关系产生的方式和证据力，后者是代理合同中的责任问题。

（2）默示授权（Implied Authority）。

默示的授权又称推定代理，是指一个人以他的言词或行动使另一个人有权以他的名义签订合同，他就要受该合同的约束，就像他明示地指定了代理人一样。例如，国际货物买卖中，货物所有人将货物交与代理人代售，则通常意味着货主赋予了代理人收取货款的代理权。默示代理权主要包括三种情况：第一，由默示而存在的代理权，即从当事人在某一特定场合的行为或从当事人之间的某种关系中，可以推定当事人之间存在真实有效的代理关系，比较典型的是配偶和合伙人之间的默示代理；第二，附带授权，即由于本人的明示委任并不一定能详尽地说明代理人在实际行动中所应具有的一切权利，因此受托从事某一特殊任务的代理人，可以享有合理地附属于其履行明示代理权所必不可少的默示行为的权利，例如，受雇参加诉讼的律师或法律顾问享有和解的默示代理权；第三，习惯授权，即代理人被授权为本人在某一特殊市场进行活动时，代理人享有按该市场的相关

---

① 王泽鉴：《民法总论》，中国政法大学出版社 2004 年版，第 65 页。

习惯进行活动的默示代理权，无论本人是否知晓该习惯，本人均受其约束，当然，代理人只有在该市场习惯是"合理的"情况下才享有这样的习惯授权，换句话说，该市场习惯必须在实际上同本人给予代理人的明示指示，或本人和代理人的实际关系相一致，否则，该市场习惯便被视为不合理，本人不受其拘束。

2. 表见授权（Apparent Authority）

在普通法上，当本人和代理人之间并无协议关系，即代理人的代理权并非代理人所实际具有时，所谓的代理关系仍然可以因为需要、表见授权和职业等原因而产生，这些情况可被统称为"由法律实施而产生的代理"或"没有协议的代理"。表见授权也称不容否认的代理权，是指本人虽没有对代理人加以明示委托，但如果他出于故意或疏忽，通过言行使第三人有理由相信某人是其代理人而采取行动时，则他便不能否认其言行，而必须视为已向该代理人授权，并不得否认该代理人为其设定的与第三人的权利和义务关系。

表见授权有三个构成的基本因素，即本人的行为（Conduct）、第三人对本人行为的依赖（Reliance）以及损害（Injury）。表见授权与明示授权的区别在于：后者是本人明确委任代理人实施某一行为，前者则是使第三人明显感觉到表面上存在代理关系。例如，1857 年萨默斯诉索洛蒙（Summers v. Solomon）一案中，被告雇用经理经营一家珠宝商店，并定期为该经理从原告处订购的珠宝付款，该经理辞职后，继续以被告名义从原告处订购珠宝，并携珠宝潜逃。法院判决被告应对被该经理拿走的珠宝承担付款责任，理由是被告过去的行为使原告相信该经理享有利用其信用的权利，而且被告并未通知原告该权利已经终止。另外，英国法上还确定了关于表见授权的一条原则，除非某人以自己的言行向特定人或公众做出已向某代理人授权的一般表示，否则不能被视为被代理人，因此，如果代理人确无代理权，被代理人便可诉请损害赔偿，并拒绝偿付代理人报酬和费用，如果第三人明知该代理人无权代理或从事了越权行为，则被代理人对该代理人的行为不负责任。

案例拓展：表见代理的案例

3. 职业或惯常授权（Usual Authority）

普通法上的"惯常授权"一词有多种不同的含义，广义上是指默示授权和一些特殊情况下的附带授权，或指代理人所具有的某种没有经本人明示否认且没有通知第三人的类似于附带授权的表见授权。此处"惯常授权"是指尽管没有明示、默示或表见授权，本人依然受代理人行为拘束的情况，"惯常授权"也就是职业授权，权利承受者是以某种代理行为作为职业的人，如拍卖商、不动产代理人、代理商、律师、合伙人、公司总经理或公司秘书等，其所享有的代理权可以扩大到这类代理人的职业通常所享有的权利范围。

英国法上，关于职业授权的规则早在 1893 年就通过沃特奥诉芬韦克案（Watteau v. Fenwick）得以确立，该案中，享布尔于 1888 年将自己所有的维多利亚旅馆卖给了被告，并仍然留任经理职务，旅馆大门上刻着他的名字，许可证上也是他的名字，被告曾禁止享布尔用信用购买雪茄烟，但因原告当时并不知道被告的存在，仍以享布尔的个人信用让享布尔购买雪茄烟，原告知道真相以后便提起诉讼要求旅馆的新主人给付雪茄烟的价金。判决认为，雪茄烟是惯常由原告供给该旅馆的货物，享布尔在经理的职业权限范围内行事，被告应受享布尔行为的拘束，而不能以其对享布尔的秘密指示作为拒付价金的辩护事由。尽管该案的判决引起了许多争论，但从总体上看，它对促进案件公正还是有益的。当然，根据英国判例原则，职业授权规则的适用范围是有限制的，如果代理人所为行为不属其职业惯常权力范围之内，或者代理人所为行为非为本人利益或根本不属本人业务范围，则不适用职业授权规则。

4. 必要的授权（Authority of Necessity）

必要的授权也称客观必要的代理权，是指在特定紧急情况下，某人依法律推定取得一种代理别人进行活动的代理权，他所实施的处分行为的结果及于被代理人。换言之，某人虽没有得到别人关于采取某种行动的明示授权，但由于客观情况的需要可以视为具有此种授权。必要代理与默示推定代理的不同点在于，必要代理对于代理双方当事人均具有强制性或不可选择性。实践中，国际贸易中经常会遇到战争、动乱、市场行情突变以及各种自然灾害等不测因素，代理人往往不得不采取紧急措施以维护本人的利益，所以，英美法系各国法律都承认因客观必要而产生的代理关系。

由于必要代理可能引起某人承担未经其同意的责任，所以英美法院一般对这种代理权的适用采取了谨慎态度，按照判例，必须同时满足以下四个条件才允许行使必要代理权：（1）代理产生的事由是实际的、确定的和具有商业必须性质的紧急情况；（2）代理事由发生时，代理人必须处于根本无法与被代理人联系，或虽能联系但被代理人不做指示的情况；（3）代理人采取的代理行为必须出于善意并考虑到了所有相关当事人的利益；（4）代理人必须是合理而谨慎地为代理行为。

实践中常见的客观必要的代理权主要有以下几种情况：（1）为开票人信用承兑汇票，当开票人不承兑汇票时，某一陌生人在取得持票人同意后可以为开票人的信用承兑该汇票，英国法上，这种形式的必要代理来源于商人法，并包含在 1882 年汇票立法之中；（2）船长或车长的必要代理权，船长、车长在船舶等交通工具因承运货物而受到意外损坏时，为了及时修理交通工具或处理时鲜货物，有权以船主或车主的信用筹措资金，法律将船主或车主视为委托人，船长或车长视为代理人；（3）海难救助，在海难中帮助船舶并挽救生命或财产的人，有权为其努力的结果请求报酬；（4）承运人和其他财产受托人，承运人和其他财产受托人在建筑物被毁，监管的财物暴露在恶劣天气之下有可能被毁损或被偷窃，而又无法与委托人联系时，可以作为代理人对该财物做出紧急处理。

5. 追认授权（Subsequent Authority of Ratification）

追认授权是指代理人未经授权或者超越代理权限而以本人的名义实施代理行为，本人事后予以追认或不明示否认，代理人便由此获得了追认的代理权的情况。无论当事人之间有无事实上的代理关系，只要本人事后接受或认可了代理人所签订的合同，该合同对本人发生效力。追认授权一般用来矫正代理人权力的轻微瑕疵，阻止不必要的诉讼。按英美判例规则，追认既可以采用明示的口头或书面方式，也可以采用本人的作为或不作为的默示方式，追认具有溯及力，自合同成立时起就对本人生效，只要不破坏或损害第三人在追认时的既得权利，追认可以在第三人不知道或不同意的情况下进行。追认授权与表见授权的区别在于：前者是在代理行为之后得到认可，追认产生的责任是由意图引起的，后者是代理行为之前本人的疏忽或故意造成，其产生的责任并不管意图如何。

依照英美判例规则，必须具备以下条件，本人才能给予追认授权：（1）无权代理人必须以代表的身份与第三人缔结契约，即作代表公开姓名的或不公开姓名的本人实施代理行为的明示；（2）无权代理人在实施代理行为时，其意欲代理的本人必须存在；（3）无权代理人的被代理人必须具有实施该未经授权行为的能力；（4）被追认的行为必须具有法律效力；（5）无权代理人签订合同时不得伪造被代理人签名；（6）追认必须建立在对基本事实完全了解，或虽不了解事实但仍表示出无条件追认的意图的基础之上；（7）追认必须是对整个合同的追认，而不是仅对合同中有利的部分进行追认；（8）追认必须及时，超过确定的履行期限的合同不能追认，对于没有确定履行期限合同的追认必须在知悉该未经授权行为之后的一段合理时间内做出。

二、代理关系的终止

代理关系的终止，也叫作代理关系的消灭，是指代理人与被代理人之间的代理关系终止，代理人不再具有以被代理人的名义从事民商事活动的资格。

（一）代理关系终止的情形

依据各国代理法例及代理关系的特点，代理关系终止的原因和方式通常有两种情形：一种是因当事人的行为，另一种是因所适用的法律规定。

1. 依据当事人的行为终止代理关系

代理关系可以因当事人的行为而告终止，即通过双方当事人的协议或由任何一方当事人单方面宣告。在第一种协议的情况下，如果双方当事人在代理合同中载明了代理期限，则代理关系在合同规定的期限届满时终止。例如，我国《民法典》第 173 条规定，有下列情形的，委托代理终止，其中就包括代理期间届满或者代理事务完成。如果代理合同中没有规定具体期限，则代理关系可以在持续一段合理时间后终止，何谓合理时间，取决于代理关系的性质和具体情境。另外，按照合同法的基本原则，任何合同均可以通过双方当事人之间的协议而解除，如果代理合同中没有规定代理期限或代理事项的范围，或者即使均有规定，本人和代理人也可以通过协议方式终止代理关系。在第二种单方面宣告的情况下，如果一方当事人严重违反合同义务，另一方当事人可以单方终止合同，如果不存在违约，原则上允许当事人通过单方行为终止代理关系。例如，《德国民法典》第 168 条规定："代理权的消灭，依其授予代理权的法律关系决定之。代理权也得在其授与代理权的法律关系存续中撤回之，但对此项法律关系另有规定者，不在此限。"再如，美国《法律重述·代理（第二次）》第 118 条规定："代理权于代理人或本人向他方表示反对其存续时终止。"根据普通法判例的规则，任何一方当事人，只要他愿意，即使没有"权利"，只要拥有充分的"权力"就可以终止代理合同，而且本人撤回代理人的实际代理权并无特殊的形式要求，以要式文书授予的代理权，亦可以口头通知撤回。

对于依当事人的行为终止代理关系还有几点需要说明：

（1）为避免不必要的损失和出于维护正常交易的需要，代理人放弃代理的应提前明确地通知本人，通知的方式和时机应符合习惯或具有合理性，否则本人可以起诉代理人违反合同，并要求代理人给予赔偿。

（2）无论是大陆法国家还是英美法国家，对本人单方面撤回代理权都有不同程度和方式的限制。本人撤回代理权虽然得到了各国法律原则上的允许，但由于一些代理中的代理人旨在通过代理获取佣金或其他报酬，如果被代理人随意撤回代理权，难免会使代理人受到损失，因此，为公平维护代理人及第三人利益起见，本人撤回代理权应事先给代理人以明确的、符合习惯的或合理的通知。不适当地撤销代理权的行为虽然也具有相应的效力，但本人应当赔偿代理人的佣金损失和其他费用损失。

许多欧洲国家（奥地利、法国、德国、荷兰、瑞士）都在法律上规定，本人在终止代理合同时，必须在一个月或六周之前通知代理人，且在代理关系已持续了一段时间时，通知期限常常要延长到两个月或三个月，《德国商法典》和法国的《劳动法典》等都有这方面的期限规定。对于被代理人终止代理关系的限制，拉美的波多黎各及多米尼加的法律明确地规定，如无正当理由不得终止代理契约，亦不得拒绝契约的变更，不当或无正当理由终止契约时，应对代理商负损害赔偿责任。

英美法国家的判例规则对本人单方面撤回代理权的行为存在以下几种限制：第一，代理人正在执行本人指示或第三人已按与代理人议定的合同开始行动时，本人不得撤销代理人的代理权；第二，存在"并联利益代理"（代理权的授予是以契据或对价形式并与代理人的佣金以外的利益联系在一起）的情况下，代理权不能因为本人的单方撤回、死亡或破产等终止；第三，根据英国《1971 年授权书法》（The Power of Attorney Act 1971）的规定，为保证受赠人的财产利益或未受偿债务的履行而明示表明不可撤销的授权书，只要该利益或债务仍受该授权书保护，未经受赠人同意或授权人死亡、无行为能力或破产，均不能撤销；第四，必要代理情况下，如果鼓励代理人在当时情境下为代理行为的需求十分强烈，则代理权不能因通知代理人而终止。

2. 依据法律的规定终止代理关系

根据各国的法律，有下列法定事由之一时，代理关系即告终止：

（1）本人死亡、破产或丧失行为能力。根据大陆法系国家民商法的规定，这种情况仅适用于民事代理，至于商事代理应适用商法典的特别规定，不会因为本人的死亡或丧失行为能力而导致代理关系的消灭，尤其在法人清算期间，法人并未终止，仍有处理清算事务的必要的民事行为能力，如已成立代理关系，则应继续有效。另外，在德国民法实践中，存在着所谓的死后代理权制度，即委托代理权的授权人死后尚由代理人进行代理的制度，依德国民法典的规定，如果代理权的内部关系因为授权人死亡或丧失行为能力而终止，则委托代理权也相应地归于消灭；相反，如果代理的内部关系在委托代理人死亡后因为继承而继续存在，那么，只要这种内部关系并不具有"绝对人身性质"，则委托代理权仍然存在。我国司法实践还是承认将被代理人死亡作为委托代理关系终止的原因的，我国《民法典》第175条有下列情形之一的，法定代理终止：第一，被代理人取得或者恢复完全民事行为能力；第二，代理人丧失民事行为能力；第三，代理人或者被代理人死亡；第四，法律规定的其他情形。

（2）代理人死亡、破产或丧失行为能力。因为代理权具有人身属性，根据各国法律规定，当代理人死亡、破产或丧失行为能力时，民事代理或商事代理均因之消灭。美国《法律重述·代理（第二次）》第123条还规定："两个以上代理人约定共同为代理行为时，如其中一代理人死亡或丧失能力，其余代理人之代理权亦终止。"

（3）履行不可能或嗣后违法。根据各国法律规定，当代理标的物毁损或消灭时，因代理目的无法实现，代理关系因这种不可能事故而终止。根据英国的判例规则，若发生使代理关系不合法的事件，如爆发战争使委托人或代理人成为外敌，代理关系便告终止。

（二）代理关系终止的法律效果

代理关系终止以后，会在本人与代理人，以及其与第三人之间产生一定的法律后果。

1. 本人和代理人之间的法律后果

代理合同终止就意味着代理人所享有的代表本人为法律行为的代理权随之消失，本人和代理人之间的关系随之结束，此后从这种关系中不可能再为本人和代理人之间创设任何新的权利和义务，如果代理人在代理关系终止后继续从事代理活动，即属无权代理，应按有关无权代理的法律规定处理。一些大陆法系国家在商法中特别规定，终止代理合同时，代理人有权因其在代理期间为本人建立了商业信誉而要求本人予以赔偿，例如，法国商业代理法和《德国商法典》第89条中都有这样保护商业代理人利益的条款。另外，代理合同终止之前所应给付的利益和履行的义务，如代理人应得的佣金及代理费用等，并不因代理合同终止而受影响。

2. 对于第三人的法律后果

本人撤回代理权或终止代理合同，对第三人是否有效，主要取决于第三人是否知情或被通知。根据大陆法国家的立法和英美法判例规则，在代理人具有表见代理权或本人曾认可其假想代理权的情况下，本人撤回代理权的行为只有在通知送达第三人或已被第三人知道时才对该第三人发生效力。本人撤回代理权的行为不可能具有公示力，因此任何善意第三人在不知悉本人的撤回行为时，基于表见代理权而与代理人订立的合同仍对该本人具有拘束力。例如《日本民法典》第112条规定："代理权的消灭，不得对抗善意第三人。但第三人因过失不知其事实时，不在此限。"再如，《瑞士债务法典》第34条规定："撤销代理权之全部或一部分时，须通知第三人后，才能用以对抗第三人。"在英美法国家，通知、死亡、破产或精神失常等可以终止代理人的明示或默示代理权，却并不必然地终止必要代理权或表见代理权或职业授权，对表见代理权或职业代理权来说，终止通知必须送达第三人才发生效力。

如果出现代理人放弃代理权的情况，对第三人是否产生影响，同样也取决于第三人是否知情。从代理人放弃代理权从而终止代理合同至第三人知悉其放弃行为的期间，代理人也享有表见代理权；若代理人在此期间仍代理本人与第三人订立合同，则该合同对本人有拘束力，但是本人有诉请代理人赔偿损失的权利。

第四节　代理法律关系的产生与代理关系的终止

代理关系中涉及三个方面：本人与代理人之间的关系，本人与第三人之间的关系以及代理人与第三人之间的关系，具体而言，本人与代理人之间是内部关系，可能是劳动合同、雇佣合同或委托合同等，本人、代理人与第三人之间的关系是外部关系，其中，本人与第三人之间是民事法律关系，代理人与第三人之间是代理行为关系。

一、本人与代理人之间的关系

本人与代理人之间的内部法律关系，多取决于代理双方签订的商事代理合同或代理协议的约定以及法律中对于代理问题的相关规定，将大陆法国家民商法典中的成文法规定和英美法系国家的判例法规则加以总结，做出以下概括：

（一）代理人的义务

1. 代理人应勤勉地履行其代理职责

代理关系建立后，代理人应以诚实勤勉的态度，尽自己的技能履行自己的职责，代理商必须为代理人的利益尽力促成或达成交易。在无偿代理关系中，代理人应尽之勤勉遵照主观标准，要求其如同处理自己的事务那样处理代理事务；在有偿代理关系中，代理人应尽之勤勉遵照客观标准，代理人的勤勉程度必须和其完成代理事务所要达到的要求一致，否则他就要承担相应的责任。如果代理人不履行其义务或履行时有过失，致使本人遭受损失的，代理人应对本人负赔偿责任。

2. 代理人对本人应诚信、忠实

（1）代理人应当向本人公开其所掌握的与客户有关的所有必要信息，以供本人作为决定是否签订合同的决策依据。

（2）代理人不得以本人名义同代理人自己订立合同，除非得到本人的事先同意。例如，本人委托代理人推销货物，除非经过本人的事先同意，否则代理人不得购进本人货物，即利用代理关系之便自己同本人订立买卖合同，当发生上述情形时，本人有权撤销代理合同或撤回代理权并要求损害赔偿。例如，《德国民法典》规定："代理人除经特别许可的情形外，不得以本人名义与自己为法律行为。"

（3）代理人不得受贿或密谋私利，不得与第三人串通损害本人利益。代理人不得谋取超出本人所付佣金或酬金之外的任何私利，如果代理人接受了贿赂，本人有权向其索还并有权解除代理关系或撤销代理人所订立之合同，本人也可以起诉受贿的代理人和行贿的第三人。根据英国1906年《反贪污法》的规定，受贿的代理人和行贿的第三人都犯有刑法上的犯罪行为，情节严重者可追究刑事责任。[①]

案例拓展：马里兰钢铁有限公司诉明特纳案
（代理人对本人的诚信、忠实义务）

3. 代理人必须亲自履行代理职责

作为一般性原则，亲自履行义务源自本人和代理人之间的特定身份关系和本

---

① 周黎明：《国际商法理论与实务》，北京大学出版社2023年版，第65页。

人对代理人的个人信任，虽然各国法律允许代理人在特定场合下有转托权，但对其均有严格的限制条件：就是需本人授权，对于没有本人授权的，我国《民法典》第 169 条、《日本民法典》第 124 条和《印度契约法》第 190 条要求代理人只有在遇到不得已的事由、紧急情况或习惯认可等前提下才可以转托他人。英美法上，允许代理人在代理事务不需代理人具有自由处理权或特定的技能时，可不经明示授权而转托他人，但这种转托只限于具有行政执行性质的行为。

4. 代理人必须向本人提示账目

代理人有义务就代理的所有交易事项做成账簿，并于本人要求时提示于本人。这项义务对于为本人从事一连串交易的一般代理人特别重要，它可以使本人了解支出费用的合理性。代理人为本人的利益收取的一切款项须全部交给本人，即使该交易本身无效或违法也不例外。在代理人的行为具有假想代理性质的情况下，代理人亦有责任向他认为的本人说明他从他人处取得的财产利益。代理人还应把自己的财产和金钱同本人的财产和金钱分开保管，对于存疑财产，除非他能证明为自己所有，否则将推定为本人所有。另外，根据英国判例规则，代理人无须经其本人要求还应主动向本人交付以下收益：（1）由受托占有的财产所生的任何收益；（2）因本人授予其代理人身份而取得的收益；（3）由某些信息和知识所生的收益，其中包括代理人因受雇而收集取得的信息知识以及本人供其使用的信息知识，此类信息都属于本人的无形财产。

5. 代理人不得泄露代理业务中获得的机密资料

无论合同中有无规定，代理人在代理协议存续期间或在代理协议终止后的一段合理时间，均不得将行使代理权过程中知悉的属于本人的文件或秘密信息泄露给他人，也不得利用这些资料从事其他任何有悖于本人利益的行为。一般情况下，本人对违反此类义务的代理人有权诉请赔偿并要求撤销合同，在某些特殊情况下，如果本人担心并有确凿的证据证明代理人会销毁或处分秘密信息从而造成重大损失，按英美判例，本人有权申请法院发布单方面禁令，授权本人的律师进入该代理人的营业处所检查和转移这些秘密资料。对于代理人的保密义务有三点需要说明：（1）雇员在代理业务期间自然获得的技术和知识不一定包括在保密资料或信息的范围之内，需根据案件的具体情况来加以确定；（2）如果被代理人的秘密资料构成犯罪、诈骗或严重违反公共利益，代理人不负保密义务；（3）根据某些国家关于限制性商业做法的法律规定，代理合同终止后，除经双方同意的合理贸易限制外，本人不得不适当地限制代理人使用他在代理期间所获得的技术、经验和资料。

（二）本人的义务

1. 支付佣金或约定的其他报酬

本人必须按照代理合同的规定付给代理人佣金或约定的其他报酬，这是本人一项最基本的义务。按欧共体《关于协调成员国间有关代理商法律的指令》规定，在当事人之间对报酬没有协议或所涉国家对此没有法律规定的情况下，代理人有权取得其进行代理活动的地方按惯例所允许的报酬。如果该惯例亦不存在，代理人仍有权取得合理的报酬，这与普通法上的无合同规定时按合理价格支付的原则是一致的。由于国际代理多为商事委托代理，各国法律虽然在支付佣金这一原则问题上规定大体一致，但在许多具体问题上仍有差异，有的国家甚至对此并无详细规定，因此，在代理合同中双方当事人应尽量就支付佣金的条件、佣金率及支付方法等做出明确约定。

在商订代理合同时，对佣金问题还需特别注意以下几个问题：

第一，本人不经代理人介绍，直接从代理人代理的地区内收到订货单，直接同第三人订立买卖合同时，是否须对代理人支付佣金。对此，有些大陆法国家明文规定，代理人对其代理地区内的客户同本人达成的一切交易，无论其是否经由代理人之手，代理人都有权要求支付佣金。欧共体《关于协调成员国间有关代理商法律的指令》第7条第1款、第2款规定，代理商对于在代理合同期间由于其代理活动的结果而达成的交易，或者与其以前为同类交易所得到的客户所达成的交易，有权取得佣金；代理商还有权对在代理合同期间本人与代理商所受托活动的某一特定地区或某一组客户，或者与代理商具有独家代理权的某一特定地区或某一组客户所达成的交易取得佣金。《德国商法典》第87条还有一项强制性的规定，即当某人被指定为一定地区或一定消费集团的代理商时，对于本人在该地区或该集团内与任何人所达成的交易，即使该代理商未参与交易，本人也得向代理人支付佣金。英美法国家对此采取了分别处理的办法，按照判例，如果本人同第三人达成交易是代理人努力的结果，代理人有权获得佣金；但如果本人没有通过代理人中介而直接同代理地区的买主达成交易，代理人就无权索取佣金，该法律规则可以因双方的协议或行业习惯而改变，特别是对指定地区的独家代理人，这种约定更是常见。

第二，代理人介绍的买主连续向本人订货时，本人是否应支付佣金。对于这一问题，有些国家在法律上并无明文规定，当事人一般在代理合同中具体约定。但对于代理合同终止后本人接受买主的再次订货的情况下，本人是否应支付佣金的问题，大陆法和英美法采取了不同的解决原则。根据《德国商法典》的规定，代理商对于代理合同终止后所达成的交易，如果满足代理商参与洽谈与准备工作、交易达成主要归因于代理商的活动、交易是在代理合同终止后的合理期间内达成等条件，本人应当支付佣金。但根据英国判例规则，如果代理合同没有规定期限，则在代理合同终止后，本人接到买主再次订货，仍须向代理人支付佣金，如果代理合同规定了期限，则代理人在期满终止合同后不能对再次订货要求佣金。

2. 偿还代理人因履行代理义务而产生的费用和遭受的损失

代理人因履行代理义务而产生的各种费用，部分属于正常业务开支，除合同另有规定外，代理人一般不能要求本人偿还。但是有些费用是代理人为本人完成了特殊业务或提供特殊劳务而支出的费用或遭受的损失，对此代理人有权请求本人补偿。美国《法律重述·代理（第二次）》第439条对本人的补偿义务作了非常详细的规定，对相关立法的借鉴意义很大。

3. 让代理人查核其账目

本人有义务让代理人查核其有关账册主要是大陆法国家的规定，考虑到国际代理商多以代理为职业，以收取佣金为其营业收入的来源，为保护其利益，应为本人设定此项义务，这是一项强制性规定，双方当事人不得在代理合同中事先加以排除或限定。

二、本人及代理人与第三人之间的关系

代理的外部关系是本人、代理人与第三人的关系，既有代理人同第三人的关系，也有本人同第三人的关系，从第三人的角度看，关键在于他是同代理人还是同本人订立的合同，即与之订立合同的另一方当事人究竟是代理人还是本人。

（一）大陆法

在确定第三人究竟是同代理人还是同本人订立的合同的问题上，大陆法系采取的标准是名义标准，看代理人是以本人的名义同第三人订立合同，还是以个人的名义同第三人订立合同。如果代理人以代理人身份为代理行为（指出或不指出本人名称均可），显露出他作为代理人为法律行为的意图，或者当时的客观环境已表明了此项意图，则其行为所产生的权利义务直接归属于本人，由本人直接对第三人负责；如果代理人以自己的个人身份为代理行为，无论事先是否得到本人

授权，这个合同都将被认为是代理人与第三人之间的合同，只不过日后代理人可以将权利和义务通过另外一个合同移转于本人。这种标准使大陆法学说上产生了直接代理与间接代理的区别。在大陆法国家，直接代理也称商业代理，间接代理主要是指掮客或佣金代理人，还包括既对承运人承担个人责任同时又是其本人的代理人的运输代理人等情况。

（二）英美法

与大陆法不同，英美法系国家没有直接代理和间接代理的概念，较早地形成了单一而全面的代理理念，其考虑的不是代理人是以本人的名义还是以自己的名义行为，而是考虑对第三人来说，代理人和本人究竟谁应对合同承担直接的法律责任，即所谓的义务（责任）标准。依此标准，英美法系探讨本人、代理人与第三人的关系时，区分三种不同情况。

1. 代理人指出本人姓名的代理

如果代理人既公开本人的存在又公开其姓名，合同自然就是本人与第三人之间的合同，本人应对合同负责，代理人在订立合同之后退居合同关系之外，既不能从合同中取得权利，也不对合同承担义务。另外，存在以下例外情况：（1）汇票，如果代理人以自己的名字在汇票上签了字却没有注明他是某一被指名的人的代表，他就要对汇票承担个人责任；（2）签字蜡封式合同，如果代理人以自己的名字在签字蜡封式合同上签名，他就要承担合同责任；（3）第三人主张，如果第三人主张代理人在缔约前承诺担负一定责任而代理人同意，代理人即应与本人共同负责。

2. 代理人表示代理关系存在，未指出本人姓名的代理

如果代理人在同第三人订立合同时表明他是代理人，但没有指出他为之代理的本人的姓名，这种情况下，合同被认定为本人与第三人之间的合同，本人要对合同承担责任，代理人不需要承担个人责任。如前所述，在英国判例中，除非以清楚的方式表明其代理人的身份，如"买方代理人"或"卖方代理人"，否则即使在信封抬头处加列"经纪人"等字样，也不足以排除代理人的个人责任。

3. 代理人不披露代理关系的存在的代理

在英美法上，代理人不公开其代理人身份而以自己的名义与第三人为交易行为的情况，称为不披露本人的代理，在这种情况下，代理人一般要把自己置于当事人的地位，就其行为向第三人负责。同时英美法也赋予这种代理以双重法律效果：一方面，该代理人应以当事人的身份对第三人负责；另一方面，该代理行为

对不公开的本人和该第三人也发生附条件的效果：

（1）不公开的本人拥有一种以其名义并为自身利益收回由代理人订立的合同的介入权（Right of Intervention）。即他有权介入合同并直接对第三人行使请求权或在必要时向第三人起诉，从而直接同第三人发生合同法律关系，而无须经过代理人的权利转移过程。行使介入权时必须符合如下几个条件：a. 代理人签订该合同必须得到了本人的授权；b. 如果第三人可以证明他实际上是只想与代理人订立合同，则不公开的本人就不能介入该合同。

（2）第三人在订立合同之后如发现了本人的存在，就拥有选择权（Right of Election）。他可以选择代理人或本人履行合同，可以对其中任何一方起诉，一旦做出选择即不可变更。也就是说至于是本人还是代理人承担与第三人签订的合同的责任取决于第三人的选择权。

比较两大法系的不同做法可以发现，就国际代理而言，英美法系的做法更为可取。由于国际代理多为商事代理，本人和第三人希望通过代理行为获取合同利益，代理人则主要想得到报酬，一定条件下，赋予不公开的本人以介入权，承认第三人的选择权，既保障了本人适当时机下介入交易的利益，又维护了第三人选择履约对象的自由，同时利用代理人的能力简化了交易手续，使交易过程更加专业和流畅。基于此种考虑，国际统一私法协会起草的《国际货物销售代理公约》也吸收了这一规定进行了立法。

第五节 中国的外贸代理制度

一、我国的代理法律制度

（一）我国代理法的历史发展

在中国，代理作为私法范畴的制度与其他一些法律一样，并不能追溯到很远。我国古代的法律制度具有诸法合体、重刑轻民的特点，民商法制度很不健全，没有为代理法的发展留下很大的空间。从历史的线索梳理一下我国的代理法律立法可以发现，中国法律中最早规定代理的是清朝末年（1907～1911年）起草的《大清民律草案》，其中第213～242条是关于代理的规定，但未及公布就随清朝覆亡。后来国民党政府于1928～1931年制定的民法典中也有代理的规定，继受了《德国民法典》的相关内容。这一时期，受社会经济条件所限，毋庸谈国际商事代理的发展，即使是一般代理法律制度也并不发达。

新中国成立后，我国陆续颁布了一些民事法规，但都忽略了代理法律制度的发展，直到20世纪80年代初，直接关于代理的法律规范仍然不多。可以说党的十一届三中全会迎来了代理制度立法的春天，随着我国改革开放政策的制定和实施，社会主义法制建设逐步走上正轨，各项民事代理制度随之确立。例如，1981年制订的《经济合同法》（已废止）及与其配套的1984年《工矿产品购销合同条例》（已废止）、1982年颁布的《民事诉讼法》（试行）（已废止）①、1984年颁布的《专利法》②，以及自1985年起施行的《涉外经济合同法》（已废止）等法律法规和最高人民法院的有关司法解释中都含有一些有关委托代理、诉讼代理、专利代理和涉外代理的法律规范，当然这些规定还处于简单、零散、不系统的初级立法阶段。

1986年4月，具有"准民法典"性质的《民法通则》（已废止，下同）公布，其中第4章第2节（第63～70条）较为集中地规定了代理制度的原则和法律规范，标志着我国代理法律制度的发展进入了一个新的时期，也意味着以《民法通则》为主，以其他配套法规和司法解释中的相关规定为辅的中国代理制度的基本框架开始确立。

1990年，国务院外贸体制改革的文件中提出"从建立自负盈亏机制入手"推行代理制的道路。1993年中共中央第十四届三中全会通过的《关于建立社会主义市场经济体制的决定》再次把推行代理制作为外贸体制改革的主要内容。党的十五大报告明确提出将完善外贸代理制作为深化对外经济贸易体制改革的主要内容："深化对外经济贸易体制改革，完善代理制，扩大企业外贸经营权，形成平等竞争的政策环境。"

在国家政策的引导下，自20世纪90年代以来，随着我国社会主义市场经济体制的确立和经济改革的纵深发展，进出口代理、广告代理、销售代理、运输代理、仓储代理、证券代理、保险代理等业务在社会主义市场经济建设中发挥了重要作用，取得了前所未有的迅猛发展。我国代理业务的日趋繁荣一方面肯定了以往代理法律制度对经济的促进作用，另一方面也预示着发展和完善代理制度法律

---

① 2022年1月1日，《中华人民共和国民事诉讼法》施行。
② 《专利法》经过1992年、2000年、2008年和2020年共四次修正。

体系成为我国立法和司法界所面临的一项紧迫任务。

（二）《民法典》的相关规定

《民法典》第七章分设三节规定了代理的一般性原则和内容，其中第一节是一般性规定，第二节是委托代理，第三节是代理终止。根据《民法典》第161条的规定："民事主体可以通过代理人实施民事法律行为。"《民法典》第163条规定了代理权产生的两种原因：按照被代理人的委托，委托代理人行使代理权；依照法律的规定，法定代理人行使代理权。《民法典》第164条规定代理人不履行或者不完全履行职责，以及代理人和第三人恶意串通造成被代理人损害所要承担的责任。《民法典》第171条规定了无权代理："行为人没有代理权、超越代理权或者代理权终止后，仍然实施代理行为，未经被代理人追认的，对被代理人不发生效力。"关于代理的终止，《民法典》第173条列举了五种委托代理终止的情形，第175条列举了四种法定代理终止的情形。这些规定确立了我国处理代理关系的基本原则。

知识链接：《民法典》第一编总则——第七章代理的相关规定

知识链接："民商合一"思想指导下我国"职务代理"
规则的体系构建

二、我国的外贸代理制度

外贸代理制设立的目的在于调整委托单位、外贸公司与外商之间进出口代理业务中的权利和义务关系。所谓外贸代理制度是指有外贸经营权的公司、企业，根据无外贸经营权的公司、企事业单位及个人的委托，办理涉及经济贸易合同的订立及履行事宜，并收取一定的手续费，交易的盈亏由委托人承担的制度。

（一）外贸代理制的法律依据

最早对外贸代理制的基本内容做出规定的规范性文件是国务院〔1984〕122

号文批转的《对外经济贸易部关于外贸体制改革意见的报告》，作为政策性文件，它对我国外贸代理制的表述侧重于对我国外贸代理实践的认可，而未能揭示出这一制度的法律特征。外经贸部1991年发布的《关于对外贸易代理制的暂行规定》（以下简称《暂行规定》）第一次对我国外贸代理制做出了系统的法律规定，该《暂行规定》突破了《民法通则》仅适用于直接代理的做法发展了我国的代理理论，对于推行外贸代理制起到了一定的积极作用。而1994年5月12日第八届全国人民代表大会常务委员会第七次会议通过的外贸领域的基本法《对外贸易法》确认了外贸代理制的合法存在，解决了《暂行规定》效力上缺陷的问题，该法作为一部带有"公法"性质的贸易管制法，其原则性规定并没有为我国的外贸代理制构架起一个完整的法律体系，由于该法出台比较匆忙，规定过于概括、简单，仍未解决《民法通则》与《暂行规定》中的冲突与矛盾，并且本身也构成了与《民法通则》的冲突，因此并没有改变代理在法律适用上混乱的状态。近年来，随着对外贸易的不断发展，尤其是我国加入了WTO之后，为履行我国入世承诺，将世贸组织规则和我国有关承诺转化为国内法的需要，使我国充分享受世贸组织成员权利，进一步参与国际贸易竞争，适应对外贸易发展的新情况、新变化，2004年4月6日第十届全国人民代表大会常务委员会第八次会议修订了《对外贸易法》，重新规定了对外贸易经营者的范围和准入制度，计划经济背景下由于外贸经营权垄断而形成的传统外贸代理制彻底得到改变。同时，经过2016年和2022年两次的修订，《中华人民共和国对外贸易法》2022年修正版本问世，我国的外贸代理制度开始全面走向法治道路。

在《民法典》颁布之前，除了《民法通则》、《合同法》（已废止）和有关代理制度的司法解释《最高人民法院关于贯彻执行〈民法通则〉若干问题的意见》（试行）（已废止）等一系列规范外贸代理的基本法律以外，一些专门性立法和政策的出台与上述法律规范一起形成了外贸代理的法律制度框架。而《民法典》第162条仅规定了直接代理，并不能直接适用于外贸代理制，针对这种情况，《民法典》第925条规定："受托人以自己的名义，在委托人的授权范围内与第三人订立的合同，第三人在订立合同时知道受托人与委托人之间的代理关系的，该合同直接约束委托人和第三人；但是，有确切证据证明该合同只约束受托人和第三人的除外。"该条款适用于外贸公司接受委托后，必须以自己名义而不能以委托人名义与外商签订进出口合同的情况。同时《民法典》第926条的相关规定，也借鉴了英美法中未被披露本人的代理的法律制度，规定了第三人选择权和被代理人抗辩权的相关内容，都是外贸代理关系的重要法律依据。

（二）外贸代理制的主要做法

我国外贸公司在运用外贸代理制度时，一般采取如下做法：

1. 代理出口

外贸公司接受国内供货部门的委托，以外贸公司的名义作为卖方，同国外买家签订出口合同，收取事先约定的佣金。在出口代理的过程中，外贸公司是以自身的名义而非被代理人，即供货部门的名义签订出口合同的，所以是一种间接代理形式，外贸公司必须对出口合同承担责任。如果国内供货部门未能按时、按质并按量地提供货源，致使外贸公司不能履行其对外签订的出口合同，外贸公司仍要对外承担责任。在外贸公司承担了相应的赔偿责任之后，只能根据和国内供货部门的代理合同约定的内容解决后者的违约问题。

2. 代理进口

外贸公司接受国内用货部门的委托，以外贸公司的名义作为买方，同国外卖家签订进口合同，收取事先约定的佣金。在进口代理的过程中，外贸公司是以自身的名义而非被代理人，即买货部门的名义签订进口合同的，所以也是一种间接代理形式，外贸公司作为买卖合同中的买方必须对进口合同承担责任。如果国内用货部门违约，例如，无理拒付进口货款或者丧失偿付能力，致使外贸公司不能履行其对外签订的进口合同，外贸公司仍要对外承担责任。同样的，在外贸公司承担了相应的赔偿责任之后，只能根据和国内用货部门的代理合同约定的内容解决后者的违约问题。

（三）我国外贸代理法律制度的完善

纵观我国的外贸代理立法，在沿袭大陆法的传统的基础上，借鉴了大量英美法代理的制度，远非个别法规所能承载，应以《民法典》和《对外贸易法》为基础，不断吸收其他国家有关代理立法的合理因素，建立既符合国际主流代理规则又与我国国情相适应的外贸代理法律制度。建议可以在民法典的逐步优化中考虑借鉴《国际货物销售代理公约》的做法[①]，保留直接代理和间接代理的称谓，进一步在司法实践和商贸实务中发挥委托人的介入权和第三人的选择权制度对于平衡双方当事人的权利义务的作用，确定行纪合同、委托合同和中介的界限，积极推动我国加入有关国际贸易代理的公约，制订更具指导性和可操作性的外贸代理实施细则。

---

① 参见《国际销售合同代理公约》第13条。

云思政：后疫情时代下中国国际货运代理企业的运营策略变化

 复习思考题

一、简答题

1. 简述代理的概念和特征。

2. 简述大陆法系和英美法系对代理的分类有何不同。

3. 简述大陆法系和英美法系对代理的外部关系的规定有何不同。

4. 当代理人未披露被代理人的存在，而以自己的名义订立合同时，其法律后果在两大法系有何差异。

5. 简述我国外贸代理制度主要的现行法律依据。

二、案例分析

张某系甲商贸公司员工，曾长期代表甲商贸公司充当采购员与乙家电生产厂家进行购销家电活动。2023 年 3 月，张某因严重违反公司的规章制度被甲商贸公司开除。但是，甲商贸公司并未收回给张某开出的仍然有效的介绍信和授权委托书。张某凭此介绍信以甲公司的名义又与乙家电厂家签订了 10 万元的家电购买合同，并约定在交货后一个月内付款。乙家电厂家在与张某签订合同时，并未得知张某已被开除一事。乙家电厂家在向张某交货一个月后，张某仍未付款，也不知其下落。乙家电厂家于是向甲商贸公司要求支付 10 万元货款，甲商贸公司以张某已被开除与其无关为由拒绝支付，双方发生争执。

问题：

（1）张某的行为属于什么性质的行为？

（2）甲商贸公司是否应承担支付货款的责任？

案例题答案

第九章

国际贸易支付法

 学习目标

【知识目标】

（1）了解票据的概念与种类。

（2）了解票据的作用与法律特点。

（3）掌握票据法律关系、票据权利及票据行为。

（4）了解票据法律体系、票据的英美法体系和日内瓦公约体系。

（5）掌握汇付、托收、信用证、银行保理等国际贸易支付方式的特点、流程及风险。

【能力目标】

（1）培养学生运用所学的票据法基本知识分析、解决国际商事活动中关于票据的纠纷和矛盾的能力。

（2）培养学生掌握各种国际贸易支付方式，提升识别和评估国际贸易支付风险、降低交易不确定性、预防与解决争议的能力，培养兼具中国情怀与国际视野的全球通用法律人才。

【思政目标】

（1）培养学生具有在商事交易实践中依照各国的法律规范正确使用票据的能力。同时，具备正确的世界观、人生观和价值观，做到学思用贯通、知信行统一。

（2）帮助学生了解国家战略方针、行业政策，引导学生深入社会实践，关注现实问题，培养学生树立开放、共享、合作的发展理念，拥有爱国主义情怀和爱岗敬业的职业精神。

【关键术语】 票据　票据行为　信用证　银行保理　信用证诈骗

引导案例

A 销售公司与 L 物资公司签发了一份买卖合同，约定由 A 销售公司向 L 物资公司供应 A 系列产品，供货总值 1 亿元人民币，结算方式为银行承兑汇票。为此，L 物资公司与 Z 中行签订了承兑契约，约定由 Z 中行对以 L 物资公司为出票人，A 销售公司为收款人的 20 张，每张金额为 500 万元的商业汇票进行承兑，承兑申请人 L 物资公司应于汇票到期 7 日前将应付票款足额交付承兑银行 Z 中行，如到期日之前承兑申请人不能足额交付票款，承兑银行对不足支付部分的票款转作逾期贷款。同日，L 物资公司、Z 中行、A 销售公司及 B 电器公司四方签订了一份银行承兑保证协议，约定 A 销售公司和 B 电器公司为 Z 中行与 L 物资公司签订的银行承兑契约承担连带保证责任，如 L 物资公司违约，Z 中行有权直接向保证人追偿，如保证人未代为清偿到期债务，Z 中行有权委托保证人的开户银行直接扣收其账户中的存款或直接扣收保证人的其他财产权利。协议签订后，Z 中行如约对 20 张汇票进行了承兑。同年 9 月 5 日和 9 月 10 日，A 销售公司因未足额供货而将其中 11 张共计 5500 万元的汇票分两次退回给 Z 中行。之后于汇票到期日将其余的 9 张共计 4500 万元汇票委托其开户银行向 Z 中行提示付款，Z 中行以"出票人 L 物资公司未将票款交付我行，A 销售公司应承担保证责任"为由拒付票款，同时将汇票扣留并出具了拒付证明。①

请分析本案中相关主体间的法律关系。

引导案例分析

第一节 票据与票据法

一、票据的概念、种类与作用

（一）票据的概念

票据有广义和狭义之分。广义的票据是指以证明或设定权利为目的所使用的

---

① 李天顺：《青岛澳柯玛集团销售公司与中国银行利津支行票据兑付纠纷上诉案》，中华人民共和国最高人民法院公报网，2000 年 5 月 31 日，http://gongbao.court.gov.cn/Details/7d3fe19931cd03684a4f2c299e754a.html。

各种凭证，如股票、债券、发票、提单、汇票、本票和支票等各种有价证券。狭义的票据，又称流通证券（Negotiable Instrument），是指票据法上规定的票据，即出票人依法签发的，由自己或委托他人无条件支付一定金额的有价证券。本章内所指的票据系狭义的票据。票据的全部权利通过票据的交付或背书而合法转让，善意的受让人享有票据上的全部权利，不受其前手的权利瑕疵的影响。

（二）票据的种类

关于票据的种类，各国法律的规定不尽相同。法国法和德国法均规定，票据仅包括汇票和本票两种，不包括支票。英国《票据法》则规定，汇票与本票均属票据，将支票定义为以银行为付款人的汇票，归入汇票范畴。美国《统一商法典》规定的可流通的票据包括汇票、本票、支票和存款凭证四种。日本《商法典》和我国《票据法》[①] 都规定，票据包括汇票、本票和支票三种。

1. 汇票（Bills of Exchange）

（1）汇票的概念。

汇票是出票人签发的，委托付款人在见票时或者在指定日期无条件支付确定的金额给收款人或者执票人的票据。在国际贸易结算中，通常都是由卖方作为出票人，开立以买方为付款人的汇票，指定以卖方本人或与其有来往的银行作为收款人，通过汇票的转移代替现金的运送从而实现货款的结算。

（2）汇票的基本当事人。

汇票的基本当事人有出票人、付款人和受款人。出票人（Drawer）是出具汇票并交付汇票的人。不同性质的汇票，出票人不同。商业汇票的出票人通常是出口人（卖方，债权人），银行汇票的出票人是银行。付款人（Payer）是接受汇票支付命令的人，又称为受票人（Drawee）。在商业汇票的情况下，受票人通常是进口人（买方，债务人）或其指定银行。而在银行汇票的情况下，受票人通常是银行。受款人（Payee）是受领汇票金额的人，又称收款人，是汇票的债权人，通常是卖方或其指定的人或任何持有票据的人。受款人在实务中有限制性抬头和指示性抬头等表示方法。

（3）汇票的种类。

依流通领域不同，可分为国内汇票和国际汇票。

依据付款的时间不同，可将汇票分为即期汇票和远期汇票。即期汇票指规定

---

① 《中华人民共和国票据法》第 2 条。

在执票人提示时或于付款人见票时应立即付款的汇票；远期汇票指汇票上记载了付款人于将来一定日期或特定日期付款的汇票。

依出票时是否附有单据可将汇票分为光票和跟单汇票。光票指出具汇票时未附有提单等货运单据的汇票。光票的流通完全依靠"人"的信用，即完全凭出票人、付款人或背书人的资信。银行汇票多为光票。跟单汇票指出具汇票时带有提单、保险单、发票等货运单据的汇票。跟单汇票除要求有人的信用外，还有物的保证。商业汇票一般多为跟单汇票。

依出票人的不同可将汇票分为银行汇票和商业汇票。银行汇票指由银行作为出票人的汇票；商业汇票指由工商企业或个人作为出票人的汇票。

在远期汇票中，依汇票承兑人的不同，又可以分为银行承兑汇票和商业承兑汇票。

2. 本票（Promissory Note）

本票是指出票人约定其本人于见票日或到期日，向受款人或其指定人支付一定金额的无条件支付凭证。本票有两方基本当事人，即出票人和受款人，本票的出票人和付款人是同一个人，本票的信用是建立在受款人对出票人的信任的基础上，没有第三者的任何担保。因此，在国际贸易中，卖方为了避免商业风险，通常不愿意接受本票。

本票与汇票的区别主要有以下几点：

（1）付款人的不同。汇票通常是委托他人付款，必须载明付款人的姓名；本票是自己付款，出票人本身就是付款人，无须记载付款人的姓名。

（2）承担付款义务的主体不同。汇票在承兑前，由出票人负第一性付款义务，经过承兑后，承兑人负第一性付款义务，出票人负第二性付款义务；本票则不同，本票的出票人始终负第一性付款义务，执票人无须办理承兑手续。

（3）票据行为不同。汇票有承兑提示、承兑等；而本票因为是出票人自己付款，所以不存在执票人提示承兑，也无须出票人承兑。

（4）付款时间不同。汇票有远期、即期之分，付款时间的确定有多种形式；而本票，根据我国票据法的规定，只有即期本票，无远期本票。

但本票与汇票有许多共同之处。票据法中有关本票的出票、背书、付款、拒绝证书以及追索权等规定，基本都与汇票相同。因此，很多国家的票据法（特别是英美法系国家）都以汇票为中心，而对本票则除有几条特别规定外，其余事项均参照汇票的有关规定。

3. 支票（Check）

支票是指出票人委托银行见票时向受票人无条件支付票面金额的支付凭证。支票主要具有以下三个特点：

（1）支票是见票即付的票据。支票，其职能主要是在日常生活中代替现金支付，需要随时兑付，因此法律强调其只能"见票"支付。

（2）支票的付款人有资格限制。支票的付款人一般为银行或其他法定金融机构。

（3）支票可以不记载收款人，而推定执票人为票据权利人，并授权执票人自行补记。这一规则有利于支票的流通和使用。

支票的基本当事人是出票人、付款人（银行）和受款人。支票的受款人须在出票人的存款银行支取货款，而国际贸易中的买卖双方分处不同的国家，以此种方式支取货款比较困难，因此支票在国际贸易支付中的使用也是有限的。

（三）票据的作用

票据作为经济贸易活动中的重要流通工具，在经贸活动中具有多种作用：

1. 票据具有信用和融资作用。

远期商业汇票的出票人实际为付款人提供了信用，承兑人通过承兑汇票向执票人做出了担保，而票据贴现人相信票据债务人的信用才会贴现票据。银行或金融机构愿意对某未到期票据的持有人凭票据做质押贷款，这是因为他们相信该票据债务人的信用。一般情况下，出票人、承兑人或背书人的信用越好，票据所含的信用就越高。另外，票据可以通过背书转让得以流通。背书签名的人越多，对票据负责的人就越多，即提供信用的人越多，因此，票据所含的信用也可能越高。

2. 票据具有支付和结算作用

和现金支付相比，在单边支付中采用票据支付可以避免运送、清点现金以及误收假币等麻烦和风险。这在国际贸易结算中尤为明显，因为国际贸易涉及的金额往往都比较大。由于票据出票人是票据付款人的债权人，票据收款人又可以是出票人的债权人。因此，出票人可以通过票据抵消三方在两个基础合同下的债权债务关系，收款人也可以通过转让票据来实施支付。所以，票据可以用以实施多边支付和结算，而且这种多边支付作用随着票据的流通转让更加明显。付款人的付款将使得票据下所有债务人的债务得以清偿。利用票据还可以很方便地进行汇兑来实施支付或划款。汇款人如需汇款，可以通过邮寄银行汇票得以实现。银行间也可以通过邮寄票据来实现资金的划拨转移。①

3. 票据具有流通作用

除非出票时添加了限制转让的记载，合格的票据可以经背书转让流通，按某些国外的票据法，票据也可以做成凭证交付转让，这样，在票据到期之前，只要其信用含量很高，使用票据就几乎像使用大面额的钞票一样方便。

二、票据的法律特征

票据作为主要的国际贸易支付工具，有以下主要特征：②

（一）票据是流通证券

多数国家的立法都倾向于肯定和保护票据的流通性，它主要表现在：（1）规定票据可以自由转让，让与人或受让人不必通知债务人（付款人）就可以使受让人能以自己的名义对债务人行使权利。而民法上的债权（如合同权利）虽然一般亦可转让，但以通知债务人为转让生效的条件。（2）规定正当执票人享有优于前手的权利，而合同权利的受让人则不受此种保护，合同的无效或被撤销会导致受让人合同权利的无效或终止，债务人对让与人（原债权人）享有的抗辩权利对受让人照样有效。（3）受票人取得票据后，即取得票据的全部权利，他可以以自己的名义对票据上的出票人、承兑人或前手背书人起诉。

（二）票据是无因证券

票据是支付命令或承诺，出票人之所以做出这样的命令或承诺，一般是因为他与受款人之间另有法律关系存在，在该法律关系中他负有向受款人支付一定金额的义务，这一基础法律关系即票据的因，比如买卖合同关系。所谓票据的无因性，是指在票据当事人之间，其票据权利义务关系不受基础法律关系的影响，特别是基础法律关系的履行情况不影响票据的权利义务关系，票据关系完全以票据上的文字记载为准。现在国际上绝大多数国家的法律都把票据的基础法律关系与票据上的权利义务关系严格区分开来，将票据视为不要因的证券，以保护票据的流通性。

---

① 卓乃坚：《国际贸易支付与结算及其单证实务》，东华大学出版社 2017 年版，第 5 页。
② 张圣翠：《国际商法》，上海财经大学出版社 2023 年版，第 227 页。

（三）票据是要式证券

所谓要式，是指票据必须以书面做成，必须具备法律规定的格式，更重要的是必须记载法律规定的事项和内容。[①] 如果不符合这些形式上的要求，票据就无法产生法律效果。这是因为，票据作为一种流通证券，其权利和义务完全凭票据法上的文义来确定，如果票据上的记载事项不一致，或者对某些重要事项没有载明或记载不清，则当事人间的权利、义务就难以确定，票据的流通性也会因而受到影响。

（四）票据是有价证券

票据是无条件支付一定金额的有价证券，持票人对票据付款人或出票人享有付款请求权，即得到若干金钱而非其他物品或劳务。

（五）票据是设权证券

开立票据是设定一个权利，并非仅仅为了证明一个权利。相对而言，股票、债权就不具有这个特点，他们是证权证券，而非设权证券。

三、票据关系

（一）票据关系和票据基础关系

票据关系是指基于票据行为所产生的债权债务关系，即依票据享有权利的人与承担义务的人之间的关系，这是票据本身所固有的法律关系，主要有以下几种：（1）出票人与受款人之间的无因付款关系；（2）受款人与付款人之间的请求付款关系；（3）承兑人与执票人之间的担保承兑付款的关系；（4）因背书行为而产生的前手与后手之间的关系；（5）因担保行为而产生的保证人与执票人之间的关系。

在票据当事人之间还存在非票据关系，又称票据的基础关系，是指与票据行为密切相关，但在法律上不产生票据权利和义务的关系。票据基础关系主要包括

---

① 根据 1930 年日内瓦《关于汇票本票的统一法公约》第 1 条规定，汇票应包含下列内容：（1）"汇票"字样；（2）无条件支付一定金额的命令；（3）付款人的姓名；（4）付款日期的记载；（5）付款地的记载；（6）受款人或其指定人的姓名；（7）开立汇票的日期和地点的记载；（8）开立汇票的人的签名。

原因关系和资金关系。

1. 票据的原因关系

票据的原因是指当事人之间发行票据或转让票据的依据或缘由。各国票据法都认为，票据上的权利义务关系一经成立，即与原因关系相脱离，不受原因关系的影响。大陆法学者都把票据称为无因的证券，其目的是为了促进票据的流通。

但是，票据的原因关系与票据关系毕竟还是存在着某种联系，这在票据的直接当事人之间表现得更为明显。在这种情况下，原因关系就会对票据关系产生影响。这种情况称为原因关系与票据关系相牵连。

2. 票据的资金关系

票据的资金关系是指票据（汇票与支票）的付款人与出票人之间的资金补偿关系。目前，大多数国家的票据法都认为（法国除外），票据的资金关系应与票据关系相分离，不论出票人是否向付款人提供了资金，票据的效力都不受影响。

票据关系和非票据关系在法律上进行严格区分是当今各国通行的做法。票据上的权利和义务关系因票据行为而产生、变更和消灭，它们与票据的原因关系和资金关系无关，这些非票据关系无效并不会导致票据关系的无效。

（二）票据行为

1. 票据行为的概念和特征

票据行为是指当事人以发生票据权利义务为目的而依法设立、变更或消灭票据法律关系的行为。票据行为有广义和狭义之分。狭义的票据行为是指以发生票据上的债务为目的的行为，包括出票、背书、承兑、参加承兑、保证等。广义的票据行为除包括狭义的票据行为外，还包括付款、改写、涂销、保付、（支票的）划线、参加付款、见票等。票据法上通常采用狭义的票据行为，将其他行为称为"准票据行为"。

票据行为除了具备前述票据本身的法律特征外，还具有独立性的特征。即在同一票据上有多种票据行为同时存在时，各种票据行为依据各自在票据上所记载的文义内容，独立发生效力。一项票据行为无效，不影响其他票据行为的效力。

2. 主要的票据行为

汇票是国际贸易结算中主要支付工具，其应用最为广泛。以下以汇票为例介绍几种主要的票据行为：

（1）出票（Issue）。

出票，又称发票，是指出票人签发票据并将其交付给收款人的票据行为。出票行为包括制作票据和交付行为。出票行为一旦完成，出票人和执票人之间就产生了法律关系，出票人成为汇票的主债务人，其担保汇票得以承兑和付款。如果汇票得不到付款人的承兑或付款，出票人就可能受执票人追索而承担偿还债务的义务。收款人即执票人，是汇票的债权人，其享有的权利有：付款请求权，即执票人向付款人提示票据要求付款的权利；追索权，即在付款人拒绝承兑或付款时，执票人可以向出票人追索，要求清偿债务。

（2）背书（Endorsement）。

汇票的背书，就是执票人为将票据权利转让给他人或者将一定的票据权利授予他人而行使的，在汇票的背面或者粘单上记载有关事项并签章，① 并把汇票交给被背书人的行为。在汇票背面签名的人是背书人（endorser），接受经过背书的汇票的人是被背书人（endorsee）。

背书的效力主要有两方面，对于背书人来说，除限制性背书和免受追索背书外，合法有效的背书使其成为票据的从债务人，须对包括被背书人在内的所有后手保证该汇票将得到承兑或付款。对于被背书人来说，背书使其取得了背书人对票据的一切权利。

（3）提示（Presentment）。

汇票的提示是指执票人向付款人出示汇票，请求其承兑或付款的行为。这是执票人为行使和保全其票据权利所必须做的一种行为。提示可以分为承兑提示和付款提示。远期汇票应先做承兑提示，然后再在汇票到期日时做付款提示。即期汇票只须做付款提示而不必做承兑提示。汇票提示必须在法定期限内进行。② 如果执票人不在规定的期限内做出承兑提示或付款提示，就将丧失对前手背书人和出票人的追索权。但是执票人仍有权在一定期限内，向法院起诉要求承兑人付款。提示还应当在规定的地点进行，即执票人应在票据上指定的地点向付款人提示票据。如果票据上未指定地点，那么应在付款人营业场所提示。如果没有营业场所，那么应在其住所提示。

（4）承兑（Acceptance）。

承兑是指汇票付款人承诺在远期汇票到期日无条件支付汇票金额的票据行为。付款人承兑必须具备两层含义：一是承兑意思，即同意到期支付汇票金额的

---

① 《中华人民共和国票据法》第 30 条规定"汇票以背书转让或者以背书将一定的汇票权利授予他人行使时，必须记载被背书人名称"。

② 期限的长短各国规定不同，1930 年日内瓦《关于汇票本票的统一法公约》规定为 1 年，英美法没有具体规定，但要求须在"合理时间"内提示。

意思；二是承兑行为，即将承兑意思记载在票据上的行为。

承兑是汇票特有的行为。出票人出票时虽有记载付款人，但并不能使付款人负有绝对付款的义务，只有经承兑后，付款人才表明自己愿意承担绝对付款的义务。未经承兑的汇票，付款人拒绝付款的，执票人只能向其前手和出票人等债务人追索，而不能追究付款人的票据责任。如果付款人与出票人有委托付款等原因关系的，只能由出票人来追究付款人违约责任。要求付款人承兑，是执票人的一项权利，既然是权利，就可以不行使。但是有些汇票，票据法规定执票人必须向付款人提示承兑，如见票后定日付款的汇票、汇票上载明必须提示承兑的汇票、规定须在付款人营业地或住所地以外的其他地点付款的汇票。承兑的作用在于确定付款人对汇票金额的付款义务。在汇票被付款人承兑之前，汇票的债务人是出票人而不是付款人，但付款人一旦承兑了汇票之后，付款人就成为承兑人，并成为汇票的主债务人，而出票人和其他背书人则居于从债务人的地位。如果付款人拒绝承兑，执票人即可向其前手和出票人行使追索权，而不必等到汇票到期日向付款人提示付款而遭拒付时。此外，对于见票后定期付款的汇票，承兑日确定了到期日的起算点，即在承兑日期后经过一定期限为到期日。

（5）付款（Payment）。

汇票的付款是指汇票的付款人（或其代理人）在汇票的到期日向执票人（或其代理人）支付汇票金额，以消灭票据关系的行为。汇票一旦由付款人按票面金额全部付清后，汇票上的债权债务关系即告消灭。汇票付款后，付款人可依据其与出票人间的原因关系、资金关系进行追偿或资金划拨，但这属于民法上的权利、义务，不属于票据权利、义务。上述付款具有解除债务的效力，需要满足前提条件，即付款为有效付款。付款人必须审慎审查背书的连续性和收款人的身份证明，若因付款人疏忽，造成错付的，付款人应对合法票据权利人承担责任。

（6）拒付（Dishonor）。

汇票的拒付，也称退票，指付款人拒绝承兑汇票或支付汇票金额。拒付包括拒绝承兑和拒绝付款两种情况，不仅包括付款人明确表示拒绝承兑和付款，也包括付款人逃避、死亡或破产，因为在这些情况下，执票人已经不可能得到汇票上的金额，实际上等于拒付。汇票拒付必须做出拒付证书①或退票理由书，这是执票人行使追索权的权利证明。

---

① 拒付证书是由付款地的公证人或法院或银行公会等做出的，证明付款人拒付的书面文件。

（7）追索（Recourse）。

汇票追索，指在遭拒付时，执票人向出票人以及背书人请求偿还汇票上记载的金额的行为。执票人在行使追索权时应当具备以下一些条件：首先，确实发生拒付的情形；其次，已在法定期限向付款人作承兑或者付款提示，但由于付款人或承兑人死亡、逃避、宣告破产或其他原因，使执票人无法向其提示的除外；再次，必须在汇票遭到拒付后的法定期间内取得拒绝证书；最后，必须在汇票遭到拒付后的法定期限内将拒付的事实通知其前手。被追索的对象有背书人、承兑人、出票人和其他债务人，因为他们对执票人负有连带偿付责任。执票人可以不按背书顺序，越过其前手，向任何一个债务人行使追索权。被追索的债务人清偿票据后，即取得执票人的权利，可以再对其他债务人行使追索权。

（8）保证（Guarantee）。

汇票的保证是指汇票债务人以外的第三人为担保票据债务的履行所做的一种附属票据行为。保证的目的在于提高票据的信用程度，减少票据的风险性，以保证票据流通的顺利进行。保证人履行保证责任，清偿票据并取得汇票后，可以行使执票人对承兑人、被保证人和他的前手的追索权。

（9）汇票的贴现（Discount）。

汇票贴现是指在商业汇票未到期前，为了取得资金，执票人贴付一定利息将票据权利卖给银行，取得现款的票据行为。银行或贴现公司（融资公司）买入这些未到期汇票，按票面金额扣除贴现日以后的利息后付给现款，到票据到期时再向出票人收款。汇票贴现，对执票人来说，贴现是票据变现，这样可提前收回垫支于商业信用的资本，而对银行或贴现公司来说，贴现是与商业信用结合的放款业务。银行或贴现公司是否愿意接受票据贴现，主要是看票据债务人信用的高低。

（三）票据权利

1. 票据权利的概念和特征

票据权利是指执票人向票据债务人请求支付票据金额的权利，包括付款请求权和追索权。票据权利具有以下法律特征：

（1）票据权利是证券性权利和完全的金钱债权。作为证券性权利票据，其体现的权利和作为证券的票据是合二为一的，只有取得证券，才能取得票据权利。所谓票据权利是完全的金钱债权，是指票据的执票人仅能请求票据债务人给付票面金额，而无其他请求权，同时，执票人实现票据权利不负任何对价义务，票据的债务人单方面负担无对价的给付义务。

（2）票据权利是单一性权利。即就同一票据而言，不可能有两个以上的所有人同时占有同一票据。

（3）票据权利具有确定性。即票据上的票据种类、金额、支付日期和收款人一旦由出票人依法确定，就不得更改。

（4）票据权利是二次性权利。票据权利人可首先对主债务人行使付款请求权，如未获付款，则可以向其他债务人行使追索权，追索权为票据的第二次权利。

（5）票据权利是只能对票据行为关系人行使的权利。

2. 票据权利的取得

（1）取得票据权利的方式。

票据权利以占有票据为前提。取得票据权利的方式有以下几种：①原始取得。它包括：依出票行为取得票据；善意受让取得，即出票人从无处分权人那里善意取得票据。②继受取得。是指受让人从票据权利人手中以法定方式取得票据。它包括：第一，因票据权利人背书转让或无记名票据的交付票据而继受取得票据权利。第二，依票据法以外的原因，如公司合并或分立、税收、继承或赠与等行为受让票据取得。第三，票据债务人因被追索偿还票据金额，取得票据后，继受取得票据权利。

（2）取得票据的原则。

取得票据应遵守以下原则：第一，票据的签发、取得和转让应当遵循诚实信用的原则，具有真实的交易关系和债权债务关系。第二，票据的取得必须给付对价。第三，因税收、继承、赠与可以依法无偿取得票据的，不受给付对价的限制。但是所享有的票据权利不得优于其前手的权利。第四，以欺诈、偷盗或者胁迫等手段取得票据的，或者明知有前列情形，出于恶意取得票据的，不得享有票据权利。[①] 执票人因重大过失取得不符合法律规定的票据的，也不得享有票据权利。

3. 票据权利的行使和保全

票据权利的行使是指票据权利人向票据债务人提示票据并请求其履行票据债务的行为。票据权利的保全是指票据权利人为防止票据权利的丧失而为的一切行为。

---

① 参见《中华人民共和国票据法》第 10 条至第 12 条。

票据权利的行使和保全方法有三：第一，按期提示。是指票据权利人依票据法规定的期限向票据债务人出示票据，请求其履行票据债务；第二，做成拒绝证书。是指为了证明出票人曾依法行使票据权利而遭拒绝或者根本无法行使权利，由法定机关制作的一种公证书；第三，时效中断。如当事人一方起诉，导致票据时效的中断。票据权利行使和保全的时间和地点，根据我国《票据法》第 16 条的规定，应当在票据当事人的营业场所和营业时间内进行，票据当事人无营业场所的，应当在其住所进行。

4. 票据权利的消灭

票据权利的消灭包括以下事由：（1）付款。（2）被追索人清偿票据债务及追索费用。（3）因票据时效期间届满而消灭。（4）保全手续欠缺。（5）票据记载事项欠缺。我国《票据法》第 18 条规定，执票人因超过票据权利时效或者因票据记载事项欠缺而丧失票据权利的，仍享有民事权利，可以请求出票人或者承兑人返还其与未支付的票据金额相当的利益。

5. 票据权利的时效

票据权利的时效指的是票据权利实体存在的时限，即超过时效意味着票据权利在实体上的消灭。需注意的是，不可将票据时效与票据行为行使期限混淆。超过票据行为行使期限，票据仍有效，票据主债务人（或从债务人）仍不能免除付款责任，但票据执票人可能将丧失部分票据权利。比如，按我国《票据法》规定，汇票未在规定时限内提示承兑的，执票人丧失对前手的追索权。

（四）票据的伪造、变造、丧失和涂销

1. 票据的伪造和变造

票据的伪造是指行为人假冒他人名义或者虚构他人的名义而为票据行为的不法行为。票据的变造是指无更改权的人对票据上签章以外的记载事项加以变更的行为。关于票据的伪造和变造的法律责任，我国《票据法》第 14 条规定：伪造、变造票据上的签章和其他记载事项的，应当承担法律责任。票据上有伪造、变造的签章的，不影响票据上其他真实签章的效力。票据上其他记载事项被变造的，在变造之前签章的人，对原记载事项负责；在变造之后签章的人，对变造之后的记载事项负责；不能辨别是在票据被变造之前或者之后签章的，视同在变造之前签章。

2. 票据的更改和涂销

票据的更改是指票据的原记载人依照票据法的规定，改写票据上的记载事项的行为。我国《票据法》第 9 条做了如下规定：票据上的记载事项必须符合《票据法》的规定。票据金额、日期、收款人名称不得更改，更改的票据无效。对票据上的其他记载事项，原记载人可以更改，更改时应当由原记载人签章证明。票据的涂销是指有关当事人涂抹消除票据上的签名或其他记载事项的行为。我国《票据法》中未规定票据的涂销制度，在票据实务中，银行不允许票据上有涂销现象。

案例拓展：票据伪造的法律责任承担

（五）票据的抗辩和补救

1. 票据的抗辩

票据的抗辩是指票据的债务人依据票据法的规定，对票据债权人拒绝履行义务的行为。票据抗辩主要有两种：（1）物的抗辩。是指基于票据本身的内容（票据上记载的事项以及票据的性质）发生的事由而为的抗辩。这一抗辩可以对任何执票人或债务人提出，称为绝对抗辩或客观抗辩。（2）对人的抗辩。是指票据债务人对抗特定债权人的抗辩。主要是因债务人与特定的债权人之间的关系而发生的抗辩，因而只能向特定的债权人行使，故又称为相对抗辩或主观抗辩。票据的抗辩是有限制的，我国《票据法》第 13 条第 1 款规定，票据债务人不得以自己与出票人或者与执票人的前手之间的抗辩事由，对抗执票人。但是，执票人明知存在抗辩事由而取得票据的除外。

2. 票据丧失的补救

票据的丧失是指执票人并非出于自己的本意而丧失对票据的占有。在商事交易过程中，一旦发生票据遗失、被盗或灭失的情况，作为票据权利人，最重要的就是在失去票据后能够运用各种救济措施来保护自己的票据权利。通常使用的补救方法有：

（1）挂失支付，即请求付款人暂行停止支付，所以只有明确记载付款人或其代理人的票据才可挂失止付。在付款人或其代理人收到挂失止付通知前，已经依法向执票人付款的，不再接受挂失。

（2）公示催告，是指票据丧失以后，具有管辖权的法院根据失票人的申请，以公告的方法催促利害关系人在一定期限内申报权利，如果逾期不予申报，则丧失其票据权利的一种法律程序。公示催告程序只适用于可以背书转让的票据被盗、遗失或灭失的情况，其他票据或票据纠纷不能申请公示催告。

（3）票据诉讼，票据丧失后的诉讼被告一般是付款人，但在找不到付款人或付款人不能付款时，也可将其他票据债务人（出票人、背书人、保证人等）作为被告。诉讼请求的内容是要求付款人或其他票据债务人在票据的到期日或判决生效后支付或清偿票据金额。

四、票据的国际立法

世界各国都需要有关于票据的法律来调整票据当事人之间的债权债务关系，规范票据内容和票据行为。有的国家的票据法是单行法，如中国、英国、德国和日本等；有的国家的票据法则属于商法典的一部分，如法国、比利时和美国等；也有的国家将票据法合并在债务法典内。

（一）票据法的法系

欧洲大陆各国的票据制度于 17 世纪末开始陆续进入成文法时期。但由于受各国社会经济条件及文化传统的影响，各国票据法的内容和形式有很大的区别。在票据法方面，主要形成三大法系：法国法系、德国法系和英国法系。

1. 法国法系（又称拉丁法系）

法国的票据法历史最为悠久，早在 1673 年《法国商事条例》中就有关于票据的规定，后来经过修订编入 1807 年《法国商法典》内，作为该法典一章。法国票据法的主要特点有三个：（1）认为票据是代替现金输送的工具，对票据的这一作用规定得十分详尽，而对票据作为信用工具和流通手段的作用则考虑较少，规定也很简略。（2）认为票据关系与基础关系不能截然分离。（3）票据仅包括汇票和本票，而支票是另一种证券。

法国的票据法对欧洲大陆各国的票据法一度产生过重大的影响。欧洲各国的票据法许多都是仿效法国法来制定的。但随着时代的推移，商业的发达使法国票据法的某些原则已不能适应近代经济发展的要求。因此，一些原来仿效法国票据法的国家后来已舍弃法国的旧制度而采取德国的法例。

2. 德国法系（又称日耳曼法系）

《德国票据法》于 1871 年 4 月 16 日公布施行。德国票据的种类包括汇票与本票两种，《德国支票法》则于 1908 年另行制定。《德国票据法》注重票据的信用功能与流通功能。其主要特点是：（1）强调票据关系与基础关系相分离，使票据成为不要因的证券；（2）采取严格的形式主义，德国法认为票据是一种要式的有价证券；（3）强调票据为支付、信用、流通证券，且重在信用和流通功能。属于德国法系的国家主要还有瑞士、瑞典、奥地利、荷兰、丹麦、挪威、日本等。

３. 英国法系

英国法系包括英国、美国以及受英国普通法传统影响的国家。《英国票据法》颁布于 1882 年。由于《英国票据法》制定的年代较晚，票据作为流通手段和信用工具的作用已十分明显，因此，《英国票据法》的立法宗旨与法国票据法有明显的差别，而与《德国票据法》则比较接近。但对票据的形式要求，英国法有一定灵活性，不像德国法那样严格。《英国票据法》的主要特点是强调票据的流通作用和信用功能，保护正当执票人的利益，这对于促进票据的流通、加速社会资金周转都非常有利。

（二）票据的国际统一立法

１. 日内瓦公约体系

如上所述，历史上存在三种不同的票据法律体系，给票据的使用和流通带来很多不便，影响了国际贸易的发展。为了促进票据在国际间的流通转让，1910年和 1912 年在荷兰政府的倡导下，一些国家在海牙举行了关于统一票据立法的国际会议，并制定了若干关于统一票据法的公约或公约的草案。但由于第一次世界大战的爆发，该项工作被迫中断。

1930 年 6 月，国际联盟在日内瓦召开的票据法统一会议上通过了《关于汇票本票的统一法公约》，同时缔结的还有《关于解决汇票和本票的某些法律抵触的公约》和《关于汇票和本票的印花税公约》。以上 3 个公约于 1934 年 1 月 1 日起生效。该类公约的目的是为了协调各国票据法中的不同规定，消除票据在国际流通中的障碍。1931 年 3 月 19 日，国际联盟在日内瓦召开的第二次票据法会议上又通过了《关于支票的统一法公约》《关于解决支票的某些法律抵触公约》和《支票印花税公约》。这几部公约通过后，德国、法国、日本、瑞士等多数大陆法系国家都纷纷修正或重新制定了各自的票据法，德国法系和法国法系之间的分歧逐渐消失，到目前已基本融合为统一体系，这一票据法体系被称为日内瓦公约体系或大陆票据法体系。但英美法系国家则持保留态度，英国只批准了关于印花税的公约，他们认为，日内瓦公约主要是按照大陆法的传统制定的，与英美法的传统和实践有矛盾，如果参加这几部公约，将会影响英美法系各国之间已经实现的统一局面。① 由于这个缘故，历史上存在的票据法的三大法系，现在已演进为日内瓦统一法系与英美法并存的局面。②

2. 《联合国国际汇票和国际本票公约》

为了促进各国票据法的协调和统一，消除日内瓦公约体系和英美法体系的分歧，联合国国际贸易法委员会从成立后就着手起草一项适用于国际汇票的《统一国际汇票法（草案）》，但该草案迟迟未能通过。1979 年又将其改名为《联合国国际汇票和国际本票公约》（以下简称《公约》），以后又进行了多次修改，直到1987 年 8 月才正式获得通过。但由于缔约国数目未满足该公约生效要求，因此该公约尚未生效。该公约仅适用于载有"国际汇票"和"国际本票"标题的国际汇票和国际本票。其主要目的是尽可能消除各国票据法特别是英美法系同日内瓦公约体系之间分歧。③ 在这方面，该公约主要在以下几个问题上取得了统一：

第一，有关票据的形式要求的规定。

日内瓦公约对票据的形式要求相当严格，而相对地说，英美法对票据的形式要求则比较灵活。在这个问题上，《公约》基本上采纳了英美法的原则，但在下列两点上则采纳了日内瓦公约的精神，与英美法有所不同：按照《公约》第 3 条的规定，汇票上必须载有出票日期；不得开立无记名式的国际汇票，但背书人可以用空白背书的方法，使汇票在实际上变成无记名汇票。因为经过空白背书之后，其受让人在将汇票再度转让时，可以不需背书，只需交出汇票即可将其转让给别人。

第二，关于对执票人的保护。

为了使票据具有流通性，各国票据法对善意或合法的执票人都给予有力的保护，认为他可以享有优于前手的权利。但各国法律对善意或合法的执票人所要求的条件不完全相同。

《公约》把执票人分为执票人和受保护的执票人两种。根据该公约第 30 条的规定，受保护的执票人必须具备下列条件：（1）执票人在该票据是完整的情况下取得该票据；（2）执票人在成为执票人时对有关票据责任的抗辩不知情；（3）执票人对任何人对该票据有请求权不知情；（4）执票人对该票据曾遭拒付的事实不知情；（5）该票据未超过提示付款的期限；（6）执票人没有以欺诈、盗窃手段取得票据或参加与票据有关的欺诈或盗窃行为。

① 左海聪：《国际商法》，法律出版社 2023 年版，第 253 页。
② 克里夫·M·施米托夫，《施米托夫论出口贸易》，中国人民大学出版社 2014 年版，第 146 页。
③ 温耀原、周晖：《国际商法》，清华大学出版社 2022 年版，第 213 页。

这些条件同英国法对正当执票人的要求有许多地方是相似的，其主要的区别是，《公约》对受保护的执票人不以支付代价为条件。这一点同大陆法的原则是一致的。

第三，关于伪造背书的后果。

如果汇票被伪造背书转让，总有一方要遭受损失，问题是应当由谁来承担这种损失。在这个问题上，英美法系与"日内瓦公约"体系存在严重的分歧。按照"日内瓦公约"的规定，伪造背书风险最终是由票据的所有人来承担。而按照英国和美国的法律，伪造背书的风险最终是由直接从伪造者手中取得票据的人来承担。《公约》试图用折中的办法来调和两大法系的这一分歧。

第四，关于票据的抗辩。

《公约》对受保护的执票人给予强有力的保护。其具体办法是限制对受保护的执票人可能提出的抗辩。按照《公约》第31条的规定，除下列情况外，当事人不得对受保护的执票人提出任何抗辩：（1）关于票据上伪造签名的抗辩；（2）关于票据曾发生过重大改动的抗辩；（3）关于未经授权或越权代理人在票据上签名的抗辩；（4）关于汇票须提示承兑而未能提示承兑的抗辩；（5）关于未适当提示付款的抗辩；（6）关于当未获承兑或不获付款时作成拒绝证书而未正当地作成拒绝证书的抗辩；（7）关于票据时效已过的抗辩；（8）基于该当事人本人与执票人之间在票据项下的交易可由于该执票人有任何欺诈行为而使该当事人在票据上签字而提出的抗辩；（9）基于当事人不具备履行票据责任的行为能力的抗辩。

除上述几项抗辩以外，当事人不得对受保护的执票人提出任何其他抗辩。《公约》还规定受保护的执票人权利不受任何第三人对该票据的任何请求的限制，除非这种请求权是由于他本人同提出请求权的人之间的基础交易所引起的。

《公约》的这些规定，对于促进票据在国际范围内流通、保障交易安全是十分必要的。该《公约》至今尚未生效，因此目前国际票据立法的冲突依然存在。要制定一部有世界上大多数国家，特别是包括各法系参加的、具有普遍意义的国际统一票据法，还有待国际社会继续做出共同努力。

（三）中国的票据法

目前，中国还没有加入任何一项已生效的关于票据的国际公约。我国于1995年公布并于次年开始实施《中华人民共和国票据法》，2004年进行了修订。该票据法是在参照日内瓦公约体系并结合我国实际的基础上制定的。在处理涉外票据时，按照我国《票据法》规定，"票据债务人的民事行为能力，适用其本国法律。票据债务人的民事行为能力，依照其本国法律为无民事行为能力或者为限制民事行为能力而依照行为地法律为完全民事行为能力的，适用行为地法律"。"汇票、本票出票时的记载事项，适用出票地法律。支票出票时的记载事项，适用出票地法律，经当事人协议，也可以适用付款地法律。""票据的背书、承兑、付款和保证行为，适用行为地法律。""票据追索权的行使期限，适用出票地法律。""票据的提示期限、有关拒绝证明的方式、出具拒绝证明的期限，适用付款地法律"及"票据丧失时，失票人请求保全票据权利的程序，适用付款地法律。"[1]

知识链接：关于票据电子化的法律规定

第二节　汇　付

一、汇付的含义和方式

汇付（Remittance）是由国际货物买卖合同的买方委托银行主动将货款支付给卖方的结算方式。汇付方式下，信用工具的传递与资金的转移方向是相同的，因此也称为顺汇法。汇付是建立在商业信用的基础上的，对双方均具有一定的商业风险。因此，汇付在国际贸易中主要用于样品、杂费等小额费用的结算。

在国际贸易支付中，汇付依使用的信用工具不同可分为电汇、信汇和票汇三种方式。

（1）电汇（Telegraphic Transfer，T/T），指汇出行受汇款人的委托，以电报或电传通知汇入行向收款人解付汇款的汇付方式。电汇是速度最快的一种汇付方式，但费用也较高，汇款人须负担电汇费用，因此，通常只有金额较大或有急用的汇款，才使用电汇方式。

（2）信汇（Mail Transfer，M/T），指汇出行受汇款人的委托，用邮寄信汇委

---

① 参见《中华人民共和国票据法》第 96 条至第 101 条。

托书授权汇入行向收款人解付汇款的汇付方式。在信汇的情况下，汇款人须填写汇款申请书，取得信汇回执，汇出行依汇款人的委托向汇入行邮寄信汇委托书，汇人行收到信汇委托书后，通知收款人取款。信汇的汇费比电汇便宜，但汇款速度也比电汇慢。

（3）票汇（Remittance by Banker's Demand Draft, D/D），指汇出行应汇款人的申请，代汇款人开立以其分行或代理行为解付行的银行即期汇票，给付一定金额给收款人的一种汇款方式。通常，汇款人向当地银行购买银行即期汇票，自行寄给收款人，由收款人或其指定人持汇票向解付行取款。票汇的特点是灵活性强，因为汇票是可以流通转让的，买方可以携带汇票亲自到国外取款，也可寄给卖方由卖方去取款。只要能核对汇票上签字的真伪，国外银行就会买入该汇票，因而汇票持有人可将汇票卖给任何一家汇出行的代理银行而取得现款。票汇的最大风险是在寄送过程中可能丢失，或被伪造付款人签名提款。

二、汇付的参与人与基本流程

（一）汇付的参与人

汇付有以下四个参与人：

（1）汇付人（Remitter）即买方，是指要求银行将货款给国外收款人的人。汇付人是债务人或付款人。

（2）汇出行（Remitting Bank），是指受汇付人委托，汇出货款的银行。汇出行所办理的汇款业务叫汇出汇款。

（3）汇入行（Paying Bank），又称解付行，是指受汇出行委托，解付汇款的银行，汇入行所办理的汇款业务叫汇入汇款。

（4）收款人（Payee），即卖方，是指汇款结算方式中的国外收款人。收款人是债权人或受益人。

（二）汇付的基本流程

（1）汇付人填写汇款申请书并签字盖章。汇款申请书是指汇款人在汇出行申请汇款时填写的一种书面申请单。汇款申请书是汇款人与汇出行之间的一种协议，汇出行接受了汇款人的汇款申请书后，就应汇款人在申请书中的指示执行，否则就是汇出行的违约。

（2）汇出行收取汇款金额、手续费，办理汇款委托书。汇款委托书，是汇出行委托其在国外的代理行（汇入行）解付汇款的书面凭证。

（3）汇入行接受付款委托书后，发给收款人收款通知书。

（4）收款人凭收款通知书及其他适当文件在一定的时间内向汇入行领取汇款。

案例拓展：出口电汇结算风险

第三节　托　收

一、托收的含义和方式

托收（Collection）是由收款人开立汇票，委托银行向付款人收取货款的结算方式。在托收方式下，信用工具的传递与资金的转移方向相反，因此托收是一种逆汇法。在托收付款下，付款人是否付款是依其商业信用。银行办理托收业务时，只是依委托人的指示办理，并不承担付款人必须付款的义务。

在托收方式下，依汇票是否附有单据可分为光票托收和跟单托收。

（1）光票托收（Clean Collection），指委托人开立不随附商业单据的汇票等金融单据，仅凭汇票等金融单据委托银行向付款人收款的托收方式。按照国际商会制定《托收统一规则》的规定，"商业单据"指发票、运输单据、权利凭证或其他类似单据，或者非金融单据的其他单据。"金融单据"指汇票、本票、支票或其他用于获得付款的类似票据。光票托收的汇票依付款时间的不同，又可分为即期和远期两种。对于即期汇票，代收行应立即向付款人提示要求付款。对于远期汇票，代收行则先要向付款人提示汇票要求承兑。光票托收的风险较大，因此，一般只用于样品费、佣金、货款尾数等的结算。

（2）跟单托收（Documentary Collection），指委托人开立随附商业单据的汇票等金融单据，凭跟单汇票委托银行向付款人收款的托收方式。跟单托收又可分为付款交单和承兑交单。

①付款交单（Documents against Payment，D/P），指代收行在买方付清货款后才将货运单据交给买方的付款方式。在此种付款方式下，只有在买方付清货款后，才能把装运单据交给买方。依付款的时间不同，付款交单又可分为即期付款交单和远期付款交单。即期付款交单指卖方在发货后开具即期汇票，连同货运单据，通过银行向买方提示，买方于见票后立即付款，并在付货款后向银行领取货运单据。远期付款交单指卖方发货后开具远期汇票，连同货运单据，通过银行向买方提示，买方审核后对汇票进行承兑，于汇票到期日付清货款后取得货运单据。

在贸易实践中，如果远期汇票的到期日晚于货物运抵目的地的日期，买方就必须设法在汇票的到期日之前拿到装运单据，以便及时提取到货。在这种情况下，有些国家的银行往往允许买方在承兑远期汇票后，凭信托收据借出装运单据去提货，待远期汇票到期时才付还货款。所谓信托收据是指由买方向银行出具的表示愿意以银行的受托人的身份代银行保管和处理货物，并承认货物的所有权属于银行，出售货物后所得的货款亦应交给银行或代收行暂为保管的一种书面文件。通过这种办法，买方在付款之前，就可以取得货物，并可及时转售货物获得利润，然后再用出售所得于汇票到期日偿付汇票金额，以达到通融资金的目的。凭信托收据借单据的办法，通常是进口地的代收行自行做主对买方给予资金通融方便的一种做法，与卖方无关，在这种情况下，代收行必须承担汇票到期付款的责任，如果买方到期因某种原因而不能或不愿付款，则付款的责任就转移到代收行。如果卖方在托收指示书中指示银行允许买方预借单据提货，则日后买方拒付的风险由卖方自己承担。在采取这种办法时，卖方所承担的收汇风险同承兑交单是差不多的，因此，除非买方是信用可靠的老客户，卖方一般不采取这种做法。

②承兑交单（Documents against Acceptance，D/A），指在开立远期汇票的情况下，代收行在接到跟单汇票后，要求买方对汇票承兑，在买方承兑后即将货运单据交付买方的托收方式。承兑交单通常只适用于远期汇票。在承兑交单下，买方只要在汇票上承兑即可取得货运单据，凭以提货。卖方收款的保障只依赖买方的信用，一旦买方到期不付款，卖方就会遭到货物与货款全部落空的损失。可见，承兑交单的风险大于付款交单。

二、托收的参与人与基本流程

(一) 托收的参与人

托收通常有以下四个参与人:

(1) 委托人 (Principal),是指委托银行办理托收业务的收款人,通常是出口商。

(2) 托收行 (Remitting Bank),是指接受委托人的委托,办理托收业务的银行。

(3) 代收行 (Collecting Bank),是指除托收行以外的任何参与处理托收业务的任何银行,包括接受向付款人提示单据,和/或收取票款的银行。

(4) 付款人 (Payee),是指根据托收指示被提示单据的人。

(二) 托收的基本流程

(1) 委托人 (即卖方) 出具汇票,并向其所在地银行提出托收申请,填写托收指示书,并依《托收统一规则》的规定,送交托收的汇票和装运单据等单据,必须附有一份完整和明确的托收指示书。

(2) 托收行 (卖方所在地银行) 接受申请后,委托其在买方的往来银行 (即代收行) 代为办理收款事宜,并寄交有关单据。

(3) 代收行接受托收指示,向买方 (即付款人) 做付款提示或承兑提示。

(4) 债务人验单,决定是否承兑汇票或付款。

(5) 如债务人付款或承兑,代收行向债务人提交有关单据;如付款人拒付,则由代收行通知托收行转述拒付理由,并返还有关单据。

(6) 代收行向托收行付款。

(7) 托收行向委托人付款;在债务人拒付时,向委托人返还有关单据。

三、国际商会的《托收统一规则》

(一)《托收统一规则》简介

《托收统一规则》(Uniform Rules for Collection,URC),是国际商会制定的适

用于国际银行间托收的国际惯例。国际商会于 1958 年草拟《商业单据托收统一规则》（即国际商会第 192 号出版物），随后，于 1967 年第一次修订该规则（即国际商会第 254 号出版物）。为了适应国际贸易发展的需要，特别是考虑到实际业务中不仅有跟单托收，也有光票托收，1978 年，国际商会再次对 1967 年规则进行了修订，并更名为《托收统一规则》（国际商会第 322 号出版物，简称 URC322）。随着世界各国银行实务、法律等方面的发展，托收业务也出现了一些新的问题。为此，国际商会 1993 年起对《托收统一规则》进行修订，新的规则以国际商会第 522 号出版物颁布（URC522），并于 1996 年 1 月 1 日生效实施，此即现行的托收统一规则。

这项规则并无普遍约束力，仅凭当事人在合同中自愿采用。当事人在发出委托指示时应注明"受 URC522 约束"的字样。当事人可以做出不同的规定，这种规定优先于 URC522 规则。并且在 URC522 规则与一国的强制性法律抵触时，法律规定优先。

为了适应电子时代的需要，2017 年国际商会启动《托收统一规则关于电子交单的附则》（以下简称 eURC）的起草工作，并于 2019 年 7 月 1 日正式生效，称为 URC522 有益的补充。根据 eURC 的规定，受 eURC 约束的托收同样适用于 URC522，且无须将 URC522 明确地纳入托收指示。不过，当 eURC 适用时，如其与 URC522 产生不同的结果，应以 eURC 的规定为准。然而，当托收指示规定其适用于 eURC，但交单只包括纸质单据时，则该托收只适用于 URC522。另外，URC522 所涉及的概念，如果在 eURC 中没有进行再定义或修改，则仍以 URC522 的规定为准。①

（二）《托收统一规则》的主要内容

《托收统一规则》由七部分构成：总则和定义，托收方式及结构，提示方式，义务和责任，付款，利息、手续费和费用，其他规定（包括承兑、本票及其他凭证、拒绝证书、需要时的代理、通知）。统一规则的主要内容有：

（1）银行自由决定是否接受托收。URC522 第 1 条规定："银行无责任必定处理托收或接受任何托收指示及以后的有关指示。"这表明银行有处理或不处理托收的选择权和自主权。如果银行决定不处理托收或不接受有关的托收指示，银

---

① 张率慧、曾多：《首笔电子交单托收业务推动 eURC 惯例落地》，载于《中国外汇》2020 年第 4 期，第 58 页；赵珣：《eURC 惯例初探》，载于《中国外汇》2019 年第 19 期，第 64 页。

行只需立即以电讯方式通知委托一方或指示一方即可。

（2）银行应严格按托收指示履行责任。一切托收单据必须附有托收指示书，该托收指示必须完整、明确。除托收指示外，银行不从审核单据中获取指示。在接受托收后，银行严格按托收指示办理托收。除非在托收指示中另有授权，银行概不理会来自托收委托的当事人/银行以外的任何一方/银行的指示。托收指示应包括有关当事人的详情、托收的金额和货币、所附的单据清单和数量、支付或承兑的条款和条件、托收费用、托收利息、付款方法和付款通知形式、不付款、不承兑或不符指示时的指示，还应包括付款人的完整地址以便进行提示。做出托收指示的一方须确保交单的条件清楚、明确，否则银行对由此造成的后果不承担责任。代收行对地址不完整或不准确而产生的迟延不负责任。

（3）银行的义务不涉及货物、服务或行为，银行履行义务的对象是有关单据。一般情况下，银行与买卖合同的执行没有关系。除非银行事先同意，货物不应直接发至银行，或以银行或银行的指定人为收货人。即使银行为收货人，银行也没有提货的义务，货物的风险及责任由发货人承担。银行没有义务对货物采取措施，即使在托收指示中有此专门指示；如果银行采取措施保护货物，对货物的下落、状况、受托保护货物的第三人的行为或不行为不负责任，但必须毫不迟延地通知发出托收指示的银行。与保护货物的措施有关的费用由指示银行的一方承担。

（4）银行的业务标准及免责事项。银行办理业务时应善意行事并合理谨慎履行职责。银行对下列事项免责：对所收单据的免责。银行只负责确定收到的单据和托收指示所列是否一致。如果发现单据丢失，应毫不迟延地通知托收指示方。除此之外没有进一步的义务。如果单据没有列入清单，托收行不涉及代收行所收单据种类和数量的争议。对单据有效性的免责。对单据的形式、充分性、准确性、真伪性及法律效力，不负责任；对单据中规定的或附加的一般或特殊的条件不负责任；对单据所代表的货物的描述、数量、重量、质量、条件、包装、交付、价值或存在，不负责任；对托运人、承运人、货运代理人、收货人、保险人或任何其他人的诚信、作为或不作为、清偿能力、履行或资信，不负责任。此外，银行对寄送途中的延误、丢失及翻译的错误，不承担责任；对自然灾害、暴动、骚乱、叛乱、战争及银行本身无法控制的任何原因造成的后果免责。

（三）托收参与人之间的权利义务关系

1. 委托人与托收行、托收行与代收行

委托人和托收行之间是委托代理关系，按照国际上的习惯做法，委托人在委托银行代为托收时，都要填写一份托收委托书（Remittance Letter），具体规定托收的指示及双方的责任，这项委托书就构成双方的代理合同。托收行与代收行之间亦是委托代理关系，他们之间的代理合同由托收指示书、委托书、原来双方签订的业务协议等构成。既然上述两对当事人之间皆是代理关系，他们的权利、义务应受代理法的一般原则的支配，特别是本人应补偿代理人的开支，向其支付报酬，而代理人亦尽职尽责完成代理事务并不得越权。这两个原则在《托收统一规则》中都得到了体现，该规则第 1 条规定："银行应善意和合理地谨慎行事。"其"总则和定义"中规定："银行只被允许按照托收指示书中的规定和根据本规则行使。如由于某种原因，某一银行不能执行它所收到的托收指示书的规定时，必须立即通知发出托收指示书的一方。"如果代理人违反了上述原则，则应赔偿由此给本人造成的损失。

除上述原则之外，《托收统一规则》还规定托收行对委托人、代收行对托收行负有完成下列具体代理行为的义务：（1）负有及时提示的义务。遇有即期汇票应毫无延误地做付款提示；对远期汇票则必须不迟于规定的到期日做付款提示，当远期汇票必须承兑时应毫无延误地做承兑提示。（2）保证单据（包括汇票和装运单据）与托收指示书的表面一致。银行必须核实所收到的单据在表面上与托收指示书所列一致，如发现任何单据有遗漏，应即通知发出指示书的一方。（3）收到的款项在扣除必要的手续费和其他费用后必须按照指示书的规定无迟延地解交本人。（4）无延误地通知托收结果，包括付款、承兑、拒绝承兑或拒绝付款、拒付的理由。从以上委托人与托收行、托收行与代收行的关系可以看出，托收的一个重要特点是银行的地位严格地限于作为代理人，它对货款能否支付不承担任何义务或责任。因此从信用性质上说，托收是属于商业信用，而不是银行信用，卖方能否收回货款全赖于买方。

2. 委托人与代收行

关于委托人与代收行之间的关系，托收行是委托人的代理人，代收行又是托收行的代理人，根据代理法的一般原则，在委托人与代收行之间没有合同关系。但是，《托收统一规则》第 11 条规定："对被指示的免责：（1）为使委托人的指示得以实现，银行使用另一银行或其他银行的服务是代该委托人办理的，因此，其风险由委托人承担；（2）即使银行主动地选择了其他银行办理业务，如该行所转递的指示未被执行，该行不承担责任或对其负责；（3）一方指示另一方去履行服务，指示方应受到被指示方的法律和惯例所规定的一切义务和责任的制约，并承担赔偿的责任。"

案例拓展：Linklaters **诉** HSBC **银行案**

第四节　信　用　证

一、信用证的概念与类别

（一）信用证的概念及法律特征

信用证（Letter of Credit，L/C），是指银行根据开证申请人的申请，向受益人做出的承担有条件付款义务的单方书面承诺。依据信用证，银行保证在卖方提交符合该证所规定的单据时向受益人支付货款。

信用证是一种银行信用，银行承担第一位的付款责任。受益人收到开证行开出的信用证，即得到了开证行付款的保证。信用证结算方式下，银行以其自身信用介入国际贸易交易的结算，平衡了国际贸易双方在"货、款"对流问题上互不信赖的矛盾心理。因此，信用证成为国际贸易中最重要的结算手段和工具之一，被称为"国际商业贸易生命的血液"。[①]

（二）信用证的主要类别

信用证的种类很多，根据不同的特点可以分为不同的种类。

1. 光票信用证和跟单信用证（Clean L/C and Documentary L/C）

跟单信用证指凭跟单汇票或只凭单据付款的信用证。单据指代表货物所有权或证明货物已经发运的单据。国际贸易所使用的信用证绝大部分是跟单信用证。光票信用证指凭不附单据的汇票付款的信用证。有的信用证要求汇票附有非货运单据，如发票、垫款清单等，此类情况也属于光票信用证。光票信用证主要用于贸易从属费或非贸易结算，也可以用于预付货款。

---

① Per Kerr L. J. in RD Harbottle（Mercantile）Ltd v National Westminster Bank Ltd ＜1978＞Q. B. 146 at 155.

2. 可撤销信用证和不可撤销信用证（Revocable L/C and Irrevocable L/C）

可撤销的信用证指信用证在有效期内，开证行不必事先通知受益人，即可随时修改或取消的信用证。这种信用证对卖方极为不利，因此，卖方一般不接受这种信用证。可撤销信用证必须是在信用证上明确注明的，如果没有注明，则视为是不可撤销的信用证。UCP500① 允许开立不可撤销信用证，但 UCP600② 取消了这一类型。根据 UCP600，银行只能开立不可撤销信用证。不可撤销的信用证是指在信用证的有效期内，不经开证行、保兑行和受益人同意即不得修改或撤销的信用证。这种信用证对受益人收款比较有保障，是在国际贸易中使用最为广泛的一种。

3. 保兑信用证和不保兑信用证（Confirmed L/C and Unconfirmed L/C）

保兑信用证是指开证行开出的信用证又经另一家银行保证兑付的信用证。保兑行对信用证进行保兑后，其承担的责任就相当于本身开证，不论开证行发生什么变化，保兑行都不得片面撤销其保兑。在增加保兑的情况下，开证行和保兑行都负有第一性的付款责任。所以这种具有双重银行信用保证的信用证对卖方最为有利。保兑行的付款责任是以规定的单据在到期日或以前向保兑行提交，并符合信用证的条款为条件。保兑行通常是通知行，有时是出口地其他银行或第三国银行。不保兑的信用证指未经另一银行加以保证兑付的信用证。当开证银行资信良好或成交金额不大时，一般都使用不保兑的信用证。

4. 可转让信用证和不可转让信用证（Transferable L/C and Non-transferable L/C）

可转让的信用证指受益人可将信用证的部分或全部权利转让给第三人的信用证。在通过中间商进行贸易时，常提出开立可转让信用证的要求，以便将信用证的权利转让给实际供货人。可转让的信用证必须在信用证上注明"可转让"的字样。可转让信用证只能转让一次，即只能由第一受益人转让给第二受益人，第二受益人不得要求将信用证再次转让。不可转让的信用证指受益人不能将信用证的权利转让给他人的信用证。在国际贸易中，卖方为了保障收取货款的安全，以及在对第三方的资信不了解的情况下，一般不接受可转让信用证。

5. 即期信用证和远期信用证（Sight L/C and Deferred payment L/C）

即期信用证指允许受益人开立即期汇票，开证行或议付行于见票后即付款的

---

① 《跟单信用证统一惯例》（Uniform Customs and Practice for Documentary Credits，UCP）各版本中，曾影响很大的是 1993 年 5 月通过并且于 1994 年 1 月 1 日实施的修订本，称为《国际商会第 500 号出版物》，简称 UCP500。

② 2007 年修订本《国际商会第 600 号出版物》，简称 UCP600。

信用证，远期信用证指受益人仅可开立远期汇票，开证行或议付行在汇票指定的付款到期日支付货款的信用证。

6. 循环信用证（Revolving L/C）

循环信用证是指信用证准许受益人在每次规定的金额使用后，能够重新恢复至原金额再度使用，直至达到规定的使用次数或总金额限度为止。循环信用证适用于一些定期分批均衡供应、分批结汇的长年供货合同。使用这种信用证，对卖方来说，可以减少按每批交货逐批催证、审证的手续，并可以获得收回货款的保证；对买方来说，则可以减少逐笔开证的手续和费用。

7. 付款信用证、承兑信用证和议付信用证（Payment L/C，Acceptance L/C and Negotiation L/C）

付款信用证是受益人在提交单据以及出具或不出具汇票后即可获得货款的信用证。如果信用证系不可撤销，则开证行根据付款信用证承担自己付款或保证指定的付款行付款的义务。付款信用证又可依据付款的时间分为即期付款信用证（交单即付款）和迟期付款信用证（交单后根据信用证规定的日期付款）。

承兑信用证系指受益人在银行或他人承兑其出具的汇票后即交单的信用证。如信用证系不可撤销，那么根据该种信用证，开证行将承担下列义务：（1）承兑以自己为付款人的汇票并到期付款；（2）保证以开证申请人或其他人为付款人的汇票得到承兑和到期付款。当然，只有在受益人开立远期汇票时这种信用证才能实现。

议付信用证系指受益人开立汇票（即期或远期汇票），并附单据，将跟单汇票卖给信用证规定的议付行或（在信用证允许时）卖给任何银行，从而获得货款。当然银行在贴现汇票时一般会对汇票金额打折扣。如果议付信用证又系不可撤销信用证，则开证行承担下列责任：照付汇票金额，并对出票人及/或善意执票人无追索权；或规定的议付行不议付时承担上述之付款义务。

二、信用证的参与人与基本程序

（一）信用证的参与人

信用证的当事人并非固定不变的，常因具体交易情况的不同而有所增减。但一般来说，信用证运转可能涉及的主要当事人有：

（1）开证申请人（Applicant），又称开证人，即向银行申请开立信用证的人，国际贸易中的买方。

（2）开证行（Opening Bank），即接受开证申请人的委托，为其开出信用证的银行，通常是买方营业地的银行。

（3）通知行（Advising Bank），即接受开证行的委托，负责将信用证通知受益人的银行，通常是受益人所在地与开证行有业务往来的银行。

（4）受益人（Beneficiary），即有权享有信用证上的利益的人，亦即国际贸易中的卖方。

（5）付款行（Paying Bank），即信用证上指定的向受益人付款的银行，可以是开证行自己，也可以是其他银行。

（6）议付行（Negotiating Bank），即愿意买入或贴现受益人按信用证所开立的汇票的银行，可以是开证行、开证行指定的银行，开证行亦可授权任何银行作为议付行。

（7）偿付银行（Reimbursement Bank），又称清算银行，是指受开证行在信用证上的委托代开证行偿还议付行垫款的第三国银行。它的出现是由于开证银行的资金调度集中在该第三国银行，故要求银行代为偿付信用证规定的款项。

（8）保兑行（Confirming Bank），即对不可撤销信用证保证兑付的银行。保兑银行在信用证上加具保兑后，即对信用证独立负责，承担首先付款的责任。

（二）信用证的基本程序

信用证在用于国际结算时，其程序因信用证种类不同而有所差异，在一般情况下，采用信用证支付货款时，一般需经过以下程序：

（1）进出口双方签订买卖合同，并在合同中约定采用信用证支付方式以及对信用证内容的要求。

（2）进口方向进口地银行提出开证申请，经银行审核同意后，该申请构成申请人与开证行之间的合同，申请人需要交纳开证保证金（押金）或提供其他保证。

（3）开证银行开出信用证，并通过其在出口地的代理行，或通知银行（通知行）把信用证通知受益人。通知行有义务核验信用证的表面真实性，有权从开证行取得报酬。

（4）受益人审核信用证，发现有不符买卖合同，或有信用证软条款等不利于受益人取得信用证价款的，要求改证。如不信任开证行，可要求信用证保兑。

（5）受益人发货后按信用证规定备齐全部单据，开出跟单汇票，向出口地银行议付其货款。

（6）议付行审核单据，若单据与信用证相符，单据之间相符，则按汇票金额扣除信用证到期日期间利息，垫付货款给受益人。议付银行议付后，凭从受益人处取得单据交开证行或开证行指定的付款行索偿。

（7）开证行或付款行审查单据无误后，即偿付议付银行。如果单据有任何不符，开证行可以拒付退单。

（8）开证行通知进口方付款赎单。

（9）开证申请人付款赎单。

三、信用证的主要内容

信用证没有统一的格式，各银行都使用自己制定的信用证，但其基本内容是相同的，主要包括以下事项：

（1）信用证参与人。主要包括开证申请人（买方）、开证行、通知行和受益人（卖方）、指定的议付行或付款行，有的信用证还包括保兑银行等。

（2）信用证的种类和号码。主要载明该信用证的类型，并注明开证银行的开证编号。

（3）开证日期。是指开立信用证的时间。

（4）信用证的金额。规定该信用证项下应支付的最高金额。一般多规定受益人有权按信用证金额的100%开立汇票要求付款，但有时也可以规定受益人只能按信用证金额的百分之若干（如90%）开立汇票，其目的是，使买方能把货款的部分余额（如10%）留在自己手中，暂时不付给卖方，如货到检验后发现卖方所交货物在品质或数量上与合同不符，买方可在这项余额中扣除。如有不足，可再向卖方索赔；如扣除后仍有剩余，则应偿还给卖方。

（5）货物条款。信用证一般载明货物的名称、数量、价格、包装等及其所依据的合同号码。

（6）汇票条款。主要规定汇票的金额、种类、份数及付款人的名称。开证行对于它所开出的信用证，不论是否出具汇票，均应承担付款义务。如果卖方（受益人）开出汇票，则不论受票人（付款人）是谁（开证行、开证申请人、信用证指定的付款行或者议付行或在信用证允许范围的任何银行），开证行都须最后承担付款的责任。在以信用证方式付款时，不一定使用汇票，银行对规定付款的信用证，不论其是否出具汇票，均应承担付款义务。

（7）单据条款。主要规定单据的种类及份数，这是信用证最重要的条款，因为银行仅凭单据付款。如果银行认为卖方所提交的单据不符合信用证的要求，银行有权拒付。但只要单据与信用证的要求相符，银行就必须付款。即使单据项下的货物与合同的要求不符，银行对此也不负责任。信用证要求多份单据时，可只交一份正本，其他用副本代替。

（8）装运条款。主要规定装运单据所应反映的启运地、目的地、装运期限及是否允许分批装运等内容。

（9）信用证的有效期限。信用证的有效期是指信用证具有法律效力的期限。信用证必须规定提示单据的有效期限。规定的用于兑付或者议付的有效期限将被认为是提示单据的有效期限。

（10）交单日期条款。一切信用证除应规定最后的装运日期和有效期外，还必须规定一个交单付款、承兑或议付的满期日。如信用证对此项期限没有做出规定，则以提单或其他运输单据的签发日期后 21 天为限。如果卖方超出了规定的日期交单，即使在交单时信用证的有效期尚未届满，银行仍有权拒收单据。

（11）开证行保证条款。其主要内容是，由开证行向受益人、议付行或汇票的执票人保证，银行在收到符合信用证要求的单据后，即对根据信用证开出的汇票承担付款的责任。

（12）其他条款。当事人可根据每一笔交易的具体情况和需要，在信用证中规定不同的条款。

四、信用证参与人之间的法律关系

信用证支付方式包括一系列当事人之间的合同关系，如买卖双方、开证申请人和开证行、开证行和受益人及开证行与中间的委托代理行之间的关系等。[1]

（一）买卖双方之间的法律关系

在信用证项下，买卖双方并无直接的法律关系，买卖双方作为信用证开证人和受益人的责任主要是在货物销售合同中做出规定。由于信用证的开立是以货物销售合同为基础的，因此，明确买卖双方在信用证项下的权利义务是十分必要的。

---

[1] 左海聪：《国际商法》，法律出版社 2023 年版，第 263 页。

当货物销售合同规定以信用证方式交付时，买方就承担了开立信用证的义务。如果买方不履行开证义务，就是违约行为，卖方不仅可以不履行其交货义务，还可以请求买方赔偿损失。买方开立信用证的时间，如果合同没有规定具体时间，而仅规定"立即"开出信用证，则买方应在按一个通情达理、勤勉办事的人所需的合理时间内，尽快给卖方开出信用证。但无论如何，买方应在合同规定的卖方装运日期前开出信用证，否则卖方就有权以买方违约为理由，拒绝履行交货义务，并可要求买方赔偿损失，或者要求买方相应延长装运期限。

应当注意的是，在买卖合同规定采用信用证方式付款时，卖方应按照合同的安排，向有关银行提交单据要求付款，而不能越过银行直接向买方交单要求买方付款。但是，如果开证行或信用证上指定的付款行丧失了清偿债务的能力，则卖方一般可以直接向买方交单，要求其直接交付货款。

（二）开证申请人与开证行之间的法律关系

开证申请人与开证行之间的关系是以开证申请书及其他文件所确定的委托关系。在这种委托合同关系中，开证行承担的主要义务是：（1）根据开证申请书开立信用证；（2）承担付款、承兑、议付或保证付款、承兑或议付的责任；（3）小心合理地审核一切单据，确定单据在表面上符合信用证。在这种合同关系中，开证申请人的主要义务是：（1）交纳开证押金或提供其他保证，交纳开证费用；（2）银行为有效地执行开证申请人的指示而利用另一银行或其他银行的服务，这是代该申请人办理的，其风险由申请人承担；开证申请人应受外国法律和惯例及银行的一切义务和责任的约束，并承担赔偿责任；（3）付款赎单，包括偿付银行所付的款项及其利息。

（三）开证行与受益人之间的法律关系

开证行与受益人的关系是以信用证为依据的。因此，如果信用证的种类不同，他们之间的关系也有所不同。如果开证行开出的是可撤销的信用证，则受益人并不能从开证行获得任何有约束力的允诺。因此，对受益人来说，可撤销的信用证的作用还不如一项要约。因为要约人如欲撤销其要约，必须向受要约人发出撤销通知，在该撤销要约的通知送达受要约人之前，受要约人有权对要约予以承诺，从而成立一项对双方均有约束力的合同。据此，有人认为，在可撤销信用证的场合下，开证行与受益人之间并不存在对双方有约束力的合同关系。

但是，如果开证行开出的是不可撤销的信用证，则当该信用证送达受益人时，在开证行与受益人之间就成立了一项对双方都有约束力的合同。这是目前国际上普遍接受的观点。但这种观点在英美法学理论上却遇到了一个难以解决的问题，即所谓缺乏"对价"（Consideration）的问题。因为按照英美法，一个合同如果没有对价就没有约束力，不能强制执行，而且对价必须来自订约的一方。但不可撤销信用证只是开证行对受益人的一项不可撤销的允诺，受益人在收到信用证时并未付出对价，这就很难说在他们之间成立了一项对双方有约束力的合同。为了克服这个理论上的障碍，英国法院在一些判例中，曾试图从以下两个方面给予解释：第一，受益人接受了不可撤销信用证，就承担了按买卖合同交货的义务，并且放弃了直接向开证申请人（买方）收取货款的权利，这都可以作为信用证的对价；第二，按照商业惯例，银行开出不可撤销信用证，就构成开证行与受益人之间的一项交易，它使开证行承担了绝对的付款义务。这是长期形成的商业惯例，英国法院亦应尊重此项惯例。美国对这个问题解决得比较彻底，《美国统一商法典》第 5 ~ 105 条明文规定，信用证无须对价。无论是开出信用证还是修改信用证，都不要求有对价。按照各国的法律和惯例，不可撤销信用证是开证行与受益人之间的一项独立的合同，它既独立于买卖双方之间订立的买卖合同，也独立于买方与开证行之间根据开证申请书成立的合同。因此，开证行应按照不可撤销信用证的条款对受益人承担付款义务，不受买卖合同或其他合同的影响。而且开证行按信用证的规定向受益人（卖方）付款后，即使开证申请人（买方）破产或由于其他原因拒绝付款赎单，开证行也不能对受益人（卖方）行使追索权追回已付的款项。因为开证行在信用证中已向受益人做出保证，只要受益人所提交的单据符合信用证的要求，开证行就必须付款，不能因买方破产或拒付而不承担信用证项下的付款义务。

（四）中介行与主要参与人之间的法律关系

在信用证业务中，往往还需要有中介银行的参与。中介行包括通知行、议付行、保兑行等，视开证行的委托情况而定。

1. 通知行与开证行及受益人之间的关系

通知行与开证行之间的关系是委托代理关系。通知行接受开证行的委托代理，开证行将信用证通知受益人并从开证行获取佣金。《跟单信用证统一惯例》对双方的关系没有作具体规定，因此这二者的关系主要受有关国家代理法的调整。通知行与受益人之间不存在合同关系。通知行之所以通知受益人，是因为它对开证行负有义务，而不是对受益人负有此项义务。因此，通知行在通知信用证时往往在通知书中声明它并不是当事人，不因其把信用证通知受益人而在他们中间产生任何合同关系。通知行与开证申请人之间无直接合同关系，通知行只是开证行的代理人。

2. 开证行与付款行、承兑行、议付行的关系

如果开证行指定或授权其他银行付款、承兑或议付，而其他银行接受，则在两者之间形成了合同关系。根据这种合同关系，开证行应接受付款行、承兑行或议付行寄交的符合信用证的单据，并偿付上述银行，上述银行则对开证行负有单证一致的义务。如果上述银行所据以付款、承兑或议付的单据与信用证的规定不符，开证行有权拒绝。

3. 受益人与付款行、承兑行、议付行、保兑行的关系

首先需要明确的是，受益人无权要求开证行所授权或要求的银行付款、承兑或议付，但是，一旦开证行以外的银行根据开证行的授权承兑或议付了受益人出具的汇票，那么他们之间的关系将受有关国家票据法的调查，他们之间的关系将是承兑人与受款人（受益人往往指定自己为受款人）之间的关系、转让人与受让人（在议付时，议付常以背书为之）之间的关系。但如果中介行是保兑行，则与开证行构成连带付款责任，保兑行对受益人独立地承担付款责任，受益人有权同时向保兑行和开证行要求偿付。并且保兑行议付受益人汇票，对受益人没有追索权。

五、《跟单信用证统一惯例》的主要内容

信用证在 20 世纪初就已成为国际贸易中经常使用的支付方式，但由于各国的法律不同，各国的银行操作习惯不一，各方当事人对信用证条款的理解不一致，很容易导致当事人间因为利益冲突产生争端。为了避免这种状况，国际商会曾在 1929 年制定了《商业跟单信用证统一规则》（Uniform Regulation for Commercial Documentary Credits），并在此基础上，于 1933 年颁布了《商业跟单信用证统一惯例》（Uniform Customs and Practice for Commercial Documentary Credits），对跟单信用证的定义、有关术语、操作要求以及当事人的权利和义务等做了统一的解释和规定。以后，随着国际贸易的发展、新的运输和通讯方式的运用以及该惯例使用过程中暴露的问题，国际商会对它做了多次修改。自 1962 年修改的版本起，该惯例更名为《跟单信用证统一惯例》（Uniform Customs and Practice for Documentary Credits，UCP）。这些版本中，曾影响很大的有 1993 年 5 月通过并且于 1994 年 1 月 1 日实施的修订本，称为《国际商会第 500 号出版物》（以下简称 UCP500）。不

过由于 UCP500 的某些条款过于原则或某些措辞过于笼统，以致修改它的呼声越来越高。为了对 UCP500 下的单证操作做出更好的说明和解释，国际商会银行委员会专门组成了起草组，并由来自全球 26 个国家的银行、运输、保险和法律界的 41 位专家组成了顾问小组。经过各方多年的努力于 2006 年 10 月 25 日的国际商会巴黎会议上顺利地全票通过了 UCP600。UCP600 于 2007 年 7 月正式开始生效，它的全称为《跟单信用证统一惯例》（2007 年修订本《国际商会第 600 号出版物》，简称 UCP600）。UCP600 是一种国际惯例，因此，只有信用证表明适用 UCP600，它才能够对当事人具有法律上的强制约束力。另外，正因为它是一种国际惯例，当事人可以在信用证中订立与 UCP600 规定不同的条款，或用信用证条款排除 UCP600 某个条款的适用。

与前述托收规则一样，国际商会早在 2002 年就推出了《跟单信用证统一惯例关于电子交单的附则》（简称 eUCP），用于电子交单。国际商会在 2017 年再次启动了 eUCP 的修订工作，并于 2019 年 7 月生效。[①] 适用该规则的信用证同样适用 UCP600 规则，但适用 UCP600 规则的信用证并不一定适用 eUCP 规则。[②]

（一）信用证自治原则（Autonomy of the Credit）

UCP600 第 4 条规定，就性质而言，信用证与可能作为其依据的销售合同或其他合同，是相互独立的交易。即使信用证中提及该合同，银行亦与该合同完全无关，且不受其约束。因此，一家银行做出兑付、议付或履行信用证项下其他义务的承诺，并不受申请人与开证行之间或与受益人之间在已有关系下产生的索偿或抗辩的制约。此外，受益人在任何情况下，不得利用银行之间或申请人与开证行之间的契约关系。由此可见，信用证自治原则，是指信用证与买卖合同或其他基础交易是相脱离的和独立的，银行在办理信用证业务时，只关心卖方提交的单据是否符合信用证的规定，只要卖方所提交的单据在表面上符合信用证的要求，银行就可以凭单付款，除非卖方提交单据的行为是欺诈行为。

（二）审单一般原则及标准

1. 单证严格一致原则

根据 UCP600，在信用证业务中，银行处理的是单据，而不是单据所涉及的

① 张圣翠：《国际商法》，上海财经大学出版社 2023 年版，第 272 页。
② 郑岩：《解码 eUCP2.0》，载于《中国外汇》2019 年第 19 期，第 62 页。

货物、服务或其他行为。按照指定行事的被指定银行、保兑行（如有）以及开证行必须对提示的单据进行审核，并仅以单据为基础，以决定单据在表面上看来是否构成相符提示。

单证严格一致原则是指受益人提交的单据必须在表面上符合信用证条款，单据之间亦应互相一致，否则银行有权拒绝接受受益人提交的单据，并拒绝付款、承兑或议付；付款、承兑和议付行不得接受单证之间、单单之间有不符的单据，否则开证行有权拒绝偿付上述银行；如果开证行接受不符的单据，开证申请人有权拒绝补偿开证行；如果受益人或付款、承兑、议付行提供的单据符合信用证的规定，那么银行无权拒绝付款、承兑、议付，开证行无权拒绝偿付付款行、承兑行或议付行。

2. 银行的单据审核

信用证要求的常用单据有商业发票、运输单据、汇票、保险单据等。根据UCP600 第 14 条，银行不予理会非信用证要求的单据。如果银行收到此类单据，可退还交单人。同时，如果信用证含有一项条件但未规定用以证明该条件得到满足的单据，银行将视为未做规定并不予理会。这即是通常所说的非单据条件。

（1）商业发票。

商业发票是信用证项下的主要单据。根据 UCP600 第 18 条，商业发票必须看似由信用证的受益人出具，必须以申请人的名称为抬头，必须与信用证货币相同，但除可转让信用证外无须签字。银行可接受金额超过信用证允许金额的商业发票，只要该银行对超过信用证允许金额的部分未做承付或议付，此项决定对各有关方面均具有约束力。商业发票上的货物、服务或履约行为的描述必须与信用证中的描述相一致。商业发票的开立日期，可以早于信用证的开证日期，但不得迟于信用证的最迟交单日期和有效日期。与其他单据的日期相比，商业发票的日期可以早于其他单据。

（2）运输单据。

UCP600 规定可以接受的运输单据，包括海运提单，不可转让的海运单，租船合约提单，多式运输单据，空运单据，公路、铁路或内河运输单据，快递及邮政收据，货运代理人出具的运输单据。海运单据应注明承运人、货物已装船或已装具名船只；多式运输单据应注明货物已发运、接受监管或已装载。

（3）汇票。

在信用证下，除非是承兑信用证，可以不要求汇票。如果要求汇票，只有承兑信用证要求远期汇票，其他信用证要求即期汇票。出票人是受益人（卖方），受益人在汇票上签字后提示给指定银行。汇票的收款人一般应是受益人或交单银行（议付行）。即期付款信用证所使用的汇票的付款人，是指定付款人；承兑信用证所使用的汇票的付款人，是指定承兑行，也可以是开证行或保兑行；议付信用证的汇票的付款人是议付行之外的开证行或保兑行。UCP600 第 6 条明确规定，信用证不得开成凭以申请人为付款人的汇票兑用。信用证项下的汇票是由债权人出票，委托指定银行向债务人（开证行）提示要求付款，属于逆汇。出票日期不得超过信用证的有效日期和最迟交单日期。在使用汇票时，开出的汇票应包含出票条款，即"依据某开证行某日开出的某号信用证开立该汇票"。

（4）保险单据。

保险单据包括保险单和保险凭证。据 UCP600 第 28 条的规定，保险单据从表面上看，必须看似由保险公司或承保人或其代理人开立及签署。暂保单不被接受。保险单据日期不得晚于发运日期，除非保险单据表明保险责任不迟于发运日生效。保险单据必须表明投保金额并以与信用证相同的货币表示。保险单据须表明承保的风险区间至少涵盖从信用证规定的货物接管地或发运地开始到卸货地或最终目的地为止。

信用证中还可能要求其他单据，如领事发票、海关发票、产地证明书、普惠制产地证、检验证书、分析证明书、包装单、重量单、尺码单等。

根据 UCP600 第 14 条的要求，按指定行事的指定银行、保兑行及开证行须审核交单，并仅基于单据本身确定其是否在表面上构成相符交单。按传统的说法，银行应确定是否表面与信用证条款相符，即单证一致、单单一致。判断单据表面与信用证条款相符、构成相符交单的依据，是信用证条款、跟单信用证统一惯例和国际标准银行实务做法。

有关银行的合理审单时间是 5 个银行工作日。即按指定行事的指定银行、保兑行及开证行各有从交单次日起的至多 5 个银行工作日，确定交单是否相符。这一期限，不因在交单日当天或之后信用证截止日或最迟交单日届至而受到缩减或影响。受益人或其代表应在发运日后的 21 个日历日内交单，但任何情况下都不得迟于信用证的截止日。如开证行确定单据表面与信用证条款不符，可以自行确定联系申请人对不符点予以接受，但不能借此延长上述期限。如果开证行、保兑行或指定银行决定拒绝接受单据，必须在 7 个工作日内不延误地通知寄送单据的银行。如从受益人处直接收到单据，应通知受益人。该通知必须说明银行凭以拒绝接受单据的全部不符点，并说明单据已代为保管等候处理，或已退还给交单人。如果开证行、保兑行未按照上述有关规定办理，或未代为保管单据、听候处理，开证行、保兑行无权宣称单据与信用证条款不符。如寄单行向开证行、保兑行指出单据中的不符点，或通知为此已凭赔偿担保付款、承担延期付款责任、承兑汇票或议付，开证行、保兑行并不因此而解除上述义务。此项保留或赔偿担保，仅涉及寄单行与为之保留或提供、代为提供赔偿担保一方的关系。

根据 UCP600 的规定，当开证行确定交单不符时，可以自行决定联系申请人放弃不符点。这意味着，申请人可以放弃这种要求，在单证不符时，授权开证行对外付款。一旦申请人放弃单证相符的要求，或授权付款，申请人即丧失了以单据不符为由拒绝向开证行偿付的权利。但是，根据法律关系独立原则，在单证不符时，即使申请人放弃对单证一致的要求，申请人的这一放弃对开证行没有约束力，开证行仍然有权对受益人拒付。"开证行没有义务遵守申请人对不符点的弃权指示，也没有义务迅速通知受益人它收到弃权指示或者它是否同意遵循该指示的决定。"不论是直接收到申请人接受不符点的声明，还是通过受益人收到申请人接受不符点的声明，都不能约束开证行一定接受单据。是否按照声明行事由开证行自己决定。

案例拓展：国际货款收付案例

（三）银行的免责

根据 UCP600 的规定，参与信用证业务的银行在以下情况下免责：

1. 关于单据有效性的免责

银行对任何单据的形式、充分性、准确性、内容真实性、虚假性或法律效力，或对单据中规定或添加的一般或特殊条件，概不负责；银行对任何单据所代表的货物、服务或其他履约行为的描述、数量、重量、品质、状况、包装、交付、价值或其存在与否，或对发货人、承运人、货运代理人、收货人、货物的保险人或其他任何人的诚信与否，作为或不作为、清偿能力、履约或资信状况，也概不负责。

2. 关于信息传递和翻译的免责

当报文、信件或单据按照信用证的要求传输或发送时，或当信用证未作指示，银行自行选择传送服务时，银行对报文传输或信件或单据的递送过程中发生的延误、中途遗失、残缺或其他错误产生的后果，概不负责。如果指定银行确定交单相符并将单据发往开证行或保兑行，无论指定的银行是否已经承付或议付，开证行或保兑行必须承付或议付，或偿付指定银行，即使单据在指定银行送往开证行或保兑行的途中，或保兑行送往开证行的途中丢失。银行对技术术语的翻译或解释上的错误，不负责任，并可不加翻译地传送信用证条款。

3. 关于不可抗力免责

银行对由于天灾、暴动、骚乱、叛乱、战争、恐怖主义行为或任何罢工、停工或其无法控制的任何其他原因导致的营业中断的后果，概不负责。银行恢复营业时，对于在营业中断期间已逾期的信用证，不再进行承付或议付。

4. 关于被指示方行为的免责

为了执行申请人的指示，银行利用其他银行的服务，其费用和风险由申请人承担。即使银行自行选择了其他银行，如果发出指示未被执行，开证行或通知行对此亦不负责。

六、信用证欺诈例外原则

（一）信用证欺诈的含义与主要表现

1. 信用证欺诈的含义

信用证最大的特点就是它的独立性和抽象性，即银行只负责审查单据的表面真实性、完整性、一致性。只要单证之间、单单之间相一致，银行即承担向受益人付款的责任，而不论基础合同之间的关系。信用证欺诈是指行为人利用信用证独立性和抽象性原则，为骗取银行支付信用证款项而在信用证交易中故意隐瞒真相、提交虚假单证等商业欺诈行为。

各国对信用证欺诈的理解并不一致。如英国法认为信用证欺诈仅限于信用证交易本身的欺诈行为，不包括基础交易中的欺诈。我国的做法与美国相同，认为信用证欺诈既包括信用证交易中的欺诈，也包括基础交易中的欺诈。

2. 信用证欺诈主要表现

信用证欺诈的表现形式各异，主要有以下几种情形：

（1）受益人伪造单据或者提交记载内容虚假的单据，具体是指单据不是由合法的签发人签发的，而是诈骗人或委托他人伪造的，或在合法签发人签发单据后进行篡改，变更单据中的有关内容，使之单证相符，骗取货款；

（2）受益人恶意不交付货物或者交付的货物无价值；

（3）受益人和开证申请人或者其他第三方串通提交假单据，而没有真实的基础交易；

（4）伪造信用证本身，或者伪造、变更信用证的条件。

（二）信用证诈骗例外原则（Fraud Exception）

买方伪造信用证本身诈取卖方货物，往往会因为银行有审查信用证真实性的义务而容易被识破，因此，实践中这种现象极为罕见。绝大多数单证欺诈是卖方伪造单据或伪造单据内容或为提单欺诈行为获取货款。在信用证支付方式中，严格执行信用证独立原则有着重要的意义，但如果固守这一原则，在卖方存在上述欺诈行为但提供了表面符合信用证的单据的情况下，买方就处于极为不利的地位。因此，为了打击国际贸易中出现的信用证欺诈行为，很多国家的法律或判例都对信用证欺诈行为提出了相应的处理原则。即在承认信用证独立于买卖合同原则的同时，也应当承认有例外情况。如果在银行对卖方提交的单据付款或承兑以前，发现或获得确凿证据，证明卖方确有欺诈行为，银行可以不顾单据与信用证的表面符合而拒绝付款，这就是信用证欺诈例外原则。

美国最早将欺诈例外原则引入信用证交易中，法院以卖方欺诈为理由，下令禁止银行拒绝按信用证向卖方付款的典型案例是 Sztejn Henry Schroder Banking Corp.（1941）一案，该案涉及一笔猪鬃交易，买卖合同规定以信用证凭单付款。卖方所交的货物不是猪鬃，而是垃圾、废纸和牛毛。纽约最高法院根据买方的请求，下令禁止银行对卖方按信用证开出的汇票及单据付款。法院在判决中指出"如果卖方确有诈欺行为，即他所交付的货物不仅仅是质量低劣，而是一文不值的垃圾，而且银行在付款之前已经获悉了这种诈欺行为，那么，让银行拒绝付款是不为苛刻的。"这个案例开创了法院下令禁止银行按信用证要求向卖方付款的先河。在这之后，美国法院先后在几个案件中均以卖方有欺诈行为为理由，做出了禁止银行按信用证向卖方付款的决定。这是根据衡平法原则所采取的一种救济方法。美国法院的上述判例表明，美国法院已经把信用证同它的基础交易挂起钩来，只要法院发现卖方在基础交易（买卖合同）中有欺诈行为，即可下令禁止银行按信用证付款。

《美国统一商法典》采纳了上述判例所确立的法律原则，它一方面承认信用证独立于其基础交易的原则，但同时也承认有例外，欺诈行为即属于例外。按照该法第5－114条第（1）项的规定，开证行必须按符合信用证条款开出的汇票或单据付款，而不管货物或单据是否与开证申请人和受益人之间的基础买卖合同相符。这项规定肯定了信用证独立于基础合同的原则。《美国统一商法典》第5-114条第（2）项又规定，除另有约定外，如果各项单据在表面上看来符合信用证条款，但其中一份必要的单据在表面上不符合它在转让物权凭证时所做出的保证，或者是伪造的，或者是带有欺诈性的，或者在交易中有欺诈行为，则：（1）如果要求付款的人是汇票的正当执票人，则开证行必须对其汇票付款（不包括出票人）。（2）在其他情况下，尽管开证申请人已经把欺诈、伪造或其他在单据表面上没有显露出来的瑕疵通知了开证行，开证行如出于诚信仍可对信用证项下的汇票付款，但有管辖权的法院可以禁止开证行付款。按照这项规定，当开证行已获悉受益人有欺诈行为的时候，它只要根据诚信原则办事，可以自行决定是否对受益人开出的汇票或单据付款，如果开证行诚信地认为应予付款，则即使在付款后证实受益人确有欺诈行为，开证行也不承担责任，开证申请人仍须付还开证行按信用证支付的款项；但如果开证行诚信地认为应予拒付，则在拒付后如查明受益人并无欺诈行为，开证行就要对其错误拒付一事负责，而且会使自己的信誉受到损害。此外，如果法院确认受益人有欺诈行为，亦可下令禁止开证行付款。英国法院也通过判例确认了信用证欺诈的例外原则。

在大陆法系国家，尽管没有关于信用欺诈例外的特别规定，但其民法中关于善意履行债务的规定可以成为银行拒绝付款的依据。如《德国民法典》规定，债务人应按照善意的要求履行义务，并考虑一般习惯。如果受益人欺诈性地要求银行付款的行为被视为是恶意的或是滥用权利，则银行有权拒付。

中国关于信用证欺诈的立法，在刑事立法方面对信用证诈骗罪做了专门的规定。然而在民事立法方面，并没有作专门的规定。但1989年最高人民法院发布了《关于印发〈全国沿海地区、海外、涉港澳经济审判工作座谈会纪要〉的通知》，对信用证欺诈问题做出了规定。2005年最高人民法院又发布了《关于审理信用证纠纷案件若干问题的规定》，自2006年1月1日起施行。这些文件均规定了信用证诈骗例外原则，其具体内容是：如果有充分证据证明卖方是利用签订合同进行诈骗，而银行在合理时间内尚未付款的，人民法院可以根据买方的请求，冻结或止付信用证项下的款项。

同时，相关文件还规定开证行在做出付款、承兑或者履行信用证项下其他义务的承诺后，只要单据与信用证条款、单据与单据之间在表面上相符，开证行应当履行在信用证规定的期限内付款的义务。当事人以开证申请人与受益人之间的基础交易提出抗辩的，人民法院不予支持。但有下列情形之一的，应当认定存在信用证欺诈：受益人伪造单据或者提交记载内容虚假的单据；受益人恶意不交付货物或者交付的货物无价值；受益人和开证申请人或者其他第三方串通提交假单据，而没有真实的基础交易；其他进行信用证欺诈的情形。开证申请人、开证行或者其他利害关系人发现有信用证欺诈情形，并认为将会给其造成难以弥补的损害时，可以向有管辖权的人民法院申请中止支付信用证项下的款项。

案例拓展：苏特因诉亨利施罗德银行案

案例拓展：江苏普华有限公司与东亚银行（中国）有限
公司上海分行等信用证欺诈纠纷案

七、备用信用证

备用信用证（Standby L/C）是第二次世界大战后在美国首先发展起来的一种信用工具。虽然 UCP600 适用于备用信用证，但是，备用信用证又有其自身的特点。1998 年 4 月 6 日，在美国国际金融服务协会、国际银行法律与实务学会和国际商会银行技术与实务委员会的共同努力下，《国际备用信用证惯例》（为国际商会第 590 号出版物）终于公布，并已于 1999 年 1 月 1 日起正式实施。此外，联合国还于 1995 年 12 月 11 日通过了《联合国独立担保和备用信用证公约》，旨在促进独立担保和备用信用证的使用，而不论这两种票据中是不是只有其中一种可能传统上是在某一特定国家中使用。公约加强了对独立担保和备用信用证共有的共同基本原则和特点的承认，并因此而减少了在国际贸易中使用这些票据的不确定性。公约于 2000 年 1 月 1 日起生效。

备用信用证实质上是银行担保，开证银行保证在主债务人（可以是买方也可以是卖方）不履行其义务时，即由该银行付款。银行在付款时也要求受益人提交某种单据，通常是表明主债务人（开证申请人）没有履行其义务的单据或文件。备用信用证同一般商业信用证相比较具有以下特点：

（1）一般商业信用证主要涉及买卖合同货款的支付，开证银行仅在受益人（卖方）提交有关单据证明他已经履行买卖合同时，才支付信用证项下的货款；备用信用证则是在受益人提供单证证明债务人（开证申请人）没有履行基础交易中的义务时，开证银行才支付信用证项下的款项。

（2）在正常情况下，当采用一般商业信用证时，开证银行是期待并愿意按信用证规定对受益人开出的汇票及单据付款的，因为这表明开证申请人和受益人之间的交易（如买卖合同）正在正常地进行（如卖方已履行交货义务并取得装运单据）；备用信用证的开证银行则并不希望按该信用证的规定对受益人开出的汇票及提供的单证付款，因为这表明开证申请人和受益人之间的交易出了问题，在前一种情况下，开证申请人一般亦希望开证行对受益人所提供的、符合信用证要求的单据付款，以便取得单据项下的货物，从而使买卖交易的最终目的得以实现，但在后一种情况下，备用信用证的开证申请人则总是力图否认自己有违约行为，设法让开证银行拒绝对受益人付款。

（3）在进出口业务中，一般商业信用证都是以买方为开证申请人，以卖方为受益人。但在使用备用信用证时，情况则有所不同，开证申请人和受益人既可以是卖方也可以是买方。

备用信用证在性质上与银行保函（Letter of Guarantee）相类似，它主要用于借款保证、投标保证、履约保证、赊购保证等。由于美国法律不允许银行为其客户提供银行保函，因此美国的银行就用开立备用信用证的办法来代替保函。但是，近年来美国等一些国家已开始把备用信用证用于保证买卖合同项下货款的支付，其目的是减轻一般商业信用证所要求的审查单证的麻烦和费用。其做法是：由买方通过银行向卖方开出相等于发票金额的备用信用证，卖方发货后，即直接把发票寄交买方，如买方按发票付款，该信用证就备而不用。如果买方不按发票支付货款，卖方就可以根据备用信用证的规定，开立相当于发票金额的汇票，并附具一份证明买方未按发票付款的文件，要求开证银行付款。这样银行就不必费时去审查各种商业单据，银行费用也会相应降低。

第五节　国际保理

一、国际保理的概念和分类

（一）国际保理的概念

国际保理（International Factoring）是继信用证、托收、汇付等支付方式出现后的一种新型国际贸易支付方式。所谓保理，也称"保付代理""包买票据"等，是指保理商（Factor）向卖方提供包括买方资信调查、资金融通、销售分类账管理、账款催收、坏账担保等一系列综合金融服务业务。[①]

为促进国际保理业务的开展，国际上还成立了国际保理商联合会（Factors Chain International，FCI）、国际保理协会、海勒保理业务组织等组织。其中最有影响力的国际保理商联合会成立于 1968 年，致力于为会员提供国际保理业务的统一标准、程序、法律依据和规章制度，进行组织协调和培训。

（二）国际保理的分类

从国际保理的实践来看，依据不同的分类标准，可以把保理业务分为不同的类型：

（1）以保理商受让应收账款时是否立即向出口商付款，可以将保理业务分为到期保理和预付保理。到期保理是指出口商转让应收账款之时，保理商并不立即向出口商支付款项，而是承诺在账款到期时无追索权地向出口商支付款项。预付保理是出口商转让应收款于保理商时，保理商立即向出口商支付款项。

（2）按照是否将应收账款转让的事实通知债务人，可分为公开型保理和隐蔽型保理。公开型保理应将应收账款转让的事实通知债务人，通知方式包括但不限于：向债务人提交银行规定格式的通知书，在发票上加注银行规定格式的转让条款。隐蔽型保理中应收账款转让的事实暂不通知债务人，但银行保留一定条件下通知的权利。

（3）按照银行在债务人破产、无理拖欠或无法偿付应收账款时，是否可以向债权人反转让应收账款，或要求债权人回购应收账款或归还融资，可分为有追索权保理和无追索权保理。在无追索权保理中，保理商根据供应商所提供的债务人名单进行资信调查，并为每个债务人核定相应的信用额度。然后在该信用额度内购买供应商对该债务人的应收账款，而且不保留追索权，即如果保理商因债务人清偿能力不足而无法收回应收账款时，不能再向供应商追回购买款，在未付购买应收账款的款项时也不能拒付。这种保理为供应商提供其所迫切需要的坏账担保，为供应商所乐意选择，保理商承担较大风险。

在有追索权保理中，保理商不负责为债务人核定信用额度和提供坏账担保，仅提供包括融资服务在内的其他服务。无论债务人因何种原因不能支付而形成呆

[①]　徐仲建、屠世超：《国际商法》，浙江大学出版社 2021 年版，第 256 页。

账或坏账，保理商都有权索回已购买款项或拒付未付的购买款项。

（4）根据保理业务涉及的当事人不同，把保理业务分为双保理和单保理。双保理业务涉及进出口地的两个保理商，单保理仅涉及出口地或进口地的一个保理商。双保理业务中，出口商和出口保理商签订保理协议，将其在国外的应收账款转让给出口保理商，而由出口保理商与进口保理商签订另一保理协议，向进口保理商转让有关的应收账款，并且由进口保理商向进口商主张债权，同时由进口保理商提供坏账担保、债款催收和销售额度核定等服务。公开、预付且无追索权的双保理，是国际保理的主要业务方式。

二、国际保理的参与人与基本程序

（一）国际保理的参与人

国际保理一般涉及四方当事人：

（1）出口商（Exporter）；

（2）进口商（债务人）（Importer）；

（3）出口保理商（Export Factor）。出口商所在地的保理商，主要负责融通资金，即供应商垫付每笔经过保理的发票的货款；

（4）进口保理商（Import Factor）。进口商所在地的保理商，主要承担有关债务人信用风险，账务管理，并按销售合同规定的到期日，直接向债务人追收账款。

（二）国际保理的基本程序

（1）进出口双方在交易磋商过程中，出口商首先找到出口保理商，向其提出出口保理的业务申请，填写《出口保理业务申请书》（或称为《信用额度申请书》），用于为进口商申请信用额度。申请书一般包括如下内容：出口商业务情况，交易背景资料，申请的额度情况（包括币种、金额及类型）等。

（2）出口保理商于当日选择进口保理商，通过由国际保理商联合会开发的保理电子数据交换系统将有关情况通知进口保理商，请其对进口商进行信用评估。通常出口保理商选择已与其签订《代理保理协议》、参加 FCI 组织且在进口商所在地的保理商作为进口保理商。

（3）进口保理商根据所提供的情况，运用各种信息来源对进口商的资信及市场行情进行调查。如进口商资信状况良好且进口商品具有不错的市场，则进口保理商将为进口商初步核准一定信用额度，并将有关条件及报价通知出口保理商。

（4）出口商接受出口保理商的报价，与其签订《出口保理协议》并与进口商正式达成交易合同，出口保理商与出口商签订《出口保理协议》后，出口保理商向进口保理商正式申请信用额度。进口保理商于规定的期间内答复出口保理商，通知其信用额度批准额、效期等。

（5）出口商按合同发货后，将正本发票、提单、原产地证书等单据寄送进口商，将发票副本及有关单据副本（根据进口保理商要求）交给出口保理商。同时，出口公司还向出口保理商提交《债权转让通知书》和《出口保理融资申请书》，并将发运货物的应收账款转让给出口保理商。出口保理商按照《出口保理协议》向其提供相当于发票金额一定百分比的融资。

（6）出口保理商在收到副本发票及单据当天将发票及单据的详细内容通过内部电子数据交换系统通知进口保理商，进口保理商在发票到期日前若干天开始向进口商催收。

（7）发票到期后，进口商向进口保理商付款，进口保理商将款项付给出口保理商，出口保理商扣除融资本息及有关保理费用，再将余额付给出口商。

三、有关国际保理的法律规则

（一）《国际统一私法协会国际保理公约》

国际统一私法协会很早就意识到国际保理将在国际贸易中发挥重要作用，并致力于制定这一领域的国际统一规则。经过 10 年的努力，协会终于制定出《国际私法协会国际保理公约》。1988 年 5 月该公约在渥太华外交会议上正式通过，于 1995 年 5 月生效，我国不是该公约的缔约国。

公约在"序言"中指明宗旨为：（1）保持保理交易的各方当事人利益的公正平衡；（2）采用统一规则以提供国际保理的法律框架。公约共 4 章 23 条。第 1 章规定公约的适用范围和总则。第 2 章为当事人的权利和义务，规定了转让应收账款的效力、债务人的付款义务和抗辩权、抵销权、收回付款权等问题，是公约的核心部分。第 3 章规定再转让问题。第 4 章规定公约的生效、保留、退出和保存。

(二)《国际保理习惯守则》

随着国际保理的发展，国际保理惯例初步形成，国际保理组织也相继建立并进行国际保理惯例的编纂。国际保理协会在 1988 年制定了《国际保理习惯守则》。以后又随着情况的变化而不断进行修订，现行文本是 2010 年 6 月颁布的。该守则侧重对出口保理商和进口保理商之间的权利义务做出规定，共 31 条。内容涉及信用风险的承担、付款责任、保理商的代理、保证及其他责任、应收账款转让的合法性、补偿、预付款、期限、保理中 EDI 标准的适用等。守则作为任意性惯例，由当事人自愿采纳。自颁布以来，产生了广泛影响，不仅 FCI 成员选择适用它，许多非 FCI 成员的保理商也选择适用它，贸易商在保理安排中也参照其规定。

(三) 中国国内法规则

大多数国家目前都没有针对保理进行专门立法，而是根据债权转让的一般法律规定来处理保理中的一些问题。我国《民法典》将"保理合同"作为典型合同之一种，做了专章规定，该章没有规定的，适用债权转让的有关规定。我国国内的银行大多加入了国际保理商联合会，对于国际保理业务没有做专门规定，通常按照国际保理商联合会所颁布的规则和规定执行。[①]

四、国际保理各方当事人之间的法律关系

(一) 供应商与债务人的法律关系

供应商与债务人之间的权利义务关系主要依据他们的贸易协议，但由于采取了保理的支付方式，他们的权利和义务在支付方面也有以下特点：一是供应商应通知债务人其应收账款已转让给保理商。二是债务人在接到通知后，应向保理商而且只向保理商履行付款义务。当然，在向保理商履行付款义务时，债务人向供应商付款时可主张的抗辩同样可以对抗保理商，这符合债权转让的原理。

(二) 供应商与出口保理商的法律关系

供应商和出口保理商的法律关系是依据出口保理协议建立起来的一种合同关

---

① 徐仲建、屠世超：《国际商法》，浙江大学出版社 2021 年版，第 258 页。

系。出口保理协议是国际保理中的主合同。

1. 供应商的主要义务

（1）转让应收账款。供应商应向出口保理商提交发票等单据，履行债权转让手续并通知债务人。

（2）瑕疵担保义务。供应商应保证所转让的债权是合法、真实、有效的，本身不存在法律上的瑕疵。

（3）权利担保义务。供应商应保证只有出口保理商获得这一债权，而且获得完整的权利。为此，供应商应保证，该债是债务人必须完全清偿的债务，不存在债务人对该债权的抵销、留置、赔偿、反请求等事由；任何第三人不得对该债权主张权利，包括抵押权。

（4）披露义务。首先，在订立出口保理协议之前或订立过程中，供应商应向出口保理商披露其所知晓的事实，包括可能会对出口保理商决定是否订立出口保理协议、是否同意提供信用的一切事实。其次，在出口保理协议有效期内，对上述事实的变化也应进行披露。

（5）向出口保理商支付各项费用。包括支付佣金、银行转账及其他费用、预付款的贴息。出口保理商通常从收取的货款中将这些费用和贴息及预付款扣除，余下的款项再交给供应商。

2. 出口保理商的主要义务

（1）传递信用额度申请书和信用额度确认书。即将供应商提交的对债务人的信用额度申请书及相关文件交给进口保理商，要求进口保理商对债务人的商业资信进行调查和评估，并核定信用额度。出口保理商应将进口保理商的信用额度确认书及时交给供应商。

（2）购买应收账款。按照保理协议，出口保理商受让应收账款，同时向供应商支付约定比例的预付款。此外，出口保理商还负有在扣除预付款、佣金、银行转账及其他费用、预付款的贴息后支付收取的货款的义务。国际保理通常是无追索权的，出口保理商的上述付款义务不受进口保理商是否收到货款以及是否将所收货款转交给出口保理商等因素的影响，除债务人因贸易纠纷而拒付外，出口保理商仍应按约定付款。

（3）发生贸易纠纷下的付款。在出现货物或服务品质、数量、期限等方面的纠纷而导致债务人不付款时，出口保理商可索回其因受让应收账款而支付的代价，如融资。但是，这种索回是有条件的，即供应商违反买卖合同义务已经确认。相反，如果纠纷的结果是对供应商有利的，出口保理商还应再接受这种发生过纠纷的应收账款为合法的应收账款，履行其付款义务。

（4）对应收账款提供账务管理。出口保理商在接到供应商的发票后，在电脑中设立分账户，进行记账、催收、计算等工作。

（5）保密义务。出口保理商对在提供保理服务中涉及的供应商商业秘密应予以保守。即便在合同终止后一段时期内，出口保理商的义务仍然存在。

（三）出口保理商与进口保理商的法律关系

出口保理商和进口保理商之间的法律关系也是一种合同关系。双方签订的保理协议，是双方权利义务的主要依据。实践中，双方通常就开展国际保理业务签订一个长期的框架协议，规定相互为对方的出口保理商或进口保理商，并约定合作条件。而当双方发生具体交易时，可签订具体的保理协议。

1. 出口保理商的主要义务

（1）转让应收账款。出口保理商应通过在正本发票上加注债权转让的通知，将债权再转让给进口保理商。

（2）瑕疵担保和权利担保。出口保理商应保证所转让的应收账款的真实有效性以及债权转让本身的有效性。出口保理商对进口保理商的这种保证责任与供应商对出口保理商的保证义务是一致的。只不过，供应商直接对出口保理商负责，出口保理商直接对进口保理商负责，供应商与进口保理商并无直接的合同关系。

（3）保证本人和/或供应商在必要时给予进口保理商协助。进口保理商在收款过程中有时需要出口保理商和供应商给予协助，而供应商与进口保理商并无直接的合同关系，因此，出口保理商和进口保理商间的保理协议以及国际保理惯例往往要求出口保理商保证他本人和/或供应商对进口保理商在必要时提供协助。

（4）通知和披露义务。出口保理商在接到供应商的收货通知后，应立即以同样的形式通知进口保理商。对于已发生纠纷而视为未核准的应收账款，出口保理商应单独或和供应商采取行动使纠纷尽快解决，并将纠纷解决的进程和结果尽快通知进口保理商。出口保理商及时披露他所知的可能对进口保理商收取应收账款或债务人资信产生不利影响的任何事实和情况。

（5）向进口保理商支付佣金和有关费用，补偿进口保理商遭受的损失。对进口保理商提供的服务，出口保理商应按照约定的金额和时间支付佣金和有关费用。如果进口保理商因其他当事人或第三方提起诉讼或要求而遭受损失，出口保理商应予以补偿。

2. 进口保理商的主要义务

（1）对债务人进行资信调查与评估，并核定相应的信用额度。

（2）将应收账款转让的法律要求通知出口保理商。出口保理商和进口保理商之间的应收账款转让是国际转让，其是否有效受进口保理商所在国法律的调整。进口保理商应将本国对应收账款转让的法律要求，包括转让通知的文句和程序要求通知出口保理商，以便他按要求履行转让义务。

（3）承担债务人的信用风险。在国际保理业务中，进口保理商应承担债务人不能按照贸易合同支付已核准的应收账款的风险。

（4）催收货款并转付出口保理商。进口保理商受让应收账款后应在规定日期向债务人收取货款，并迅速转给出口保理商。

（5）应出口保理商的请求协助解决贸易纠纷。在债务人提起贸易纠纷时，进口保理协议的担保付款责任中止。但在这种情况下，他应迅速通知出口保理协议，并应配合和协助出口保理商解决纠纷。

（四）债务人与进口保理商的法律关系

债务人与进口保理商之间没有合同关系，但由于进口保理商收购了供应商对债务人的应收账款，一般地说，进口保理商取代了供应商获得收取货款的权利。各国法律一般都认可，由受让人获得让与人的债权。《国际保理公约》第6条规定，即使供应商与债务人之间订有禁止转让应收账款的任何协议，保理商受让应收账款仍应有效，除非债务人所在国的相关法律有相反规定并且该国对此做出保留。

云思政：新中国国际结算工作历史回眸

 复习思考题

一、简答题

1. 简述票据的基本作用与法律特征。

2. 票据行为有哪些？

3. 简述常见的国际贸易结算方式。

4. 简述信用证的主要特点。

5. 在国际信用证支付方式中，银行应遵守哪几项审单原则？

二、案例分析

2007 年 8 月，中国甲公司与美国乙公司签订了一份大豆出口合同，合同约定货物品质为二级，不可撤销信用证支付，分三批装运。

第一批交货时甲因二级大豆缺货，便改装成一级货，发票上亦注明货品为一级，货款仍按二级价格计收。甲至银行议付时，银行认为发票对货品的描述与信用证的要求不一致，因此拒绝收单付款。

至第二批交货时，二级大豆仍然缺货，甲遂将货品改为一级，但仍按二级价格计收货款，并在发票上注明货品为二级，以符合信用证的要求。但乙因该批货物有特殊用途，不同意甲的做法，故以甲所交货物与合同不符为由，要求议付行拒绝收单付款。

第三批发货前，乙对信用证做出修改，要求对第三批货物分批装运，同时将甲的发货时间与信用证有效期分别延展两个月，分别为 2008 年 4 月 15 日与 2008 年 4 月 30 日。议付行及时通知了甲，但甲未置可否。至 2008 年 4 月 15 日，甲一次性履行了第三批全部交货义务。

问题：

（1）第一种情况下，银行的做法是否合理？为什么？

（2）第二种情况下，乙的要求能否得到银行支持？为什么？

（3）第三种情况下，甲能否顺利议付？为什么？

案例题答案

第十章

产品责任法

 学习目标

【知识目标】

(1) 掌握产品责任法中的产品及产品缺陷的概念及种类。

(2) 掌握产品责任的概念及构成。

(3) 了解美国产品责任法的主要内容。

(4) 了解欧洲产品责任法的主要内容。

(5) 掌握我国产品责任法的主要内容。

【能力目标】

(1) 在国际产品责任案件的分析中，基于各国法律制度的理解和掌握，培养理论联系实践的能力。

(2) 通过中国产品质量法、美国产品责任法、欧洲及英国产品责任法以及产品责任的法律适用公约间规则制度的对比和分析，培养系统学习框架和法学思辨能力。

(3) 能够主动防范产品责任的发生。

【思政目标】

(1) 通过学习国际产品责任立法和实践，增进学生对各国意识形态的认识，以批判的精神看待各国产品责任理论和实践。

(2) 通过对各国产品责任规则及国际产品责任公约的正确理解和掌握，培养学生形成遵法据理的法治思维，引导学生形成守正创新的理论品格。

(3) 通过了解中国改革开放以来在产品责任法立法上的逐步完善和民族产品和品牌取得的辉煌成就，建立制度自信和文化自信，增强民族自豪感。

【关键术语】 产品责任　生产者　疏忽　归责原则　严格责任

引导案例

　　美国佛罗里达州地方法院陪审团于 2014 年 7 月 18 日做出判决，美国第二大烟草公司—雷诺烟草公司向辛西娅·罗宾逊，一名死于肺癌的烟民的遗孀赔偿 236 亿美元。这一巨额判罚成为近年来美国法院在"烟草索赔案"中判赔额度第二高的裁定。原告辛西娅的丈夫迈克尔，约翰逊是一个老烟民，1996 年死于肺癌，年仅 36 岁。辛西娅认为雷诺烟草公司未告知消费者吸烟的危害，导致迈克尔吸烟成瘾并多次戒烟未果，才最终因肺癌死亡。这一天价赔偿中，只有 1680 万美元是损害赔偿，其余都是惩罚性罚款。随着近现代工业和商品经济的高速发展，新产品不断问世，造成消费者损害的案件日益增多，并成为带有普遍性的社会问题，从而促成了产品责任法的产生与发展。①

第一节　产品责任法概述

一、产品责任法的归责演变

　　产品责任法经历了从合同责任到过错责任，从过错责任到严格责任的发展过程。

（一）合同责任原则

　　合同责任原则源于英国的判例法，由 1842 年英国最高法院"温特博特姆诉怀特"案确立。该案例确立了"无合同、无责任"的原则。换句话说，生产者对生产的产品的责任的大小是由买卖合同中的担保责任决定的。如果销售者或生产者与消费者之间没有合同关系，那么，对所生产或销售的产品一概不负责任。

　　合同责任原则的确立主要是为了保护资本主义经济的发展，保护正在起步的工厂。该原则对西方工业革命早期的经济发展起了积极的推动作用。

---

　　① 韩宝庆：《国际商法》，清华大学出版社 2020 年版，第 180 页。

案例拓展：温特伯顿诉赖特案（1842）

（二）过错责任原则

随着现代工业的发展，消费者面临的产品缺陷风险越来越大，合同责任原则的局限性就显现出来，销售者或生产者既无合同责任也无侵权责任，从而导致产品质量得不到提高。1916 年的"麦克弗森诉别克汽车公司一案"标志着新的产品责任归责原则的建立。因此，从 20 世纪二三十年代开始，产品责任被纳入了侵权行为的范畴处理。

过错责任是以主观过错为归责要件，行为人在生产或销售产品时没有尽到注意义务而导致产品缺陷的，就应当承担相应责任。过错责任原则不仅提高了产品的完全性，也客观上促进了技术的更新换代。

案例拓展：麦克弗森诉别克汽车公司案（1916）

（三）严格责任原则

进入 20 世纪六七十年代，产品责任问题越来越多，消费者的权益经常受到侵犯。在 1932 年美国的"巴克斯特诉福特汽车公司"一案的审理中，法官判决被告应该就产品陈述承担担保责任。该判例将担保责任引入侵权法中。为了维护消费者的利益，减轻消费者的证明负担，各国开始制定产品责任法，确立了严格责任原则，即只要因产品的缺陷导致消费者的财产或人身受到损害，生产者或销售者就应承担赔偿责任，无须消费者对生产者或销售者存在主观过失进行举证。严格责任更有利于保护消费者。

案例拓展：格林曼诉尤巴电动产品公司案（1963）

二、产品、产品缺陷的概念

（一）产品的概念

对"产品"概念的界定是产品责任制度的起点。很多国家都立法对"产品"的概念及外延做出界定。如《德国产品责任法》第 2 条规定："产品是指一切动产，包括构成另一动产或不动产的一部分的物……"[①] 我国的《产品质量法》第 2 条第 2 款规定："产品是指经过加工、制作，用于销售的产品。"

思维拓展：论产品责任中的"产品"

（二）产品缺陷的概念

产品缺陷意味着，从社会的角度来看，产品具有不合理的欠缺安全性的状态。[②] 它是产品责任的核心。《中华人民共和国民法典》中并没有对"缺陷"做出界定，《产品质量法》第 46 条既强调产品缺陷是指其"存在危及人身、他人财产安全的不合理的危险"；同时又规定，在"产品有保障人体健康和人身、财产安全的国家标准、行业标准"时，产品缺陷是指不符合这些标准。

我国《产品质量法》的第 46 条规定："产品缺陷是指产品存在危及人身、他人财产安全的不合理的危险"，该条规定是借鉴了美国法的经验。但同时，又规定了缺陷是指不符合国家标准和行业标准。对于是否需要引入"国家标准和行业标准"学术界存在争议。多数学者认为，不需要引入国家标准和行业标准。[③]

知识链接：产品缺陷的判断标准

---

① 周友军：《民法编撰中的产品责任制度完善》，载于《法学评论》2018 年第 2 期，第 138 页。
② ［日］吉村良一：《日本侵权行为法》，张挺译，中国人民大学出版社 2013 年版，第 206 页。
③ 张新宝：《侵权责任法》，中国人民大学出版社 2006 年版，第 288 页。

三、产品责任的概念及特征

（一）产品责任的概念

产品责任是指产品的生产者、销售者及其他提供者因其提供的有缺陷产品导致产品购买者、使用者或其他人遭受人身伤害、财产损失应当承担的一种侵权法律责任。

（二）产品责任的特征

1. 产品责任是由产品的缺陷引起的

产品缺陷，是指产品不符合要求，具有不合理的危险性，不能给消费者提供有权期待的安全。缺陷必须在产品离开生产者、销售者控制以前，即投入流通以前已经存在。一般的缺陷大致可以分为以下几种：

（1）设计上的缺陷，指生产者在制造产品之前，由事先形成的对产品构思、方案、计划安排、图样等设计上的事项造成的缺陷。设计缺陷通常表现为结构零件设置不合理、配方选用不当等。

（2）制造上的缺陷，指产品在生产或制造中产生的不安全因素，通常产生于产品的制作、装配、铸造过程中，具体表现为生产者制作产品时粗制滥造的差错，产品生产中质量控制和检验手段的欠缺等。

（3）原材料的缺陷，指产品在制造时所使用的原材料不符合有关质量、卫生、安全等标准而形成的缺陷。如制药工业中采用不纯原料使药物中含有伤害人体的物质；食品中加入防腐剂、非食用色素等。

（4）指示缺陷，指产品没有充分标识使消费者在使用过程中受到侵害而出现的缺陷。

2. 产品责任是一种侵权责任

产品责任是一种侵权责任而不是一种违反合同的责任。它不以加害人与受害人之间存在合同关系为前提，而是基于产品缺陷造成他人损害这一事实而产生的，它是对法律的直接违反而产生的法律责任。另外，产品责任中的侵权责任也不以过错责任为必要条件，只要有因为产品的缺陷而造成财产损失与人身伤害的事实，受害人无须证明加害人有无过错，侵权责任即告成立。

3. 产品责任是一种损害赔偿责任

产品责任中的损害赔偿一般不具有惩罚性质。它的目的是从经济上救助受到损害的消费者。因此，只要是由于产品的缺陷而给消费者或使用者造成财产损失与人身伤害的，生产者或销售者就应当承担相应的损害赔偿责任。

四、产品责任法概述

（一）产品责任法的概念和法律特征

产品责任法，是调整产品生产者或者销售者因其生产或者销售的缺陷产品致使消费者或第三人遭受损害，而引起的侵权赔偿法律关系的法律规范的总称。产品责任法的主要目的是要确定产品的生产者和销售者对其生产或销售的产品所应承担的法律责任，以保护消费者的利益和市场的正常秩序。

产品责任法与其他法律相比具有如下特征：

（1）产品责任法严格意义上属于私法的范畴，如：因缺陷产品而遭受损害的消费者或使用者提起的损害赔偿之诉中，是否要求产品生产者、销售者赔偿，要求赔偿的具体数额都由其自由决定；但宽泛意义上的产品责任法还可以包括国家制定的有关产品生产者或销售者对产品安全、产品质量或安全标准等相关的法律法规，这些法律规范则具有公法性质，不能通过生产者与消费者之间的合同约定加以排除。

（2）产品责任法调整的对象是因产品缺陷而引起的人身或财产损害所发生的权利与义务关系。这种损害是指因产品存在缺陷而使消费者、使用者或第三人所遭受的人身伤害或财产损失，而不包括单纯的产品本身的损失。

（3）产品责任法的赔偿责任原则一般都采用严格责任理论。

案例拓展：小马能追究厂家的产品责任吗？

（二）产品责任法的性质和调整对象

1. 产品责任法的性质

产品责任法的许多规范属于强制性规范的范畴，要求得到严格履行。一般而言，每一个国家为了维护社会经济生活的稳定和有序，保护广大消费者的权益，作为国家干预社会经济生活的一项重要内容，都制定了一系列的产品责任法律规范。产品责任法成为经济行政法的一个重要组成部分，要求社会各界严格遵守，不允许有关当事人通过合同或其他方式加以排除或变更。如果出现了产品责任法所规定的产品责任事故，除法律另有规定外，有关当事人应当承担其依法所应承担的实际法律责任，不允许有任何形式的例外。

2. 产品责任法的调整对象

产品责任法的调整对象是有关生产者、销售者和消费者、使用者之间在不考虑任何合同关系的条件下，因产品存在缺陷而引起人身或财产损害时所发生的权利与义务关系。这种调整对象是其他部门法所不具备的，因而具有特殊的性质，进而形成了一系列有关产品责任的法律规范。

（三）产品责任法的作用

产品责任法的作用主要体现在三个方面：

1. 能加强生产者、销售者的责任感

产品责任法通过对产品生产者和销售者的产品责任的规定，增强生产者、销售者的责任感，促使他们不断改善生产经营条件，建立完善的质量监督管理体系，提高产品质量。

2. 能保护消费者、使用者或第三人的合法权益

产品责任法在规定了生产者、消费者责任的同时，为消费者、使用者或第三人的损害赔偿提供了法律依据和保障，增强了消费者购买产品的安全感，给予消费者更好的保护。

3. 能促进良好的经贸秩序的建立

产品责任法对生产者和销售者起到了警戒和惩戒的双重作用，使其尽可能地向市场和消费者提供符合消费安全的产品，减少或避免因产品欠缺合理的安全性而发生的索赔，节约了贸易中的机会成本和经济成本，促进良好的经贸秩序的建立。

五、产品责任立法模式

目前，国际上产品责任立法模式有两种：

（一）美国模式

从美国产品责任法的发展历史来看，都是以判例法为主。如 1842 年的温特伯顿诉莱特案确立了契约责任原则，1916 年麦克弗森诉别克汽车公司案确立了疏忽责任原则，1944 年的埃斯科拉诉可口可乐瓶装公司案及 1963 年格林曼诉尤巴电器公司案确立的严格责任原则。同时，美国也进行了产品责任成文立法。如 1972 年发布的《消费安全法》，1979 年商务部公布的《统一产品责任示范法》，以供各州立法时选用。美国学者认为，生产者和销售者承担产品责任的原因在于：其一，损失转移或分散。它将消费者因瑕疵产品造成损害的损失，转移给有能力负担并有能力分散损害成本的人承担。其二，保护消费者的安全和健康。①

《美国侵权法重述·产品责任》（第三版）第 20 条还专门对"商业销售者或者分发者"的概念进行界定。该条分三款规定了"商业销售者或者分发者"的具体类型。②

（二）欧盟模式

德国是欧盟模式的典型代表。德国在大陆法系国家中关于产品责任的发展居于领先地位，较之法国等大陆法系国家，德国更多适用侵权责任规定，而非契约法，即通过过失推定来达到保护消费者的目的。1976 年德国制定了《药物伤害法》，成为欧洲最早的一部产品责任专门立法，但仅适用于药物。1985 年《欧共体产品责任指令》有力促成了德国产品责任法的发展，依照指令，德国联邦议会 1989 年 12 月 15 日通过了《产品责任法》将指令纳入其国内法。德国法中的产品责任的主体是生产者，原则上并不包括销售者。只有在例外情况下，销售者才被视为生产者，承担产品责任。

---

① Thompson, Imposing Strict Products Liability on Medical Providers. *Missouri Law Review*, Vol. 60, 1995, pp. 711 – 714.
② 《美国侵权法重述·产品责任》（第三版）第 20 条规定："（a）在商业情形下向他人转让所有权，或是为了使用或消费，或是为了指向最终使用或消费的转售，该行为人是在销售产品。商业产品销售者包括但不限于制造商、批发商及零售商。（b）在非销售性商业交易中，不是为了使用或者消费，也不是作为导向最终使用或消费的预备步骤，向他人提供产品，该行为人是在以其他方式分发产品。商业性非销售产品分发者包括但不限于出租人、寄托人及将其作为促进此类产品的使用、消费或者其他商业活动的一种方式而提供产品者。（c）如果在商业交易中提供产品和服务的结合体，或是该交易作为一个整体，或是其中的产品，符合第 a 款或第 b 款规定的标准，该行为人也是在销售或以其他方式分发产品。"

第二节 美国的产品责任法

一、美国产品责任法的发展概况

美国的产品责任法是目前世界上发展最迅速、最完备、最具代表性的产品责任法，其基础是英国产品责任判例，经过长期的独立发展，形成了世界上最具影响的产品责任法体系。

美国的产品责任的立法表现形式多样，既有习惯法（Common Law），又有成文法（Statute Law）。成文法包括 1952 年美国《统一商法典》、美国 1906 年《统一买卖法》、1979 年《统一产品责任法草案》、1974 年《麦格纳森摩斯法案》《统一消费者买卖实务法案》等。由于美国是联邦制国家，联邦宪法对联邦政府立法权有一定的限制，美国的产品责任法的正式法律渊源主要表现为美国各州的普通法判例，以及各州的相关制定法。为了统一各州产品责任法，美国商务部于 1979 年 1 月公布了《统一产品责任示范法》（Model Uniform Product Liability Act，以下简称《统一示范法》），作为专家建议文本，供各州在立法及司法中参考适用。此外，美国参议院商业科学和运输委员会下设的消费特别委员会于 1982 年公布的《产品责任法草案》以及美国法学会编撰的《第二次侵权法重述》（1965年版）（以下简称《重述二》）在统一各州的产品责任法方面也起到了重要作用。特别是 1997 年 5 月 2 日，美国法学会通过了新的产品责任法重述——《第三次侵权法重述·产品责任》（以下简称《重述三》），标志着美国产品责任法的发展又进入了一个新阶段。

二、产品及其缺陷

（一）产品的含义

根据美国 1979 年《统一示范法》第 102 条（c）项将"产品"定义为："具有真正价值的，为进入市场而生产、能够作为组装整件或作为部件、零件交付的物品。但人体组织、器官、血液组成成分除外。"《重述三》第 19 条对"产品"

的定义做了这样的规定：为本重述之目的，①产品是指通过商业销售供给人们使用或者消费的有形动产。其他的类别，例如不动产和电，当其供应和使用的方式与前述有形动产的供应和使用的方式如此类似因而应适用本规则时，也属于产品。②服务，即使是以商业方式提供的服务，也不是产品。③人体血液和人体组织，即使是以商业方式提供的，也不适用本重述的规则。

（二）缺陷的含义及种类

缺陷是产品责任中的核心概念。如果产品没有缺陷，那么就不会产生相应的产品责任。美国关于产品责任法中缺陷产品的定义，在实践中引用得比较多的是《重述二》。《重述二》第402条A款的规定代表了美国对产品缺陷定义的普遍观点，该条第1款规定："凡销售的缺陷产品对使用者或消费者或其财产具有不合理的危险，那么销售者应对最终使用者或消费者或其财产因此而遭受的实际损害承担责任。"可见，《重述二》把产品的缺陷定义为"不合理的危险"（Unreasonable Danger）；对于产品缺陷的定义，《统一示范法》第104条的表述为"不合理的不安全"（Unreasonably Unsafe）；《重述三》则在其第2条"产品缺陷的分类"所做的"报告人注释"中引入并推荐"非合理的安全"（Not Reasonably Safe）这一概念，即缺陷产品是指产品不具有合理的安全性。从理论上而言，任何产品都有危险，但要构成产品责任法上的缺陷产品，是指产品含有不合理的危险，对此类产品造成的损失制造者或销售者应为此承担法律责任。

对于产品缺陷的种类，美国产品责任法主要包括以下三种：

1. 产品的制造缺陷

产品的制造缺陷是指产品存在与该产品的设计意图相背离的物理状况，从而使产品含有不合理的危险。美国《统一示范法》第104条A款指出："确定产品制造上存在的不合理的不安全性，审理事实的法官必须认定：产品脱离制造者控制时，即在一些重要方面不符合制造者的设计说明书或性能指标，或不同于同一生产线上生产出的同种产品。"产品的制造缺陷往往是生产者在产品的生产或管理过程中的疏忽所致，但也不能排除生产者已经尽了合理注意义务，产品依旧存在制造缺陷。产品的制造缺陷一般只涉及整批产品中的个别产品。

2. 产品的设计缺陷

产品的设计缺陷是指产品虽然符合产品的设计意图，但该设计本身含有不合理的危险。《统一示范法》第104条B款对设计缺陷的规定是："为了确定产品设计上存在不合理的不安全性，审理事实的法官必须认定：产品在制造时即存在造成原告损害或类似损害的可能性，这类损害的严重性在价值上超过制造商为设计能够防止这类损害的产品所承受的负担，以及替代设计对产品实用性的相反影响。"产品的设计缺陷不仅影响个别产品的安全性，而且会导致该设计下的整批产品存在缺陷。

3. 产品的警告缺陷

产品的警告缺陷，是指产品存在可以合理预见的危险，但产品的生产者或销售者没有提供必要和充分的产品使用说明或警告以降低或避免产品存在的危险。《统一示范法》第104条C款对警示缺陷的解释是："与产品有关的危险或对产品的正确使用没有给予适当警告或指示，致使产品存在不合理的不安全性。"产品的警告缺陷与产品的设计缺陷相类似，同样会影响整批产品的安全性。

对于生产者承担产品危险警告义务的范围，《重述三》做了比较详细的阐释。一般原则是，生产者或销售者应对产品使用中可以合理预见的危险做出充分的说明和警告，但并非针对一切可能的危险。比如：其一，对于不可预见的产品使用方式及危险，尤其是因为产品的滥用而产生的危险，生产者没有义务做出警告；其二，对于显而易见的危险，生产者亦没有义务做出警告；其三，对于消费者使用药品而产生的不良过敏或特异体质反应，如果有相当数量的人群会对药品使用产生不良反应，那么生产者必须对此提出警告，但是如果产生不良反应的情况或人非常罕见，那么不应苛责生产者的警告义务。同时，不良反应所造成伤害的严重程度应当作为判断生产者是否应当做出警告的重要参考因素。总之，过分详尽的说明或警告，不但不能增加产品的安全性，有时反而会降低警告总体上的有效性，消费者可能因此而忽视那些应当值得重视的警告。

另外，需要注意的是，单纯的警告并不能免除生产者应当承担的其他产品责任义务。比如，一个产品存有不合理的危险，而该不合理的危险可以通过更安全的设计予以降低或消除，那么生产者就不应将自己的义务仅仅停留在警告上。警告的作用是有限的，警告"并不能代替一个具有合理安全性的设计"。

案例拓展：家禽瘟疫案（1968）

三、产品责任的归责原则

产品责任的归责原则主要是指缺陷产品的生产者或销售者承担责任的责任基

础。目前美国的产品责任法中有三种归责原则：疏忽责任、担保责任、严格责任。法官可在审判因使用存在缺陷的产品遭受损害的案件中选择任意一种原则作为认定缺陷产品提供者法律责任的理论依据。

（一）疏忽责任

由于美国早期的产品责任理论受到英国判例的影响，要求产品责任诉讼的当事人必须要有合同关系。这一理论虽然对美国早期工业的发展起到了促进作用，但不利于对消费者权益的保护，如果受到缺陷产品损害的消费者不能证明其与产品的生产者或销售者之间有合同关系，那么即使消费者能够证明后者对产品缺陷存有疏忽，其权利请求依然不能得到支持。这一理论在美国持续了近百年，直到美国1916年麦克弗森诉别克汽车公司①一案的出现。该案确立了产品生产者的疏忽责任，并排除了合同关系的要求，由此将产品责任正式导入到侵权责任领域，为保护消费者的合法权益提供了理论支持。

疏忽责任是指因产品的制造人或销售者的疏忽，造成产品有缺陷，致使消费者的人身或财产遭受损害，对此生产者和销售者应对其疏忽承担责任。疏忽责任在理论上属于侵权责任，是为了避免坚持合同关系原则所导致的诉讼中的不便和不公平而产生的。根据疏忽责任理论，不要求提起损害赔偿之诉的原告与作为被告的产品提供者之间存在合同关系，这给非产品买方的受害人提供了法律保护的依据。

在疏忽责任下，产品缺陷的受害人寻求法律救济时，其负有举证责任，即受害人必须证明以下事实：一是被告负有"合理注意"的义务；二是被告没有尽到合理注意的义务，即被告具有疏忽之处；三是由于被告的疏忽，造成原告的损害。这就要求原告必须证明损害产品与产品缺陷之间存在因果关系。但是，在科学技术高度发达的今天，消费者要证明生产者在产品的生产和设计中是否有过错非常困难，因为产品的设计和生产相当专业化，同时产品从设计到制造始终控制在生产者手中，这无疑加大了原告在诉讼中的举证困难，使其处于十分不利的地位。为解决疏忽责任的弊端，担保责任理论由此发展起来。

---

① 该案中被告别克公司将生产的汽车卖给零售商，零售商又将其卖给原告麦克弗森，之后因为轮子的缺陷，导致汽车倾覆，并致原告受伤。被告主要提出两项抗辩：一是原被告之间无合同关系，二是轮子并非由被告生产。但该案法官首先否决了产品责任诉讼须有合同关系的限制，并认为被告作为成品生产商有义务检验产品零部件的质量，应当发现其中的缺陷，因此认定被告疏忽责任成立。

（二）担保责任

担保责任是指因产品有缺陷，销售者或生产者违反了对货物的明示或默示担保义务，以至于对消费者或使用者造成了伤害而承担的法律责任。担保责任的归责原则源自合同责任体系。按照合同的基本精神，商品买卖是典型的合同行为，卖方有义务保证其出售的货物符合双方所订立合同的条款之要求，因此，担保责任包括产品质量担保责任就伴随着买卖合同产生了。

根据美国《统一商法典》规定，卖方对其交付的货物的品质负有保证符合合同条款要求的义务。担保责任分为两种：一是明示担保，二是默示担保。前者是基于当事人的意思表示，主要表现为下列方式：

（1）卖方向买方就货物做出的许诺或对事实的确认，并成为交易基础的一部分，即构成担保。

（2）对货物的任何说明或者提供的样品、模型，只要构成交易基础的一部分，也构成明示担保。

默示担保不是基于当事人的意思表示而产生，而是一种法定的责任。默示担保是在明示担保之后产生的。明示担保不可能涵盖制造者或销售者应承担的担保责任，因产品质量问题发生损害时，如果只依靠明示担保责任，无法给受害人合理的补救，导致明显的不公平的后果，因此，用默示担保加强制造者或销售者的产品责任来显示公平精神，十分有必要。默示担保又分为商销性的默示担保和适合特定用途的默示担保。《统一商法典》第 2～314 条规定，商销性默示担保（Implied Warranty of Merchantability）要求产品及其包装符合合理的安全标准，符合该类产品的通常用途；而根据该法典第 2～315 条关于产品须符合特定用途的默示担保要求，如果卖方知道或者有理由知道买方购买该产品的特定目的，且买方产生了依赖，产品就须适合于该特定的用途。

（三）严格责任

1. 严格责任的概念与构成

严格责任是指对于产品存在的缺陷，即使产品的生产者或销售者不存在任何过错，也应当对缺陷产品所造成的损失承担赔偿责任。严格责任是一种无过错责任。虽然目前美国对严格责任的理解有不同的分歧，但普遍的观点还是主张严格责任是一种无过错责任。因此在该责任下，消费者证明的核心在于产品的缺陷，而无须证明产品的缺陷是否由于生产者或销售者的疏忽所致。

严格责任理论的发展和确立亦是一个渐进的过程。20 世纪 30 ~ 50 年代，美国法律界就提出了适用严格责任理论的设想。1944 年埃斯科拉诉可口可乐瓶装公司一案中，法官的判决减轻了消费者的举证责任，使产品责任向严格责任的方向迈进了一步。1960 年海宁森诉布鲁姆费尔德一案中所确认的默示担保理论亦对严格责任的产生发挥了重要的影响。1963 年格林曼诉尤巴电机公司案则标志着严格责任的最终确立。该案法官引用了埃斯科拉诉可口可乐瓶装公司一案中特雷诺法官的观点，即"当产品投入市场时，生产者明知产品将不经检验而使用，那么他就应当对产品缺陷所造成的损害承担严格责任"，因为相较于消费者，生产者更有能力了解和控制产品缺陷所带来的风险。此案两年后即 1965 年，美国法律研究会发表的《重述二》中第 402 条 A 款正式在立法上确立了严格责任。该条规定："尽管有下列情况，销售者依然承担责任：（1）在制备或销售产品时，销售者已经尽到了一切可能的注意；（2）使用者或消费者没有从销售者手中购买产品或与销售者没有任何合同关系。""尽到了一切可能的注意"意味着，即使生产者或销售者对产品缺陷不存在任何过错依然要承担产品责任。《重述二》第 402 条 A 款颁布后迅速被美国各州的立法和司法所采纳。

以严格责任为由进行起诉，对原告最为有利，因为严格责任不需要原被告之存在合同关系，凡产品的受害人，不论其是买主，还是其他第三人，都可以追究产品生产者、销售者的责任；同时，原告起诉时，不负有证明被告有疏忽的举证责任，他只需证明：（1）产品确实存在缺陷或不合理的危险；（2）产品缺陷与使用者或消费者的损害有因果关系；（3）产品在投入市场时缺陷已经存在。

相比其他理论，严格责任理论对于消费者权益的保护更加有利。与疏忽责任相比，严格责任理论更注重产品本身的安全性；与担保责任相比，严格责任减轻了消费者的举证责任。但这并不意味着疏忽责任理论和担保责任理论的消失。相反，在美国产品责任诉讼中，还是有相当数量的案件，消费者选择疏忽责任或担保责任作为诉讼的责任基础，但毫无疑问的是，严格责任对消费者的保护是最为充分的，可以更好地平衡制造商、销售商、消费者之间的利益，得到大多数消费者的支持。

2. 严格责任理论的新发展

严格责任理论的产生在现有的产品责任制度中对于受害人的保护是最为有利的，但随着大量产品诉讼的出现，司法实践中的经验不断积累，对产品责任的认识不断深入，严格责任的缺点逐渐暴露出来。一方面，严格责任对于生产者和销售者而言过于严格，导致产品责任法律制度的不公。生产商要对因使用其产品所致的几乎每一个损害承担赔偿责任，这使之承担了过于沉重的负担。而正是这种朝向严格责任之外扩展的趋势引发了产品责任案件逐年成倍增长，赔偿数额日趋高额化，以及保险业的危机等诸多问题。另一方面，在某些情况下，仅仅依赖严格责任原则对受害人又难以提供合理的补救。因为生产者只对自己制造的有缺陷产品承担责任，对不是自己制造的有缺陷产品造成的损害则不承担责任。如何弥补严格责任的这些不足，更为公平地分配生产者和消费者之间对产品危险的风险分担，在整体上促进社会公共利益的发展，成为产品责任制度将来的发展方向。产品责任制度比较发达的国家已经开始了变革严格责任的历程，其中，以美国最有代表性。

20 世纪 80 年代以来，美国产品责任法出现了弱化严格责任的趋势，从侧重保护消费者的利益又重新回到侧重保护企业经营者的利益。由此可见，严格责任的发展正沿着两个不同的方向前行。方向之一是适当限制严格责任的适用，减轻制造商或销售商的责任，以鼓励他们积极研发新的产品。方向之二是在现有的严格责任理论之上提出新的理论学说，以更好地为受害人提供补救为目标进行严格责任原则的完善。虽然这两个方向看起来似乎背道而驰，但它们最终目标都是使产品责任更为公平合理。

四、产品责任诉讼抗辩事由

根据美国产品责任法，消费者或使用者因使用某种产品引起伤害或损失，向生产者或销售者提起诉讼时，被告可以充分的证据进行抗辩，即要设法证明原告受害完全是因为原告自己的行为所引起，以减轻或免除自己的责任。在美国立法和司法实践中，常见的抗辩事由可见于以下几个方面：

（一）担保的排除或限制

《美国统一商法典》允许卖方排除其对货物的明示担保和默示担保。在产品责任诉讼中，如果原告以被告"违反担保"为理由对其起诉，被告如果已经在合同中排除了各种明示和默示担保，他就可以提出担保已经被排除作为抗辩。但是，在美国的司法实践中，排除或限制担保受到了一定的限制。如按照美国 1974 年"麦格纽森·默斯保证条例"的规定，为了保护消费者的利益，在消费交易中，卖方如果有书面担保就不得排除各种默示担保。此外，这项抗辩权仅能够对抗以"违反担保"为理由起诉的原告，而不能对抗以"疏忽大意"为理由起诉的原告，因为后者属于侵权之诉，不受合同中关于排除明示或默示担保义务的制约。

（二）原告自己的疏忽行为

原告自己的疏忽行为通常发生在疏忽责任的案件中，又称过失之分担或共同过失。它是指原告自己因疏忽未能发现产品中的明显缺陷或对于缺陷可能引起的损害没有采取适当预防措施，原告对此也应当负担一部分责任。

在美国的产品责任法中，疏忽又分为两种：与有疏忽与相对疏忽。与有疏忽是指原告在使用被告提供的有缺陷的产品时也有疏忽之处，由于双方均有疏忽而使原告受到伤害。按照普通法早期所确立的原则，与有疏忽在侵权之诉中是一种充足的抗辩理由。因此，在以疏忽为依据提起的产品责任诉讼中，一旦确定原告有"与有疏忽"，原告就不能向被告要求任何损害赔偿。但是近年来，美国许多州已经通过立法或判例放弃了与有疏忽原则而采用相对疏忽原则。

相对疏忽是指尽管原告方面也存在一定疏忽，但是法院只是按照原告的疏忽在引起损害中所占的比重，相对减少其索赔金额，而不是像与有疏忽那样不能向被告请求任何损害赔偿。现在，美国许多州都把相对疏忽原则适用于严格责任之诉。应当注意的是，无论是与有疏忽还是相对疏忽，都属于侵权范畴，被告只有在侵权之诉中才能提出这些抗辩，而不能在合同之诉中提出该种抗辩。

（三）自担风险

原告自担风险是指如果原告明知某项产品的某种使用会引起伤害，还故意进行这种使用，并造成了伤害，其可能无法得到赔偿。例如，药品说明书上已经标示"服用过多剂量有副作用，使用时须遵医嘱"等警告文字，原告没有照办而擅自多服用而受害，其损害应由本人负责，或至少可减少被告的损害赔偿数额。美国《重述二》第402条A款规定，如果使用者或消费者已经发现产品有缺陷，并且知道有危险，但他仍然不合理地使用该产品，并因而使自己受到损害，他就不能要求被告赔偿损失。但是，风险的承担常与原告自己的疏忽行为联系在一起，法院往往不愿意考虑被告提出的这一抗辩理由，而从原告的年龄、经验、教育程度等方面做出有利于原告的解释。有些法院只有在危险显而易见，原告应该意识到但确实又没有意识到的情况下，才采用被告的这条抗辩理由。

（四）非正常地使用产品或滥用、误用产品

在产品责任诉讼中，如果产品被使用于该产品原有用途以外的目的或其使用方法明显不当，对原告造成损害时，被告可以用这条理由抗辩。但是，当被告提出原告非正常使用产品或误用、滥用产品的抗辩时，法院往往对此加以某种限制，即要求被告证明原告对产品的非正常使用或误用、滥用已经超出了被告可能合理预见的范围。如果这种对产品的非正常使用是在被告可能合理预见的范围之内，被告就必须采取措施予以防范，否则就不能免除责任。

（五）擅自改动产品

擅自改动产品指产品使用人拆除或变更了该产品的某些装置，使该产品无法按原来预见的方法进行操作或使用。发生上述情况，被告就可以以原告擅自改变产品的状态或条件为理由提出抗辩，要求免除责任，原告也会无法因产品造成的损失得到赔偿。

（六）带有不可避免的不安全因素的产品

美国绝大多数州都规定有些产品本身就带有不可避免的、无法预见的风险，目前还不可能制造出毫无风险的产品。如果某种产品即使正常使用，也难以完全保证安全，而且依照产品缺陷的"风险—效用比较标准"，该项抗辩能够成立的产品往往是因为产品的实际效用明显高于产品的固有危险；反之，如果危险高于效用，那么该项抗辩不能成立，而且其后果往往是该产品被逐出市场。其中，以药物最为典型。因为有些药物不可避免地带有某种对人体有害的副作用，但它确实又能治疗某些疾病。在这种情况下，制造和销售这种产品的卖方只要能证明，该产品是适当加工和销售的，而且卖方已经通过一定方式提醒使用者注意该产品的危险性，其就可以要求免责。即使在严格责任之诉中，被告也可以以此提出抗辩。

五、损害赔偿

美国《统一示范法》规定损害包括财产损害、人身伤害、疾病和死亡以及由此引起的精神痛苦或情感伤害。财产损害的范围不包括直接或间接的经济损失，那是属于合同法的问题。在实践中，法院对人身损害赔偿判定的数额较大，精神损害赔偿占大部分。美国产品责任法的特色之一是规定了惩罚性赔偿，这对于惩

罚在生产、销售中的恶意、轻率行为，预防类似行为的发生，具有重要作用。其损害赔偿的范围主要包括：

（一）人身损害赔偿

人身损害①包括：第一，人身肉体伤害、疾病和死亡以及由人身肉体伤害、疾病和死亡引起的精神痛苦或情感伤害。第二，由于索赔人被置于直接危险境地而引起的并表现为实际存在的精神痛苦或情感伤害。在司法实践中，美国对人身伤残的补偿比实际支出的医疗费用及其他实际开支大得多，其中，补偿受害人精神痛苦的金额往往占赔偿总额的大部分。

（二）财产损害赔偿

对于缺陷产品造成的缺陷产品以外的直接财产损失和作为直接财产损失的直接后果而产生的间接财产损失，应该予以赔偿。这一点美国产品责任法和绝大多数国家的规定是一致的。

对于产品自身损失和纯经济损失，美国司法实务界有三种不同的做法：第一，肯定说。该说认为制造商生产无缺陷产品的责任包含产品本身的损害，无论该缺陷是否产生不合理的损害的危险。目前，只有少数几个州采纳这一学说。第二，否定说。该说认为纯经济损失和产品自身损害属契约范畴，不应强加侵权责任，因而不应予以赔偿。第三，折中说。美国的一些州的法院采取折中的处理方法来解决这一问题，认为应该按照产品缺陷的性质、危险的类型以及伤害发生的方式来确定制造者的责任。有的法院认为如果产品本身因缺陷而自损，同时造成其他财产毁损时，此两种损害均可依严格责任请求赔偿；有的法院认为产品的一部分具有缺陷而致其他部分遭受损害时，制造者应负赔偿责任；有的法院认为产品缺陷有导致消费者和使用者的人身或其他财产遭受侵害的危险时，其修缮费用应归制造者负担。

（三）惩罚性损害赔偿

美国《统一示范法》第120条规定："原告通过明显的令人信服的证据证明，由于销售者对产品使用者、消费者或可能受到产品损害的其他人员的安全采取轻率漠视的态度，致使原告遭受损害，原告可以得到惩罚性损害赔偿。"惩罚

---

① 参见美国《统一产品责任示范法》第102条第（f）项。

性损害赔偿是运用惩罚被告的方式使得原告获得超过其遭受的实际损害的赔偿，是美国产品责任领域中一项极具特色的法律制度。在美国产品责任案件中，惩罚性损害赔偿制度运用最为广泛，其陪审团更愿意给原告判决惩罚性的赔偿以惩戒制造商，由于美国一些州对赔偿额没有限制性规定，其惩罚性赔偿金的数额在一些案例中高到令人吃惊。

六、管辖权及法律适用

无论是外国的产品输入美国，由于产品的缺陷使美国的消费者或用户遭到人身伤害或财产损失，还是美国的产品出口到国外，由于产品的缺陷使国外的消费者或用户遭到人员伤害或财产损失，这些案件都属于涉外案件，在处理时都会涉及管辖权和法律适用问题。

（一）管辖权问题

在美国，产品责任的诉讼案件由各州的法院审理。一般而言，一个州的法院只对本州的居民有管辖权。后来，随着各州之间政治、经济贸易联系的不断加强，美国法院有一种扩大管辖权的倾向。美国各州都制定了一些法律以确定法院对不居住在美国的被告是否享有对人的管辖权的标准，即所谓的"长臂法"（Long-Arm Statute）。一般来说，各州要求凡是非居民的被告都必须与该州有某种"最低限度的接触"（Minimum Contact），该州的法院才能对该被告享有对人的管辖权。所谓最低限度的接触是被告经常直接地或通过代理人在该州境内从事商业活动，或因其作为或不作为在该州境内造成了损害。只要符合这个标准，法院对其就有管辖权，有权按照法定程序传唤外国的被告到庭，并有权依法做出判决。

（二）法律适用问题

根据美国传统的法律适用原则，产品责任属于侵权行为法的范畴，因此得依据侵权行为法对鼓励适用问题的解决办法处理产品责任的法律适用，即以侵权行为地，具体到产品责任的诉讼中指损害发生地的法律为解决产品责任纠纷的准据法。

但 20 世纪 70 年代后，该原则发生了变化，特别是在涉及汽车事故的产品责任案件中，由于汽车到处行驶，经常跨州越国，如果完全以事故地点来确定汽车的生产者或销售者的产品责任，有时可能对受害者不利，因此，近年来，美国一些有影响的州如纽约州和加州已经不再坚持适用损害发生地法，转为适用对原告有利的地方的法律，即由原告在与案件有联系的因素中选择对自己最为有利的法律。例如，美国的卡维斯教授提出了"优先原则"，认为原告有权从以下 4 种法律中做出选择：产品生产地法；原告惯常居所地法；取得产品地法；损害发生地法。1982 年美国法院在"辛得尔诉阿伯特化工厂"一案中以"最有利于原告的法律"原则审理了该案，充分体现了保护消费者的利益。这一原则很快被美国各州的产品责任法接受，并运用到具体的个案中，即在产品责任诉讼中，如果各州对原告的利益规定不一致时，原告可以选择适用其中最有利于他的那个州的法律。

近 30 年来，美国法院又转而采用最密切联系原则或利益分析原则。美国的《冲突法重述（第二次）》明确肯定了最密切联系原则，并规定了一些"联系"因素供选择。如：（1）损害发生地法；（2）导致损害发生的行为地法；（3）双方当事人的住所、国籍、法人所在地及营业地所在地法；（4）双方当事人最集中的地方的法律。最密切联系原则的最大特点是灵活性，法院在处理复杂的产品责任案件时，可以根据具体情况灵活地选择最适合解决这类特殊侵权行为的法律，以充分保护美国原告的各种利益。

七、诉讼时效

美国各州诉讼时效的规定不尽相同。对违反担保责任的产品诉讼，多数州适用合同的诉讼时效或《统一商法典》有关违反合同担保的 4 年特别诉讼时效。鉴于各州产品责任诉讼时效的不统一，美国《统一示范法》第 110 条规定：（1）诉讼时效一般为 2 年，自原告发现或在谨慎行事情况下应当发现产品的损害及其原因时起计算。（2）针对产品的安全使用期来决定诉讼时效。如果损害是在产品安全使用期届满后造成的，则被告不承担责任。产品使用安全期届满后造成损害的，如果不超过产品销售者做出明示担保的更长使用期限，仍可要求产品销售者承担责任。（3）如果损害是在产品最初购买之日起 10 年后造成的，即推定损害是在产品安全使用期届满后造成的，受害人不能要求赔偿。由于不同的产品安全使用期各不相同，在规定了 10 年的最长责任期限的同时，又做出了例外规定。《统一产品责任示范法》规定具有下列情形之一的除外：（1）已明示担保产品的安全使用期在 10 年以上的；（2）故意虚伪陈述关于产品的事实或以欺诈手段隐瞒有关产品的资料；（3）产品在交付时即存在可能致人损害的缺陷，但在 10 年后才为合理谨慎的一般人所发现的；（4）损害是因长期受缺陷产品的影响造成的，或者在产品交付之日起 10 年内造成损害，在 10 年后才显露出来的。

第三节 欧盟及英国的产品责任法

欧盟国家的产品责任法的发展比美国稍晚。20 世纪 70 年代以前，欧洲各国都没有专门关于产品责任的立法，它们主要是通过引申解释民法典的有关规定来处理产品责任的案件。70 年代以后，随着产品责任国际公约的制定，这方面情况发生了变化。目前，英国、法国、德国等国的产品责任立法和实践都有了较大的发展，适用于欧盟国家之间的有关产品责任的公约也发挥了积极作用。

一、欧盟及英国的产品责任法概述

（一）英国

英国是工业化进程最早的资本主义国家。因此，产品责任法最早出现于英国法院判例中。在英国，当产品责任事故的当事人之间存在合同关系时，原告可根据 1979 年《货物买卖法》的规定，看被告是违反条件还是违反担保，向法院诉请损害赔偿。英国货物买卖法将合同条件分为重要条件和次要条件，违反重要条件称为违反条件，而违反次要条件称为违反担保。不管是违反条件还是违反担保，买方都可以据此要求卖方承担损害赔偿责任。

此后，英国的产品责任法多受美国判例法及成文法的影响，其 1987 年制定的《消费者保护法》正式确立了严格责任原则，明确规定原告无须证明被告是否存在过失，只要由于产品存在缺陷而使其遭受损失，就可以提起损害赔偿之诉。在该严格责任制度下，受损害的消费者只要证明产品存在缺陷并引起了损害，且该缺陷与所受损害之间有因果关系，他就可以从产品的生产者、进口商或商标个人拥有者那里获得赔偿。

（二）法国

法国一直没有独立的产品责任法，基于合同和侵权两种形式的产品责任都集中规定在其民法典中。

在法国，有合同关系的产品责任问题主要规定在《法国民法典》有关货物品质担保的条款之中。卖方只对产品隐蔽的缺陷负担保责任。而且，卖方只有在明知其产品存在缺陷而以次充好出售给消费者时，才承担损害赔偿责任。根据《法国民法典》第 1641 条和第 1643 条的规定，出卖的标的物含有隐蔽瑕疵，以至于不适于其应有用途或减少其用途，致使买方知此情形不会买受或必须降低价格方愿买受时，出卖人应负担保责任；出卖人即使不知标的物含有隐蔽瑕疵，仍应负担保责任。如果产品存在的缺陷是明显的，而且买方自己能够发现，卖方则不负担保责任。此外，如果卖方能举证证明买方不正当地使用产品，也可因此减轻或免除损害赔偿责任。

侵权行为的产品责任问题主要规定在《法国民法典》有关侵权行为的条款和法院判例之中。根据《法国民法典》第 1382～1384 条的规定，任何人都必须对因其过失或疏忽行为所造成的损害，以及由其负责的他人行为或在其管理下的物所造成的损害承担损害赔偿责任。此外，法国还确立了严格责任原则。而且，根据司法实践，受害人在因为产品存在缺陷而遭受损害后，不管其与产品生产者和销售者之间有无合同关系，都可直接向他们中的任何人或全体提起损害赔偿之诉。

（三）德国

有合同关系的产品责任问题规定在《德国民法典》和《德国商法典》的有关货物买卖条款之中。根据《德国民法典》第 463 条和第 480 条的规定，卖方承担产品责任的前提是其对产品缺陷的存在具有过失，或故意隐瞒了产品的缺陷。买方仅在此情况下才能提出损害赔偿之诉。可见，这里采用了过失责任原则。如果有关产品的缺陷并非卖方故意所致，或卖方并没有故意隐瞒产品的缺陷，则即使卖方违反了品质担保的责任，也只是退还价款或降低价格，无须负损害赔偿之责。

侵权行为的产品责任问题规定在《德国民法典》有关侵权行为的条款和法院的判例之中。《德国民法典》第 823 条和 1968 年的一个案例正式确定了产品责任属于侵权行为的范畴，并采用推定过失责任原则。德国法院规定，在具体的产品责任侵权之诉中，作为原告的受害者只需证明使其遭受损害的产品存在缺陷，即可要求生产者给予损害赔偿。而作为被告的生产者想要摆脱这种责任，必须举证证明他在设计、制造、生产有关产品时，为了避免存在缺陷而采取了必要的措施，而且在脱离其控制投入流通领域之前还采取了适当的质量监控措施，并给买方和使用者做了适当的指示和说明。1976 年德国制定了一项关于药品责任的新法令，确定制造有缺陷药品的厂商应承担严格责任。此外，德国 1989 年 12 月通过的《产品责任法》将欧洲共同体《产品责任指令》纳入其本国法，于 1990 年 1 月 1 日生效。该法标志着主要以保护消费者为目的的实行严格责任原则的产品责任制度在德国的正式确立。

二、欧盟关于产品责任的统一立法

为了协调欧洲经济共同体即现欧盟各成员国有关产品责任的法律，欧洲经济共同体理事会于 1985 年颁布的《产品责任指令》和于 1992 年颁布的《通用产品安全指令》是其最主要的法律文件。此外，欧盟的产品责任立法还包括 1977 年通过的《斯特拉斯堡公约》，该公约由于只有法国、比利时、卢森堡和奥地利 4 个签约国，而上述四国均未提交批准书，因此该公约尚未生效。这些专门性的国际公约对欧盟国家的产品责任制度产生了积极的影响。下文将对上述提及的 3 个公约作详细的介绍。

（一）《斯特拉斯堡公约》

《斯特拉斯堡公约》的全称是《关于人身伤害与死亡的产品责任的欧洲公约》（European Convention on Products Liability regard to Personal Injury and Death）。该公约于 1977 年 1 月 27 日在斯特拉斯堡通过，然后供各成员国签约批准加入。该公约第 13 条规定：本公约自第三份批准书、接受书或认可书交存之日起六个月后的第一月的第一天生效。由于签约国没有批准该公约，该公约一直未生效。《斯特拉斯堡公约》（以下简称《公约》）共有 19 条正文和一个附件，其主要内容如下：

1. 关于公约的适用范围

《公约》的适用范围仅限于对人的伤害、致死方面的案件。调整的是因生产者提供的产品存在缺陷而造成消费者人身伤害或死亡的赔偿责任问题。

2. 关于产品的定义

根据《公约》第2条的规定，"产品"是指所有动产，包括天然动产和工业动产，无论是未加工的，还是加工过的，即使是组装在另外的动产内或组装在不动产内，也应包括在内。

3. 关于缺陷的定义

《公约》第2条第3款规定："考虑到包括产品说明在内的所有情况，如果一项产品没有向有权期待安全的人提供安全，则该产品为有缺陷。"

4. 关于责任主体

公约所指的生产者有4种：

（1）制造商，即成品或零配件的制造商以及天然产品的生产者，这是生产者范围中最基本的主体。此外，装配商也属于生产者的范围。

（2）产品进口商，即任何以将产品投入商品流通为目的，按商业惯常做法进口产品的人。所谓"投入流通"指的是，如果生产者已将产品交付给另一个人，则该产品即为"投入流通"。

（3）任何使自己的名字、商标或其他识别特征出现在产品上而将其作为自己的产品的出示者。

（4）在产品没有标明任何生产者的身份时，每个提供产品的人都被视为公约所指的生产者，并承担同样的责任，除非根据索赔人的要求，供应者在合理的时间内披露生产者或向其提供产品者的身份。

公约所指的消费者即社会大众，包括产品的购买者、使用者和任何受到损害的第三人及其利害关系人。

5. 关于归责原则

根据公约的规定，生产者依本公约所承担的产品责任是一种严格责任。对于本公约所规定的这种产品责任，不得以任何免责或解除义务条款予以排除或加以限制。并且如果数人对同一损害都负有责任时，他们之间承担连带责任，消费者可以向其中的任何一人或同时向所有责任人提出全部的损害赔偿请求。

6. 关于生产者的赔偿责任和免责

《公约》没有对赔偿额进行最高限制，但是确立了最低限制，规定对每一死者或伤者的赔偿额不得少于相当于7万特别提款权的国内货币；对同类产品的相同缺陷造成的一切损害的赔偿数额不得少于相当于1000万特别提款权的国内货币。

但是，生产者如果证明以下事实，则不承担责任：（1）生产者未将产品投入流通。（2）在考虑了有关情况后，造成损害的缺陷可能在生产者把产品投入流通时并不存在或是其后才产生的。（3）产品既非为销售、出租或为生产者的经济目的其他形式的分销而制造，也非按其惯常商业做法制造或分销。但是，如果损害由产品的缺陷和第三人的作为或不作为造成，则不应减轻生产者的责任。

7. 关于诉讼时效

公约规定的一般诉讼时效为 3 年，自申请人发觉或必须合情合理地发觉损害、缺陷及生产者的身份之日起计算。如果诉讼未在自生产者将造成损害的单个产品投入流通之日起 10 年内提出，根据《公约》的规定，则受损害者丧失对生产者要求赔偿的权利。

（二）《欧洲经济共同体产品责任指令》

《欧洲经济共同体产品责任指令》全称为《使成员国产品责任法相互接近的指令》或《关于有缺陷产品责任的指令》（E. E. C. Directive on Product Liability）（以下简称《指令》）是欧盟于 1985 年 7 月 25 日颁布的旨在协调统一各成员国之间有关产品责任法律的区域性国际公约。该《指令》共 22 条，根据《指令》第 19 条的规定，在《指令》公布后的 3 年内即 1988 年 8 月 1 日之前由各成员国转换为国内法，并使之生效。生产者不得以合同或者其他办法来限制或者排除其在该《指令》项下对产品的责任。

《指令》实施后，为进一步提高产品责任的保护水准，应对部分领域的产品安全危机，欧盟议会和理事会于 1999 年通过了修订《指令 85/374/EEC》的《指令 1999/34/EC》（以下简称为《指令 1999》），修订后的《指令 1999》对《指令》的适用范围进行了修订，将其扩大到初级农产品（包括肉、谷物、水果和蔬菜）和游戏产品。要求生产商和进口商严格地遵守应当适用的标准和保障措施，以及对初级农产品的安全采取负责任的态度。修订后的《指令》大大提高了保护消费者的水平，恢复了消费者对食品安全的信心。进一步来讲，《产品责任指令》的适用范围的扩大，导致无过错责任的原则在欧盟的所有国家能够适用于初级农产品，消除了竞争被扭曲的风险，人们也无须再面临无法区分初级农产品和加工产品之间的界限这一问题。成员国被要求自 2000 年 12 月 4 日为止必须适用这些修订后的规则。

《指令》的主要内容如下：

1. 产品与缺陷

（1）产品的含义。

根据《指令》第 2 条的规定，"产品"是指除初级农产品和狩猎产品以外的所有动产，即使已被组合在另一动产或不动产之内。电器产品也包括在内。"初级农产品"是指种植业产品、畜牧业产品、渔业产品，但经过加工过程的这类产品，仍为本指令适用的对象；"狩猎产品"一般指捕获的野生动物，随着环境保护主义运动的发展，这类产品越来越少。疯牛病危机的发生，使农产品安全成为欧盟各成员国关注的对象。为了让消费者增加对农产品安全的信赖，进一步统一各成员国的法律，《指令1999》第1条明确规定，产品包括所有的动产。这意味着把初级农产品和狩猎产品也纳入"产品"的范围，并且不允许各成员国对此提出保留或排除适用。

（2）缺陷的认定标准。

《指令》前言指出，为确保消费者身体健康与财产安全，缺陷的认定不是以产品的适用性判断，而是以一般大众期待产品的安全性的权利为着眼点。根据《指令》第6条的规定，如果产品不能提供人们有权期待的安全性，即属于缺陷产品。在界定产品是否具有缺陷的问题上，《指令》指出，应将所有相关因素考虑在内，包括：①产品的使用说明；②能够投入合理期待的使用；③产品投入流通的时间。但不得以后来投入流通的产品更好为理由认为以前的产品有缺陷。

2. 归责原则

《指令》明确规定了无过错责任的归责原则。这一规则表明，只要违法行为造成损害，无论行为人是否有过错，都要承担民事责任。按照这一规定，受损害的消费者在产品责任诉讼中，只需证明产品有缺陷和他受到损害的事实以及两者之间的因果关系，无须证明生产者是否存有过错。但《指令》同时指出这一规定不影响消费者依据本国法进行权利请求。同时请求权者证明制造人有过失时，也可以依据其本国法请求损害赔偿。

3. 责任主体

《指令》规定，由生产者承担产品责任。生产者具体又包括：（1）成品生产者；（2）原料生产者或零部件生产者；（3）通过在产品上标明其姓名、商标或其他可辨识的特征，表明其为生产者的任何人；（4）在不减损产品生产者责任的情况下，任何将产品输入欧共体市场用于销售、租用、出租或任何形态之商业销售者，都将被认为本《指令》意义上的生产者，并将承担与生产者相同之责任；（5）如果不能确认谁是产品的生产者，则提供该产品的供应商应被视为该产品的生产者，除非在合理的时间内，其能够向消费者告知生产者或向其提供产品的供应商的身份。

4. 损害赔偿

产品责任损害，是指因产品存在缺陷造成产品使用者或其他人的人身伤害和财产损失。

产品责任的人身伤害，是指缺陷产品造成的死亡、身体残疾、疾病和伤痛。对于人身伤害，《指令》没有对具体的赔偿项目做出规定，只是特别提到本指令不影响各成员国规定受害者可以提出精神损害赔偿。此外，《指令》也没有对赔偿的最高限额做出规定，允许各成员国自行决定，但是对于同类产品的相同缺陷所导致的损害，各成员国规定的赔偿限额不得低于 7000 万欧洲货币单位。

产品责任的财产损失，是指不包括缺陷产品本身在内的一切财产损失，它包括已经造成的财产毁损、减少和必然产生的可得利益的丧失。《指令》对于该产品自身的毁损，一般不予考虑。对于不超过 500 欧洲货币单位的损害一般也不予考虑，以免过多地引起小诉讼。但是上述涉及消费者用于私人使用或消费的产品导致的财产损害，消费者可以考虑通过其他法律途径来获得赔偿。

5. 免责

为了合理地分配产品风险的承担，达到生产者与消费者之间的利益均衡，《指令》规定了产品生产者相应地减免责任的情形。根据《指令》第 7 条的规定，如果生产者能够证明存有下列情况，则不承担责任：（1）产品未投入流通领域；（2）在产品投入流通时缺陷并不存在；（3）产品非生产者为销售或经济目的而制造或分销；（4）产品的缺陷是由于遵守了政府强制性法规所致；（5）在将产品投入流通时的科学与技术水平尚不能发现产品存在缺陷（即发展风险，对于发展风险，《指令》允许各成员国决定是否采纳，英国、德国等多数成员国规定发展风险可以免责）；（6）被害者自己的误用或过失是否可作为抗辩理由，由各国自行决定；（7）如果伤害是由于产品设计中的缺陷或者生产者提供的说明不当所致，则产品零部件及原材料的供应者不承担责任；（8）在某些情况下，原告的过失，被告只能减轻责任。

6. 时效

《指令》第 10 条规定，成员国应在本国法律中做出产品责任诉讼时效为 3 年的规定。诉讼时效期间从原告知道或应当被合理地认为已经知道损害、缺陷和被告身份时起计算。成员国对时效中止和中断的规定不受该指令的影响。该《指令》还规定，成员国应当在其法律中规定，《指令》赋予受害人的索赔权利从造成损害的产品投入流通满 10 年后丧失，但受害人在此期间对生产者提起诉讼的，不受该实体权利消灭之时效的限制。

(三)《通用产品安全指令》

为了确保投放于市场的产品足够安全,从而保护消费者的合法权益和公共健康,并促进欧盟市场内部法律规则的统一,消除欧盟市场内部自由贸易的障碍及对竞争的扭曲现象,欧共体理事会于 1992 年 6 月 29 日颁布了《欧洲产品安全指令》(The European Product Safety Directive,以下简称《指令 1992》)。该指令于 1994 年 6 月 29 日正式实施后,为了进一步提高对消费者权益的保护水准,加强各成员国之间执行指令义务的协调与合作,欧盟议会和理事会于 2001 年 12 月 3 日颁布了修订后的《通用产品安全指令》(Directive 2001/95/EC of the European Parliament and of the Council on General Product Safety,以下简称《指令 2001》),该指令于 2002 年 1 月 15 日生效,2004 年 1 月 15 日正式实施。《指令 2001》的实施不仅提高了欧盟各成员国的产品安全水准,同时亦对非欧盟国家进入欧盟市场的产品提出了更高的安全要求。

《指令 2001》包括前言、正文(共 7 章 24 条)和附件。内容主要包括指令的适用范围、生产者和销售者的产品安全义务和各成员国执行产品安全措施的相关义务和相关职权等。需要注意的是,《指令 2001》并非是一部直接规范产品责任的法律,它具有公法的性质,其目的是确保产品安全,预防和消除危险产品的市场进入。下文将介绍《指令 2001》中与产品责任相联系的部分内容:

1.《指令 2001》的适用范围

(1)产品。

根据《指令 2001》第 2 条(a)项的规定,产品包括任何产品,如果产品是通过商业活动意图提供给消费者使用,或者并非意图提供给消费者,但在可以合理预见的情况下使消费者获取使用的产品,而且不论消费者获取产品是否支付对价,也不论产品是否是新的、使用过的或修理过的。《指令 2001》对产品范围的界定是非常广泛的,但其对两种"产品"做了特别规定。

其一,关于二手产品。《指令 2001》的适用包含二手产品,但如果二手产品是作为古董而提供的,或者供应商明确告知消费者该二手产品在使用前是需要经过修理的,那么《指令 2001》不适用于该二手产品。

其二,关于服务。对于这个问题,欧盟内部的争论比较激烈,目前的《指令 2001》并没有将服务纳入产品的范畴。但是《指令 2001》前言指出,服务过程中提供的产品应属于本指令所指的产品,如美容服务商提供的美容产品,但对于服务过程中使用的设备本指令不包含,尤其是那些由服务提供者操作供消费者乘坐或旅行的设备，如汽车、飞机等，因为该设备的安全与服务提供者所提供的服务安全是相关联的。由此可见，欧盟目前将产品安全和服务安全是分别考虑的。

（2）安全产品。

根据《指令2001》第2条（b）项的规定，安全产品是指产品在正常使用或可以合理预见的使用情况下，不构成任何危险或只构成最低程度的危险。所谓最低程度的危险，是指该危险是与产品的使用相共存的，并且是可以被接受的，同时亦与对公众安全与健康的高水准保护的要求是相一致的。而不符合安全产品定义的产品，即可称之为"危险产品"。在认定产品是否安全的问题上，除了上述的定义，《指令2001》认为需特别考虑下列因素：①产品的性质，包括产品的成分、包装、产品的安装与维护说明等；②在可以合理预见的情况下，产品与其他产品混合使用所产生的效果；③与产品相关的指示和信息，如产品的描述、标签、警告、使用和处置的说明等；④因使用产品而处于危险的消费者的类别，特别是老人和儿童。但《指令2001》亦指出，不能以有更安全产品的存在而作为认定产品存在危险的理由。

（3）生产者。

《指令2001》所指的生产者包括：①在欧共体内设立的产品制造商；任何通过在产品上加贴名称、商标或其他显著性标记，表明其为产品制造商的人；或者修理产品的人。②如果产品制造商并非在欧共体内设立，那么其代表机构作为生产者；如果其在欧共体内没有设立代表机构的，那么进口商作为生产者。③在产品流通环节中的其他执业者，只要他们的行为可能会影响到产品的安全性能。

可以看到，相比《欧共体产品责任指令》而言，《指令2001》所涵盖的生产者的范围要广泛得多，除了产品的实际生产者和名义上的生产者外，还包括影响产品安全性能的任何经营者，如产品的修理者、运输者等。

（4）销售者。

《指令2001》所指的销售者是指在产品流通环节中对产品安全性能不构成影响的任何执业者。需要注意的是，《指令2001》对于生产者与销售者的区别，关键在于他们的经营行为是否会构成对产品安全性能的影响。因此，一个传统意义上的销售商，如果其销售行为改变了产品的安全性能，如通过改变产品的使用说明等，那么其将被视作《指令2001》概念上的生产者。

2. 生产者和销售者的产品安全义务

生产者和销售者的基本义务是确保只将安全产品投放市场。同时，《指令2001》第5条又分别规定了生产者和销售者的其他义务。

（1）生产者的义务。

一是生产者提供信息的义务。生产者应向消费者提供相关信息，以便让消费者在合理的时间内对于产品的固有危险做出评价并采取相关的预防措施。二是生产者对产品安全实施监督的义务。此项义务的实施，首先要求生产者应该建立一个畅通的信息渠道，以便让生产者能够被告知产品可能引发的危险，比如在产品或产品包装上，标示生产者和产品的详细信息，以及生产者对已经投放市场的产品进行抽样检测、调查、建立消费者投诉登记制度等；其次，根据产品的性质和危险，生产者应采取适当的措施避免危险的发生，包括从市场撤回产品，或对消费者做出充分有效的警告，或者召回产品。根据《指令2001》的规定，撤回和召回的主要区别是，撤回所涉及的危险产品已经进入市场，但还未被消费者获取；但召回所涉及的危险产品已经进入消费者手中。《指令2001》亦指出，召回是作为生产者防范危险的最终手段，也就是当其他措施不足以防范危险的发生时，生产者方才自愿或依政府的命令召回产品。

此外，《指令2001》强调，单纯的警告并不能免除生产者依本指令所应承担的其他义务。

（2）销售者的义务。

《指令2001》所规定的销售者的安全义务主要是一种辅助义务。销售者应该尽合理的注意义务确保产品安全，特别是不应销售其已经知道或应当知道的不符合安全要求的产品，并积极参与对市场产品的安全监控，传递产品危险的相关信息等。

此外，《指令2001》要求生产者和销售者应该与各成员国有关机构就产品安全互通信息、积极合作。总之，《指令2001》对生产者和销售者各项义务的规定，旨在确保欧盟市场产品的安全，防止危险产品的进入，并通过各种措施以便能迅速有效地将危险产品清除出欧盟市场。

第四节　我国的产品责任法

一、我国的产品责任法概述

我国的产品责任法起步较晚，迄今为止没有制订单独的产品责任法。与产品责任有关的法律法规散见于《民法典》① 和其他一些有关的单行法律或条例。如全国人大常委会 1993 年 2 月 22 日通过的《中华人民共和国产品质量法》（以下简称《产品质量法》）、《消费者权益保护法》、《农产品质量安全法》、《中华人民共和国食品卫生法》、《中华人民共和国药品管理法》等，形成了当前我国产品责任法的基本体系。由于《产品质量法》是我国产品责任法的基本法律，下文将主要针对《产品质量法》的规定作简要介绍。

二、我国有关产品责任的相关规定

1993 年第七届全国人民代表大会常务委员会第 30 次会议通过了《中华人民共和国产品质量法》，共 6 章 74 条。这是一部综合了涉及产品质量的各个部门的单行法规，所涉及的部门法包括买卖法、侵权法、刑法、行政法等。其中第 4 章"损害赔偿"专门规定了产品责任。该法从 1993 年 9 月 1 日开始实施。其主要内容如下：

（一）产品的定义

我国的《产品质量法》第 2 条规定："本法所称产品是指经过加工、制作，用于销售的产品。建设工程不适用本法规定。"根据这一规定，我国《产品质量法》中的产品概念必须符合以下三个条件：（1）必须是经过加工、制作等人工处理过的工业品，不包括自然物品。（2）必须是用于销售的物品。虽然经过加工、制作，但是不投入流通，不以商业出售为目的，则此种物品不是《产品质量法》中的产品。（3）必须是可移动的，不包括土地、房屋等不动产。

对于一些特殊的产品，如电、输血用的血液等，是否包含在上述的产品定义中，我国《产品质量法》未作明确规定。此外，根据 2006 年 4 月 29 日颁布的《农产品质量安全法》，农产品的责任也将得到法律保护。该法第 2 条规定："本法所称农产品，是指来源于农业的初级产品，即在农业活动中获得的植物、动物、微生物及其产品。"

---

① 《中华人民共和国侵权责任法》是为保护民事主体的合法权益、明确侵权责任、预防并制裁侵权行为、促进社会和谐稳定而制定的法律。由十一届全国人大常委会第十二次会议审议于 2009 年 12 月 26 日通过，自 2010 年 7 月 1 日起实施，对我国产品责任的有关规定进行进一步完善和补充。2020 年 5 月 28 日，十三届全国人大三次会议表决通过了《中华人民共和国民法典》，自 2021 年 1 月 1 日起施行。《中华人民共和国侵权责任法》同时废止。

（二）产品缺陷

我国《产品质量法》第 46 条规定："本法所称缺陷，是指产品存在危及人身、他人财产安全的不合理的危险；产品有保障人体健康和人身、财产安全的国家标准、行业标准的，是指不符合该标准。"由此，我们可以认为法律为产品是否存在缺陷提供了两个不同的标准，即是否存在不合理危险的一般标准和是否符合国家标准以及行业标准的法定标准。前一标准的规定基本与欧美国家的缺陷定义相同，但对于后一标准，欧美国家在其缺陷定义中基本没有规定。在欧盟的《产品责任指令》中，产品执行国家强行性法律规定是作为产品责任的免责理由之一。

（三）产品责任的归责原则

我国根据不同情况分别适用严格责任与过失责任相结合的原则。《产品质量法》第 41 条和第 42 条规定，产品生产者对于缺陷产品所造成的损害承担严格责任，而产品销售者则承担过错责任，即如果产品的缺陷是因为销售者的过错所致，销售者应承担赔偿责任。但是，如果销售者不能指明缺陷产品的生产者也不能指明缺陷产品的提供者，即使销售者对产品缺陷没有过错，也应当承担赔偿责任。虽然生产者和销售者的归责原则不同，但两者对消费者因缺陷产品所遭受的损失须承担连带责任，也就是说销售者即使对产品缺陷没有过错，消费者亦可以要求销售者赔偿，只不过销售者可以就支付的赔偿向生产者进行追偿。《侵权责任法》也规定了若因产品存在缺陷造成人身、缺陷产品以外的财产损害的，生产者应当承担赔偿责任；若因销售者的过错使产品存在缺陷，造成他人损害的，销售者应当承担侵权责任。因此，这一规定指明生产者承担的是严格责任，而销售者承担过失责任。

（四）产品的责任主体

我国的产品责任主体只限于产品的生产者和销售者。因产品存在缺陷造成损害的，被侵权人可以向产品的生产者请求赔偿，也可以向产品的销售者请求赔偿。产品缺陷由生产者造成的，销售者赔偿后，有权向生产者追偿。因销售者的过错使产品存在缺陷的，生产者赔偿后，有权向销售者追偿。因运输者、仓储者等第三人的过错使产品存在缺陷，造成他人损害的，产品的生产者、销售者赔偿后，有权向第三人追偿。

（五）免责

根据我国《产品质量法》，生产者能够证明有下列情形之一的，不承担赔偿责任：（1）未将产品投入流通的；（2）产品投入流通时，引起损害的缺陷尚不存在；（3）将产品投入流通时的科学技术水平尚不能发现缺陷的存在。该规定与欧盟《产品责任指令》规定的免责事项基本相同。

（六）损害赔偿

1. 损害赔偿的范围

我国 2018 年修订的《产品质量法》第 41 条和第 44 条规定了损害和赔偿的范围。第 41 条规定："因产品存在缺陷造成人身、缺陷产品以外的其他财产损害的，生产者应当承担赔偿责任。"第 44 条规定："因产品存在缺陷造成受害人人身伤害的，侵害人应当赔偿医疗费、治疗期间的护理费、因误工减少的收入等费用；造成残疾的，还应当支付残疾者生活自助具费、生活补助费、残疾赔偿金以及由其扶养的人所必需的生活费等费用；造成受害人死亡的，并应当支付丧葬费、死亡赔偿金以及由死者生前扶养的人所必需的生活费等费用。因产品存在缺陷造成受害人财产损失的，侵害人应当恢复原状或者折价赔偿。受害人因此遭受其他重大损失的，侵害人应当赔偿损失。"规定中提到的"其他重大损失"主要是指受害人因财物毁损所导致的经济损失，应该包括"可得利益"的损失。根据以上法律规定可以看出，我国《产品质量法》规定的损害与赔偿的范围，与大多数国家的立法一致。我国产品责任立法规定的损害包括人身损害和财产损害，人身损害是指因缺陷产品造成的人体和健康的损害，包括肢体的损伤、残废（功能上）、灭失、容貌的损毁以及身心的疾病和死亡等。财产损害是指因缺陷产品造成的缺陷产品以外的经济损失。但对于缺陷产品给受害人造成的其他精神损害是否给予赔偿，《产品质量法》没有作明确的规定。

2. 补救的措施

（1）排除妨碍和消除危险。

因产品存在缺陷对他人可能存在不安全因素，如果不采取预期相应的措施，这种潜在的损害随时都可能发生，造成受害人的实际损害。为了避免这种潜在损害的实际发生，《中华人民共和国民法典》第 1205 条规定：产品投入流通后发现存在缺陷的，生产者、销售者应当及时采取停止销售、警示、召回等补救措施；未及时采取补救措施或者补救措施不力造成损害扩大的，对扩大的损害也应当承担侵权责任。

（2）警示和召回。

缺陷产品召回制度诞生于 20 世纪中后期，它的产生与科技的飞速发展和市场竞争压力的加剧有着最直接的联系。20 世纪 50 年代，以原子能技术、航天技术、电子计算机的应用为主要标志的第三次科技革命的出现对世界经济产生了极为深刻的影响，科技发展日新月异，市场竞争压力也在不断加剧。为了最大可能获得利润，企业不断向市场推出高科技新商品。高科技产品虽然为消费者带来了许多便利，但因生产技术的高度复杂化和新技术往往存在着不完善之处，商品潜在的危险性也随之增加。而现代化的分工协作的生产方式，使得一件商品往往要经过无数生产环节才能完成，任何环节的差错将导致整件产品的缺陷，规模生产更使得缺陷产品遍布社会。最为严重的是为了抢占市场，制造商甚至明知技术缺陷也将不成熟的商品匆忙推向市场，大量的缺陷产品投放市场造成了严重的社会问题。严重的、频繁的缺陷产品致人损害事故点燃了消费者运动的熊熊火焰，20 世纪中后期，首先从美国开始，然后是各发达国家，消费者运动风起云涌，并赢得了广泛的支持和响应。在美国，消费者组织首先向缺陷汽车发起攻击，结果获得胜利，直接导致了 1966 年《国家道路交通和汽车安全法》的制定。

我国《缺陷汽车产品召回管理规定》（国家质量监督检验检疫总局、国家发展改革委员会、商务部和海关总署四部委第 60 号令）于 2004 年颁布施行，确立了召回制度。

美国法院认为：警示义务产生的时间取决于一个正常理智的人希望得到警示的时间。警示义务具有延续性。所以，生产者应当及时地掌握最新的科技动态，对新发现的引起损害的产品缺陷予以警示。《重述三》第 10 节规定了生产者的售后警示义务。警示义务不仅仅是针对制造人知道或应当知道的当产品离开制造人时的产品缺陷，更多的是在产品的售后随着对危险的认识而产生的。产品的制造人有对售后产品进行危险监测的义务。

我国《中华人民共和国民法典》第 1205 条规定：产品投入流通后发现存在缺陷的，生产者、销售者应当及时采取停止销售、警示、召回等补救措施；未及时采取补救措施或者补救措施不力造成损害扩大的，对扩大的损害也应当承担侵权责任。

（3）惩罚性赔偿。

现代意义的惩罚性赔偿最早出现在英国的判例中，但主要在美国采用，为美国所固有。

我国《侵权责任法》第 47 条首次规定："明知产品存在缺陷仍然生产、销售，造成他人死亡或者健康严重损害的，被侵权人有权请求相应的惩罚性赔偿。"《中华人民共和国民法典》第1207条也规定："明知产品存在缺陷仍然生产、销售，或者没有依据前条规定采取有效补救措施，造成他人死亡或者健康严重损害的，被侵权人有权请求相应的惩罚性赔偿。"

（七）诉讼时效

产品责任损害赔偿请求权的诉讼时效期间与我国民法规定的普通诉讼时效期间相同，即2年，自当事人知道或者应当知道其权益受到损害时起算。

我国虽然已经出台了一些涉及产品责任的法律法规，包括单行的《产品质量法》，但随着我国国际贸易的发展，现有的产品责任立法体系仍不能满足其需要，亟须健全和完善。我国应尽快制定单行的《产品责任法》，完善产品缺陷的认定标准，明确规定产品责任中的惩罚性赔偿制度，建立产品责任的精神损害赔偿制度，来适应我国经济的发展和保护消费者的利益的需要。产品责任制度是伴随着世界各国近现代工业的发展，为了解决消费者因使用有缺陷的产品而蒙受损害的问题，逐步形成和发展起来的。它的基本理念和目标是，强调对消费者权益的保护，要求生产者承担起社会责任，使消费者免受有缺陷的产品的损害。

第五节　产品责任的法律适用公约

随着产品生产和销售的国际化，国际间不同国家当事人之间的产品责任案件频繁发生。但由于各国在产品责任立法方面的差异，从而产生跨国产品责任确认和承担的不可预期性，对国际商品流通和国际自由贸易的发展带来不利的影响。因此国际社会意图制定统一的产品责任法来解决这一问题。解决方法一般有两种：一是通过冲突法在发生冲突的两个国家或两个以上的国家中选择适用哪一国的法律；二是适用统一实体法规范。目前在产品责任实体法方面，除了欧盟的区域性立法外，还有海牙国际私法会议制定的《关于产品责任的法律适用公约》，在解决产品责任的国际冲突方面，该公约发挥了重要的作用。

《关于产品责任的法律适用公约》（Convention on the Law Applicable to Prod-uctsLiability）简称《海牙公约》，由海牙国际私法会议于1973年10月2日制定通过。海牙国际私法会议（Hague Conference：on Private. International Law，HCCH）为政府间国际组织，共有60多个成员国，包括中国。《海牙公约》自1977年10

月 1 日起生效。克罗地亚、芬兰、法国、卢森堡、门的内哥罗、荷兰、挪威、塞尔维亚、斯洛文尼亚、西班牙，以及马其顿前南斯拉夫共和国 11 个国家已经批准该公约成为《海牙公约》的缔约国，其中比利时、意大利和葡萄牙 3 国已签署但尚未批准该公约。

一、《海牙公约》的适用范围

《海牙公约》的前言指出，公约意图对产品责任的国际诉讼建立普遍的准据法适用规则。在有关产品责任的国际性诉讼案件中，仅适用于无合同关系的当事人之间发生的产品责任纠纷。即公约只适用于货物进口国的产品使用者而非产品的购买者，在因使用产品有缺陷而受到伤害后，依据侵权理由起诉出口国的产品制造者或进口国的产品进口商以索取赔偿的情形。

根据《海牙公约》第 1 条的规定，公约适用的责任范围包括产品存在制造缺陷、设计缺陷以及错误说明或警示缺陷时给产品的使用者或消费者造成的损害，而如果该使用者或消费者是买卖合同、租借合同或其他合同关系的对方当事人，则在该产品的所有权或使用权已由被控负有责任的人转移到上述的合同对方当事人时，所产生的损害不适用于本公约，而由相关的合同准据法进行解决。即公约不适用合同关系当事人之间的争议。

《海牙公约》第 2 条主要对"产品"和"损害"下了定义。出于《海牙公约》的立法目的，"产品"是指一切产品，包括天然产品和工业产品，制成品或非制成品，以及动产或不动产。产品不仅指成品，还包括其零部配件。《海牙公约》的产品范围非常广泛，但其主要目的还是扩大《海牙公约》的适用范围。相比于欧共体的《指令》，《海牙公约》对产品的定义更加宽泛。《海牙公约》所指的"损害"包括人身伤害和财产损害以及相应的经济损失，但是不包括对产品本身的损害以及由此而引起的间接经济损失，除非它们是伴随于其他损害发生的。例如，某饭店因高压锅安全阀有缺陷致使高压锅爆炸无法营业，由于该安全阀的损失及营业损失与高压锅及其他损害联系在一起，因此产品提供者应该一并承担责任相关损失；如果情况表明相反，则产品本身的损害以及间接损失不应该包括在内。

《海牙公约》第 3 条界定了产品责任主体的范围，责任主体既包括法人，也包括自然人，具体包括：（1）成品生产者和零部件生产者；（2）天然产品的生产者；（3）产品供应商；（4）产品修理者、保管者，以及在产品制备和销售的商业流通环节中的其他人。此外，上述人员的代理人和雇员亦属于《海牙公约》的调整范围。

二、对法律适用规则的规定

《海牙公约》的第4条至第7条规定了确定产品责任准据法的规则，是本公约的核心条款。在这个问题上，《海牙公约》设计的冲突法规则有一个明显的特点，即由两个以上的连结点来确定适用的准据法，单独的连结点不具有决定性的作用，以此保证所适用的准据法与案件有较为密切的联系，防止偏颇。此外，如果被请求承担责任的人证实他不能合理地预见到其产品或者他的同类的产品经过商业环节能够达到损害发生地国家或者直接受害人的惯常居所地国家，则这2个国家的法律不能被适用。

《海牙公约》在确定准据法时，主要设置了以下四项规则：

（1）根据《海牙公约》第4条的规定，准据法为损害地所在国的国内法，但是该损害地所在国必须符合下列条件之一：①直接受害人的经常居住地；②被控责任人的主要营业地；③直接受害人的产品获取地。损害发生地是指被告的过失行为对直接受害人产生第一次影响的地方。

（2）《海牙公约》第5条规定，尽管有第4条的规定，准据法为直接受害人经常居住地所在国的国内法，但是该所在国同时又是下列所在地之一：①被控责任人的主要营业地；或者②直接受害人的产品获取地。

（3）如果4个连结点分处于4个不同的国家，或者虽然被控负有责任的人的主要营业地与直接受损害人取得产品地在同一个国家，但是损害地和直接遭受损害人的经常居住地分别在其他国家时，通过上述两种方法均不能确定准据法。在此种情况下，《海牙公约》认为可以首先考虑适用被控负有责任人的主要营业地所在国的国内法，但《公约》还是赋予原告在损害地与被控负有责任人的主要营业地之间进行选择的权利。根据《海牙公约》第6条的规定，在第4条、第5条不能适用的情况下，准据法为被控责任人主要营业地所在国的国内法，除非权利请求人提出的权利请求是基于损害地所在国的国内法。这项规定对于受害人而言，在准据法的选择上还是存有一定的余地，即他可以在责任人主要营业地法与损害地法之间进行选择，按照自己的意愿选择救济的途径。

（4）根据《海牙公约》第7条的规定，即使按照《海牙公约》第4~6条的规定本应适用损害地所在国法或受害人经常居住地所在国法的情况下，如果被控责任人能够证明他不可能合理地预见产品会经由商业渠道进入上述国家，那么上述国家的国内法将不被适用。本条规定给了责任人一个有条件地排除适用损害地法或受害人经常居住地法的机会，如果排除适用能够成立的话，那么责任人主要营业地所在国的国内法将被适用。

此外，《海牙公约》对于准据法的选择和适用还有一些其他规则。如《海牙公约》第 10 条规定，如果确定的准据法与本国的公共政策相违背的话，法院有权拒绝适用该准据法。

三、准据法的适用范围

《海牙公约》第 8 条列举了准据法的适用范围，即准据法所能解决的问题，具体包括：（1）责任的条件和范围；（2）免除责任、限制责任和责任划分的理由；（3）可予赔偿的损害种类；（4）赔偿的形式和范围；（5）损害赔偿的权利是否可以转让或继承的问题；（6）依自己的权利可以要求损害赔偿的人，比如受害人死亡后，其家属遭受损失而导致的求偿权利问题；（7）委托人对其代理人的行为或雇主对其雇员的行为承担责任的问题；（8）举证责任；（9）关于时效的规定，以及关于时效起算、中断和中止的规定。

《海牙公约》规定的准据法解决事项的范围比较广泛，但亦有一些事项没有涵盖，如管辖问题，受害人与责任人之间的法律选择是否有效的问题等。

 复习思考题

一、简答题

1. 如何理解产品缺陷？
2. 简述美国产品责任法对产品缺陷的分类和抗辩。
3. 简述产品责任法的主要特征。
4. 《海牙公约》规定的法律适用规则有哪些？
5. 简述产品责任法的功能。

二、案例分析

消费者陈某起诉到北京市某区法院，状告某化妆品不合格，造成她面部皮肤严重损伤，要求该化妆品厂赔偿损失。

在法庭上，化妆品厂承认陈某使用的化妆品为该厂所生产，但该产品是正在研制过程中的实验品，并没有投入市场，不清楚陈某是从哪里得到该化妆品的。

陈某向法庭陈述，她使用的化妆品是其男友刘某所送，刘某是这化妆品厂的质量检验员，并告诉她化妆品下月将在市场上出售。

法庭传讯了刘某，刘某向法庭证实：其一，他是该化妆品厂的质量检验员，产品是其从成品车间偷来送给女友的；其二，该化妆品不是实验品，是下月将在市场上出售的正式产品。刘某当庭出品检验合格证书和该厂在下季度出售该产品的广告宣传。

法院立即委托有关检验机构对该化妆品进行技术检验。结果表明，该厂生产的化妆品不存在对人体皮肤造成损害的缺陷，是合格产品。法院又请皮肤专家对受害人陈某进行皮肤测试，结论是陈某的皮肤属于特殊的过敏性皮肤，对该妆品具有严重的过敏性，经法庭辩论，法院判决化妆品厂不承担赔偿。

请问：该化妆品厂是否可以免除责任？

案例题答案

第十一章

国际商事争议的解决

 学习目标

【知识目标】

(1) 了解国际商事争议的基本概念、主要特征和内容。

(2) 熟悉协商、调解、仲裁、诉讼之间的区别。

(3) 掌握仲裁协议的内容及其法律效力。

(4) 熟悉国际商事仲裁的基本程序及其在中国的承认与执行。

【能力目标】

(1) 在国际商事争议的解决形式中充分体悟协商、调解、仲裁、诉讼的优缺点及适用场景。

(2) 具备选择合适的国际商事争议解决程序的能力，并根据案件特点灵活解决争议。

【思政目标】

(1) 熟悉社会主义法律法规，掌握法学的基本分析方法和技术，具备较为扎实的法学专业知识功底。

(2) 能将所学的法学理论知识融会贯通，对模拟案例和真实法律纠纷问题进行合理正确的理论分析和研究。

【关键术语】 国际商事争议解决　国际商事仲裁　国际商事仲裁机构

 引导案例

中国某玩具制造厂与日本某株式会社签订了玩具加工定做合同，后因产品规格等问题，双方发生了争议。根据合同规定，玩具厂向某仲裁委员会申请仲裁。

仲裁委员会受理后，为节省时间，该仲裁委员会主任直接指定了3名颇具声望的仲裁员组成合议仲裁庭，并且考虑到案件的典型性和较大的影响力，公开开庭审理了本案。事后有关新闻媒体做了详细报道。

思考：该仲裁委员会在仲裁程序上有哪些不符合法律规定之处？

引导案例分析

第一节　国际商事争议概述

一、国际商事争议的含义

国际商事争议，指的是在国际商务往来中，不同当事人之间在权利义务关系上产生的各种分歧。在全球化时代背景下，由于各国法律体系不同，法律条文多样，以及当事人利益诉求各异，加之内外因素、人为因素或自然因素的作用，国际民商事争议时有发生。为了确保国际商务往来的顺利进行，公正、及时、有效地解决这些争议至关重要。

国际商事争议独具特色，主要体现在以下两个方面：一方面，涉及国际或涉外因素（Foreign element）争议。国际商事争议可以是不同国籍的自然人或法人之间的纠纷，或是特定情境下国家、国际组织、不同国籍的自然人或法人之间的冲突，抑或是同一国籍但业务跨国的当事人之间的争议。简言之，国际商事争议中至少有一方主体、客体或内容与国际、涉外或跨国因素相关联。这一特点使其与国内商事争议形成鲜明对比。另一方面，国际商事争议主要限于商事领域的私法纠纷。这使得它与国际民事争议、国家间的政治、军事、外交和领土争端，以及 WTO 中的争议有了明确的区分。

根据争议的起因不同，国际商事争议可以分为合同争议和非合同争议。在国际商事交往过程中，买卖合同、运输合同、保险合同、信用证交易、知识产权许可合同方面的争议均为合同争议，代理、产品责任、票据方面的争议属于非合同争议。区分合同争议和非合同争议对争议的管辖权、争议的解决方式会有一定的影响。

根据争议主体的不同，国际商事争议可以分为私人之间的争议、国家和外国私人之间的争议、国家之间的争议、国家与国际组织之间的争议、国际组织和私人之间的争议等。实践中，私人之间的争议最为普遍。

二、国际商事争议的解决方式

在国际商业往来中，冲突与分歧时常发生。国际商法的一个核心议题与使命在于探寻合理且公正的途径，用以解决这些国际商业争端，从而确保商业交易的顺畅进行。处理国际商业关系中的各类争议，有多种方法可供选择，包括协商、调解、法律诉讼以及仲裁等，其中仲裁方式的应用尤为广泛。

（一）协商

协商是在争议发生之后，由当事人双方本着和平友好互助的理念进行磋商，自行解决纠纷，并达成和解协议，从而解决争议的一种方式。当事人达成的和解协议，事实上就是一项新合同或构成对原合同的变更。对和解协议的违反，构成违约。和解协议是否有效，可以适用一般合同法的规定。一般来说，只要和解协议不违反法律的强制性规定或社会公共利益，就是有效的。

协商具有明显的优点：（1）成本低。可以节省律师代理费、仲裁费或诉讼费等金钱成本，也可以节省时间成本。（2）自愿性。协商基于自愿，表明双方在争议问题上具有妥协和合作的意愿，双方的磋商一般也是在友好的气氛中进行，从而有利于灵活有效地解决争议，也有利于当事人今后的合作。（3）私密性。协商中没有第三方的参加，有利于保守商业秘密。（4）可执行性。双方当事人自愿达成的和解，重新平衡了当事人的利益，其达成的和解协议或签订的新合同往往能够顺利执行。

（二）调解

1. 调解的概念

调解，是指当事人自愿将争议提交第三方，并在第三方的主持和推动下，达成和解协议，从而解决争议的一种方式。

调解和协商的相同之处在于双方当事人都是在自愿的基础上进行的，目的都是达成和解。不同在于是否有第三方介入，调解有第三方的介入和主持，协商则没有第三方的介入。

调解中的第三方称为调解员。调解员的主要作用是在争议双方中间协调以便促进双方达成和解。为此，调解员可以按照当事人约定的程序查明争议的事实，协助当事人分析争议的问题，传达双方当事人的意见和解决方案，以找出妥善的解决方法。调解员可以分别与当事人讨论案件，也可以在双方当事人都在场时讨论案件。调解员可以促成当事人达成和解协议，也可以应当事人的请求提出自己的和解方案。调解员提出的和解方案，当事人有选择接受或不接受的权利。如若当事人选择接受和解方案，或者自行达成了和解协议，调解即告成功。如若调解协议仅有当事人签字，该协议称为和解书或和解协议，如果调解员也在协议上签字，该协议称为调解书或调解协议。

以上所说的调解是一般意义上的调解，由临时选定的调解员或由专门的调解机构进行调解。调解达成的和解书、调解书具有合同的效力，如果一方反悔或不履行协议，应视为违约。

如果一般意义上的调解未能达成和解，则当事人可以进入仲裁或诉讼程序。在仲裁或诉讼中，仲裁庭或法庭也可以进行调解。这种调解视为仲裁或诉讼程序的一部分，如果达成和解，则调解书或判决书（裁决书）具有强制执行的法律效力。一方当事人不执行，另一方当事人有权向法院申请执行。

2. 临时调解和专门机构调解

（1）临时调解，也称民间调解，指由争议当事人临时选任的调解员主持的调解。该调解员可以是个人，也可以是机构。如果是机构，应为专门调解机构之外的机构。

（2）专门机构调解是指由设在商会或仲裁协会内部的专门调解机构主持的调解。

商会或仲裁协会通常将调解程序和仲裁程序分开，分别适用调解规则和仲裁规则。调解不成需要仲裁时，原调解人不得担任仲裁员。

我国的专门调解机构中国国际贸易促进委员会/中国国际商会调解中心成立于1987年，原名北京调解中心（自2000年起启用现名），现已在全国各省、市、自治区及一些重要城市设立分会调解中心共42家，形成了庞大的调解网络。各调解中心使用统一的调解规则，在业务上受总会调解中心的指导。

调解中心根据当事人之间的调解协议受理案件，如没有调解协议，经一方当事人申请在征得他方当事人同意后也可受理。调解中心备有调解员名单，供当事人在个案中指定。调解员由贸促会总会或其分会聘请经济、贸易、金融、证券、投资、知识产权、技术转让、房地产、工程承包、运输、保险以及其他商事、海事领域及法律领域里具有专门知识或实际经验的、公道正派的人士担任，并制定了《调解员守则》进一步明确调解员的责任、义务，保证调解的公正、有效进行。

专门机构调解中还有一种联合调解，是由 2 个国家的专门调解机构依据机构间的联合调解规则联合进行的调解。调解中心自成立至今，已先后与德国、美国、阿根廷、英国、瑞典、韩国、加拿大、日本等多个国家的相关机构签署了合作协议，建立了合作关系。2004 年初调解中心又与美国公共资源中心共同组建了中美联合商事调解中心。中国国际贸易促进委员会/中国国际商会调解中心与德国汉堡的北京——汉堡调解中心、美国仲裁协会的纽约调解中心、英国伦敦国际仲裁院等签订了合作协议，并共同制定了联合调解规则。

临时调解和专门机构调解具有一定的优越性。它与协商一样，也是在自愿的基础上进行的，可以快捷、节省和友好地解决争议；有利于当事人继续合作；调解人的介入和调解人的专业知识和能力有助于争议的解决。另外，如果双方分歧较大，无法调和，则调解不但不能解决争议，还会造成时间上的拖延。

3. 仲裁调解和法院调解

仲裁调解和法院调解，是在仲裁程序或诉讼程序中由仲裁庭或法庭进行的调解。调解可以由当事人提出，也可以由仲裁庭或法庭自行提出。

依据我国《仲裁法》第 51 条、第 52 条的规定，仲裁调解成功（包括庭外和解），仲裁庭应依据和解协议的内容制成调解书或裁决书，调解书经双方当事人签收后，即具有法律效力。调解书与裁决书具有同样的强制执行效力。

依据我国《民事诉讼法》的规定，法院调解达成协议的，由法院制成调解书并由审判员、书记员签名，加盖人民法院印章，送达双方当事人。调解书经双方当事人签收后，即具有强制执行效力。调解不成，或在调解书签收前当事人反悔的，仲裁庭或法庭应及时做出裁决或判决。

（三）仲裁

国际商事仲裁作为一种解决争议的方式，其历史可追溯到 1889 年。1889 年，英国为了解决与欧洲各国商人在国际贸易中产生的纠纷，颁布了首部仲裁法，标志着国际贸易仲裁制度的初步确立。历经近两个世纪，尤其是第二次世界大战后的科技与经济蓬勃发展，国际商事仲裁逐渐发展出一套完整的体系，现已成为解决国际商事纠纷的高效手段之一。

仲裁作为解决国际商事争议的方法，是随着国际贸易的发展而由商人们在实践中开始运用的。20 世纪以来，特别是 1958 年《承认和执行外国仲裁裁决公约》解决了仲裁裁决在外国的承认和执行问题后，仲裁更具有了诉讼所难以企及的优势，成为解决国际商事争议最为普遍的方法。

（四）诉讼

诉讼，指有商事纠纷的当事人（原告）通过向一国具有管辖权的法院起诉另一方当事人（被告）的形式解决纠纷的方式。是一种法律行动，是指法庭处理案件与纠纷的活动过程或程序。原告被告在法律上处于平等的地位，而法官居于其间作为权威的仲裁者解决原告被告之间的争议和冲突。

第二节　国际商事仲裁

一、国际商事仲裁的概念和特点

（一）国际商事仲裁的含义

仲裁（Arbitration）是解决争议的一种方式，可分为国内仲裁、国际仲裁和国际商事仲裁。国内仲裁，是指主要用于解决一国国内的贸易、经济、劳动等争议，属国内程序法的研究范围。国际仲裁，是指国际公法上和平解决国际争端的一种法律制度，在国家之间发生争端时，当事国把争端交付给它们自己选任的仲裁人处理，相互约定接受其仲裁裁决。国际商事仲裁（International Commercial Arbitration），是指参加国际商事交往的双方当事人通过事先或事后达成的书面仲裁协议，自愿把他们之间已经发生或者将来发生的争议，提交给由一名或数名仲裁员组成的仲裁庭进行审理，由其依据法律或公平原则做出对当事人双方均具有约束力的裁决的一种解决争议的制度。

（二）国际商事仲裁的特点

1. 国际性

（1）几乎所有的常设仲裁机构都聘用了许多不同国家的专业人员做仲裁员，

许多国际仲裁案件是由不同国籍的仲裁员组成仲裁庭来进行审理。

（2）由于已有一百多个国家参加了 1958 年《纽约公约》，仲裁裁决的承认和执行便有了可靠基础，使仲裁裁决比较容易地在国外得到承认与执行。

云思政：国际商事仲裁的"中国智慧"和"中国方案"

2. 自治性

在国际商事仲裁中，双方当事人享有广泛的自由选择权，体现了高度的自治精神。

（1）双方当事人有权选择仲裁机构或仲裁的组织形式。如果决定提交常设仲裁机构仲裁，可以从多个仲裁机构中挑选。此外，还可以选择临时仲裁庭作为解决争议的方式。

（2）双方当事人能够自主决定仲裁地点。尽管常设仲裁机构通常在其所在地进行仲裁，但双方并不必受限于这一规定。某些常设仲裁机构的仲裁规则甚至允许当事人选择机构所在地以外的地点作为仲裁地。

（3）双方当事人在选择仲裁员方面也具有自主权。如果选择常设仲裁机构，通常可以从仲裁员名册中挑选组成仲裁庭。如果选择临时仲裁庭，则当事人有更大的选择范围，可以协商选定任何合适的人士作为仲裁员。

（4）双方当事人还可以选择仲裁程序。在仲裁过程中，仲裁机构、当事人和其他参与人以及仲裁庭必须遵循的程序，均可由双方当事人在仲裁协议中约定。

（5）双方当事人还可以选择仲裁所适用的法律。这包括实体法和程序法，体现了对当事人意思自治的尊重。

综上所述，国际商事仲裁为双方当事人提供了高度的自治空间，使其能够根据自身需求灵活选择仲裁方式、地点、仲裁员、程序和法律，从而更有效地解决争议。

3. 强制性

虽然国际商事仲裁具有民间性，国际商事仲裁机构是一种民间性质的组织，不是国家司法机关，但各国的立法和司法都明确承认仲裁裁决的法律效力，并赋予仲裁裁决和法院判决同等的强制执行效力。如果一方当事人不按照事先的约定自觉地履行仲裁裁决，另一方当事人可以依照有关的国际公约、协议或执行地国家的法律规定申请强制执行仲裁裁决。

4. 灵活性

仲裁的灵活性很大，它不像法院那样要严格遵守程序法，特别是在临时仲裁中更是如此。例如，仲裁可以和调解结合起来，仲裁的审理气氛也较法院宽松，有利于双方当事人达成和解意见。

5. 权威性

由于仲裁员是由各行各业的专家或具有丰富实践经验的人组成的，所以，许多仲裁案件都是由有关问题的专家来审理，因此仲裁庭做出的裁决也有很强的权威性。

6. 保密性

仲裁通常是不公开的，仲裁程序多在私密状态下进行，以确保当事方的权益不受外界干扰。与法官严格按照法律条文裁决不同，仲裁员在裁决时拥有更大的灵活性，能够更多地参考并考虑商业惯例，以做出更符合实际情况的裁决。

二、国际商事仲裁机构

（一）国际商事仲裁机构的种类

1. 按照国际商事仲裁的组织形式，国际商事仲裁基本上可分为两类，即临时仲裁（ad hoc arbitration）和机构仲裁（institutional arbitration）。

（1）临时仲裁。

临时仲裁的英文是 ad hoc arbitration，原意是指对特别事项的仲裁，因此，中文也将其翻译为"特别仲裁"。临时仲裁是指由仲裁庭或仲裁员自己管理的仲裁。在临时仲裁中，一般没有常设仲裁机构参与，仲裁员自己既是仲裁管理人又是秘书，开庭时间和地点都由自己确定，并由自己同当事人保持联系。仲裁庭的仲裁员来自各行业的专业人士，待处理完争议后，仲裁庭即告解散。由此，我国一般称之为"临时仲裁"。

在标准的临时仲裁中，仲裁程序的各个环节主要由双方共同主导。关于仲裁员的选定方式、其职责范围、仲裁地点以及仲裁程序的具体规则，均由双方当事人协商决定。仲裁地点既可以是双方明确约定的特定场所，也可以是以仲裁员的常住地或习惯居住地作为仲裁地点。而仲裁程序规则的选择，既可以是某一国家的仲裁法规或特定仲裁机构的规则，也可以是双方自行商定的内容。实践中，为简化流程，当事人常在仲裁协议中选用某个权威国际组织制定的仲裁规则，并根据需要对其进行适当的调整或补充。

临时仲裁的一个突出特点是其高度的灵活性，能够很好地适应当事人的需求和特定争议的实际状况。然而，临时仲裁也存在一定的局限性，其有效实施在很大程度上依赖于双方当事人的密切合作。若双方在程序问题上意见分歧，或在程序规则的约定上存在重大缺陷，都可能对仲裁的顺利进行构成阻碍，不能合作处理好这些问题，而临时仲裁又缺少机构仲裁中仲裁机构对仲裁的管理，那么，很容易造成临时仲裁拖延误时，甚至难以进行仲裁程序。例如，难以及时组成仲裁庭或无法组成仲裁庭，除非仲裁地国的仲裁法制较为完善，为临时仲裁提供了救济方法或支持。否则，仲裁会陷入僵局。

在全球范围内，大多数国家都承认临时仲裁的效力和约束力。一些经济不甚发达的亚洲国家也在早期或者近 10 年来先后承认临时仲裁的效力和约束力，如马来西亚、印度尼西亚、印度、菲律宾、泰国、蒙古国和越南等国。由于 1994 年《中华人民共和国仲裁法》把明确约定仲裁机构作为判定仲裁协议效力的一个要件，未约定或未明确约定仲裁机构的仲裁协议被视为无效仲裁协议，而临时仲裁协议不可能约定常设仲裁机构，以中国内地作为仲裁地的临时仲裁协议，其效力在中国内地得不到认可，依该仲裁协议进行的仲裁或做出的仲裁裁决，其法律效力在中国内地也得不到认可。

任何一种解决争议的方式不可能完美无缺，也不是万能的。因此，临时仲裁虽然不如机构仲裁普遍，其所具有的生命力和存在的必要性是不可否认的，临时仲裁在全球仍得到各国的普遍承认，并在国际商事仲裁案件中占有一定的比例。

我国内地应当尊重当事人选择临时仲裁的意思自治权，承认临时仲裁的效力和约束力，将民间自治权归还企业、商人和社会，同时应完善相应的立法，为临时仲裁在法律上提供必要的监督和支持。

（2）机构仲裁。

机构仲裁是指由常设仲裁机构管理的仲裁。常设仲裁机构是指固定性的、专门从事以仲裁方式解决争议的组织，有特定的仲裁程序和仲裁规则，设立严格的仲裁管理制度，并设有管理仲裁程序的办事机构，配备有秘书人员。常设仲裁机构一般都有仲裁员名册供当事人选定仲裁员，但许多常设仲裁机构并不将仲裁员人选硬性限制在仲裁员名册内，允许当事人在仲裁员名册外选定仲裁员，提供仲裁员名册只是为了方便当事人选定仲裁员。

常设仲裁机构的作用主要是从事仲裁的管理和组织工作，为双方当事人和仲裁庭提供可适用的仲裁规则和便于仲裁的条件。例如，代为指定仲裁员、递送仲裁文件和证据材料、协助仲裁庭确定开庭时间、为仲裁庭开庭安排记录员和配备翻译、收取仲裁费用等。通过机构仲裁方式处理国际商事争议是比较普遍的做法。

2. 以仲裁庭是否必须依据法律规定做出裁决为标准，可将仲裁分为友好仲裁（amiable composition）和依法仲裁。

（1）友好仲裁。

友好仲裁的英文为 amiable composition，原意是友好和解。这里的友好和解指的是仲裁员无需严格适用法律规则，而是从友好和解人的角度或立场，根据其认为公平、公道的标准考虑如何公平合理地处理争议。在友好仲裁中，仲裁员的职能不因"友好和解"的考虑而受影响，仲裁员仍须作为裁断人就争议做出裁决，只是该裁决是基于友好和解人的公平标准和合理考虑做出的，裁决对双方当事人具有约束力。

是否可以进行友好仲裁取决于当事人的意愿，如果未经当事人双方授权，仲裁庭就不得进行友好仲裁。另外，友好仲裁要受仲裁地国法的强制性规定的制约，如果仲裁地国法不允许进行友好仲裁，仲裁庭就不能进行友好仲裁，否则，做出的仲裁裁决可能被撤销。但也有很多国家允许当事人约定友好仲裁。1985年《国际商事仲裁示范法》第28条第3款规定，仲裁庭只有在当事各方明示授权的情况下，才应按照公允及善良原则或作为友好仲裁员做出决定。法国1981年《民事诉讼法典》第1497条规定，如果当事人的协议授予仲裁员友好仲裁之权，仲裁员应作为友好仲裁人决定争议。

根据1994年《中华人民共和国仲裁法》的规定，仲裁必须依据事实、遵守法律，确保纠纷得到公平且合理的解决。由此可见，中国内地对于友好仲裁的效力尚未有明确的法律规定，其核心要求仍然是"符合法律"。因此，可以认为中国内地尚未认可友好仲裁的效力。在实际仲裁操作中，中国内地的仲裁裁决往往严格依据法律规定进行，除非相关法律或惯例对特定争议没有明确规定，仲裁庭才会根据公平合理原则做出裁决。

虽然友好仲裁与调解在某些方面存在相似之处，比如都需要当事人的同意才能进行，但友好仲裁本质上仍属于仲裁范畴。在调解过程中，如果任何一方当事人不愿意继续调解，可以立即终止调解程序。然而，在友好仲裁中，一旦当事人授权，仲裁庭便有权根据其认为公平合理的判断做出裁决，这一裁决对双方当事人都具有约束力。

（2）依法仲裁。

依法仲裁，是指仲裁庭必须依照可适用的法律规定做出裁决，不能像友好仲裁员那样，不依据法律规定而依据友好仲裁员认为公平合理的标准做出裁决。不过，依法仲裁并非完全排除了仲裁庭在依照法律规定裁断争议时，辅之以某些折中或变通的方式做出决定。例如，在确定补偿数额和支付形式问题上，仲裁庭可出于公平合理的考虑，做出灵活的决定；在可适用的法律和惯例缺少明确规定的情况下，仲裁庭也可以根据公平合理原则做出决定。照此做出裁决是以法律规定为主要依据，适用公平合理原则只是为了弥补法律规定的不足，是一种辅助性的方式，这种仲裁依然属于依法仲裁，而不是友好仲裁。

3. 依常设仲裁机构本身的性质和影响的范围，可以将常设仲裁机构分为国际性的常设仲裁机构、国家常设仲裁机构、行业性常设仲裁机构和专业性常设仲裁机构4种

（1）国际性的常设仲裁机构。

国际性常设仲裁机构是指依据某一国际组织做出的决议或某项国际条约，为处理国际商事争议而成立的常设仲裁机构。国际性常设仲裁机构不属于任何特定的国家，而是附设于某一国际组织或机构之下，其影响范围涉及世界各国或某一地区。目前，全球性的国际性常设仲裁机构主要有国际商会仲裁院（The ICC Court of Arbitration）和解决投资争端国际中心（The International Center for the Settlement of Investment Disputes, ICSID）。地区性的国际性常设仲裁机构主要有美洲国家间商业仲裁委员会、欧洲经济共同体设立的商事仲裁机构等。

（2）国家性的常设仲裁机构。

国家常设仲裁机构是指基于一国法律规定设立在该国的仲裁机构。国家常设仲裁机构大都附设在各国商会或其他类似的工商团体内，或设立协会、有限责任担保公司一类的民间性质的组织。例如，除了前面已经提到的英国伦敦国际商会仲裁院（London Court of International Arbitration, LCIA）、瑞典斯德哥尔摩商会仲裁院（The Arbitration Institution of the Stockholm Chamber of Commerce, SCC）、美国仲裁协会（American Arbitration Association, AAA）、日本仲裁协会、德国仲裁协会和意大利仲裁协会外，还有荷兰仲裁协会、韩国仲裁委员会（Korean Commercial Arbitration Board）、匈牙利商工协会仲裁院、丹麦仲裁协会（Danish Institute of Arbitration）、埃及开罗国际商事仲裁区域中心（Cairo Regional Centre for International Arbitration）等。

知识链接：伦敦仲裁院

知识链接：美国仲裁协会

（3）行业性的常设仲裁机构。

行业性常设仲裁机构一般是指附设于某一行业组织内专门受理其行业内部的争议案件的机构。如伦敦黄麻协会、伦敦油脂商业协会、荷兰鹿特丹毛皮交易所、波兰格丁尼亚棉花协会等行业组织内部都设有仲裁机构。这些仲裁机构一般是非开放性的，即不受理非会员之间的争议案件。

（4）专业性的常设仲裁机构。

专业性常设仲裁机构通常是开放性的，不是附设于某一行业组织内部，如英国的海事仲裁协会、中国海事仲裁委员会和世界知识产权组织仲裁中心等便属于这类专业性常设仲裁机构。凡是涉及该专业的争议，这些专业仲裁机构都可以受理。

（二）国际主要的常设仲裁机构

1. 主要的国际商事仲裁机构

（1）国际商会仲裁院。

于1923年成立的国际商会仲裁院（The ICC Court of Arbitration，ICCCA），隶属于国际商会，秘书处设在巴黎仲裁院，备有各成员国提供的具有广泛国际性的仲裁员名单。国际商会仲裁院的主要职能是主持该院的行政管理工作，监督该会仲裁规则的实施，确定独任仲裁员，裁定对仲裁员的异议，审查和批准仲裁裁决草案。国际商会仲裁院设主席1人，副主席5人，秘书长2人，每个参加国国家委员会指派成员4人。

我国于1996年参加国际商会。在国际商会仲裁的当事人可以选择在巴黎以外的其他地点仲裁，仲裁适用的法律如果没有选定，一般情况下适用的将是仲裁地的法律。

（2）世界知识产权组织仲裁中心。

世界知识产权组织仲裁中心（WIPO Arbitration Center）成立于1993年9月，

于 1994 年 10 月正式开始运作，总部设在瑞士日内瓦。中心是世界知识产权组织国际局的一个，设有仲裁协会和仲裁咨询委员会，其职能是向中心提出建议和意见，特别是就调解规则和仲裁规则提出建议和意见。中心可适用 4 种争议解决程序：依《世界知识产权组织仲裁规则》的仲裁程序、依《世界知识产权组织调解规则》的调解程序、依《世界知识产权组织紧急仲裁规则》的紧急仲裁程序以及先依《世界知识产权组织调解规则》调解，若无法解决争议，再根据《世界知识产权组织仲裁规则》仲裁的联合程序。中心备有调解员名册和仲裁员名册，供中心向当事人推荐使用和在当事人自己不指定，或在规则规定时间内没有指定调解员和仲裁员，由中心代为指定时使用。

（3）解决投资争端国际中心。

解决投资争端国际中心（International Center for Settlement of Investment Disputes，ICSID）是根据 1965 年《解决国家与他国国民间投资争端公约》而成立的。中心是世界银行下设的独立性机构，总部设在美国华盛顿。中心的任务是根据当事人之间的仲裁协议，通过调解或仲裁的方式，解决成员国国家（政府）与他国国民之间因国际投资而产生的争议。中心由行政理事会和秘书处组成。行政理事会委员由各成员国派代表担任，主席由世界银行行长担任，秘书长和秘书处负责中心的事务工作。行政理事会下设一个调停小组和一个仲裁小组，其成员由各缔约国及行政理事会主席指派。中心有自己的仲裁规则，并备有仲裁员名册。当事人可以指定仲裁员名册中的人做仲裁员，也可以指定仲裁员名册以外的人做仲裁员。

2. 各国主要的商事仲裁机构

（1）斯德哥尔摩商会仲裁院。

斯德哥尔摩商会仲裁院（The Arbitration Institute of The Stockholm Chamber of Commerce，SCC）成立于 1917 年康属于斯德哥尔摩商会。该仲裁院的权力机构为委员会，由 3 人组成，其中主席 1 人，由对于解决商事争议富有经验的法官担任，其余 2 人分别为开业律师和商界有声望人士。以上 3 人均由商会任命。该仲裁院当事人可以自行指定仲裁员。仲裁院对确定仲裁地点、任命仲裁员提供协助。

（2）苏黎世商会仲裁院。

苏黎世商会仲裁院成立于 1911 年，由于瑞士所处的地理上的优势和中立国地位，1937 年苏黎世商会公布了包含有受理国际案件的仲裁规则以后，在苏黎世的仲裁案件逐渐增多。1977 年，该商会为了使仲裁规则与新的民事诉讼法相适应，制定了新的仲裁规则，但 1985 年苏黎世改变了其原先不参加瑞士联邦

"州际仲裁协约"的立场，成为协约第 22 个当事州，使该州的仲裁法与大多数州的仲裁法统一起来。苏黎世商会仲裁院的职权很大程度上由商会行使，仲裁庭主席或独任仲裁员由商会会长任命。审查仲裁申请、协助组织仲裁庭、收取保证金、收受及送达有关文件等项行政事务均由商会秘书处行使。苏黎世商会仲裁院十分重视调解的作用，将调解贯穿仲裁的全过程。

（3）伦敦国际仲裁院。

伦敦国际仲裁院（London Court of International Arbitration，LCIA）成立于 1892 年，最初名为伦敦仲裁会，于 1903 年更名为伦敦仲裁院，并在 1981 年进一步更名为伦敦国际仲裁院。它是全球范围内，创立时间最早的，全面且常态化的仲裁机构。它的管理结构由伦敦市政府、伦敦商会以及女王特许仲裁员协会共同构成的管理委员会负责。而伦敦国际仲裁院的日常运营工作，则是由女王特许仲裁员协会来负责执行。伦敦国际仲裁院的核心任务，就是针对国际商事争议，提供多元化的服务和支持，促进争端的妥善解决。

（4）美国仲裁协会。

美国仲裁协会（American Arbitration Association，AAA）成立于 1926 年，总部设在纽约。在全美 24 个主要城市设有分支机构。它是由美国仲裁社团、美国仲裁基金会和其他一些工商团体组成的。它是一个民间性的、非营利性的机构，既受理美国国内的商事争议，也受理国际商事争议案件。该协会制定有国际仲裁规则，也允许当事人约定适用《联合国国际贸易法委员会仲裁规则》。协会设有仲裁员名册，供当事人选定。

（5）新加坡国际仲裁中心。

新加坡国际仲裁中心（Singapore International Arbitration Center，SIAC）是一个独立的、非营利的组织，建于 1991 年。新加坡国际仲裁中心最初由新加坡政府提供赞助，现在资金上已完全自给。中心设立有董事会，由位于新加坡的国际和本地的商业和专业团体的代表组成。董事会负责监督中心的运作。中心设有仲裁员名册，供当事人选定。作为管理仲裁的常设机构，中心当事人提供以下帮助：在当事人不能达成一致意见的情况下，为当事人指定仲裁员；管理财务和其他实际仲裁事务；推进仲裁的顺利进行。中心聘请了不同国籍和文化背景的秘书人员，以便全面理解当事人的需求，服务于当事人。

3. 中国主要的仲裁机构

（1）中国国际经济贸易仲裁委员会。

中国国际经济贸易仲裁委员会（China International Economic and Trade Arbitration Commission，CIETAC）是中国国际贸易促进委员会（中国国际商会）设立的民间性质、全国性常设仲裁机构。其前身名为对外贸易仲裁委员会，根据1954年中央人民政府政务院的《关于在中国国际贸易促进委员会内设立对外贸易仲裁委员会的决定》于1956年成立的，总部位于北京。该决定详细界定了对外贸易仲裁委员会的性质、职责与组织原则，并促使中国国际贸易促进委员会颁布了《对外贸易仲裁委员会仲裁程序暂行规则》。根据仲裁程序暂行规则的规定，对外贸易仲裁委员会起初主要处理对外贸易合同及交易中的争议，特别是涉及外商商号、公司或其他经济组织与中国商号、公司或其他经济组织间的纠纷。同时，它也受理外国商号、公司或其他经济组织间，以及中国内部商号、公司或其他经济组织间在对外贸易合同和交易中产生的争议。

随着对外经济贸易的日益发展，1980年2月20日，国务院做出调整，将对外贸易仲裁委员会更名为对外经济贸易仲裁委员会，并扩大了其受理案件的范围，涵盖了中外合资经营、合作生产、合作开发、技术转让、金融信贷、租赁业务等多种国际经济合作中的争议。1988年6月21日，国务院再次做出决定，将其更名为中国国际经济贸易仲裁委员会。1988年6月21日，中国国际贸易促进委员会制定了《中国国际经济贸易仲裁委员会仲裁规则》，以替代原有的暂行规则，后又进行了多次修订。

中国国际经济贸易仲裁委员会设主任1人，副主任若干人。设有秘书局在仲裁委员会秘书长的领导下负责处理仲裁委员会的日常事务。中国国际经济贸易仲裁委员会另设有专家咨询委员会，负责仲裁程序和实体上的重大疑难问题的研究和提供咨询意见，组织仲裁员交流经验，对仲裁规则进行修订以及对仲裁委员会的工作和发展提出建议等。

中国国际经济贸易仲裁委员会备有仲裁员名册。仲裁员由仲裁委员会从法律、经济贸易、科学技术等方面具有专门知识和实际经验的中外人士中聘任。仲裁员名册中的仲裁员来自各个国家，具有不同国籍，大多数是各个不同专业领域的知名专家和学者。当事人也可以在仲裁员名册之外选定仲裁员。

中国国际经济贸易仲裁委员会分支机构：上海分会、华南分会（深圳）、西南分会（重庆）、天津仲裁中心。总会和分会是同一仲裁机构，即中国国际经济贸易仲裁委员会，其区别只是受理案件的地点不同。总会和分会适用同一仲裁规则和同一仲裁员名册。中国国际经济贸易仲裁委员会及其华南分会和上海分会做出的仲裁裁决在许多国家和地区得到承认和执行，在国际上有较大影响并享有较高声誉。

（2）中国海事仲裁委员会。

中国海事仲裁委员会（China Maritime Arbitration Commission，CMAC）是我国审理国际或涉外海事争议仲裁案件的常设机构。总部设在北京，成立于1959年3月。中国海事仲裁委员会分支机构：上海分会、西南分会（重庆）、天津海事仲裁中心；大连、广州、天津、宁波、青岛办事处。中国海事仲裁委员会主要受理海商海事争议。中国海事仲裁委员会的仲裁规则曾数次修订，现行规则为2004年10月1日起施行的新规则。

（3）香港国际仲裁中心。

香港国际仲裁中心（Hongkong International Arbitraion Center，HKIAC）成立于1985年，是按照香港公司法注册的非营利性公司。中心理事会由不同国籍的商界、律师界和其他各界的专业人士组成。中心的仲裁事务由董事会领导下的管理委员会和秘书长管理。秘书长由一名律师担任，秘书长同时还是中心的行政负责人。

（4）台湾"中华仲裁协会"。

台湾"中华仲裁协会"（Chinese Arbitration Association，Taipei，CAA）成立于1955年，1996年登记为社团法人，以仲裁依法可以和解之争议及调解有关之争议为宗旨。性质为公益性社会团体。

仲裁协会会员大会包括诸多社会知名人士、民营企业、律师、技师、建筑师事务所、民间团体及相关公会等。会员大会每年召开一次。会员大会下设理事会和监事会。平时授权理事会及监事会，监督仲裁协会整体运作。理事会由理事长、常务理事和理事组成，监事会由监事会召集人、常务监事和监事组成。理事会下设秘书处、争议调解中心和各专业委员会，例如，仲裁及时及法规研究委员会、仲裁人联谊暨教育训练委员会、仲裁人伦理委员会、仲裁人选定委员会等。秘书处为行政执行单位，专职处理日常业务及行政工作。秘书处设秘书长。

三、国际商事仲裁协议

（一）国际商事仲裁协议的概念和类型

1. 仲裁协议的概念

仲裁协议，是指双方当事人达成的共识，旨在将彼此之间可能出现的或已存在的争议提交至仲裁的协议。

2. 仲裁协议的类型

仲裁协议主要有两种类型：

（1）仲裁条款，是指在双方当事人签订的合同中，在合同的一个具体条款中，约定在合同执行过程中可能产生的争议提交仲裁。

（2）仲裁协议书，是专为解决特定争议而由双方当事人单独签订的协议书，明确双方同意将争议提交仲裁机构进行仲裁。

二者通常以书面形式出现。

（二）国际商事仲裁协议的内容

1. 提交机构仲裁的仲裁协议的内容

提交机构仲裁的仲裁协议，其内容通常涵盖以下几项关键要素：双方明确表示的仲裁意愿、选定的仲裁机构、适用的仲裁规则、提交仲裁的具体事项、仲裁地点以及裁决的效力等。

2. 提交临时仲裁的仲裁协议的内容

提交临时仲裁的仲裁协议的内容应当规定双方约定以仲裁方式解决的争议事项、适用的法律、所遵循的仲裁规则、仲裁地点以及仲裁庭的组成方式等核心要素等。

我国仲裁法排除临时仲裁，并将仲裁协议载有仲裁事项和仲裁委员会作为仲裁协议有效的必要条件。

（三）国际商事仲裁协议的有效性

1. 仲裁协议的形式

有效的仲裁协议必须遵循合法的形式要件。现代国际仲裁法普遍要求国际商事仲裁协议必须以书面形式呈现，这一规定已逐渐成为统一标准。大部分国家的仲裁法均明确仲裁协议应以书面形式订立。

2. 当事人的行为能力

双方当事人在订立仲裁协议时必须具有完全民事行为能力。

3. 争议事项的可仲裁性

仲裁协议约定的事项，必须是有关国家法律允许采用仲裁方式处理的事项，一般应排除下列事项：

（1）当事人不能自行处理或不能通过和解解决的争议；

（2）关于民事身份、父母与子女之间的关系、离婚争议；

（3）涉及被认为属社会公共利益的事项。

我国《仲裁法》第20条规定，当事人对仲裁协议的效力有异议的，可以请求仲裁委员会做出决定或者请求人民法院做出裁定。一方请求仲裁委员会做出决定，另一方请求人民法院做出裁定的，由人民法院裁定。对仲裁协议的效力异议案件，由仲裁委员会所在地中级人民法院管辖，当事人对仲裁委员会没有约定或约定不明的，由被告所在地的中级人民法院管辖。根据最高人民法院1995年8月28日《关于人民法院处理与涉外仲裁及外国仲裁事项有关问题的通知》，对于涉及涉外、涉港澳及涉台的经济、海事海商纠纷案件，若当事人于合同中订有仲裁条款或事后达成仲裁协议，人民法院在判断这些仲裁条款或协议是否无效、失效，或内容模糊无法执行时，应在受理当事人起诉前，必须先将案件报请本辖区的高级人民法院进行审查。若高级人民法院认同受理该案，则须将其审查意见上报至最高人民法院。在最高人民法院未做出回应之前，可暂不受理该案。

（四）国际商事仲裁协议的法律效力

1. 对当事人的法律效力

仲裁协议一旦依法成立，便对当事人产生直接的法律约束力。因此，当事人丧失了就仲裁协议约定的争议事项向法院提起诉讼的权利，并承担起不得向法院起诉的义务。若仲裁协议的一方当事人违反此义务，就协议约定的争议事项向法院提起诉讼，另一方当事人有权依据仲裁协议请求法院中止司法诉讼程序，并将争议发还仲裁机构或仲裁庭审理。这一机制确保了当事人约定的仲裁事项在发生争议时只能通过仲裁解决，从而实现了当事人不愿诉诸法院解决争议的初衷。此外，当事人在仲裁协议中已明确同意将相关争议提交仲裁解决，并承认仲裁庭所做裁决的效力，除非该裁决被相关国内法院认定为无效。

2. 对仲裁庭或仲裁机构的法律效力

有效的仲裁协议是仲裁庭或机构受理争议案件的必要前提。若不存在仲裁协议或协议无效，仲裁庭或机构则无权对争议进行审理。当事人可基于仲裁协议的有效性缺失，对仲裁庭或机构的管辖权提出抗辩。仲裁协议是仲裁庭取得对特定争议事项管辖权的核心依据。

此外，仲裁协议对仲裁庭或机构的法律效力还体现在其严格限定了受案范围。仲裁庭或机构仅能处理仲裁协议中约定的争议事项。对于超出协议范畴的事项，仲裁庭或机构无权介入。若仲裁庭对超出协议范围的事项做出裁决，另一方当事人有权申请拒绝执行，且裁决执行地的国内法院亦可能因仲裁庭越权而拒绝承认和执行相关裁决。

3. 对法院的法律效力

仲裁协议必须能够依法得到承认和执行才有意义，否则它仅仅是一份缺乏法律约束力的意向性文件。若一方当事人无视仲裁协议，拒绝参与仲裁并选择向法院提起诉讼，若不能强制其履行仲裁解决争议的义务，则仲裁协议将形同虚设。因此，仲裁协议对法院是否具有排除其司法管辖权的效力至关重要。各国的仲裁法律均认可仲裁协议具备排除法院司法管辖的效力。一旦当事人就特定争议事项达成仲裁协议，法院便无权受理该争议案件。

各国的仲裁法律也普遍承认仲裁协议是强制执行仲裁裁决的法律依据。国际条约与各国国内法律均规定，若一方当事人拒绝执行仲裁裁决，另一方当事人可凭借有效的仲裁协议与裁决书，申请强制执行该裁决。

四、国际商事仲裁程序

（一）仲裁的申请和受理

1. 仲裁申请

仲裁申请是指仲裁协议中所约定的争议事项发生以后，仲裁协议的一方当事人依据该项协议将有关争议提交他们所选定的仲裁机构，从而提起仲裁程序的行为。按照国际商事仲裁中的一般做法，如果双方当事人选择某常设机构进行仲裁，当事人应将仲裁申请书提交给该常设仲裁机构；如果双方当事人约定设立临时仲裁机构来审理有关争议，则当事人必须将仲裁申请书直接送交另一方当事人，因为只有当双方当事人选出仲裁员以后才能组成受理争议的临时仲裁机构。仲裁申请书类似于诉讼程序中的起诉状，提出申请书的一方当事人叫申请人，对方当事人叫被申请人。

各仲裁机构的仲裁规则对仲裁申请书的内容都有具体规定。《中国国际经济贸易仲裁委员会仲裁规则》规定，一项仲裁申请书，须包含如下几个主要内容：（1）申请人和被申请人的名称和住所，如有邮政编码、电话、传真、电报或电子通信方式，也应写明；（2）申请仲裁所依据的仲裁协议；（3）案情和争议要点；（4）仲裁请求及所依据的事实和理由；（5）仲裁申请书应由申请人及/或申请人授权的代理人签名及/或盖章。申请人在提交仲裁申请书时，应附具申请人仲裁请求所依据的事实的证明文件，还应按照中国国际经济贸易仲裁委员会制定的仲裁费用表的规定预缴仲裁费。

2. 仲裁的受理

仲裁机关在收到申请人提交的仲裁申请书及有关材料后，应立即进行初步审查以决定是否立案受理。一般来说，审查事项包括：（1）仲裁条款或仲裁协议是否有效，该仲裁机构是否享有对该争议的管辖权；（2）请求仲裁事项是否属于仲裁协议范围之内或是否能进行仲裁；（3）有否超过仲裁时效，如《联合国货物买卖销售合同公约》规定买卖合同的时效为 4 年；（4）有具体的仲裁请求及所依据的事实和理由；（5）仲裁协议当事人的名称和仲裁申请书申请人和被申请人的名称是否一致等。

中国国际经济贸易仲裁委员会经审查，认为仲裁手续不完备的，可以要求申请人予以完备；认为仲裁手续完备的，即正式立案受理。否则将仲裁申请书及有关材料退回申请人，并说明其不予受理的理由。如仅是某些形式要件不符规定，仲裁机构则要求申请人予以补正。

仲裁机构受理案件后，应即向申请人发出受案通知，并一同将仲裁机构的仲裁规则及仲裁员名册发送给申请人。同时仲裁机构也将向被申请人发出仲裁通知，并一同将仲裁申请书副本及其附件、仲裁机构的仲裁规则及仲裁员名册发送给被申请人。仲裁程序自中国国际经济贸易仲裁委员会或其分会发出仲裁通知之日起开始。

3. 答辩

被申请人在收到仲裁申请书后，应在 45 日内提出答辩书及有关证据材料。答辩书的内容应对申请人在仲裁申请书中提出的请求、陈述的事实和依据的理由加以回答、抗辩和反驳。仲裁答辩书和仲裁申请书一样，一般也应写明答辩的事实、理由及证据、争议的焦点及被申请人对此的意见等。被申请人不提交答辩书的，不影响仲裁程序的进行。被申请人应在仲裁通知指定的期限内或在答辩书中指定仲裁员或委托仲裁机构代为指定。如果被申请人对申请人提请仲裁，或对仲裁委员会的管辖权有异议，被申请人可在答辩期限内提出。在此情况下，仲裁机构应先就管辖权问题做出决定后，再进行案件的仲裁程序。

4. 反请求

被申请人如要提出反请求，则应在答辩书写明反请求及所依据的事实和理由，也可另行提出反请求书。各国仲裁机构的仲裁规则对反请求都做了规定。一般来说，反请求应具备以下条件：（1）反请求的申请人应是仲裁申请书中的被申请人，而反请求中的被申请人则应是仲裁申请书中的申请人；（2）反请求和请求应基于同一事实或同一法律关系；（3）反请求应在一定期限内提出，如《中国国际经济贸易仲裁委员会仲裁规则》规定，应在收到仲裁通知后 45 天内提出。反请求受理之后，反请求人也应按规定交纳仲裁费用。反请求一般和申请人的请求合并审理，但通常分别裁决。此外如果在审理过程中，申请人撤回仲裁申请，不影响反请求审理的继续进行。

5. 请求和反请求的修改

申请人可以对仲裁请求提出修改，被申请人也可以对反请求提出修改；但是仲裁庭认为其修改的提出过迟而影响仲裁程序正常进行的，可以拒绝修改。

6. 仲裁代理

各仲裁规则均规定，无论是申请人还是被申请人都有权委托代理人代为参加有关的仲裁活动。接受委托的仲裁代理人，应向仲裁委员会提交授权委托书。《中国国际经济贸易仲裁委员会仲裁规则》第 22 条规定，中国公民和外国公民均可担任仲裁代理人。

7. 财产保全和证据保全

当事人申请财产保全，仲裁委员会应当将当事人的申请提交被申请人住所地或其财产所在地的人民法院做出裁定。我国《民事诉讼法》第 258 条规定，当事人申请采取财产保全的，中华人民共和国的涉外仲裁机构应当将当事人的申请，提交被申请人住所地或者财产所在地的中级人民法院裁定。据此，在我国涉外仲裁机构仲裁，当事人需申请保全措施的，应当向仲裁机构提出，仲裁机构对申请加令审查，只将当事人的申请提交给主管法院，由主管法院审查后做出是否准予保全的裁定。按照最高人民法院 1992 年《关于适用〈中华人民共和国民事诉讼法〉若干问题的意见》第 317 条的规定，人民法院裁定采取保全的，应当责令申请人提供担保，申请人不提供担保的，裁定驳回申请。

当事人申请证据保全，仲裁委员会应当将当事人的申请提交证据所在地的中级人民法院做出裁定。

（二）仲裁庭的组成

1. 仲裁员的指定或选定

各国仲裁立法和仲裁规则合议庭仲裁员的制定和独任仲裁员的指定均有明确规定。对于合议庭仲裁员的人数，如果当事人在仲裁协议中没有做出约定，除极少数国家外，一般规定由 3 人组成。当事人双方各指定 1 名仲裁员，但对首席仲裁员的指定，各国仲裁立法和仲裁规则规定不尽相同。有的规定，首席仲裁员由当事人双方指定的仲裁员协商确定，在协商不成的情况下，则由仲裁机构或其他有权机构指定；有的则直接规定首席仲裁员由仲裁机构或其他有权机构指定。此外，在当事人未能在一定期限内指定仲裁员时，一般规定由仲裁机构或其他有权机构代为指定。对独任仲裁员的指定，多数仲裁立法和仲裁规则都承认仲裁当事人双方选定独任仲裁员的自主权。只有当事人双方在一定期限内不能达成一致意见时，才由仲裁机构或其他有权机构代为指定。

《中国国际经济贸易仲裁委员会仲裁规则》对合议庭仲裁员和独任仲裁员的指定分别做了明确规定：对于合议庭仲裁员，当事人双方各指定 1 名仲裁员，首席仲裁员由双方当事人共同选定或者委托仲裁委员会主任指定；对于独任仲裁员，则由双方当事人共同选定或者委托仲裁委员会主任指定。当事人在收到仲裁通知之日起 20 日内未能指定仲裁员或未能就仲裁员的选定达成一致意见，则应由仲裁委员会主任指定。

2. 仲裁员的更换

仲裁员是仲裁审理的直接执行者，不仅仲裁员的品质、知识等因素对案件有重要影响，而且，仲裁员和当事人之间的关系也会直接影响仲裁案件的审理，因此，各国仲裁立法和仲裁规则都对仲裁员的回避做了明确规定。《联合国国际贸易法委员会仲裁规则》第 10 条第 1 款规定，如遇足以使人对任何仲裁员的公正或独立引起正当怀疑的情况存在，可对该仲裁员提出异议。《美国仲裁协会国际仲裁规则》第 8 条第 1 款也规定，如存在对仲裁员的公正性和独立性产生正当的怀疑的情况时，一方当事人可以要求该仲裁员回避。但对于具体的回避理由，各国仲裁立法和仲裁规则一般不做具体规定。我国《仲裁法》第 34 条规定了仲裁员的具体情形：仲裁员是本案当事人或者当事人、代理人的近亲属；仲裁员与本案有利害关系；仲裁员与本案当事人、代理人有其他关系，可能影响公正仲裁的；仲裁员私自会见当事人、代理人，或者接受当事人、代理人的请客送礼的。

当事人申请回避，应在一定期间内提出，否则将视为放弃申请回避的权利。一般来说，当事人应在第一次审理开庭之前提出申请回避，如果要求回避的理由是在第一次开庭审理后才得知，应在最后一次开庭审理终结以前提出。《中国国际经济贸易仲裁委员会仲裁规则》第 32 条已做规定。[①] 当事人申请仲裁员回避

①《中国国际经济贸易仲裁委员会仲裁规则》（2024 年版）第 32 条第 1 款：当事人收到仲裁员的声明书及/或书面披露后，如以披露的事实或情况为理由要求该仲裁员回避，则应于收到仲裁员的书面披露后 10 天内书面提出。逾期没有申请回避的，不得以仲裁员曾经披露的事项为由申请该仲裁员回避；第 3 款：对仲裁员的回避请求应在收到组庭通知后 15 天内以书面形式提出；在此之后得知要求回避事由的，可以在得知回避事由后 15 天内提出，但应不晚于最后一次开庭终结。

应以书面形式提出并送交仲裁机构。仲裁机构收到当事人要求回避的申请后，应通知另一方当事人和仲裁员，如另一方当事人表示接受，则该仲裁员应当离职，被要求回避的仲裁员也可以主动提出离职。许多仲裁规则规定在这两种情况下仲裁员的回避并不表明当事人申请回避的理由是正当的。如果另一方当事人不同意回避要求，或被要求回避的仲裁员没有离职，则由仲裁机构对当事人的回避理由进行审查，并做出是否回避的决定。仲裁员的回避也包括首席仲裁员在内。如果某一仲裁员回避，各仲裁规则均规定应依照原指定仲裁员的程序，重新指定。除因仲裁员的回避发生仲裁员更换外，仲裁员还可能因辞职、死亡、成为无行为能力人等原因不能继续工作，在此情况下就应根据仲裁规则补选仲裁员，重新组成仲裁庭审理有关争议。

发生仲裁员更换后，重新组成的仲裁庭对以前已进行的审理是否需要重复进行，各国仲裁立法和仲裁规则一般规定应由重新组成的仲裁庭决定，但如果是独任仲裁员或首席仲裁员被更换，则应重复以前进行的审理。《联合国国际贸易法委员会仲裁规则》第14条规定，独任仲裁员或首席仲裁员被更替时，以前举行过的任何听证均应重复进行，倘其他仲裁员被更替时，仲裁庭得自行决定哪些听证得予重复。

我国《仲裁法》和《中国国际经济贸易仲裁委员会仲裁规则》对仲裁员的回避和更换做了明确规定，这些规定和国际上的通行做法是一致的。对于重新组成的仲裁庭对以前已进行的审理是否需要重复进行，我国《仲裁法》和《中国国际经济贸易仲裁委员会仲裁规则》规定由仲裁庭决定。[①]

（三）仲裁审理

仲裁审理，是指仲裁庭以一定的方式和程序收集和审查证据，询问证人、鉴定人，并对整个争议事项的实质性问题进行全面审查的仲裁活动。仲裁审理在整个仲裁程序中占有重要地位。

仲裁审理的方式大体上可分为两种，一种是口头审理，又称开庭审理；另一种是书面审理，又称不开庭审理。各国仲裁立法和仲裁规则大都规定，当事人双方可自由选定口头审理或书面审理，在当事人没有做出约定时，则采用口头审理的形式进行。但英国、德国等国则规定，仲裁审理必须采用口头审理的方式。

---

① 《中国国际经济贸易仲裁委员会仲裁规则》（2024年版）第33条第4款：重新选定或指定仲裁员后，由仲裁庭决定是否重新审理及重新审理的范围。

1. 口头审理

口头审理，是指双方当事人或者其代理人亲自出庭，以口头答辩的方式，接受仲裁庭对案件的审理。在开庭审理时，一般的程序是首先由首席仲裁员宣布仲裁庭的组成人员，如果双方当事人对组成仲裁庭的仲裁员没有异议，再由仲裁员宣读双方当事人出庭人员名单，双方当事人对对方出庭人员的身份如有异议，可以提出。如果没有异议，首席仲裁员就宣布庭审开始。先由申请人陈述案情，讲明事实，然后由被申请人答辩，再由仲裁庭提问。事实调查结束后，由当事人双方进行辩论。最后，由仲裁庭总结开庭情况。如果认为案情清楚，可以进行裁决，仲裁庭就在闭庭前宣布审理终结，即将做出裁决；如果认为还需双方当事人提交材料及有关证据，也应在闭庭前向双方当事人提出，并规定提交材料的日期；如果认为还需再次开庭审理，也可以向双方当事人宣布。

在开庭时，仲裁庭文秘人员应做好开庭记录和录音，当事人或者代理人以及证人应在开庭笔录上签字。一旦确定案件需要进行开庭审理时，仲裁机构（一般是秘书处）应根据仲裁规则的规定，确定开庭日期和地点，并在开庭前的一定时间内向当事人送达开庭通知。如一方当事人有正当理由，可以在开庭前一定时间内提出延期开庭的请求。

《中国国际经济贸易委员会仲裁规则》第 37 条规定，开庭审理的案件，仲裁庭确定第一次开庭日期后，应不晚于开庭前 20 天将开庭日期通知双方当事人。当事人有正当理由的，可以请求延期开庭，但应于收到开庭通知后 5 天内提出书面延期申请；是否延期，由仲裁庭决定。《中国国际经济贸易委员会仲裁规则》第 7 条规定，当事人对仲裁地有约定的，从其约定；当事人对仲裁地未作约定或约定不明的，以管理案件的仲裁委员会或其分会/仲裁中心所在地为仲裁地；仲裁委员会也可视案件的具体情形确定其他地点为仲裁地；仲裁裁决视为在仲裁地做出。

关于仲裁庭开庭审理案件是否公开进行的问题，各仲裁规则一般规定除当事人双方同意公开审理外，仲裁审理应不公开进行。如《联合国国际贸易法委员会仲裁规则》第 25 条规定，除当事人另有相反意见外，听证应秘密进行；仲裁庭在某一证人提供证词时，得要求其他证人或所有证人退庭；仲裁庭得自由决定询问证人的方法。我国《仲裁法》第 40 条规定，仲裁不公开进行。当事人协议公开的，可以公开进行，但涉及国家秘密的除外。

在开庭审理中，还有一个缺席审理的问题，即在开庭审理时，当事人或者其代理人接到开庭通知，没有正当理由而不到庭，或者未经仲裁庭许可中途退庭，仲裁庭在该当事人或其代理人不出席的情况下进行的审理。各仲裁规则对此都有明确规定，如《联合国国际贸易法委员会仲裁规则》第 30 条第 2 款规定，如当事人一方经按照本规则如期、合法通知后，无充分理由而不出席听证会时，仲裁庭得继续进行其仲裁程序。《中国国际经济贸易仲裁委员会仲裁规则》第 39 条也明确规定仲裁庭开庭审理时，一方当事人不出席，仲裁庭可以进行缺席审理和做出缺席判决。关于证据责任，均采取谁主张谁举证的原则。我国《仲裁法》第 43 条规定，当事人应当对自己的主张提供证据。仲裁庭认为有必要收集的证据，可以自行收集。

2. 书面审理

书面审理，是指双方当事人或者他们的代理人可以不必亲自到庭，仲裁庭只根据双方当事人提供的书面证据材料如仲裁申请书、答辩书、合同、双方往来函电以及证人、专家报告等，对争议案件进行审理。选择书面审理的方式，通常需要获得双方当事人的同意或他们提出书面审理的申请。在书面审理期间，仲裁庭将专注于审查由仲裁机构（通常为秘书处）转交的双方提交的材料，并有权要求双方在规定时间内补充必要的解释、答辩文件或证据。一旦仲裁庭认为材料已经足够充分，他们将结束审理，并通知双方当事人。此后，若双方再提交新材料，仲裁庭将不再接受。这种审理方式高效且灵活，适用于双方能充分表达观点且材料齐全的情况。但在裁决做出前，仲裁庭一般会确定一个期限，给双方当事人陈述意见，提交材料的最后机会。大多数仲裁规则对书面审理都有规定，如《联合国国际贸易法委员会仲裁规则》第 17 条第 1 款、第 3 款规定，在不违反本《规则》的情况下，仲裁庭得以他认为适当的方式进行仲裁，但必须对当事人各方给予公平待遇，并应在程序进行中的各个阶段给予每一方以陈述其案情的充分机会。在程序进行中的任何阶段，如任何一方要求仲裁庭听取证人包括专家证人的证词或进行口头辩论时，应即举行听证。如无这一要求，仲裁庭应自行决定是否开庭听证或是否根据文件和其他资料进行仲裁程序。《中国国际经济贸易仲裁委员会仲裁规则》第 35 条也规定，仲裁庭应开庭审理案件，但双方当事人约定并经仲裁庭同意或仲裁庭认为不必开庭审理并征得双方当事人同意的，可以只依据书面文件进行审理。

（四）仲裁裁决

1. 仲裁裁决的种类

（1）最后裁决，是指最终处理当事人之间一项或多项争议问题的仲裁裁决。

（2）临时裁决，是指用于处理某些具有预先性或先决性的程序问题的裁决。

（3）部分裁决，是指用于处理当事人之间关于货币款项争议实体问题的裁决。

（4）缺席裁决，是指仲裁庭在一方当事人没有参与或拒绝参加仲裁程序的情况下做出的裁决。

（5）合意裁决，是指仲裁庭根据当事人达成的和解协议做出的裁决。

2. 对仲裁裁决的异议

（1）提出异议的目的和地点。

当当事人对仲裁裁决的有效性产生怀疑时，他们会提出异议，并请求具有管辖权的法院对裁决进行司法层面的审核。提出异议的当事人的主要目的，是期望通过这一手段来废除裁决或者至少在部分内容上对裁决进行改动。在提出仲裁裁决异议时，一般应当向做出裁决所在国家的法院进行提交。至于具体应向哪一级别的法院提出异议，各国的法律规定均有所不同。

（2）提出异议的时限。

各国法律对提出异议的时限规定不同，但都相对比较短，以免当事人有意拖延时间，影响裁决的承认和执行。

3. 对仲裁裁决提出异议的理由

各国法律对于仲裁裁决异议的理由存在不同规定，综合来看，主要包括以下方面：

（1）裁决本身的瑕疵。

异议当事人可能指出裁决在法律适用和事实认定方面存在错误，然而，这种理由在多数国家往往难以被接受。此外，当事人还可能指出裁决未能满足法律所规定的特定形式或内容要求，不过，这种情况在实际操作中相对罕见。

（2）仲裁庭的管辖权问题。

这主要包括两种情况：一是仲裁庭在没有管辖权的情况下做出的裁决；二是仲裁庭超越了其管辖权限所做出的裁决。

（3）程序方面的争议。

除了管辖权问题外，当事人还可能提出其他程序上的异议，认为仲裁庭未能遵循国际商事仲裁中的既定程序标准。这些标准包括适当地组成仲裁庭、仲裁程序须符合当事人仲裁协议中的约定、确保当事人获得适当的开庭和听审通知、平等对待双方当事人、公平听证，以及给予双方充分的申辩机会等。虽然这些标准在各国法律中普遍得到体现，但不同国家的法院可能会因法律背景和程序习惯的不同，对这些标准的解读和应用存在差异。因此，仲裁机构和仲裁庭在仲裁过程中，严格遵循当事人所选择的仲裁规则至关重要，这对于保障仲裁裁决的效力和执行力具有重要意义。

（4）公共政策考量。

如果仲裁裁决违反了仲裁地关于可仲裁性或公共政策的规定，那么仲裁地法院将有权撤销该裁决。

五、国际商事仲裁裁决的承认与执行

（一）内国仲裁裁决与外国仲裁裁决

1. 内国裁决

当裁决做出地国与被申请承认和执行裁决地国为同一国家时，被申请承认和执行地国通常会将该裁决视为内国裁决。

2. 外国裁决

（1）领域标准，当裁决是在被申请承认和执行该裁决所在国领域外的国家做出的，即为外国裁决。大多数国家采纳了这一标准。

（2）非内国裁决标准，少数国家除采取领域标准认定外国裁决外，还将在本国领域内做出的又在本国申请承认与执行的裁决认定为非内国裁决，在承认与执行该裁决时适用有关承认与执行外国仲裁裁决的法律规定。1958 年《纽约公约》采纳了这一标准。

知识链接：纽约公约

（二）拒绝承认与执行外国仲裁裁决的理由

1. 仲裁协议无效

仲裁协议的双方当事人在签订仲裁协议时，若根据适用于他们的法律，处于某种无行为能力的状态；或者根据双方选定的法律，或者在没有明确选定法律的情况下，根据做出仲裁裁决所在国家的法律，仲裁协议可能被视为无效。在上述任一情形下，当事人若提出请求，被申请承认和执行裁决的国家法院可以据此拒绝承认和执行该裁决。

2. 违反正当程序

违反正当程序的理由主要涵盖两个方面：一是未能向作为裁决执行当事人的相关方提供关于仲裁员指定或仲裁程序进行的适当通知；二是作为裁决执行对象的当事人因某些原因未能进行申辩。

（1）未予适当通知。这里的"适当"意味着通知应确保当事人对仲裁员指定和仲裁程序有充分了解。如果通知不充分，可能会导致当事人无法及时参与仲裁过程，进而影响其权益。

（2）未能提出申辩。以作为裁决执行对象的当事人未能提出申辩而可以拒绝承认和执行裁决的规定，体现了保障双方当事人平等陈述机会的原则。平等的陈述机会意味着双方都应获得公正且有效的机会来阐述自己的案情和观点。然而，如果作为裁决执行对象的当事人已经收到适当通知，但选择拒绝参与仲裁或采取消极回避态度，这将被视为其主动放弃陈述机会，并不会影响裁决的承认和执行。

3. 仲裁员超越权限

仲裁员超越权限，指的是仲裁员在裁决中处理了仲裁协议未提及或未涵盖的争议，或者在裁决中加入了超出仲裁协议范围的事项。需要注意的是，仲裁员因仲裁协议无效而失去管辖权的情况，并不属于超越权限的范畴。

如果裁决未能全面解决提交给仲裁庭的所有问题，这样的裁决被视为不完全裁决。尽管不完全裁决未涵盖所有争议，但其仍然是在仲裁员的职权范围内做出的，这与仲裁员超越权限的情形存在本质区别。因此，在审查裁决时，需要明确区分这两种情况。所以，这种情况下如果以仲裁员超越权限为由，要求拒绝承认和执行不完全裁决的请求一般是不能成立的。在实践中，有些国家商事仲裁机构在其仲裁规则中对不完全裁决的补救做出了规定，即在一定期限内，当事人可以要求仲裁庭对不完全裁决中漏裁的事项做出补充裁决，仲裁庭自己也可主动做出补充裁决。

4. 仲裁庭的组成或仲裁程序不当

仲裁庭的组成或仲裁程序不当，是指仲裁庭的组成或仲裁程序与当事人之间的协议不符，或者在缺乏此类协议时，与仲裁地国的法律规定不符。

1958年的《纽约公约》对当事人之间的协议与仲裁地国法进行了明确的区分，使得当事人间的协议在判定仲裁庭组成和仲裁程序是否合规时，成为一个独立的标准，并可优先适用当事人之间的协议。然而，在实际操作中，仲裁的进行，包括仲裁庭的组建和程序设置，常常受到仲裁地国法中强制性规定的制约。

这意味着，尽管有当事人的协议存在，但仲裁地国法的强制性规定往往具有更高的优先级。因此，如果仲裁庭的组成或仲裁程序违反了仲裁地国法的强制性条款，相关裁决可能会被仲裁地国法院撤销。但值得一提的是，在不违反仲裁地法强制性规定的前提下，当事人间的协议仍然应当得到充分的尊重和执行。

5. 裁决对当事人尚未发生约束力或已被撤销或停止执行

（1）裁决的约束力。在 1958 年《纽约公约》之前，1927 年《日内瓦公约》要求仲裁庭做出的裁决须是"终局的"，该裁决方可得到执行。1958 年《纽约公约》摒弃了"终局的"一词，而是采用了"有约束力"一词。这被认为是对 1927 年《日内瓦公约》做出的重大改进。如何判定裁决对当事人尚未发生的约束力，是一个较复杂的问题。对 1958 年《纽约公约》的有关规定主要有两种解释：依可适用的仲裁法判定和自治性解释。

（2）裁决的撤销和停止执行。

①裁决的撤销。根据 1958 年《纽约公约》第 5 条第 5 款的规定，裁决做出地国或仲裁可适用法律所属国的主管机关，对当事人提出的撤销裁决之诉具有专属管辖权。这一原则已得到各国法院一致认同。由于当事人在协议中约定裁决受非裁决做出地国法的仲裁法管辖的情况并不多见，因此，实际负责处理撤销裁决诉讼的主管机关通常是裁决做出地国的法院。

仅当裁决在裁决做出地国或所适用的仲裁法所属国的法院（通常称之为裁决起源地国法院）被有效撤销后，当事人才可以以裁决已被撤销为理由，申请拒绝承认和执行该裁决。如果当事人仅是提出了撤销裁决的申请，而上述法院尚未做出裁决撤销的决定，那么作为被执行对象的当事人只能向被申请承认和执行的法院提出延期执行该裁决的请求，等待进一步的处理结果。

②裁决的停止执行。根据 1958 年《纽约公约》，裁决被裁决起源地国法院"停止"执行，也可成为拒绝承认和执行裁决的理由。

根据 1958 年《纽约公约》中关于停止执行裁决的规定，申请拒绝承认和执行裁决，作为被执行对象的当事人必须证明裁决起源地国已经有效地命令停止执行该裁决。如果该当事人只是向起源地国法院提出停止执行仲裁裁决的申请，而起源地国法院尚未做出决定，则不能使裁决的执行自行中止，更不能构成可拒绝承认和执行仲裁裁决的理由。在此情形下，被申请承认和执行的法院仅可以做出延期执行裁决的决定，或要求申请承认和执行裁决的当事人提供适当的担保。

6. 争议事项不可用仲裁方式解决

如果被申请承认和执行裁决地国的法律规定，裁决所涉及的争议事项不适宜通过仲裁方式解决，那么该地的法院有权拒绝承认和执行该裁决。

争议事项不适用仲裁解决，是裁决执行地国法院自主决定拒绝承认和执行裁决的一个重要依据。不仅如此，争议事项的可仲裁性还关系到仲裁协议能否得到执行以及裁决做出后会否被撤销。执行仲裁协议是开始进行仲裁时的议题，对裁决提出异议、申请撤销是裁决做出后的议题，而执行仲裁裁决则是裁决做出后当事人不自动履行所面临的议题。上述议题所处阶段不同，但是，所关系到的可仲裁性问题却具有同一性。然而，在以上不同阶段判定同一的可仲裁性问题所依据的法律却不相同。在履行仲裁协议和启动裁决撤销程序时，一般依据仲裁地国法院的判断来确定争议事项是否适合仲裁。然而，在执行仲裁裁决时，则需要参考被申请承认和执行裁决的国家的相关法律，以判定争议事项的可仲裁性。

7. 违反公共政策或公共秩序

公共政策条款的功能主要用来保护"法院地的基本道德信念或政策"。在大陆法系国家，习惯用"公共秩序"一词。在英美法系国家，则习惯于用"公共政策"一词。我国有关法律中既没有"公共政策"一词，也没有使用"公共秩序"一词，而是使用的"社会公共利益"。一般来说，社会公共利益是国家重大利益、重大社会利益、基本法律原则和基本道德准则。

公共政策不仅是传统上用以排除外国法适用的理由，也是传统上用以拒绝承认和执行外国法院判决的依据。在各国相关法律以及关于承认和执行外国仲裁裁决的公约中，公共政策同样被视为拒绝承认和执行仲裁裁决的一项正当理由。

（三）承认和执行外国仲裁裁决的条件和程序

1. 仲裁裁决在我国的承认与执行

我国承认与执行外国仲裁裁决的依据是《中华人民共和国民事诉讼法》、《中华人民共和国仲裁法》、1958 年《纽约公约》和 1965 年《华盛顿公约》，当事人向我国申请执行外国仲裁裁决，如果符合适用该两项公约规定的条件，我国人民法院将根据这两项公约的有关规定办理。

我国在加入 1958 年《纽约公约》时做出了互惠保留和商事保留。互惠保留，是指我国只承认和执行在缔约国领土内做出的仲裁裁决。商事保留，是指我国只承认和执行属于契约和非契约性商事法律关系争议做出的仲裁裁决。

承认和执行外国仲裁裁决的具体程序，最高人民法院做了如下规定：

（1）根据《纽约公约》第 4 条的规定，申请我国法院承认和执行在另一缔约国领土内做出的仲裁裁决，应由我国下列地点的中级人民法院受理；被执行人为自然人，为其户籍所在地或者居所地；被执行人为法人，为其主要办事机构所在地；被执行人在我国无住所、居所或者主要办事机构，但有财产在中国境内的，为其财产所在地。

知识链接：我国《民事诉讼法》关于外国仲裁裁决执行的规定

（2）我国法院在收到当事人的申请后，应对申请承认和执行的仲裁裁决进行审查，如果认为不具有 1958 年《纽约公约》第 5 条第 1 项、第 2 项所列的情形，应当裁定承认其效力，并依照我国民事诉讼法规定的程序执行；如果认定具有第 5 条第 1 项所列的情形之一，或者根据被执行人提供的证据证明具有第 5 条第 1 项所列的情形之一，应当裁定驳回申请，拒绝承认和执行。

知识链接：纽约公约第 5 条，关于拒绝承认和执行
外国仲裁裁决的情形

申请我国人民法院承认与执行的仲裁裁决，仅限于 1958 年《纽约公约》对我国生效后在另一缔约国领土内做出的仲裁裁决。该项申请必须在我国法院规定的申请执行期限内提出。

根据《中英联合声明》和《中华人民共和国香港特别行政区基本法》的规定，1997 年 7 月 1 日香港回归祖国后，1958 年《纽约公约》在香港继续适用。但香港执行中国内地的仲裁裁决在形式上是否还受制于 1958 年《纽约公约》是一个值得探讨的问题。如何处理这一问题，大体有两种模式可供参照选择：一是香港地区的主权回归中国后，中国内地和香港地区可以通过立法和司法解释，在相互承认仲裁裁决问题上，仍然适用 1958 年《纽约公约》的机制，保持原有的相互承认和执行仲裁裁决的模式。二是由中国内地和香港地区的有关机关拟定关于相互承认和执行仲裁裁决的协议。

2. 我国内地与澳门地区之间仲裁裁决的承认和执行

对于在中国内地做出的仲裁裁决，若需在澳门地区申请承认和执行，澳门地区的法院将依据第 55/98/M 号法令的相关规定进行处理。然而，对于在澳门地区做出的仲裁裁决，若需在中国内地申请承认和执行，目前尚缺乏明确的法律支持。鉴于此，中国内地的立法机构应尽快制定相关法规，以解决这一问题，从而

减少和避免未来在承认和执行澳门地区仲裁裁决时可能遇到的障碍。

3. 我国内地与台湾地区之间仲裁裁决的承认和执行

根据我国 1980 年的《关于鼓励台湾同胞投资的规定》与台湾 1992 年的《台湾地区与大陆地区人民关系条例》表明两岸都愿意以仲裁方式解决两岸之间的经贸争议。

1998 年 5 月 26 日最高人民法院公布了《关于人民法院认可台湾地区有关法院民事判决的规定》。该规定第 19 条和第 17 条分别规定："申请认可……台湾地区仲裁机构裁决的，适用本规定。""被认可的台湾地区有关民事判决需要执行的，依照《中华人民共和国民事诉讼法》规定的程序办理。"据此，台湾地区仲裁机构做出的仲裁裁决，当事人可以向中国内地人民法院申请认可，并适用该认可台湾地区法院民事判决的有关规定。经人民法院认可的仲裁裁决需要执行的，则应依照《中华人民共和国民事诉讼法》规定的程序办理。最高人民法院公布的这一规定，为承认和执行台湾地区仲裁机构做出的裁决提供了具有法律依据的运作机制，有利于保护海峡两岸当事人在民商事交往中的合法权益。

第三节　国际民事诉讼

一、国际民事诉讼法

（一）国际民事诉讼概述

民事诉讼，是指司法机关基于当事人申请，对民事权益进行保护的法定程序。当民事诉讼中涉及国际因素，或涉及外国因素时，便构成了国际民事诉讼。国际民事诉讼程序特指一国法院在审理涉及国际因素的民事诉讼案件时，以及当事人和其他诉讼参与人参与此类诉讼行为时，应遵循的特殊和专用的程序规则。国际民事诉讼法的存在，就是为了总结和规范这些特殊的程序规则。

在民事诉讼过程中，国际因素的介入可能源于诉讼程序本身的国际性，也可能源于实体法律关系的涉外性。具体来说，民事诉讼中的国际因素包括但不限于：诉讼当事人中包含外国人；诉讼标的涉及涉外民事法律关系；作为证据的材料含有涉外内容；法院依据国际条约或国内冲突法的规定，须适用外国法律作为案件裁判的依据；诉讼请求涉及外国法院或其他机构的判决在本国的承认或执行；诉讼过程须要国际司法协助等。这些因素的存在，使得民事诉讼更具复杂性和特殊性，须要遵循特定的国际民事诉讼规范。

（二）国际民事诉讼法概述

国际民事诉讼法是指规定国际民事诉讼程序各种法律规范的总和。

国际民事诉讼法主要包含三大核心内容：

（1）明确外国当事人在国际民事诉讼程序中的地位，涵盖外国自然人、法人、国家及国际组织的民事诉讼地位的法律规范；

（2）界定国际民商事案件中法院的管辖权，制定相关法律规范；

（3）规范国际民事诉讼程序中的文书送达、域外取证、诉讼期间以及法院判决在各国间的相互承认与执行等法律条款。

国际民事诉讼法的法律渊源主要分为国内和国际两大层面。此外，不少国家也将国内法院的判例和国际社会通用的惯例视为其重要渊源。

鉴于国际民事诉讼法的国际性或涉外性特点，其渊源具有双重性。除了国内立法和判例，国际条约同样可以成为其法律渊源之一。这些多元化的法律渊源共同构成了国际民事诉讼法的丰富体系。

二、国际民事诉讼法的基本原则

（一）国家主权原则

国际民事诉讼法领域中，国家主权原则体现为各国在立法上的自主权，每个国家均有权通过制定法律来规范其境内的所有诉讼活动和行为；外国人在这些国家境内进行诉讼时，必须遵循当地的诉讼法规定；各国基于自身国家利益和社会利益，有权对某些特定案件行使专属管辖权，从而确保这些案件不会被他国审理。在司法方面，各国的法院依据本国诉讼法规范，有权受理并审理相关案件；除非国际条约或相关国家法律另有规定，外国人应接受所在国法院的司法管辖权。此外，国家主权原则还体现在国家及其财产在国外的司法豁免权。除非相关国家明确表示放弃此项权利，否则其他国家的法院无权受理以该国为被告的诉讼；除非得到相关国家的明确同意，其财产也不得被他国法院作为诉讼标的进行扣押、执行等诉讼行为。

（二）国民待遇原则

国民待遇原则，是指一个国家赋予在其境内的外国人与其本国国民相同的待遇。在国际民事诉讼法的应用上表现为当外国人在该国进行民事诉讼时，他们享有与本国国民相同的诉讼权利，并承担相同的诉讼义务；该国法院在处理案件时，不会因当事人是外国人、无国籍或在外国无住所而要求他们提供额外的诉讼费用担保或采取其他限制其诉讼权利的措施。

国民待遇原则的核心包含两个要点：其一，外国人在国内应享有与本国国民相同的诉讼权利和义务，其诉讼权利不应因其国籍而受到任何限制；其二，外国人在国内所享有的诉讼权利不应超出本国国民所享有的范围。任何基于所谓的"国际标准"或"最低标准"来要求超越本国国民权利的主张都是不合理的，且违反国际法。我国现行的《民事诉讼法》也在第 5 条第 1 款中明确规定了这一点，即外国人、无国籍人、外国企业和组织在人民法院起诉、应诉时，享有与中华人民共和国公民、法人和其他组织相同的诉讼权利和义务。

（三）平等互惠原则

平等互惠原则在国际民事诉讼法领域的应用，体现为各国在平等基础上相互赋予对方国家及其国民民事诉讼的权益。在相同条件下，各国相互参照对方的诉讼立法，确保公平与一致。此外，各国间应相互提供司法协助，这包括相互承认和执行对方法院的判决与仲裁裁决，以确保法律效力的跨国认可；在规范相关程序或解决国际民商事法律争议时，各国应秉持互惠原则，确保双方都能从中受益，实现共赢。世界上多数国家的诉讼立法都规定，如果有关国家之间不存在互惠关系，如果有关外国赋予内国国民以不平等的民事诉讼权利，不在相同或类似的条件下适用内国的诉讼立法，不在相同或类似的条件下给予内国法院以司法协助，内国立法或司法机构就可以施以对等的限制。如我国现行的《民事诉讼法》第 5 条第 2 款规定①，外国法院对中华人民共和国公民、法人和其他组织的民事诉讼权利加以限制的，中华人民共和国人民法院对该国公民、企业和组织的民事诉讼权利，实行对等原则。

---

① 《中华人民共和国民事诉讼法》（2021 修正）第 5 条第 1 款：外国人、无国籍人、外国企业和组织在人民法院起诉、应诉，同中华人民共和国公民、法人和其他组织有同等的诉讼权利义务。第 2 款：外国法院对中华人民共和国公民、法人和其他组织的民事诉讼权利加以限制的，中华人民共和国人民法院对该国公民、企业和组织的民事诉讼权利，实行对等原则。

（四）遵守国际条约和尊重国际惯例原则

遵守国际条约和国际惯例原则在国际民事诉讼法领域表现为：一方面，国家在制定国内国际民事诉讼法规范时应考虑到本国所参加、缔结或加入的国际条约的有关规定，应考虑到国际社会在有关方面的习惯做法；另一方面，国家的司法机关在审理有关国际民商事法律争议时应该优先适用其所参加的国际条约的有关规定，或在没有明确的国际立法和国内立法规定的情况下，应该参照国际惯例对有关争议做出公正的处理。

三、外国人的民事诉讼地位

（一）外国人的民事诉讼地位的一般原则

国民待遇作为普遍原则，在各国民事诉讼立法及国际条约中均有体现。这意味着，在民事诉讼方面，外国人原则上享有与本国国民同等的权利与义务。然而，鉴于各国在文化传统、政治体制及经济利益上的差异，诉讼法律制度亦呈现出多样性。因此，为了保障本国国民在国外也能获得国民待遇，各国在赋予外国人国民待遇的同时，往往将对等互惠作为例外条件。我国《民事诉讼法》第5条第2款也体现了这一对等原则，即在保障国民待遇的同时，注重国家间的互利合作。

（二）外国人的诉讼行为能力

诉讼行为能力是决定一个人的诉讼地位的重要因素，它直接影响着诉讼权利的行使。对外国人能否或能在多大程度上以自己的行为有效地行使诉讼权利和承担诉讼义务的问题，各国的诉讼立法都做了明确规定，而且，都普遍承认外国人的诉讼行为能力依其属人法。国际社会普遍认可依属人法确定外国人的民事诉讼行为能力。以德国、日本为代表的大陆法系国家，主要依据当事人的本国法来判定其民事诉讼行为能力。而英美法系国家则倾向于以当事人住所地法为基准，同时也规定了特殊情况：若按法院地法判断，外国人具备民事诉讼行为能力，则视为其具备相应能力。

为了求得民商事法律关系的稳定，保护善意的对方当事人，特别是本国国民的合法权益，各国在规定以依属人法决定外国人民事诉讼行为能力为原则的同时，作为补充，都规定如果依法院地法外国人具有民事诉讼行为能力，即视为有能力。如《日本民事诉讼法》第51条规定，外国人依据其本国法律虽然没有诉讼能力，但如依据日本法律有诉讼行为能力时，视为有诉讼行为能力人。

虽然我国现行的民事诉讼立法没有对外国人的民事诉讼地位问题做出明确规定，但根据我国有关立法的精神，原则上应该依外国人的属人法来确定其诉讼行为能力。而且如果有关外国人依其属人法没有诉讼行为能力，而依我国民事诉讼法具有该项能力时，在我国境内所为的诉讼行为应该视为有能力的行为，该有关外国人不能以其本国法或住所地法的相反规定来对抗对方当事人。这就是所说的属人法的例外。

（三）诉讼代理制度

关于外国当事人可以委托什么样的人作为诉讼代理人，各国一般都规定应由法院地国的律师担任诉讼代理人。至于诉讼代理人的法定权限问题，采用律师诉讼主义的国家规定，律师可以基于授权实施所有的诉讼行为，行使任何诉讼权利，而采用当事人诉讼主义的国家，如英美普通法系国家规定，不管当事人或其法定代理人是否委托诉讼代理人，他们都必须亲自出庭参与诉讼。国际民事诉讼程序中的外国当事人是否有权委托诉讼代理人，可以委托什么样的人作为诉讼代理人代为实施诉讼行为，以实现或保护其民事诉讼权利和民事实体权利的问题，都由各国立法机关作为外国人民事诉讼地位问题中的重要内容规定在其内国的国际民事诉讼立法中。

综观世界各国的诉讼立法，诉讼代理制度在国际社会得到广泛认可，各国的法律体系中均允许外国当事人在国际民事诉讼程序中委托诉讼代理人代为参与诉讼活动，以维护其合法权益。诉讼代理成为一种独立的制度是17世纪以后欧洲资本主义高度发达的结果。随着近代资本主义商品交换的频繁发生，私人之间的法律关系日趋复杂，当事人或其法定代理人或者是由于事务繁忙，无暇参与诉讼；或者是由于不熟悉法律，即使自己参与诉讼也难以切实保护或主张自己的合法权益，从而使得诉讼代理制度的出现成为必要。在国际民事诉讼程序中，国际民事关系尤为复杂，加上国家之间的空间距离和各种制度、传统、观念上的差异，以及对别国法律的无知，诉讼代理制度在国际民事诉讼中的重要意义显得尤为突出。都由各国立法机关作为外国人民事诉讼地位问题中的重要内容规定在其内国的国际民事诉讼立法中。

至于外国当事人可以委托什么样的人作为诉讼代理人以及诉讼代理人的法定

权限如何等问题，各国立法的规定并不相同。一般都规定应由律师，而且是由内国律师担任诉讼代理人，这一方面考虑到律师较其他人更为熟悉法律和司法程序，内国律师较外国律师更精通法院国的法律，从而能更好地保护当事人的合法权益，也能使司法程序得到更为顺利地实施；一方面考虑到允许外国律师出席内国法院参与诉讼，将有损内国的司法主权。

此外，领事代理制度也是国际社会的司法实践中的一个组成部分。即一个国家的驻外领事，可以依据有关国家的立法和有关国际条约的规定，在其管辖范围内的驻在国法院，依职权代表其派遣国国民包括法人参与有关的诉讼程序，以保护有关自然人或法人在驻在国的合法权益。

我国《民事诉讼法》第 270 条规定，外国人、无国籍人、外国企业和组织在人民法院起诉、应诉，需要委托律师代理诉讼的，必须委托中华人民共和国的律师。外国人在我国法院参与诉讼可以亲自进行，也有权通过一定程序委托我国的律师或其他公民代为进行。最高人民法院印发的《关于适用〈中华人民共和国民事诉讼法〉若干问题的意见》在第 308 条中明确规定，涉外民事诉讼中的外籍当事人，可以委托本国人为诉讼代理人，也可以委托本国律师以非律师身份担任诉讼代理人；外国驻华使、领馆官员，受本国公民的委托，可以以个人名义担任诉讼代理人，但在诉讼中不享有外交特权和豁免权。与此同时，我国是《维也纳领事关系公约》的缔约国，外国人所属国的领事可以依据该公约的有关规定和我国同有关国家签订的领事条约在我国法院代理其本国国民的诉讼行为。我国《民事诉讼法》第 271 条规定，在中华人民共和国领域内没有住所的外国人、无国籍人、外国企业和组织委托中华人民共和国律师或者其他人代理诉讼，从中华人民共和国领域外寄交或者托交的授权委托书，应当经所在国公证机关证明，并经中华人民共和国驻该国使领馆认证，或者履行中华人民共和国与该所在国订立的有关条约中规定的证明手续后，才具有效力。

（四）诉讼费用担保制度

诉讼费用担保制度，是指审理国际商事案件的法院依据内国诉讼法的规定，要求作为原告的外国人在起诉时提供以后可能判决由其负担的诉讼费用的担保。[①]现代世界各国处理民事案件，均须收取一定的案件受理费，其立法理由是认为民

---

① 在现代国际社会，在现代国际社会的各法律体系中，除俄罗斯、保加利亚、埃及、智利、芬兰、利比亚、葡萄牙等少数国家不要求原告提供诉讼费用担保以外，其他各国的法律都在不同程度上对外国原告规定了该项义务。

事诉讼是以解决私人权益纠纷为目的，应采取有偿原则。而且各国诉讼立法规定外国原告提供诉讼费用担保制度，主要是考虑到一个没有根据的诉讼很容易对被告造成严重损害，使管辖法院所属国及其国民造成费用上的损失。

我国最高人民法院在1984年通过的《民事诉讼收费办法（试行）》第14条第2款规定，外国人、无国籍人、外国企业和组织在人民法院进行诉讼，应当对诉讼费用提供担保。不过，我国在同法国、波兰、比利时等国订立的司法协助条约中，互相免除了提供诉讼费用担保的义务。而且这一规定适用于根据缔约任何一方的法律、规章成立，其主事务所设在该国领域内的法人。

四、国际民事管辖权

（一）国际民事管辖权的含义

国际民事案件诉讼管辖权，是指一国法院或其他具备审判职能的司法机构，在处理涉及国际元素的民事案件时所拥有的专属审理权限。在国际民事诉讼法的独特领域中，诉讼管辖权问题尤为突出，其核心议题在于确定某一特定的国际民事案件应归属于哪一国法院进行管辖。

（二）国际民事案件诉讼管辖权的种类

在国际民事诉讼法的广阔领域中，由于各国在立法和司法实践上的侧重点各有不同，对于国际民事案件诉讼管辖权的理论分类标准也呈现出多样性。因此，目前国际社会存在着丰富多样的国际民事案件诉讼管辖权类型，这些差异反映了各国在法律体系和实践操作上的独特性和复杂性。

1. 对人诉讼管辖权和对物诉讼管辖权

英美法体系中，以诉讼目的不同可分为对人诉讼的管辖权与对物诉讼的管辖权。对人诉讼旨在解决当事人之间就某一标的物产生的权益争议，其法院判决的效力仅限于参与诉讼的双方。例如，因合同违约或侵权行为引发的诉讼便属于对人诉讼范畴。而对物诉讼则聚焦于通过法院判决确认某一特定财产及其相关当事人的权益，其判决效力不仅影响当事人双方，还扩展至与该财产或当事人存在法律关系的所有其他个体。诸如房地产纠纷、身份问题以及海商案件等均属于对物诉讼的范畴。在此类诉讼中，法院行使管辖权的依据通常是当事人住所或惯常居所位于法院所在国境内，或相关标的物位于法院所在国境内。

2. 属地管辖权和属人管辖权

在大陆法系国家的立法与司法实践中,诉讼管辖权的确定依据存在明显差异,进而形成了属地管辖权和属人管辖权两种类型。属地管辖权主要关注法律事实或法律行为的地域特征,即强调一国法院对其领土范围内发生的所有法律事件和行为,以及涉及的人和物都拥有管辖权。而属人管辖权则更侧重于诉讼当事人的国籍因素,即一国法院对其本国国民参与的诉讼案件具有管辖权,其基础在于至少有一方诉讼当事人是法院所属国的国民。

3. 专属管辖权和任意管辖权

专属管辖权,指的是某些特定范畴内的民事案件,相关国家无条件地保留其受理和裁决的权利,同时排除其他国家法院对此类案件的管辖权。一般而言,各国会在其诉讼立法及参与的国际条约中,将涉及国家公共政策、主要政治或经济问题的法律关系无条件地归入本国专属管辖范围,以确保国家利益的维护。而与此相对的,那些与国家和社会的重大政治经济利益关系较远,或对国内民众重大利益影响不大的诉讼,通常设定为任意管辖权,即这些案件既可以由本国法院管辖,也可由外国法院管辖。例如,合同纠纷引发的诉讼,原告可以根据实际情况选择合同履行地或合同签订地的法院进行管辖;而航空运输中的诉讼,则可以选择运输始发地、目的地或合同签订地的法院进行管辖。在任意管辖的案件中,原告享有依法选择管辖法院的权利。

4. 强制管辖和协议管辖

各国立法及法学理论从当事人在确定管辖权过程中的作用这一角度出发,基于诉讼案件的性质的不同而区分强制管辖和协议管辖。强制管辖,是指国家立法机关基于某些诉讼案件的审理与国家社会、政治、经济的稳定与发展,与国家的重大利益密切相关这一考虑,规定由内国法院统一实行管辖,不允许有关诉讼案件的当事人相互协商。根据各国诉讼立法的规定,内国法院专属管辖的诉讼都是由内国法院强制管辖。与此相对应,各国立法中还普遍存在一种协议管辖,即法律允许当事人通过协议将一定范围内的国际民事案件交由某国法院受理。于当事人能在多大范围内通过协议确定管辖法院的问题,各个国家的诉讼立法很不一致。我国法律规定,协议管辖不得与我国法律规定的级别管辖和专属管辖相悖。[①]

---

① 戴丽萍、何善华、陈文彬:《新编国际商法》,中国铁道出版社有限公司 2022 年版,第 209 页。

（三）国际民事案件诉讼管辖权的意义

1. 国际民事案件诉讼管辖权是审理有关案件的前提条件

国际民事案件的诉讼管辖权是法院处理此类案件的前提条件。当一国法院对某一国际民事案件没有管辖权时，它将无权进行受理。这意味着，法院将无法有效地向位于国外的相关当事人发送诉讼或非诉讼文件。同时，法院也无法从外国法院获得司法协助。尤其是，基于这种不恰当的管辖所做出的判决，很可能不会被其他国家的法院所承认和执行。因此，如果一国法院没有适当的管辖权，那么整个审理国际民事案件的程序将无法进行得顺畅。即便勉强进行，但由于判决无法得到外国法院的认可和执行，这样的程序也将失去实际的意义。

2. 国际民事案件诉讼管辖权直接影响案件的判决结果

国际民事案件诉讼管辖权的判定往往与实体法的应用紧密相连，从而直接影响案件的最终裁决。由于各国国际私法中的冲突规范差异显著，即便是相同的冲突规范，在不同国家的司法实践中也可能产生不同的解读。根据当前国际社会的法律实践，各国法院在审理国际民事案件时，首先会应用本国的冲突规范，进而根据这些规范确定适用的直接法律条文，以解决相关的法律争议。因此，对于特定的国际民事案件，不同的管辖法院可能会采用不同的准据法，进而得出不同的审判结果。例如，在自然人身份能力的法律适用上，尽管各国冲突规范都倾向于依据属人法，但具体执行时却存在差异。英美法系国家通常将住所地法视为属人法，而大陆法系国家则倾向于以本国法作为属人法。更值得注意的是，在英美法系国家，某些特定国际民事关系的法律适用甚至与法院管辖权的确定直接相关。在这些国家，法院地法往往被确定为处理相关国际民事法律争议的准据法。一旦法院管辖权确定，相应的实体法规范也随之确定。因此，这种法律适用的特点在英美法系国家尤为突出。

3. 国际民事案件诉讼管辖权直接影响当事人的合法权益

国际民事案件诉讼管辖权的确定对诉讼当事人权益的获取和保护具有直接的决定性作用。当事人若想维护其合法权益，必须选择在国际民事诉讼中具备管辖权的国家法院提起诉讼。同时，各国的立法均明确指出，外国法院的判决要得到其他国家的承认和执行，其前提条件是判决国法院具备国际管辖权。因此，当事人只有向具备管辖权的国家法院提起诉讼，其获得的判决才有可能在其他国家得到认可和执行，从而真正实现其维护合法权益的目标。

（四）确定国际民事管辖权的一般原则

各国在国际民事诉讼立法中，对国际民事案件的诉讼管辖权均设定了严格而各异的规定。这些立法机关在确立此类案件的诉讼管辖权时，主要基于各国设立管辖权的初衷，以及国际民事案件与各国间的联系与利益关联程度。通过遵循特定的原则，对国际民事案件的管辖权进行规范，以保障国际民事法律争议能够得到公正而高效地解决。纵观当前国际社会的立法与司法实践，无论是大陆法系国家还是英美法系国家，主要依据以下原则来确定国际民事案件的诉讼管辖权问题。

1. 属地管辖原则

属地管辖原则，亦称为地域管辖原则，其核心在于将国际民事案件的事实、涉案当事人与特定国家的地域联系作为界定法院国际管辖权的基准；强调基于领土主权原则，一国法院对其领土范围内的一切个体、物品以及法律事件和行为具有管辖权。这不仅是国家主权原则，特别是领土主权原则在国际民事案件诉讼管辖权上的具体体现，更是对案件及相关当事人与某一国家地域联系的高度重视。它主要聚焦于法律事件或法律行为的地理特性或与某地的关联程度，突出一国法院对发生在其领土内或涉及领土内个体、物品、法律事件及行为的案件具有审理和裁决的权限。具体而言，在国际民事案件中，它强调当事人的居住地、经常居住地、财产所在地，以及法律事实发生地（如合同签订、履行地，侵权行为地等）等地点与某一国家的联系，从而确定该国法院的国际管辖权。英国、美国、德国、奥地利及北欧等国均将属地管辖原则作为确定国际民事案件诉讼管辖权的基本原则，而在涉及个人身份、地位或能力的某些特定案件中，则可能额外考虑当事人的国籍因素。

2. 属人管辖原则

属人管辖原则主张，国际民事案件管辖权的确定应以涉案双方与特定国家的法律关联作为核心考量；强调一国法院对于其本国国民的案件拥有管辖权限，这是国家主权原则在国际民事诉讼领域的又一重要体现。它主要关注涉案当事人的国籍因素，认为一国法院对于涉及本国国民的国际民事案件应拥有审理和裁决的权力。例如，法国及其法律体系追随者，均将属人管辖原则视为确定国际民事案件诉讼管辖权的基本原则，以此确保本国国民在国际民事诉讼中的权益得到妥善保障。

3. 专属管辖原则

专属管辖原则强调国际民事案件与特定国家的紧密联系应作为确定法院国际

管辖权的决定性因素；突出体现了一国法院对与其本国及其国民根本利益紧密相关的国际民事案件所享有的专属管辖权限。作为国家主权原则在国际民事诉讼中的重要体现，专属管辖原则侧重于考量国际民事案件与特定国家及其国民根本利益的关联程度。它明确指出，对于涉及国家公共政策或与国家重要政治、经济问题密切相关的民事案件，一国法院应无条件地享有国际管辖权，从而排除其他国家的管辖。

4. 协议管辖原则

协议管辖原则与专属管辖原则在某种程度上有相似之处，都关注国际民事案件与特定国家的联系程度。但它们的侧重点有所不同，协议管辖原则特别强调对于那些对国家和国民根本利益影响较小、与相关国家联系程度较低的国际民事案件，双方当事人可以根据意思自治原则，通过协商选择管辖法院。这一原则是意思自治原则在国际民事诉讼领域的具体体现，它允许案件当事人基于自愿和自主的原则，通过协议指定某国法院作为管辖法院。目前，协议管辖原则已成为国际社会广泛认可并采用的一项国际民事案件诉讼管辖权原则，得到了各国立法和司法实践的不同程度的支持。然而，由于这一原则实际上赋予了当事人一种类似于国家立法和司法机构才能享有的权利，因此各国在立法和司法实践中都对其具体适用设定了一定的限制条件。例如，我国民事诉讼法规定，当事人必须以"书面形式"选择与争议具有"实际联系"的法院作为管辖法院，以确保选择的合理性和有效性。

5. 平行管辖原则

平行管辖原则，与专属管辖原则和协议管辖原则相类似，确定法院国际管辖权的标准是有关国际民事案件与有关国家的联系程度。有所不同的是，平行管辖原则强调对于那些对有关国家及其国民利益联系程度较低的国际民事案件，各相关国家的法院同时具有管辖权，而该有关国际民事案件的具体管辖法院，可以基于原告的起诉行为来确定。① 按照平行管辖原则，各个国家的诉讼立法在规定内国法院具有管辖权的同时，并不排除其他国家法院的管辖权。

6. 不方便管辖原则

不方便管辖原则，主要应用于平行管辖原则所适用的情境，即当多个国家的法院对某一国际民事案件均拥有管辖权时。在此情况下，如果受诉法院认为审理

---

① 相关国家法院同时具有的管辖权可以是基于案件当事人的国籍、住所、居所、所在地、营业地、分支机构或代表机构所在地，或者有关民事法律事实发生地，或者有关标的物所在地，或者当事人双方合意选择的非排他性管辖法院所在地等联结因素来确定的管辖权。

该案将给法院本身及相关当事人带来不便，并可能阻碍国际民事法律争议的快速解决，那么该法院可以选择拒绝行使管辖权。不方便管辖原则作为一种例外原则，其适用的前提是各有关国家的法院具有平行管辖权；适用的条件是有关案件的审理将给受诉法院及相关当事人带来不便，并影响有关国际民事法律争议的迅速解决。不方便管辖原则特别在英美法系国家的司法实践中得到了非常普遍的认同和采用。

（五）国际民事管辖权的冲突

1. 国际民事案件诉讼管辖权冲突的直接原因

各国在立法上的差异是引发国际民事案件诉讼管辖权冲突的直接根源。目前，尽管国际社会普遍认可外国国家、元首、外交代表以及国际组织及其官员的司法豁免权，但尚未形成普遍接受和适用的国际条约来统一各国法院在国际民事案件诉讼管辖权方面的行使。即使存在某些多边或双边条约旨在统一国际管辖权的行使，它们因数量有限和适用范围约束，尚未能形成具有普遍法律效力的国际法规范。因此，目前各国在国际民事案件诉讼管辖权方面的立法和司法实践基本上处于自由决定的状态，各国通常基于自身的社会、政治和经济利益，从便利本国及其国民参与国际民事诉讼的角度出发，依据本国的法律原则和观念来制定相关规范。这导致了世界范围内多种不同的国际民事案件诉讼管辖权制度的形成。即使采用相同诉讼管辖权制度的国家，其具体规定也可能存在显著差异。在国际民事案件发生后，各国法院通常依据其国内法中关于国际民事案件诉讼管辖权的规定来判断自身是否具备管辖权。这种立法上的差异，必然导致国际民事诉讼管辖权冲突的频繁发生。

2. 国际民事案件诉讼管辖权冲突的间接原因

各国在立法上关于管辖依据的差异，间接导致了国际民事案件诉讼管辖权的冲突。在民事诉讼立法中，各国普遍依据特定法律事实的存在和发生来确定内国法院对国际民事案件的管辖权。具体而言，英美法系国家往往基于"有效控制原则"，如被告在本国境内能收到传票或对物诉讼中标的物位于本国境内，来确定管辖权。相反，以法国为代表的拉丁法系国家则更多依赖当事人具有内国国籍这一事实作为行使管辖权的依据。这显示出各国在确定管辖权时的法律事实依据存在显著差异。就具体案件而言，各国立法和司法实践对行使管辖权的法律事实理解也大相径庭，这进一步加剧了管辖权的冲突。例如，许多国家规定法人住所所在地法院对涉及法人的国际民事案件具有管辖权，但由于各国对法人住所的认定标准不一，导致了管辖权的不一致。另外，侵权行为作为行使管辖权的另一重要依据，各国对其发生和存在的理解也存在分歧。有的国家以加害行为发生地作为侵权行为地，有的则以损害结果发生地为准，还有的国家认为两者均为侵权行为地，这无疑增加了管辖权冲突的可能性。此外，各国在专属管辖权和协议管辖范围的规定上也存在差异，这同样会引发管辖权冲突。

因此，坚持国际协调原则成为解决此类冲突的有效途径。这意味着各国在立法和司法活动中，应充分考虑他国的立法和司法实践，以及国际社会的普遍做法，努力减少和避免管辖权冲突的发生。

五、国际司法协助

（一）国际司法协助的概念

国际司法协助，在国际民事诉讼领域，指的是一国法院应另一国法院的请求，代为执行特定的诉讼行为，诸如送达法律文书、询问证人、收集证据，以及承认和执行外国法院的判决与仲裁裁决等。

关于国际司法协助的定义，存在广义与狭义之分。一些国家的立法及学者倾向于狭义的理解，认为它仅涉及域外送达与域外取证。然而，从当前全球各国的立法和司法实践来看，广义的司法协助观点正逐渐占据主流，被越来越多的国家所采纳。

（二）国际司法协助的依据

国际司法协助的实施一般都是基于各国民事诉讼法典和有关国际条约的规定以及互惠关系的存在而进行的。

（三）国际民事诉讼中的域外送达

1. 概念和性质

国际民事诉讼中的域外送达，是指一国司法机关依据国内立法或国际条约的规定，将诉讼和非诉讼文书送给居住在国外的诉讼当事人或其他诉讼参与人的行为。

诉讼与非诉讼文书的送达是一项至关重要的司法活动，它代表着一国司法机关行使司法主权的权威。由于这种行为具有明确的属地性质，因此，一国的司法机关在没有相关条约或国内立法作为依据，或未获得外国同意的情况下，不得擅自跨越国界，在另一国境内对任何人（包括本国国民）进行送达操作。

2. 域外送达的依据

域外送达的法律依据：一是国内立法即各国的民事诉讼法；二是国际立法，包括双边或多边条约。如 1965 年《关于民商事案件中诉讼和非诉讼文书的国外送达公约》。

3. 域外直接送达

（1）外交代表和领事送达。

一国法院通过委托本国在相关国家的外交代表或领事，向位于驻在国境内的当事人进行文书的送达。这种方式得到了国际社会的广泛认可和应用。我国也积极支持这种送达方式。然而，值得注意的是，仍有部分国家对此持保留或反对的态度。

（2）邮寄送达。

各国立法和司法实践对邮寄送达的规定有所差别。我国民事诉讼法规定，受送人所在国法律允许邮寄送达的，我国法院可以以邮寄方式向域外当事人送达。至于外国法院能否以邮寄方式在我国境内直接送达，我国目前立法无明文规定。一般认为，我国原则上对此持否定态度。

（3）个人送达。

个人送达，指的是一国法院将诉讼与非诉讼文书委托给具备特定身份的个人进行代为送达。这种送达方式通常通过当事人的诉讼代理人、由当事人指定的人或与当事人关系紧密的人来完成。这种送达方式在英美法系国家中得到了广泛认可和应用。我国民事诉讼法规定了个人送达的形式。至于外国法院能否通过个人送达的方式向我国境内有关人员送达文书的问题，我国民事诉讼法未做出明确规定。

（4）公告送达。

许多国家的民事诉讼法都规定，在一定条件下可适用公告送达的形式。我国《民事诉讼法》也规定，当根据其他方法不能实现送达时，可以公告送达。

（5）按当事人协商的方式送达。

英美法系国家常采用按当事人协商的方式送达。

4. 域外间接送达

国际民事诉讼中的间接送达，是指一国法院通过国际司法协助的方式所进行的送达。

（1）请求的提出。

请求国须依据本国诉讼法或国际条约，以书面形式向相关外国法院或其他机构提出协助送达的请求。此司法协助请求书必须满足特定的形式要件。

（2）请求书及有关文书的传递。

请求书及相关文件须按照既定程序和方式递交给被请求国的主管机关（通常是被请求国的法院）。这些文件的传递方式多样，包括外交途径、领事途径、司法部递交、中心机构递交以及法院间的直接递交。在这些方式中，法院间的直接递交因减少了中间环节，被视为最为高效和理想的途径。

（3）请求的执行及执行情况的通知。

请求书及有关文件传递给被请求国主管机关后，具体如何送达文书，大致可分为以下三种类型：第一种是由被请求国法院依内国法所规定的方式和程序送达；第二种是由被请求国法院依请求国所要求的特殊程序和方式送达；第三种是由被请求国依内国法的规定进行一般性送达。

此外，被请求国的主管机关在完成指定的送达行为后，有责任以适当的方式通知请求国，通常通过送达回证或由相关机构出具送达证明的方式来进行。

（4）请求的拒绝。

综观各国立法和有关国际条约，一般都规定在被请求国认为某些具体文书的送达将侵犯其主权或影响其安全，或与其内国的公共秩序（或公共政策）相抵触时，被请求国有关机构可以拒绝履行这种送达委托。

（四）国际民事诉讼中的域外取证

1. 域外取证的概念

域外取证，指的是在涉及国际民事诉讼程序的过程中，受诉法院国的相关机构或人员在其本国境外搜集诉讼证据的行为。根据国际社会的普遍做法，调查取证被视为行使国家司法主权的一种方式，若未得到相关国家的明确或默许同意，不得在其领土范围内进行，否则将构成对该国领土主权的侵犯。

2. 域外取证的范围

一国法院到国外提取证据或请求外国法院或有关机构代为提取证据的行为可以包含如下内容：

（1）询问诉讼参加人、证人、鉴定人或其他诉讼参与人。

（2）提取与民事诉讼程序有关的书证、物证和视听资料。

（3）对某一事实进行调查或对有关书证的真实性进行审查。

（4）对与案件有关的现场、物品进行勘查和检验。

3. 域外取证的方式

（1）域外直接取证。

①外交和领事人员取证。

这种方式得到了国际社会的广泛认可和应用。然而，外交和领事人员在执行取证任务时，必须满足一定的前提条件。比如，必须存在相关条约的依据或国家间存在互惠关系。我国《民事诉讼法》也明确规定，在互惠原则的基础上，允许外国驻华使领馆在我国境内进行特定范围的取证活动。

②当事人或诉讼代理人自行取证。

以美国为代表的普通法国家常采取此种方式。

③特派员取证。

特派员取证，指的是相关法院派遣专门的官员前往外国进行证据收集的行为。这种取证方式在英美法系国家中得到了广泛应用。

（2）域外间接取证

域外间接取证，指的是受诉法院依据与特定国家间的条约关系、互惠原则或国内法律，委托外国法院或其他具有相应权力的机构代为收集相关证据的行为。

①请求的提出。

请求国法院应先以书面形式向外国法院或相关机构提出协助取证的请求。该请求书需符合特定格式并包含必要内容。

②请求书的传递。

在国际层面，传递国外取证请求书的主要途径包括中心机构传递、法院间的直接或间接传递、外交途径传递以及领事途径传递等。

③取证行为的实施和证据的移交及执行情况的通知。

取证行为的实施方式和程序，基本上可分为两种类型：一种是由被请求机构依据本国的法律规定，按照本国法所规定的取证方式和程序进行取证；另一种是依据请求国所提出的具体方式和程序，协助请求机构完成取证工作。然而，这种特殊方式和程序的实施须确保不与被请求国的法律产生冲突。

在完成协助调查取证后，被请求机关须通过适当途径将执行情况通知请求机关，并将所提取的相关证据移交至请求机关。

④请求的拒绝。

国际社会普遍认同的一个拒绝执行相关取证请求的理由是"被请求国认为在其境内执行取证请求危害其主权或安全"或"执行取证请求显然违背其公共秩序"。

（五）外国法院判决的承认与执行

1. 法院判决的承认与执行概述

（1）法院判决的承认与执行问题。

国际民事诉讼的终结阶段，即法院判决的承认与执行，无疑是整个程序中的核心环节。它不仅是国际民事诉讼程序的归宿，更是司法程序实质的集中体现。若某一法院在国际民事诉讼中所做出的判决未能得到承认与执行，那么整个诉讼程序便失去了其实际意义。

一般而言，一国法院在国际民事诉讼中依法做出的有效判决，其承认与执行问题涉及两个层面：一是内国法院的承认与执行，二是外国法院的承认与执行。

（2）承认与执行外国法院判决的意义。

承认与执行外国法院的民商事判决，是指一国法院根据其国内法律或相关国际条约，确认该外国判决在其本国领土内的法律效力，并在必要时依法进行强制执行。

承认与执行外国法院判决是既有联系又各有侧重的两个法律行为。承认与执行外国法院判决在国际民事诉讼程序中占据着举足轻重的地位，它代表着外国诉讼程序在本国的延续，是整个国际民事诉讼的最终归宿。如果某一外国法院的判决未能在本国得到承认与执行，不仅意味着诉讼各方之前的民商事法律争议未能得到最终解决，当事人的合法权益也无法得到有效保障，而且可能导致当事人承受额外的诉讼费用损失。因此，承认与执行外国法院判决在国际民事诉讼法律体系中具有不容忽视的重要意义。

2. 承认与执行外国法院判决的依据

（1）理论依据。

一国法院的判决原则上只能在判决国生效，而不具有域外效力。但世界各国基于各种各样的考虑，在一定条件下相互承认外国法院判决在内国具有与内国法院判决同等的法律效力，并在必要时按内国的有关规定予以强制执行。

一国为什么要承认与执行外国法院判决，存在着如下几种主要理论：国际礼让说、既得权说、债务说、一事不再理说、特别法说和互惠说。其实，承认与执行外国法院的判决是一国生存和发展的需要。任何国家都是从其社会、政治、经济和文化等方面的发展需要来考虑承认与执行有关外国法院的判决的。

（2）法律依据。

纵观国际社会的司法实践，各国法院在承认与执行外国法院判决时，均依据本国立法及相关国际条约进行。

从国内立法层面来看，多数国家选择在民事诉讼法中明确内国法院承认与执行外国法院判决的具体条件。然而，也有部分国家制定了专门的单行法规来规范这一领域，这尤其体现在普通法国家的实践中。

在国际立法层面，主要的法律依据为国家之间签订的双边条约和区域性条约。例如，我国与法国、波兰、俄罗斯等国家签订的双边司法协助条约中，均包含有涉及外国法院判决承认与执行的相关条款。

3. 承认与执行外国法院判决的一般条件

（1）原判决国法院具有合格的管辖权。

国际社会普遍认可的一个条件是，原判决国法院必须拥有合格的管辖权。然而，关于如何判定原判决国法院是否具备管辖权，各国立法大多明确规定应依据承认与执行地国家的法律进行确定。

（2）有关的诉讼程序具有必要的公正性。

诉讼程序的公正性主要体现在对败诉方当事人的合法传唤，确保他们有充分的机会行使辩护权。若败诉方因自身原因未能有效行使辩护权，则不应以此为由质疑诉讼程序的公正性。

（3）外国法院判决是确定的判决。

确定的判决，是指已经发生法律效力的判决或裁定。并且应该依原判决国法院所属的法律来确定有关判决是否已发生法律效力。

（4）外国法院判决是合法的判决。

多数国家的立法和司法实践均明确指出，通过欺诈手段取得的外国法院判决无法在内国获得承认与执行。在实际操作中，大多数国家会依据本国法律来判断是否存在欺诈行为。

（5）外国法院判决不与其他有关的法院判决相抵触。

这一条件明确要求，只有在外国法院的判决不与内国法院就相同当事人间的同一争议做出的判决相抵触，且不与内国法院已承认的第三国法院就相同当事人间的同一争议做出的判决发生冲突时，内国法院方可对该外国法院的判决予以承认与执行。

（6）原判决国适用了适当的准据法。

这一条件着重指出，外国法院在做出判决时应遵循被请求国冲突规范所指定的准据法。然而，这一要求并非普遍适用的通用标准，它仅是某些国家在承认与执行涉及自然人身份或能力相关判决时的特定条件。

（7）有关国家之间存在互惠关系。

这一条件强调，当不存在国际条约关系时，内国法院可以根据互惠原则来承认与执行相关的外国法院判决。

（8）外国法院判决的承认与执行不违反内国的公共秩序。

对于承认和执行外国法院判决，我国民事诉讼法做了原则规定。其主要内容为：

①申请承认与执行的外国法院判决或裁定必须已经发生法律效力。

②我国法院将按照有关国际条约或互惠原则进行审查。

③承认与执行外国法院判决或裁定不违反我国公共秩序。对此，我国与一些国家的双边司法协助协定中有类似条件的规定。

4. 承认与执行外国法院判决的程序

（1）承认与执行请求的提出。

多数国家的法律规定，应由利害关系人提出申请；也有一些国家的法律规定外国法院和有关的利害关系人均可以向内国法院提出请求；此外，个别国家的法律要求应由有关的外国法院提出请求书。我国民事诉讼法规定，既可以由当事人直接向我国有管辖权的中级人民法院申请，也可以由外国法院依照我国与该国共同缔结或参加的国际条约的规定，或者按照互惠原则，请求我国法院执行。

（2）承认与执行外国法院判决的具体程序。

①以法国、德国和俄罗斯为代表的国家采取发给执行令的程序

②以英美为代表的登记程序和重新审理程序

我国法院目前采用的是类似法国、德国等国的执行令程序。即对于要求承认与执行的外国法院判决，我国法院将按照我国民事诉讼法的有关规定进行审查，认为不违反我国法律的基本原则或者国家主权、安全、社会公共利益的，裁定承认其效力，需要执行的，发给执行令，并依照我国民事诉讼法的有关规定执行。

知识链接：我国对承认和执行外国法院的判决问题的有关规定

 复习思考题

一、简答题

1. 国际商事争议的解决方式有哪些？

2. 简述仲裁协议的内容及特征。

3. 简述国际商事仲裁程序。

4. 什么是法律冲突？如何解决法律冲突？

5. 简述我国国际商事合同纠纷的法律适用次序。

二、案例分析

1990 年，中国 Q 制药厂与美国 A 国际贸易公司签订了一份合资经营 P 制药有限公司合同，约定在中国 X 省 Y 市合资成立 P 制药有限公司。该合资合同约定，凡因执行本合同发生的或与本合同有关的一切争议，双方应通过友好协商；如果协商不成，应提交中国国际贸易仲裁委员会或瑞典斯德哥尔摩仲裁院。根据该机构的仲裁程序规则进行仲裁，仲裁裁决是终局的，对双方都有约束力。

后双方在投资过程中产生了纠纷，Q 制药厂遂向 X 省 Y 市中级人民法院提起诉讼。但美国 A 公司提出了管辖权异议。[①]

问题：如何确定同时选择两个仲裁机构的仲裁条款效力？

案例题答案

---

① 邓丽：《不规范仲裁协议效力的确认》，中国法院网，2007 年 3 月 13 日，https：//www. china-court. org/article/detail/2007/03/id/238891. shtml。

参考文献

中文参考文献

一、著作类

1. 左海聪：《国际商法》，法律出版社 2023 年版。

2. 邹瑜：《法学大辞典》，中国政法大学出版社 1991 年版。

3. 卓乃坚：《国际贸易支付与结算及其单证实务》，东华大学出版社 2017 年版。

4. 周楠：《罗马法原论》（下册），商务印书馆 1996 年版。

5. 周枏：《罗马法》（下册），商务印书馆 2014 年版。

6. 周黎明：《国际商法理论与实务》，北京大学出版社 2023 年版。

7. 中国国际商会/国际商会中国国家委员会：《国际贸易术语解释通则 2020 全面解读于法律指引》，中国海关出版社有限公司 2021 年版。

8. 郑远民：《现代商人法研究》，法律出版社 2001 年版。

9. 张玉卿、姜韧、姜凤纹：《〈联合国国际货物销售合同公约〉释义》，辽宁人民出版社 1988 年版。

10. 张学森：《国际商法》，上海财经大学出版社 2010 年版。

11. 张新宝：《侵权责任法》，中国人民大学出版社 2006 年版。

12. 张圣翠：《国际商法》，上海财经大学出版社 2023 年版。

13. 张丽英：《海商法学》，高等教育出版社 2016 年版。

14. 张国健：《商事法论》，台湾三民书局 1980 年版。

15. 张彬彬、王永联：《国际商法》，电子工业出版社 2021 年版。

16. 杨立新：《中华人民共和国民法典条文要义》，中国法制出版社 2020 年版。

17. 杨建华：《商事法要论》，台湾三民书局 1984 年版。

18. 徐仲建、屠世超：《国际商法》，浙江大学出版社 2021 年版。

19. 徐海燕：《英美代理法研究》，北京法律出版社 2000 年版。

20. 熊晓亮、杨清震：《中国对外贸易概论》，清华大学出版社 2020 年版。

21. 吴兴光：《国际商法》，清华大学出版社 2019 年版。

22. 吴建斌、肖冰、彭岳：《国际商法》，高等教育出版社 2022 年版。

23. 吴建斌、朱娟：《国际商法》，上海财经大学出版社 2010 年版。

24. 温耀原、周晖：《国际商法》，清华大学出版社 2022 年版。

25. 魏森：《国际商法》，华中科技大学出版社 2010 年版。

26. 王泽鉴：《民法总论》，中国政法大学出版社 2004 年版。

27. 王玉春、李贺、张敏：《国际商法》，上海财经大学出版社 2021 年版。

28. 王书江：《外国商法》，中国政法大学出版社 1987 年版。

29. 王传丽：《国际贸易法》，法律出版社 2012 年版。

30. 王保树：《中国商事法》，人民法院出版社 1986 年版。

31. 佟柔：《中国民法学·民法总则》，中国人民公安大学出版社 1992 年版。

32. 隋军：《世界贸易组织法教程》，对外经贸大学出版社 2011 年版。

33. 施新华：《国际商法》，西南财经大学出版社 2010 年版。

34. 沈四宝、王军：《国际商法》，对外经济贸易大学出版社 2016 年版。

35. 屈广清：《国际商法学》，法律出版社 2010 年版。

36. 马树杰、李玉香：《国际商法》，清华大学出版社 2010 年版。

37. 刘兆兴：《比较法学》，社会科学文献出版社 2004 年版。

38. 梁建达：《外国民商法原理》，汕头大学出版社 1996 年版。

39. 梁慧星、王利明：《经济法的理论问题》，中国政法大学出版社 1986 年版。

40. 李秀芳：《国际商法》，中国人民大学出版社 2017 年版。

41. 李凤宁、张琼：《国际商法》，武汉大学出版社 2010 年版。

42. 江平：《西方国家民商法概要》，法律出版社 1984 年版。

43. 江帆：《代理制度研究》，中国法制出版社 2000 年版。

44. 黄海东、孙玉红：《国际货物运输保险》，清华大学出版社 2021 年版。

45. 赫荣平等：《国际商法》，中国农业大学出版社 2010 年版。

46. 韩立余：《世界贸易组织法》，中国人民大学出版社 2010 年版。

47. 韩德培：《国际私法》，高等教育出版社 2003 年版。

48. 韩宝庆：《国际商法》，清华大学出版社 2020 年版。

49. 郭双焦：《国际商法实验教程》，北京大学出版社 2010 年版。

50. 丁孟春：《国际商法》，北京大学出版社 2012 年版。

51. 戴丽萍、何善华、陈文彬主编：《新编国际商法》，中国铁道出版社有限公司2022年版。

52. 陈晶莹、邓旭：《国际商法》，中国人民大学出版社2010年版。

53. 陈安：《国际经济法学》，北京大学出版社2020年版。

54. 白泉旺：《国际商法双语教学案例》，北京大学出版社2023年版。

55. 《中国大百科全书（法学卷）》，中国大百科全书出版社1984年版。

56. 《马克思恩格斯全集》第十六卷，人民出版社1964年版。

57. ［英］克里夫·M·施米托夫：《国际贸易法文选》，赵秀文译，中国大百科全书出版社1993年版。

58. ［英］克里夫·M·施米托夫：《施米托夫论出口贸易》，冷柏军译，中国人民大学出版社2014年版。

59. ［英］戴维·M·沃克：《牛津法律大词典》，北京社会与科技发展研究所组织编译，邓正来等71人译，光明日报出版社1988年版。

60. ［日］我妻荣：《中国民法债编总则论》，洪锡恒译，中国政法大学出版社2003年版。

61. ［日］美浓部达吉教授：《公法与私法》，黄冯明译，中国政法大学出版社2003年版。

62. ［日］吉村良一：《日本侵权行为法》，张挺译，中国人民大学出版社2013年版。

63. ［美］彼得·哈伊：《美国法律概论》，沈宗灵译，北京大学出版社1997年版。

64. ［德］维尔纳·弗卢梅：《法律行为论》，迟颖译，法律出版社2013年版。

65. ［德］卡尔·拉伦茨：《德国民法通论》（上册），王晓晔、邵建东、程建英、徐国建、谢怀栻译，法律出版社2013年版。

二、期刊类

1. 左海聪：《国际商法是独立的法律部门——兼谈国际商法学是独立的法学部门》，载于《法商研究》2005年第2期。

2. 周友军：《民法编撰中的产品责任制度完善》，载于《法学评论》2018年第2期。

3. 郑重：《论美国判例法制度的运行——以历史进程为视角的考察》，载于《法律文化研究》2009年增刊。

4. 郑岩：《解码eUCP2.0》，载于《中国外汇》2019年第19期。

5. 赵珣：《eURC 惯例初探》，载于《中国外汇》2019 年第 19 期。

6. 张文秀：《两大法系战后的发展趋势及其借鉴意义》，载于《国家检察官学院学报》2006 年第 1 期。

7. 张乃根：《加强涉外法制建设　促进国际良法善治》，载于《民主与法制周刊》2024 年第 3 期。

8. 张梦梅、乔克裕：《英国法与美国法的比较》，载于《中南政法学院学报》1988 年第 2 期。

9. 张率慧、曾多：《首笔电子交单托收业务推动 eURC 惯例落地》，载于《中国外汇》2020 年第 4 期。

10. 许中缘：《论民法中单方法律行为的体系化调整》，载于《法学》2014 第 7 期。

11. 王璟：《析商法的起源——兼谈加入 WTO 与我国商法的振兴》，载于《政法论丛》2003 年第 1 期。

12. 史浩明：《论夫妻日常家事代理权》，载于《政治与法律》2005 年第 3 期。

13. 沈宗灵：《二战后美国法律对民法法系法律的影响》，载于《北京大学学（哲学社会科学版）》1995 年第 5 期。

14. 倪万英：《论隐名代理制度》，载于《政治与法律》2005 年第 3 期。

15. 马德懿：《试论航海过失免责的生命力－兼论汉堡规则对废除航海过失免责的理性分析》，载于《河北法学》2002 年第 11 期。

16. 刘森林：《简述美国法对英国法的继承和发展——从制度法律文化的视角》，载于《教师》2013 年第 26 期。

17. 梁琨：《论国际经济法的研究范畴》，载于东吴学术 2017 年第 1 期。

18. 李晓辉：《"水中之石"：普通法传统中的美国法典化》，载于《人大法律评论》2009 年第 1 期。

19. 广宇：《民事代理的特征、范围和种类》，载于《政治与法律》1986 年第 5 期。

20. 苟军年：《论代理制度的发展与完善》，载于《法治研究》2008 年第 5 期。

三、网络资源

1. 中华人民共和国外交部：《中国外交政策》，外交部网站，2023 年 8 月 21 日，https：//www. mfa. gov. cn/web/ziliao_674904/tytj_674911/200608/t20060824_9868937. shtml。

2. 联合国：《国际投资争端解决中心》，联合国网站，https：//www. un. org/ zh/aboutun/structure/icsid/。

3. 汪渊智：《经济全球化下我国代理法律制度的完善（一）》，国际经济法网，2012 年 1 月 31 日，http：//ielaw. uibe. edu. cn/lfjy/8071. htm。

4. 李天顺：《青岛澳柯玛集团销售公司与中国银行利津支行票据兑付纠纷上诉案》，中华人民共和国最高人民法院公报网，2000 年 5 月 31 日，http：//gong-bao. court. gov. cn/Details/7d3fe19931cd03684a4f2c299e754a. html。

5. 谢振衔：《上海海事法院民事判决书》，中华人民共和国上海海事法院网，2023 年 3 月 30 日，https：//www. hshfy. sh. cn/shfy/flws/hsfy/flws_view. jsp? pa = adGFoPaOoMjAyMqOpu6Y3MsPxs/UxMTkzusUmd3N4aD0yz。

6. 邓丽：《不规范仲裁协议效力的确认》，中国法院网，2007 年 3 月 13 日，https：//www. chinacourt. org/article/detail/2007/03/id/238891. shtml。

外文参考文献

一、著作类

1. TonyOrhnial, *Limited liability and the corporation*. london &camberra：Croom Helm, 1982.

2. Schmitthoff, Clive Maximilian. *Clive M. Schmitthoff's select essays on international trade law*. BRILL, 1988.

3. Schaffer, Richard, Filiberto Agusti, and Lucien J. Dhooge. *International business law and its environment*. Cengage Learning, 2015.

4. Robert N. Corley, O. Lee Reed, Peter J. Shedd and Jere W. Morehead, *The Legal and Regulatory Environment of Business*. New York：McGraw – Hill. Inc, 1996.

5. Matsushita, Mitsuo, et al. *The World Trade Organization：law, practice, and policy*. Oxford University Press, 2015.

6. Folsom RH, Gordon MW, Spanogle JA. *Principles of International Business Transactions, trade and economic relations*. 2nd ed. Thomson West, 2005.

7. F. M. B Reynolds, *Bostead on Agency*. London：Sweet&Maxwell, 1985.

8. Caido Calabresi, *Common Law in Statute Law Times*. New York：W. W. Norton. Co. , 1982.

9. Bruce D. Fisher & Michael J. Phillips, *The Legal Ethical, and Regulatory Environment of Business*, New York：West Publishing Company, 1995.

10. August, Ray, Don Mayer, and Michael B. Bixby. *International business law*: *text*, *cases*, *and readings*. 4th ed. Pearson, 2013.

二、期刊类

1. Thompson, *Imposing Strict Products Liability on Medical Providers*. Missouri Law Review, Vol. 60, 1995.

2. Lagrou, S. E., Law for Business. Issues in Accounting Education, Vol. 24, No. 2, 2009.

3. Frederick Green, The Harter Act. *Harvard Law Review*, Vol. 16, No. 3, January 1903.